国家精品在线开放课程配套教材
全国高校出版社优秀畅销书

# 国防教育教程

（第6版）

问鸿滨 主编

西安交通大学出版社
XI'AN JIAOTONG UNIVERSITY PRESS

## 内容简介

本教材分为六大部分,即中国国防、国家安全、军事思想、现代战争、信息化装备、军事高技术。其中前五个部分为《普通高等学校军事课教学大纲》明确规定的教学模块,每个模块下包括了若干章节,在中国国防部分对多部国防相关法规进行介绍,在国家安全部分强调了总体国家安全观的重要性,在军事思想部分将习近平强军思想作为单独一章编写,在现代战争部分融入信息化战争的内容,在信息化装备部分介绍了新概念武器等内容。第六部分"军事高技术"作为选学扩展内容。本教材贯穿课程思政理念,将党的二十大精神有机融入,以习近平强军思想和总体国家安全观战略思想为指导,始终以立德树人为根本任务,紧紧围绕大纲,力求结合最新国际局势,把握国防科技最新成果,确保系统性、权威性、时代性。

---

**图书在版编目(CIP)数据**

国防教育教程/问鸿滨主编. ——6版. ——西安:西安交通大学出版社,2023.5(2025.7重印)
ISBN 978-7-5693-3089-2

Ⅰ. ①国… Ⅱ. ①问… Ⅲ. ①国防教育—高等学校—教材 Ⅳ. ①G641.8

中国国家版本馆CIP数据核字(2023)第022533号

---

| | |
|---|---|
| 书　　名 | 国防教育教程(第6版)<br>GUOFANG JIAOYU JIAOCHENG(DI 6 BAN) |
| 主　　编 | 问鸿滨 |
| 责任编辑 | 史菲菲　魏照民 |
| 责任校对 | 王建洪 |
| 装帧设计 | 伍　胜 |
| 出版发行 | 西安交通大学出版社<br>(西安市兴庆南路1号　邮政编码 710048) |
| 网　　址 | http://www.xjtupress.com |
| 电　　话 | (029)82668357　82667874(市场营销中心)<br>(029)82668315(总编办) |
| 传　　真 | (029)82668280 |
| 印　　刷 | 陕西思维印务有限公司 |
| 开　　本 | 787mm×1092mm　1/16　印张 18　字数 450千字 |
| 版次印次 | 2003年7月第1版　2023年5月第6版<br>2025年7月第4次印刷(累计第29次印刷) |
| 书　　号 | ISBN 978-7-5693-3089-2 |
| 定　　价 | 49.00元 |

---

如发现印装质量问题,请与本社市场营销中心联系。
订购热线:(029)82665248　(029)82667874
投稿热线:(029)82665379
读者信箱:xj_rwjg@126.com

**版权所有　侵权必究**

# 编写委员会

**主　　编**　问鸿滨

**副 主 编**　李　科　闫忠林　徐宇春　初阔林
　　　　　　刘玉青　薛永生　艾　洁　张　春
　　　　　　黎春龙　李代荣　陈勋玮　何　泳
　　　　　　兰达治　张　强　惠　斌　邹定霞

**编写人员**　张　昊　王志朋　屈　凌　韩　芳
　　　　　　田世宏　黄国林　吴玉峰　陈志挺
　　　　　　强光平　蔡逸飞　贺伶辉　常　静
　　　　　　豆阿敏　赵效民

# 拓展学习资源(线上)

国防是国家生存与发展的安全保障。国防教育是国防建设的重要措施,是增强民族凝聚力和提高全民素质的重要途径。西安交通大学军事课教学团队近年来顺应"互联网+教育"发展趋势,陆续开发了两门线上课程:"国防教育——军事理论""国防教育——热点问题",其中"国防教育——军事理论"被认定为首批国家精品在线开放课程。根据形势的变化,课程内容将持续更新。两门课程每年开两期,分别于2月底、9月初开课,如有兴趣可登录免费选学,也可辅助课堂教学。

**选课程序:**

1. 登录"中国大学MOOC"网站 https://www.icourse163.org/(可扫二维码)。

2. 手机用户可根据提示下载App学习,搜索"国防教育——军事理论"或"国防教育——热点问题",即可找到相关资源。

3. 进入课程介绍,点击"立即参加",即可开始学习。

扫码进行测试

# 前言

党的二十大报告绘就中国式现代化发展的伟大蓝图,围绕实现建军一百年奋斗目标,将国防和军队现代化的重要性提到了前所未有的高度,特别提到:"深化全民国防教育。加强国防动员和后备力量建设,推进现代边海空防建设。"结合党的二十大报告对国防和军队现代化建设提出的新要求,遵循教育部、中央军委国防动员部 2019 年 1 月印发的《普通高等学校军事课教学大纲》(教体艺〔2019〕1 号)文件的具体内容,本教材编写组对教材进行全面的修订。本教材系统总结了国防教育理论的相关知识点,使当代大学生掌握基本的军事知识,增强国防观念与国防意识,提升综合国防素质,为国防后备兵员的培养贡献力量。

本教材是在前期《军事理论教程》的基础上修订的。之前的五版教材,均受到了学习者的广泛好评。其中第 2 版教材为教育部首批审定的普通高校国防教育优秀教材,第 3 版为陕西省普通高校国防教育统编教材。本教材在吸纳总结前几版教材优点的基础上,作出以下调整:

(1)紧扣教学大纲。严格按照新版教学大纲规定的教学内容、教学目标与教学时数,分部分、分章节展现教学大纲规定的内容,逻辑严谨、体系完整,确保教材的权威性与规范性。同时在教学大纲要求的五个模块的基础上增加了军事高技术模块作为选学内容,既保留了原版教材中突出军事高技术、强调军事科技的特色,又契合了教学大纲的内容要求。

(2)紧跟时代脉搏。教材严格按照中共中央、国务院、中央军委《关于加强和改进新时代全民国防教育工作的意见》的精神进行编写,力求内容与时代同频共振,政治性与时效性相统一。根据国际政治军事形势的演进、世界军事发展与军队改革的最新进展,教材引入最新案例,并在每一章设置知识链接环节,希望拓宽广大读者的学习视野,对世界军事形势能够进行全面、客观的判断和分析,培养战略思维。

(3) 紧贴课程思政。教材围绕立德树人的根本任务,深入贯彻习近平强军思想与总体国家安全观,深化课程思政改革。在教材使用过程中逐步形成"两遵循、四突破、六维度"的课程思政模式。"两遵循"即以习近平强军思想和总体国家安全观为遵循。"四突破"即从如下四方面完善课程思政知识传授体系:①以思政元素凝练搭建教学体系;②以育人能力提升筑牢队伍基础;③以多维互动体验营造对话情景;④以多种信息手段形成圈层效应。"六维度"是从"国防理论传授""忧患意识培育""家国情怀弘扬""军事能力提升""国际视野塑造""科学素养熏陶"六个方面提升学生综合国防素质。

本教材编写队伍以西安交通大学军事教研室团队为主,并吸收国内同行部分专家参与。本团队曾获西安交通大学优秀教学团队,从事高校军事理论教学三十余年,积累了丰富的军事理论教材编写与授课经验,国防教育成绩突出。2016年西安交通大学被评为全国国防教育特色学校,2017年"国防教育——军事理论"慕课(MOOC)被认定为首批国家精品在线开放课程(2020年国家线上一流课程),2019年"国防教育——热点问题"慕课被认定为首批陕西省精品在线开放课程,2023年"国际关系分析"慕课被认定为第二批国家线上一流课程。本团队拥有教授4名(其中二级教授1名),副教授3名,讲师3名。本教材主编问鸿滨教授自2016年起担任全国普通高等学校军事教学指导委员会委员,2022年起担任陕西学校军事教学指导委员会副主任、秘书长。新版教材倾注了编写团队的大量心血,反复论证修改,同时参考、吸收、引用了有关专家、学者的论著、文章,在此一并表示诚挚谢意!教材还存在很多不足之处,敬请批评指正!

编 者

2023 年 5 月

# 目 录

## 第一部分　中国国防

### 第一章　中国国防概述 …………………………………………………………… 2
第一节　国防概述 ……………………………………………………………… 2
第二节　国防精神与国防教育 ………………………………………………… 7
第三节　中国国防历史及其启示 ……………………………………………… 8

### 第二章　国防法规 ……………………………………………………………… 13
第一节　国防法规体系 ………………………………………………………… 13
第二节　《中华人民共和国国家安全法》 …………………………………… 14
第三节　《中华人民共和国国防法》 ………………………………………… 17
第四节　《中华人民共和国兵役法》 ………………………………………… 20
第五节　其他国防法律 ………………………………………………………… 24

### 第三章　国防建设与动员 ……………………………………………………… 27
第一节　国防建设概述 ………………………………………………………… 27
第二节　新中国的国防建设历程 ……………………………………………… 29
第三节　新中国的国防建设成就 ……………………………………………… 30
第四节　国防动员 ……………………………………………………………… 33

### 第四章　中国武装力量 ………………………………………………………… 39
第一节　武装力量的概念 ……………………………………………………… 39

第二节　中国武装力量体制的形成与发展 ········································· 39

第三节　中国人民解放军 ····························································· 41

第四节　中国人民武装警察部队 ···················································· 48

第五节　中国民兵 ······································································ 49

# 第二部分　国家安全

## 第五章　国际战略形势 ···································································· 54

第一节　国际战略格局 ································································ 54

第二节　国际战略形势特点与趋势 ················································· 58

第三节　世界主要国家军事力量及战略动向 ····································· 62

## 第六章　国家安全概述 ···································································· 71

第一节　基本概念 ······································································ 71

第二节　总体国家安全观 ····························································· 73

第三节　新型领域安全 ································································ 78

第四节　如何有效维护新时代国家安全 ··········································· 82

## 第七章　中国周边安全 ···································································· 84

第一节　地缘环境概述 ································································ 84

第二节　中国周边安全战略 ·························································· 86

第三节　中国周边安全环境分析 ···················································· 89

## 第八章　中国海洋安全形势与海洋安全战略 ········································ 93

第一节　海洋概况 ······································································ 93

第二节　中国海洋安全形势 ·························································· 96

第三节　中国海洋安全战略 ·························································· 98

# 第三部分　军事思想

## 第九章　中国古代军事思想 ···························································· 102

第一节　军事思想概述 ······························································ 102

第二节　中国古代军事思想的发展过程、特点及内容 ······················· 106

第三节　《孙子兵法》简介 ························································ 114

## 第十章　毛泽东军事思想 ········ 117
第一节　毛泽东军事思想的科学含义 ········ 117
第二节　毛泽东军事思想的产生、形成与发展 ········ 118
第三节　毛泽东军事思想的主要内容 ········ 120

## 第十一章　中国当代国防和军队建设思想 ········ 129
第一节　邓小平新时期军队建设思想 ········ 129
第二节　江泽民国防和军队建设思想 ········ 137
第三节　胡锦涛国防和军队建设思想 ········ 140

## 第十二章　习近平强军思想 ········ 146
第一节　习近平强军思想形成的时代背景 ········ 146
第二节　习近平强军思想的重大意义 ········ 148
第三节　习近平强军思想的主要内容 ········ 149

# 第四部分　现代战争

## 第十三章　新军事革命 ········ 154
第一节　军事革命的发展演变 ········ 154
第二节　新军事革命的兴起与内涵 ········ 157
第三节　新军事革命的主要内容 ········ 159

## 第十四章　信息化战争 ········ 165
第一节　战争概述 ········ 165
第二节　信息化战争概述 ········ 167
第三节　信息化战争的特征与发展趋势 ········ 170
第四节　信息化战争与中国国防建设 ········ 173

# 第五部分　信息化装备

## 第十五章　信息化装备概述 ········ 178
第一节　武器发展历程 ········ 178
第二节　机械化武器装备 ········ 181
第三节　信息化武器装备 ········ 186

| 第十六章 | 综合电子信息系统 | 191 |
| 第一节 | 综合电子信息系统概述 | 191 |
| 第二节 | 指挥控制系统的组成 | 194 |
| 第三节 | 指挥控制系统的功能 | 197 |
| 第四节 | 指挥控制系统的发展趋势 | 200 |

| 第十七章 | 核生化武器 | 205 |
| 第一节 | 核武器技术与防护 | 205 |
| 第二节 | 化学武器技术与防护 | 211 |
| 第三节 | 生物武器技术与防护 | 214 |

| 第十八章 | 精确制导武器 | 218 |
| 第一节 | 精确制导武器概述 | 218 |
| 第二节 | 制导方式 | 221 |
| 第三节 | 导弹武器 | 223 |
| 第四节 | 精确制导弹药 | 228 |

| 第十九章 | 新概念武器 | 232 |
| 第一节 | 新概念武器概述 | 232 |
| 第二节 | 激光与激光武器 | 233 |
| 第三节 | 微波武器和粒子束武器 | 237 |
| 第四节 | 动能武器 | 239 |
| 第五节 | 其他新概念武器 | 241 |

# 第六部分 军事高技术

| 第二十章 | 军事高技术 | 246 |
| 第一节 | 航天技术 | 246 |
| 第二节 | 现代侦察与监视技术 | 253 |
| 第三节 | 现代伪装与隐身技术 | 257 |
| 第四节 | 电子对抗技术 | 262 |
| 第五节 | 夜视技术 | 269 |

参考文献 ……275

# 第一部分　中国国防

**教学目标：**

理解国防内涵，树立正确的国防观；了解中国国防体制、国防战略、国防政策以及国防成就，激发爱国热情；熟悉国防历史、国防法规、武装力量、国防动员的主要内容，增强国防意识。

**思政元素：**

政治认同　法治意识

中国一贯奉行防御性国防政策，中国军队始终是维护世界和平的坚定力量。中国永远不称霸、不扩张，坚决反对霸权主义和强权政治。我们决不会坐视国家主权、安全、发展利益受损，决不会允许任何人任何势力侵犯和分裂祖国的神圣领土。一旦发生这样的严重情况，中国人民必将予以迎头痛击！

——《在纪念中国人民志愿军抗美援朝出国作战
70周年大会上的讲话》(2020年10月23日)

# 第一章　中国国防概述

> 有国就有防,国无防而不立。国防是国家生存与发展的安全保障,一个国家、一个民族,最重要的是发展和安全问题。强大的国防是关系到国家和民族生死存亡、荣辱兴衰的根本大计,是维护全国各族人民根本利益的需要。因此我们要了解和认识现代国防,牢记历史教训,增强国防观念,加强国防建设,增强国防实力,以适应未来信息化战争的需要。

## 第一节　国防概述

### 一、国防的含义

国防是指国家为防备和抵抗侵略,制止武装颠覆和分裂,保卫国家主权、统一、领土完整、安全和发展利益所进行的军事活动,以及与军事有关的政治、经济、外交、科技、教育等方面的活动。

国防伴随着国家的产生而出现,是为国家利益服务的。古往今来,国防虽依国家的性质、制度、国力及其推行的政策不同而具有不同的特征,但一切国防的共同实质,都是以捍卫和维护国家利益为核心来组织的。国家的兴衰与国防密切相关,国防强弱直接关系到国家的安全、民族的尊严和社会的发展。

图1-1　天安门大阅兵

### 二、国防的基本要素

虽然各国对国防的定义不同,但都包括了一些基本的构成要素,即国防的主体、国防的对象、国防的目的和国防的手段。

#### (一)国防的主体

国防的主体即国防活动的实施者。国防是国家的防务,决定了国防的主体主要是指国家。任何国家从诞生之日起,都要固国守边,防御和抵抗外来侵略,以保障国家安全,维护国家利益。国防是维护国家权力的基础,同时,也只有依靠这种权力才能使国防得以运转,才能领导和组织国家的国防事业。现代国家常常通过国内立法来宣示国家主权,这是国家作为国防活动主体的法律依据。但是国防的主体并不只限于国家,国防与国家各部门、各种组织以及全体公民都息息相关。除了代表国家履行国防职权和承担国防义务的国家机关、武装力量外,各政党、企事业单位、社会组织和公民也是国防主体的组成部分。

### (二)国防的对象

国防的对象是指国防所要防备、抵抗和制止的行为。这关系到国家在什么情况下可以使用国防力量的问题。根据《中华人民共和国国防法》的界定,国防的对象,一是"侵略",二是"武装颠覆和分裂"。

#### 1. 侵略

国防要防备和抵抗的是"侵略",而不仅仅是"武装侵略"。《中华人民共和国国防法》对国防对象的这一法律界定,既有国际法依据,又符合国防的实际需要,与国家安全所面临的威胁相一致,不仅表述合理恰当,而且意义深远。一是与国际约章相衔接。联合国1974年通过的《关于侵略定义的决议》,对"侵略"作出了非常详尽的定义,列出了7种侵略行为。凡属于该决议所指的侵略,均属于运用国防力量防备和抵抗的对象。二是与中国的根本大法《中华人民共和国宪法》的提法一致。《中华人民共和国宪法》第二十九条规定的武装力量的任务,第五十五条规定的公民的国防义务,都采用了"抵抗侵略"的提法。三是与国防活动的客观实际相适应。现实中,当今世界武装侵略和非武装侵略并存是事实,如果以法律的形式规定国防仅是防备和抵抗武装侵略,那么在今后的国防建设和斗争中,就会束缚自己的手脚。

#### 2. 武装颠覆和分裂

国防要制止的是"武装颠覆"。颠覆是指推翻现政府的一种叛逆行为,包括武装暴力颠覆和非武装暴力颠覆两种形式。一般情况下,对于非武装暴力颠覆,由国家安全部门处理,不需要动用国防力量。对于武装暴力颠覆活动,如武装叛乱、武装暴乱,必须动用国防力量解决。《中华人民共和国国防法》明确把"制止武装颠覆和分裂"作为国防的一项重要职能具有重要意义。一是各种武装颠覆和分裂活动,包括分裂国家的"独立"、武装叛乱及企图推翻社会主义制度的武装暴乱,已构成对中国安全的主要威胁之一。二是从中国当前面临的国际国内环境来看,武装颠覆和分裂既有来自内部的因素,又有来自外部的支持。各种形式的"独立"、武装叛乱和暴乱,都少不了国外势力的插手,是内外势力相互勾结的结果。应对这一类的武装颠覆和分裂,应该是国防的职能,也就是说,在特殊情况下,国防还具有对内的职能。三是从苏联的分裂、南斯拉夫的分裂以及中亚、中东、北非等地区国家发生颜色革命后的实际情况来看,民族间战争不断、生灵涂炭、国民经济严重倒退,其所导致的灾难性后果不亚于国家之间的战争,所以理应将防止和制止这种现象作为国防的职能。

### (三)国防的目的

#### 1. 捍卫国家主权

国家主权,是一个国家独立自主处理自己对内对外事务的最高权力,表现为自主权、平等权和自保权。主权是国家存在的根本标志,如果一个国家丧失主权,其他的一切都无从谈起。因此,捍卫国家主权,始终是国防中第一位的、根本性的目的和任务。

#### 2. 保卫国家的统一

国家的统一是指国家由一个中央政府对领土内一切居民和事务行使完整的管辖权,不允许另立政府或分割国家的管辖权。从国际法的角度来说,保卫国家统一和反对分裂,历来是一个国家的内部事务,绝不允许外国干涉,这是一个原则性问题,不能有丝毫的含糊。因此,保卫国家的统一历来是国防的重要任务。当外国敌对势力插手中国的民族事务,破坏中国的民族团结,危及国家的统一和完整时,国防力量必须予以坚决打击,发挥其维护国家统一和稳定的职能作用。

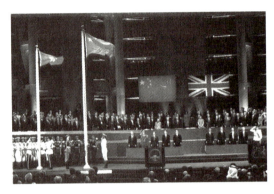

图1-2 1997年7月1日香港回归

图1-3 1999年12月20日澳门回归

### 3. 保卫国家的领土完整

领土是指处于国家主权管辖下的地球表面特定部分,包括陆地、水域及其底土和上空。领土是国家存在和发展的自然物质前提,是构成国家的基本要素之一。国家主权与国家领土具有密切联系,领土既是国家行使其主权的空间,也是国家行使主权的对象,没有领土,主权就失去了存在空间和行使对象。领土完整的含义是:凡属本国的领土,决不能丢失,决不允许被分裂、肢解和侵占。任何国家不得破坏别国的领土完整,任何集团或个人也不得搞旨在分裂本国(或别国)领土完整的活动。国家的领土被侵占,主权必然会遭到侵犯。国防捍卫国家主权的独立,必然要保卫国家领土的完整。

### 4. 保卫国家安全和发展利益

国家要正常地生存和发展,必须有一个安全的内外环境。一个国家如果没有和平、稳定的内外环境,不仅难以建设和发展,而且生存也会受到威胁。因此,维护国家的安全,也是国防的主要目的之一。一旦国家遭到外来侵略和颠覆,安全受到威胁,国防就必须履行自己的职能,抵御和挫败外来的侵略和颠覆,确保国家的和平与稳定;当国内敌对分子勾结外国敌对势力进行武装暴乱,危及国家安全时,就要采取措施,防止和平息这种内外勾结的暴乱,保卫国家安全。

这里需要明确的是,随着时代的演进,对国家安全的认识出现了一些相应的变化,本教材第二部分集中进行讲解。

2020年12月26日,第十三届全国人民代表大会常务委员会第二十四次会议审议通过了新修订的《中华人民共和国国防法》。新修订的国防法增加了"发展利益"四个字,就是要求我国的国防事业,必须保护我国的经济利益、海外利益与其他领域的发展权益。将"发展利益"写进法律条文中,就是对那些威胁中国发展利益的国家与个人的一项严正警告,中国将会对损害中国发展利益的行为进行反击,不排除诉诸武力的可能。

### (四) 国防的手段

国防的手段是指国防主体为完成国防任务、实现国防目的而采取的方式、方法和措施。军事手段是国防的主要手段,现代国防的根本职能是捍卫国家利益,防备和抵御外来的各种形式和不同程度的侵犯,防备和平息内外部的敌对势力相互勾结所发动的武装暴乱。其中,包括军事威胁、恫吓、军事干预、占据部分领土、武装掠夺经济资源、发动侵略战争等在内的武装侵犯,对国家利益的危害性最大。但军事手段不是唯一的手段,军事活动不能离开与军事有关的政治、经济、外交、科技、教育等方面的活动而孤立地发挥作用。政治与国防关系密切,对国防起着决定性的支配作用。政治手段是指与军事有关的政治活动,如心理战、舆论战、法律战等。经济是国防的基础,当今时代,不管是国防建设还是国防斗争,都离不开包括经济动员、经济制裁、经济封锁、经济禁运等在内的经济手段。与军事有关的外交手段广泛,内容丰富,包括军事往来、军事援助、军事经济合作、边防管理等方面的斗争策略和措施。

## 三、国防的类型

国家建立的国防系统,是与本国的利益和战略需要相适应的。按照不同的国防概念和标准,当今世界各国的国防归纳起来有以下四种类型。

### 1. 扩张型国防

扩张型国防是指某些经济发达的大国,为了维护本国在世界许多地区的利益,实行霸权主义侵略扩张政策,打着防卫的幌子,对别国进行侵略、颠覆和渗透。其特点是把本国的"安全"建立在别国屈服的基础上,把"国防"作为侵犯别国主权和领土、干涉他国内政的代名词。

### 2. 自卫型国防

自卫型国防指在国防建设上以防止外敌入侵为目的,主要依靠本国的力量,广泛争取国际上的同情和支持,以维护本国安全、周边地区和世界和平与稳定。

### 3. 联盟型国防

联盟型国防即以结盟形式,联合一部分国家来弥补自身力量的不足。联盟型国防中,有扩张和自卫两种。从联盟国之间的关系看,其可分为一元体系联盟和多元体系联盟。前者有一个大国处于盟主地位,其余国家处于从属地位;后者基本处于伙伴关系,共同协商防卫大计。

### 4. 中立型国防

中立型国防主要指中小发达国家,为了保障本国的繁荣和安全,严守和平中立的国防政策,制定总体防御战略和寓兵于民的防御体系。中立型国防的代表国家是瑞士,该国寓兵于民,大搞全民皆兵的国防。

## 四、现代国防的特征

### (一) 现代国防概念的内涵更加丰富

现代国防虽然与传统的国防在目的上都是维护国家利益,但它所维护的国家利益,无论是在内涵上,还是在范围上,以及在维护国家利益的行为方式上,都远比以前丰富得多。国防所维护的国家利益主要是安全利益。首先,它是指国家作为一个政治利益实体的安全,包括国家政治制度的巩固、领土主权的完整、主导意识形态的维护、民族团结和睦统一等。其次,它还指国家作为一个经济利益实体的安全,包括国家资源和经济活动、人民群众生命财产的不可侵犯性等。此外,它还指国家作为国际社会成员的地位和威望。一个国家在国际上的地位、尊严、荣誉、信誉、对外友好关系等,对国家的生存与发展都有着十分重大的影响。

总的来说,现代国防的内涵非常丰富,是军事国防、政治国防、经济国防、科技国防、文化国防、网络国防、太空国防、海洋国防等涉及各个领域各个行业的综合国防,是一种大国防概念。在这种大国防观念看来,除了国家之间的军事威胁之外,其他的各种威胁即非传统安全威胁也是大国防概念所涵盖的内容,对此也不应该忽略。

**(二)现代国防是多种手段、多种斗争形式的角逐**

国防手段是为达到国防目的而采取的方法和措施。其主要包括军事活动,以及与军事有关的政治、经济、外交、科技、教育等方面的活动。这些手段的综合运用又形成了诸多的斗争形式。在现实的国际社会中,无论是影响力、谈判,还是威慑,都必须以强大的实力为后盾和基础,甚至要随时准备把实力投入战场。国家武装力量强弱是一个国家实力的重要标志。第二次世界大战结束以来,尽管没有发生世界大战,但世界各国都十分重视军队建设,战争手段作为最高仲裁者的地位还未发生根本性变化。在这一点上,现代国防观与传统国防观是相同的。现代国防观与传统国防观的根本不同之处,并不在于是否在战场上决一雌雄,而在于是否着眼于制约战争的发生。因此,运用影响力、谈判和威慑等非暴力手段已客观地居于国防的重要位置,现代国防也正是这多种手段和多种斗争形式的角逐。

**(三)现代国防是综合国力的较量**

现代国防理论把军事力量的增长同经济发展、科技进步联系起来,以在综合国力较量中取得优势,作为维护国家安全利益的主要内容。它与传统国防理论的不同之处就在于它是在第二次世界大战之后,经济与科技飞速发展基础上产生出来的一种凭借综合国力维护国家安全的新理论。综合国力,指的是国家全部物质力量和精神力量、实力和潜力的总和,由表现为自然的、经济的、政治的、科技的、军事的、精神的等要素构成。它包含国家的方方面面。例如,自然要素方面的国土面积、人口数量、自然资源、地理位置等,经济要素方面的国民经济发展、经济结构、经济潜力等,政治要素方面的社会政治制度、国家政策和管理能力、国际关系和国际地位等,科技要素方面的国民教育水平、科学和技术发展水平、科学技术潜力,军事要素方面的武装力量的数量和质量、国防科技的规模和水平、后备力量的数量和质量、战争准备程度、动员能力等,精神要素方面的民族文化传统、社会风尚、国防意识、国民向心力和凝聚力等。现代国防的核心问题是如何在现有客观基础上,尽快增强综合国力,并有效地运用综合国力,以实现国防目标。

**(四)现代国防与国家经济建设关系更加密切**

现代国防与国家经济建设有着更为密切的关系。一方面,国家经济发展水平制约着国家武器装备发展的总水平和国防力量的总规模。特别是在当今科技迅猛发展,促使武器装备不断更新的情况下,现代国防对资源、财力的需求,对国家各经济部门的依赖性日益增强,没有强大的经济实力为现代国防提供物质基础,就不可能从根本上加强现代国防建设。但另一方面,现代国防对于经济发展并不是消极和被动的,它不仅能为经济建设创造一个和平安定的国际国内环境,保障经济建设顺利进行,而且可以充分发展国防系统的社会经济功能,直接多方面支援和促进经济建设的发展。

## 第二节 国防精神与国防教育

### 一、国防精神

国防精神,是一个国家的公民抵抗外侮,捍卫祖国独立和主权,维护国家的尊严和安全的强烈意识。国防精神的主要内容有爱国主义精神、民族尚武精神和革命英雄主义精神。在激烈竞争、群雄并立、多极化发展的当今世界,如果一个国家真正能够在国际竞争中自强,在强国之林中自立,在多极世界中占据一极,就必须通过强化全民的国防观念来振奋民族精神,激发人民的国家生存意识,增强国家的国防竞争实力,筑起牢不可破的精神防线。"所谓固国家不以山溪之险,威天下不以兵革之利,其道何在?精神为也。"这句话充分说明了构筑和巩固全民牢不可破的精神防线,才是保障国家安全的根本措施。强烈的国防意识所焕发的民族向心力和凝聚力,在军事上可以转化为战斗力,在经济上能转化为生产力,在总体上有利于增强中国的综合国力。

#### 1. 爱国主义精神

爱国主义精神是人民对自己祖国的一种崇高的感情,是为自己祖国的独立、繁荣富强贡献力量的强烈责任感和牺牲自己一切的忘我精神。它主要体现在热爱祖国、热爱人民、热爱本民族优秀文化传统,坚持保卫祖国的独立、主权和民族尊严等方面。习近平总书记强调:"历史深刻表明,爱国主义自古以来就流淌在中华民族血脉之中,去不掉,打不破,灭不了,是中国人民和中华民族维护民族独立和民族尊严的强大精神动力,只要高举爱国主义的伟大旗帜,中国人民和中华民族就能在改造中国、改造世界的拼搏中迸发出排山倒海的历史伟力!"具有五千年文明史的中华民族,把爱国主义作为最可贵的国魂与民魂,形成了像长江黄河一样源远流长的爱国主义传统。在爱国主义精神的激励下,中华民族不惧强权、不畏强暴,以巨大的凝聚力和旺盛的生命力,昂然屹立在世界的东方。

#### 2. 民族尚武精神

民族尚武精神是指一个国家、一个民族自强不息、奋发向上的民族气质,支持国防强大与巩固、维护国家尊严与安全的爱国意识和心理素质。它包括卫国报国的志向、居安思危的戒备观念、刚毅坚强的斗志、奋发进取的竞争意识。一般说来,在外敌入侵的情况下,容易唤起人民抵御外患的国防意识,而在和平时期,人们最易滋长无敌国外患的麻痹思想和苟且偷安的心理,古今中外概莫能外。弘扬尚武精神,决不是意味着好战,而是以战止战、备战慑战;决不是穷兵黩武,而是要唤起深藏于人民心底的血性,找回以忠、义、勇为代表的"清澈品格"。弘扬尚武精神,离不开社会生活中对英雄的推崇、对烈士的敬仰,也离不开每个人对国防和军队建设的关心、对崇军尚武的倾情。

#### 3. 革命英雄主义精神

革命英雄主义精神是无产阶级和劳动人民在改造自然、改造社会的长期革命斗争实践中产生的,为人类生存发展和正义事业而奋斗的思想意识,是国防精神的重要内容,是爱国主义与民族尚武精神相结合的必然产物和集中体现。革命英雄主义精神的主要表现是:勇于献身的高尚品质,战胜困难的坚强意志,宁死不屈的革命气节,勇敢顽强的革命气概,争先创优的进取精神,朝气蓬勃的革命乐观主义精神,等等。在为争取祖国独立、民族解放和捍卫国家领土完整的斗争中,中国共产党及其领导的人民军队,最突出地表现出了高度的革命英雄主义气概,涌现出了无数的英雄集体和英雄模范人物,形成了革命英雄主义的优良传统。

## 二、国防教育

图1-4 人民英雄纪念碑

国防教育是指国家开展以爱国主义为核心,以履行国防义务为目的,与国防和军队建设有关的理论、知识、技能以及科技、法律、心理等方面的教育。国防教育是建设和巩固国防的基础,是增强民族凝聚力、提高全民素质的重要途径。国防教育的主要内容包括国防基础知识教育、国防精神教育和国家安全形势教育。其中,国防基础知识教育包括国防理论教育、国防历史教育、国防科技教育、国防法制教育、国防技能教育等,国防精神教育包括爱国主义精神教育、民族尚武精神教育、革命英雄主义精神教育等,国家安全形势教育包括国防形势教育、国际战略形势教育、周边安全形势教育、忧患意识教育等。

中国要建设现代化国防、建设信息化军队、打赢信息化战争必须大力加强国防教育,使广大公民在思想上、知识上、技能上做好进行国防建设和开展国防斗争的准备,特别是造就一大批适应现代国防需求的国防后备人才。党的二十大报告提出"深化全民国防教育",旨在进一步强调深化、强化和改进新时代全民国防教育工作,推进全民国防教育继续深入发展、走深走实,切实增强全民爱党爱国爱军爱社会主义的深厚感情、居安思危的忧患意识、崇军尚武的思想观念、强国强军的责任担当,使关心国防、热爱国防、建设国防、保卫国防成为全社会的思想共识和全体公民的自觉行动。

# 第三节 中国国防历史及其启示

## 一、中国国防历史

中国有着悠久的国防史,一般分为三个阶段:中国古代国防(鸦片战争之前)、中国近代国防(1840—1949年)、中国现代国防(1949年至今),下面分别介绍。

### (一)中国古代国防

以下主要从两个方面对中国古代国防加以介绍。

#### 1.古代的兵制建设

兵制是中国古代国防建设的一项重要内容。兵制,即军事制度,也称军制,是国家或政治集团组织、管理、维持、储备和发展军事力量的制度,包括武装力量体制、军事领导体制、兵役制度等方面的内容。在殷墟出土的甲骨卜辞中,已经有"王作三师:左、中、右"的记载,说明在商朝军队中已经有了固定的编制——王师。在西周灭商的"牧野之战"中,已有"戎车三百乘,虎贲三千人,甲士四万五千人,以东伐纣"的记载。到了春秋战国时期,各国出现了军的编制,一般编为左、中、右三军或上、中、下三军,每军有战车二百乘左右。军事领导体制上出现将、相分职的机构。战国时期,随着冶铁技术的发展,军队由单一兵种向多兵种发展,西周时期的主要兵种——战车兵,此时地位逐渐下降,步兵从战车兵的依附地位中分离出来,成为一支独立的兵种,在战争中占据主要地位。此外,在长江流域的一些国家,水师也成为能独立作战的兵种。秦统一六国后,随着中央集权制的建立,全国有了统一的军队,并形成由京师兵、郡县兵、边兵组成的武装力量体制。自秦统一中国到清末,历代封建王朝根据各自的需要和条件,在专制主义中央集权制度的基础上,加强帝国的军权。

### 2. 古代的国防工程建设

边防、海防是国防建设的重要内容,为了抵御外敌侵犯,巩固边海防的安全,中国古代修筑了数量众多、规模庞大的国防工程,如城池、长城、边海防要塞等。

(1) 边防建设。在战国时期,战争形式从春秋时期的争霸称雄战争改为兼并扩张战争,战争的激烈程度远远甚于春秋时期。这时各国都强调"四塞以为固",希望通过扼守要点争取战场优势,于是"固封疆,备边竟,完要塞,谨关梁,塞蹊径"成为国防建设的重要内容。战国时期各国具有战略意义的重要关塞大抵有40余处。以秦国为例,秦国所处的关中地区有著名的"四关",东有函谷关(今河南灵宝西),南有武关(今陕西丹凤东),西有散关(今陕西宝鸡西南),北有萧关(今宁夏固原东南)。

到了战国时期,城池的修筑有了新的发展,各国都普遍重视城邑的修筑,致力于加强其防守的能力,努力做到"池深而广,城坚而厚"。例如,通过考古发掘查明,齐国都城临淄共有内外两城,内城周长7000米,外城周长达14000米。

万里长城是举世闻名的中国古代国防工程。早在战国时期,燕国、赵国、秦国开始各自修建长城,那时是一段一段地修建。秦始皇统一六国后,征集大量人员,大力修建和扩展,把北部长城连接起来。后来,经过历代的多次修建,到明代形成了东起山海关、西至嘉峪关的规模,也就是今天人们所说的万里长城。

图1-5 万里长城

(2) 海防建设。中国古代海防建设是从明朝开始的。明朝初期,由于倭寇对中国东南沿海的侵扰活动日益严重,为了抵御倭寇,朱元璋命令开始加强海防建设,在沿海设置卫、所,建立水军,有效地防御了倭寇对中国东南沿海的入侵和骚扰。明朝中期,著名的抗倭名将戚继光组建了戚家军,在沿海地区构筑水城,编练军队,于1565年彻底平定倭寇,使海防得到巩固。清朝前期,在明朝卫、所的基础上,逐步将沿海建成炮台要塞式的防御体系,分为海岛要塞、海口要塞、海岸要塞和江防要塞。海岛要塞有舟山、澎湖等,海口要塞有虎门、温州、大沽等,海岸要塞有厦门、威海、烟台、旅顺等,江防要塞有江阴、江宁(南京)等。除建有这些要塞外,还编有江河水师和外海水师。但是,到清朝中期,随着清政府的腐败,海防日渐虚弱。

### (二)中国近代国防

19世纪上半期,西方资本主义国家为了开辟新的销售市场和原料产地,加紧对外侵略扩张,开始了对中国赤裸裸的侵略。

从1840年鸦片战争到中华人民共和国成立前的一百多年间,中华民族屡遭外敌侵略、欺辱。从1840年到1911年70多年间,先后有近20个国家的侵略者践踏过中国的国土,抢掠过中国的财物,屠杀过我们的同胞,参与过损害中国主权的罪恶活动。在此期间,外国侵略者还强迫腐败的清政府签订了1000多个不平等条约,如《南京条约》《马关条约》《辛丑条约》等。列强的军事侵略,一个个强加在中国人头上的不平等条约,一次次的割地赔款,使中国在政治、经济、文化上蒙受了巨大屈辱和损失。当时中国海岸线上,竟找不到一个自己享有主权的港口;外国人在中国境内犯罪,中国人无权审理;外国人在租界地实行殖民统治,形成了"国中之国";外国人甚至控制了中国的警察权,指挥中国的外交。整个中华民族美丽富饶的国土被帝国主义列强踩躏得支离破碎。这一阶段的中国,有国无防,任人宰割。

随后,日本帝国主义又发动了残酷的侵华战争,侵略者的铁蹄踏遍了大半个中国,占领我国土,残杀我同胞,掠夺我资源,中华民族又一次遭受前所未有的灾难。

在危亡时刻,中国共产党团结和领导全国各族人民一致抗日,取得了抗日战争的伟大胜利。

### (三)中国现代国防

中华人民共和国成立以来,中国共产党中央委员会、国务院和中央军事委员会高度重视国防建设,逐步加强了政治安防、经济兴防、军事强防措施,挫败了国内外敌对势力的武装侵略和颠覆图谋,捍卫了国家主权和领土完整,为国家的经济建设提供了相对安全的和平环境,逐步完善了中国现代的国防;实行了高度集中统一的国防和武装力量领导体制,组建了边防部队并建立了由边防军事设施、海岸工程和空军前进机场组成的沿边、沿海设防体系,国防科学技术、国防工业和武器装备发展取得了重大成就。

## 二、中国国防历史的启示

中国数千年的国防历史,有过声威远播、天下归附的武功,有过引而不发、强虏驻足的宁静,有过遍体创伤、不堪回首的屈辱,也有过抗敌卫国的巨大胜利。在实现中华民族伟大复兴征程上,重温这一漫长的国防历史,可以从中得到有益的启示。

### (一)经济发展是国防强大的基础

经济是国防的物质基础,国防强大依赖于经济发展,这是中国国防历史给予我们的深刻启示。早在春秋战国时期,统治者就认识到国富才能兵强,自强方可自立,无不把发展经济作为巩固国防、争夺霸权的重要措施。春秋时期,晋国因整顿内政、发展经济、扩充军队等一系列的综合治理,由一个贫弱小国一跃而成为中原霸主;秦国重用商鞅进行变法,极大地解放了生产力,促进了经济的发展,对秦最终吞并六国完成统一大业起到了重要作用。唐朝由"贞观之治"达到封建社会的鼎盛时期,更是当时统治者注重发展经济的结果。

与此相反,各朝各代的衰落、灭亡,遭受外敌的入侵而不能自保,毫无例外是因为这个朝代后期政治腐败、经济落后,动摇了国防的根基。由此可见,只有经济的强盛,才能有强大的国防,才能有政权的稳固和国家的安全。

**(二)政治昌明是国防巩固的根本**

国家政策的正确与否,直接关系到国防的兴衰。只有政治的昌明,才能有巩固的国防。这是国防历史给我们提供的又一深刻启示。

春秋战国时期,各诸侯国就十分注意修明政治,变法图强,把尊贤厚士、举贤任能、选拔优秀人才治理国家作为强国的根本大计。汉高祖得天下后,实行"文武"政策,建立法制,修明政治。此后,文帝、景帝至武帝,都实行比较开明的治国之策,为西汉长达200多年的基本安定奠定了基础。

相反,秦行暴政,激起农民起义,终至秦始皇梦想千秋万年、子孙相继的基业被推翻;宋朝由于机构臃肿,官员奢侈腐化,国力衰竭不堪,无力抵抗外侵,终为元兵所灭;明末由于皇帝昏庸、宦官专政,结党营私,始被起义军所败,后又为清兵所亡。特别是近代中国,由于清政府政治日趋腐朽,国防日益虚弱,面对列强入侵战屡屡败,乞降求和,割地赔款,使国家遭受了前所未有的奇耻大辱,将中国人民带进了苦难的深渊。

总之,国防的兴衰,王朝的更替,近代中国的百年国耻,都深刻地告诉我们,政治的昌明是国防巩固的基础,是国家得以长治久安的根本保证。

**(三)国家的统一和民族的团结是国防强大的关键**

近代西方列强对中国的一系列侵略战争,使中国逐渐沦为半殖民地半封建社会,山河破碎,有国无防,一个重要的原因就是清朝统治者在侵略者面前,不仅不发动和依靠广大人民进行反侵略的正义战争,反而认为"患不在外而在内",甚至在义和团奋起抗击八国联军的时候,竟企图借外国侵略者之手消灭义和团。由于统治者害怕人民,采取与人民对立的立场,尽管广大人民奋起反抗侵略者,但都处于自发、分散的状态,缺乏统一指挥,没有形成一致对外的合力,无法改变战争的局面。

抗日战争时期,中国共产党主张全国军民团结起来,建立广泛的抗日民族统一战线,共同抵抗日寇侵略。同时,坚持人民战争的战略指导方针,放手发动群众,团结一切可以团结的力量共同抗击敌人。中国共产党领导的八路军、新四军挺进敌后,开辟了广大的敌后抗日根据地,运用人民战争的战略战术,同全国军民一道有效地打击了日本侵略者,并最终取得了抗日战争的全面胜利。

历史证明,国家的统一,民族的团结,全国军民一致共同抵抗侵略的精神和意志,才是国防真正的钢铁长城。这是让一切侵略者陷入人民战争的汪洋大海的基础,这是让一切侵略者都望而生畏的真正的铜墙铁壁,这是民族自强的根本和国防力量的源泉。

## 思考题

1. 什么是国防？国防的类型有哪些？
2. 现代国防的基本要素的是什么？
3. 现代国防的特征有哪些？
4. 国防教育的主要内容有哪些？
5. 什么是国防精神？国防精神包括哪些内容？
6. 中国国防历史的启示有哪些？

## 知识链接

**全民国防教育日**

全民国防教育日是国家设定的对全民进行大规模国防教育的主题活动日。2001年8月31日，中华人民共和国第九届全国人民代表大会常务委员会第二十三次会议通过《全国人民代表大会常务委员会关于设立全民国防教育日的决定》。根据《中华人民共和国国防教育法》规定，每年9月的第三个星期六为全民国防教育日。目的是弘扬爱国主义精神，普及国防教育，使全民增强国防观念，掌握必要的国防知识和军事技能，自觉履行国防义务，关心、支持、参与国防建设。

# 第二章 国防法规

> 国防法规是国家法律的重要组成部分,是加强国防和武装力量建设的基本法律依据,是调整国防领域中各种关系、坚持依法治军、全面提高部队战斗力的重要保证,也是做好战争准备、赢得战争胜利的根本保障。

## 第一节 国防法规体系

### 一、国防法规的概念

国防法规是指国家为了加强防务,尤其是加强武装力量建设,用法律文件、行政法规、行政规章和制度规范等形式确定并以国家强制手段保证其实施的行为规则的总称。国防法规作为国防活动的基本法律规范,其主要任务是调整和规范国家在国防领域中的各种社会关系,把国防建设纳入法治轨道,确保国防和军队现代化建设目标的实现。

### 二、国防法规体系的主要内容和等级

国防法规是以国家宪法为依据,根据国防建设的实际需要而制定的。目前,中国现行的国防法规有规范国防建设基本任务、方针原则、领导体制及制度的《中华人民共和国国防法》,有规范中国兵役和兵役制度的《中华人民共和国兵役法》,有规范武装力量作战、训练、管理等内容的行政法规,有规范军官和士兵服役、军衔等内容的国防人事法规,还有规范发展武器装备、保护军事设施的《中华人民共和国国防科技法》《中华人民共和国军事设施保护法》等。

中国现行的国防法规体系,根据规范的效力范围,从纵向结构上可划分为以下五个层次。

#### (一)《中华人民共和国宪法》的国防条款

它在国防法规体系中居于最高地位,对于制定和修订其他国防法规具有根本的统领和指导作用。

#### (二)基本国防法律

它是由全国人民代表大会颁布的规范国防行为或国防社会关系的法律规范的总称。《中华人民共和国兵役法》《中华人民共和国国防法》等是由国家最高权力机关——全国人民代表大会制定颁布的,处于国家基本法的地位。

#### (三)国防专项法律

它是由全国人民代表大会常务委员会颁布的国防专项法律文件。如《中华人民共和国国

防教育法》《中华人民共和国国防动员法》，以及其他专项法律中的国防条款，就属于这一层次。

### （四）国防行政法规

国防行政法规包括国务院单独颁布、国务院和中央军委联合颁布的国防行政法规，中央军委颁布的军事法规，以及其他法规中的国防条款。如《退伍义务兵安置条例》（已废止）等是由国务院制定颁布的；《中国人民解放军内务条令（试行）》《中国人民解放军纪律条令（试行）》《中国人民解放军队列条令（试行）》等是由中央军委制定颁布的；《军人抚恤优待条例》《征兵工作条例》《中国人民武装警察部队实行警官警衔制度的具体办法》等则是由国务院和中央军委联合制定颁布的。

### （五）国防规章和地方性法规

这一层次的内容主要包括以下几个方面：国务院各部委单独制定或与中央军委有关部门联合制定的国防行政规章，如《应征公民体格检查标准》《交通战备科研管理工作暂行规定》等；中央军委各部门、各军兵种、各战区制定的军事规章，如《中华人民共和国海军舰艇条令（试行）》《飞行条令》等；国家行政区域的各级权力机关和各级行政机关制定的地方性国防法规和行政规章，如《北京市征兵工作条例》《陕西省国防教育条例》等。

## 第二节 《中华人民共和国国家安全法》

《中华人民共和国国家安全法》首颁于1993年，2014年11月1日，第十二届全国人民代表大会常务委员会第十一次会议审议通过了《中华人民共和国反间谍法》，相应废止了原有的国家安全法。现行的《中华人民共和国国家安全法》由2015年7月1日第十二届全国人民代表大会常务委员会第十五次会议通过，同日中华人民共和国主席令第二十九号公布，并自公布之日起施行。它是为了维护国家安全，保卫人民民主专政的政权和中国特色社会主义制度，保护人民的根本利益，保障改革开放和社会主义现代化建设的顺利进行，实现中华民族伟大复兴，根据宪法制定的法律。该法对政治安全、国土安全、军事安全、文化安全、科技安全等11个领域的国家安全任务进行了明确，包括总则，维护国家安全的任务，维护国家安全的职责，国家安全制度，国家安全保障，公民、组织的义务和权利以及附则，共7章84条。其主要内容有以下几方面。

图2-1 《中华人民共和国国家安全法》

### 一、明确了国家安全内涵、国家安全领导体制和运行机制

国家安全法明确了国家安全就是指国家政权、主权、统一和领土完整、人民福祉、经济社会可持续发展和国家其他重大利益相对处于没有危险和不受内外威胁的状态，以及保障持续安全状态的能力。国家安全工作应当坚持总体国家安全观，以人民安全为宗旨，以政治安全为根本，以经济安全为基础，以军事、文化、社会安全为保障，以促进国际安全为依托，维护各领域国家安全，构建国家安全体系，走中国特色国家安全道路。坚持中国共产党对国家安全工作的领

导,建立集中统一、高效权威的国家安全领导体制。中央国家安全领导机构负责国家安全工作的决策和议事协调,研究制定、指导实施国家安全战略和有关重大方针政策,统筹协调国家安全重大事项和重要工作,推动国家安全法治建设。国家制定并不断完善国家安全战略,全面评估国际、国内安全形势,明确国家安全战略的指导方针、中长期目标、重点领域的国家安全政策、工作任务和措施。

维护国家安全,应当遵守宪法和法律,坚持社会主义法治原则,尊重和保障人权,依法保护公民的权利和自由;应当与经济社会发展相协调;应当坚持预防为主、标本兼治,专门工作与群众路线相结合,充分发挥专门机关和其他有关机关维护国家安全的职能作用,广泛动员公民和组织,防范、制止和依法惩治危害国家安全的行为;应当坚持互信、互利、平等、协作,积极同外国政府和国际组织开展安全交流合作,履行国际安全义务,促进共同安全,维护世界和平。中华人民共和国公民、一切国家机关和武装力量、各政党和各人民团体、企业事业组织和其他社会组织,都有维护国家安全的责任和义务。每年4月15日为全民国家安全教育日。

## 二、明确了维护国家安全的任务

《中华人民共和国国家安全法》指出:"国家坚持中国共产党的领导,维护中国特色社会主义制度,发展社会主义民主政治,健全社会主义法治,强化权力运行制约和监督机制,保障人民当家作主的各项权利。国家防范、制止和依法惩治任何叛国、分裂国家、煽动叛乱、颠覆或者煽动颠覆人民民主专政政权的行为;防范、制止和依法惩治窃取、泄露国家秘密等危害国家安全的行为;防范、制止和依法惩治境外势力的渗透、破坏、颠覆、分裂活动。"

国家应加强边防、海防和空防建设,采取一切必要的防卫和管控措施,保卫领陆、内水、领海和领空安全,维护国家领土主权和海洋权益;加强武装力量革命化、现代化、正规化建设,建设与保卫国家安全和发展利益需要相适应的武装力量;实施积极防御军事战略方针,防备和抵御侵略,制止武装颠覆和分裂;开展国际军事安全合作,实施联合国维和、国际救援、海上护航和维护国家海外利益的军事行动,维护国家主权、安全、领土完整、发展利益和世界和平。

国家还应维护国家基本经济制度和社会主义市场经济秩序;健全金融宏观审慎管理和金融风险防范、处置机制;合理利用和保护资源能源;健全粮食安全保障体系;坚持社会主义先进文化前进方向;加强自主创新能力建设;加快建设网络与信息安全保障体系;坚持和完善民族区域自治制度,巩固和发展平等团结互助和谐的社会主义民族关系;依法保护公民宗教信仰自由和正常宗教活动;反对一切形式的恐怖主义和极端主义;健全有效预防和化解社会矛盾的体制机制;完善生态环境保护制度体系;坚持和平利用核能和核技术;坚持和平探索和利用外层空间、国际海底区域和极地;保护海外中国公民、组织和机构的安全和正当权益,保护国家的海外利益不受威胁和侵害;等等。

## 三、规定了国家机关维护国家安全的职责

国家安全法指出:全国人民代表大会依照宪法规定,决定战争和和平的问题,行使宪法规定的涉及国家安全的其他职权;全国人民代表大会常务委员会依照宪法规定,决定战争状态的宣布,决定全国总动员或者局部动员,决定全国或者个别省、自治区、直辖市进入紧急状态,行使宪法规定的和全国人民代表大会授予的涉及国家安全的其他职权;中华人民共和国主席根据全国人民代表大会的决定和全国人民代表大会常务委员会的决定,宣布进入紧急状态,宣布

战争状态,发布动员令,行使宪法规定的涉及国家安全的其他职权。

国务院根据宪法和法律,制定涉及国家安全的行政法规,规定有关行政措施,发布有关决定和命令;实施国家安全法律法规和政策;依照法律规定决定省、自治区、直辖市的范围内部分地区进入紧急状态;行使宪法法律规定的和全国人民代表大会及其常务委员会授予的涉及国家安全的其他职权。中央军事委员会领导全国武装力量,决定军事战略和武装力量的作战方针,统一指挥维护国家安全的军事行动,制定涉及国家安全的军事法规,发布有关决定和命令。中央国家机关各部门按照职责分工,贯彻执行国家安全方针政策和法律法规,管理指导本系统、本领域国家安全工作。地方各级人民代表大会和县级以上地方各级人民代表大会常务委员会在本行政区域内,保证国家安全法律法规的遵守和执行。地方各级人民政府依照法律法规规定管理本行政区域内的国家安全工作。香港特别行政区、澳门特别行政区应当履行维护国家安全的责任。

### 四、确定了国家安全制度

国家安全法确定了一般规定,情报信息,风险预防、评估和预警,审查监管以及危机管控等五个方面的制度。关于一般规定,该法指出:中央国家安全领导机构实行统分结合、协调高效的国家安全制度与工作机制;国家建立国家安全重点领域工作协调机制,国家安全工作督促检查和责任追究机制,跨部门会商工作机制,国家安全决策咨询机制,中央与地方之间、部门之间、军地之间以及地区之间关于国家安全的协同联动机制等。

关于情报信息,该法规定:国家健全统一归口、反应灵敏、准确高效、运转顺畅的情报信息收集、研判和使用制度,建立情报信息工作协调机制,实现情报信息的及时收集、准确研判、有效使用和共享;国家安全机关、公安机关、有关军事机关根据职责分工,依法搜集涉及国家安全的情报信息。

关于风险预防、评估和预警,该法规定:国家制定完善应对各领域国家安全风险预案;建立国家安全风险评估机制,定期开展各领域国家安全风险调查评估;健全国家安全风险监测预警制度,根据国家安全风险程度,及时发布相应风险预警。

关于审查监管,该法规定:国家建立国家安全审查和监管的制度和机制,对影响或者可能影响国家安全的外商投资、特定物项和关键技术、网络信息技术产品和服务、涉及国家安全事项的建设项目,以及其他重大事项和活动,进行国家安全审查,有效预防和化解国家安全风险;中央国家机关各部门依照法律、行政法规行使国家安全审查职责,依法作出国家安全审查决定或者提出安全审查意见并监督执行;省、自治区、直辖市依法负责本行政区域内有关国家安全审查和监管工作。

关于危机管控,该法规定:国家建立统一领导、协同联动、有序高效的国家安全危机管控制度;发生危及国家安全的重大事件,中央有关部门和有关地方根据中央国家安全领导机构的统一部署,依法启动应急预案,采取管控处置措施;发生危及国家安全的特别重大事件,需要进入紧急状态、战争状态或者进行全国总动员、局部动员的,由全国人民代表大会、全国人民代表大会常务委员会或者国务院依照宪法和有关法律规定的权限和程序决定;国家决定进入紧急状态、战争状态或者实施国防动员后,履行国家安全危机管控职责的有关机关依照法律规定或者全国人民代表大会常务委员会规定,有权采取限制公民和组织权利、增加公民和组织义务的特别措施等。

## 五、确定了维护国家安全的一系列保障措施

国家安全法规定:国家健全国家安全保障体系,增强维护国家安全的能力;国家健全国家安全法律制度体系,推动国家安全法治建设;国家加大对国家安全各项建设的投入,保障国家安全工作所需经费和装备;承担国家安全战略物资储备任务的单位,应当按照国家有关规定和标准对国家安全物资进行收储、保管和维护,定期调整更换,保证储备物资的使用效能和安全;鼓励国家安全领域科技创新,发挥科技在维护国家安全中的作用;国家采取必要措施,招录、培养和管理国家安全工作专门人才和特殊人才;国家安全机关、公安机关、有关军事机关开展国家安全专门工作,可以依法采取必要手段和方式,有关部门和地方应当在职责范围内提供支持和配合;国家加强国家安全新闻宣传和舆论引导,通过多种形式开展国家安全宣传教育活动,将国家安全教育纳入国民教育体系和公务员教育培训体系,增强全民国家安全意识。

## 六、规定了公民、组织维护国家安全的义务和权利

国家安全法规定了公民和组织应当履行下列维护国家安全的义务:①遵守宪法、法律法规关于国家安全的有关规定;②及时报告危害国家安全活动的线索;③如实提供所知悉的涉及危害国家安全活动的证据;④为国家安全工作提供便利条件或者其他协助;⑤向国家安全机关、公安机关和有关军事机关提供必要的支持和协助;⑥保守所知悉的国家秘密;⑦法律、行政法规规定的其他义务。任何个人和组织不得有危害国家安全的行为,不得向危害国家安全的个人或者组织提供任何资助或者协助。机关、人民团体、企业事业组织和其他社会组织应当对本单位的人员进行维护国家安全的教育,动员、组织本单位的人员防范、制止危害国家安全的行为。企业事业组织根据国家安全工作的要求,应当配合有关部门采取相关安全措施。

公民和组织支持、协助国家安全工作的行为受法律保护。公民和组织对国家安全工作有向国家机关提出批评建议的权利,对国家机关及其工作人员在国家安全工作中的违法失职行为有提出申诉、控告和检举的权利。在国家安全工作中,需要采取限制公民权利和自由的特别措施时,应当依法进行,并以维护国家安全的实际需要为限度。

# 第三节 《中华人民共和国国防法》

《中华人民共和国国防法》,由1997年3月14日第八届全国人民代表大会第五次会议通过,根据2009年8月27日第十一届全国人民代表大会常务委员会第十次会议《关于修改部分法律的决定》修正,经2020年12月26日第十三届全国人民代表大会常务委员会第二十四次会议修订。它是为了建设和巩固国防,保障改革开放和社会主义现代化建设的顺利进行,实现中华民族伟大复兴,根据宪法制定的法律。该法包括总则,国家机构的国防职权,武装力量,边防、海防、空防和其他重大安全领域防卫,国防科研生产与军事采购,国防经费和国防资产,国防教育,国防动员和战争状态,公民、组织的国防义务和权利,军人的义务和权益,对外军事关系,附则,共12章73条。

图2-2 《中华人民共和国国防法》

国防活动坚持以马克思列宁主义、毛泽东思想、邓小平理论、"三个代表"重要思想、科学发展观、习近平新时代中国特色社会主义思想为指导,贯彻习近平强军思想,坚持总体国家安全观,贯彻新时代军事战略方针,建设与我国国际地位相称、与国家安全和发展利益相适应的巩固国防和强大武装力量。

### 一、规定了国防法的适用范围

凡是国家为防备和抵抗侵略,制止武装颠覆和分裂,保卫国家主权、统一、领土完整、安全和发展利益所进行的军事活动,以及与军事有关的政治、经济、外交、科技、教育等方面的活动,均适用国防法。

### 二、规定了国防的地位、性质和原则

国防法明确了国防是国家生存与发展的安全保障。中华人民共和国奉行防御性国防政策,独立自主、自力更生地建设和巩固国防,实行积极防御,坚持全民国防。国家坚持经济建设和国防建设协调、平衡、兼容发展,依法开展国防活动,加快国防和军队现代化,实现富国和强军相统一。

### 三、规定了国家机构的国防职权

全国人民代表大会依照宪法规定,决定战争和和平的问题,并行使宪法规定的国防方面的其他职权。全国人民代表大会常务委员会依照宪法规定,决定战争状态的宣布,决定全国总动员或者局部动员,并行使宪法规定的国防方面的其他职权。中华人民共和国主席根据全国人民代表大会的决定和全国人民代表大会常务委员会的决定,宣布战争状态,发布动员令,并行使宪法规定的国防方面的其他职权。

国务院领导和管理国防建设事业,行使下列职权:①编制国防建设的有关发展规划和计划;②制定国防建设方面的有关政策和行政法规;③领导和管理国防科研生产;④管理国防经费和国防资产;⑤领导和管理国民经济动员工作和人民防空、国防交通等方面的建设和组织实施工作;⑥领导和管理拥军优属工作和退役军人保障工作;⑦与中央军事委员会共同领导民兵的建设,征兵工作,边防、海防、空防和其他重大安全领域防卫的管理工作;⑧法律规定的与国防建设事业有关的其他职权。

中央军事委员会领导全国武装力量,行使下列职权:①统一指挥全国武装力量;②决定军事战略和武装力量的作战方针;③领导和管理中国人民解放军、中国人民武装警察部队的建设,制定规划、计划并组织实施;④向全国人民代表大会或者全国人民代表大会常务委员会提出议案;⑤根据宪法和法律,制定军事法规,发布决定和命令;⑥决定中国人民解放军、中国人民武装警察部队的体制和编制,规定中央军事委员会机关部门、战区、军兵种和中国人民武装警察部队等单位的任务和职责;⑦依照法律、军事法规的规定,任免、培训、考核和奖惩武装力量成员;⑧决定武装力量的武器装备体制,制定武器装备发展规划、计划,协同国务院领导和管理国防科研生产;⑨会同国务院管理国防经费和国防资产;⑩领导和管理人民武装动员、预备役工作;⑪组织开展国际军事交流与合作;⑫法律规定的其他职权。

## 第二章 国防法规

### 四、规定了武装力量的组成、性质、任务和建设方针、原则及目标、要求

国防法明确中华人民共和国的武装力量由中国人民解放军、中国人民武装警察部队、民兵组成。中华人民共和国的武装力量属于人民，受中国共产党领导。它的任务是巩固国防，抵抗侵略，保卫祖国，保卫人民的和平劳动，参加国家建设事业，全心全意为人民服务。中华人民共和国的武装力量必须遵守宪法和法律，规模应当与保卫国家主权、安全、发展利益的需要相适应。中华人民共和国武装力量建设坚持走中国特色强军之路，坚持政治建军、改革强军、科技强军、人才强军、依法治军，加强军事训练，开展政治工作，提高保障水平，全面推进军事理论、军队组织形态、军事人员和武器装备现代化，构建中国特色现代作战体系，全面提高战斗力，努力实现党在新时代的强军目标。

### 五、规定了公民、组织的国防义务和权利

国防法指出：中华人民共和国公民应当依法履行国防义务，保卫祖国、抵抗侵略是中华人民共和国每一个公民的神圣职责，依照法律服兵役和参加民兵组织是中华人民共和国公民的光荣义务。公民应当接受国防教育；公民和组织应当保护国防设施，遵守保密规定，支持国防建设。企业事业组织和个人承担国防科研生产任务或者接受军事采购，应当按照要求提供符合质量标准的武器装备或者物资、工程、服务；应当按照国家规定在与国防密切相关的建设项目中贯彻国防要求，依法保障国防建设和军事行动的需要。公民和组织有对国防建设提出建议的权利，有对危害国防的行为进行制止或者检举的权利。公民和组织因国防建设和军事活动在经济上受到直接损失的，可以依照国家有关规定获得补偿。

### 六、规定了军人的义务和权益

国防法要求军人必须忠于祖国，忠于中国共产党，履行职责，英勇战斗，不怕牺牲，捍卫祖国的安全、荣誉和利益；必须模范地遵守宪法和法律，遵守军事法规，执行命令，严守纪律；应当发扬人民军队的优良传统，热爱人民，保护人民，积极参加社会主义现代化建设，完成抢险救灾等任务。国防法规定：军人应当受到全社会的尊崇。国家建立军人功勋荣誉表彰制度。国家采取有效措施保护军人的荣誉、人格尊严，依照法律规定对军人的婚姻实行特别保护。军人依法履行职责的行为受法律保护。国家和社会优待军人。国家建立与军事职业相适应、与国民经济发展相协调的军人待遇保障制度。国家建立退役军人保障制度，妥善安置退役军人，维护退役军人的合法权益。国家和社会抚恤优待残疾军人，对残疾军人的生活和医疗依法给予特别保障。因战、因公致残或者致病的残疾军人退出现役后，县级以上人民政府应当及时接收安置，并保障其生活不低于当地的平均生活水平。国家和社会优待军人家属，抚恤优待烈士家属和因公牺牲、病故军人的家属。

### 七、规定了对外军事关系

国防法指出：中华人民共和国坚持互相尊重主权和领土完整、互不侵犯、互不干涉内政、平等互利、和平共处五项原则，维护以联合国为核心的国际体系和以国际法为基础的国际秩序，坚持共同、综合、合作、可持续的安全观，推动构建人类命运共同体，独立自主地处理对外军事关系，开展军事交流与合作；遵循以联合国宪章宗旨和原则为基础的国际关系基本准则，依照

国家有关法律运用武装力量,保护海外中国公民、组织、机构和设施的安全,参加联合国维和、国际救援、海上护航、联演联训、打击恐怖主义等活动,履行国际安全义务,维护国家海外利益;支持国际社会实施的有利于维护世界和地区和平、安全、稳定的与军事有关的活动,支持国际社会为公正合理地解决国际争端以及国际军备控制、裁军和防扩散所做的努力,参与安全领域多边对话谈判,推动制定普遍接受、公正合理的国际规则;在对外军事关系中遵守同外国、国际组织缔结或者参加的有关条约和协定。

国防法作为国家的一个基本法和国防建设的母法,它的内容涵盖了国防和军队建设的方方面面,集中体现了具有悠久历史的社会主义中国的大国精神、大国特色、大国传统和大国气概,反映了中国国防在国际社会中应有的地位和作用。

国防法规范了中国国防建设的基本任务、基本方针和基本制度,反映了中国社会主义国防的性质和全民参与国防的特点,是一部具有中国特色、能够指导和规范国防和军队建设的重要法律。学习和贯彻好国防法,是各级组织和每一个公民义不容辞的责任。

# 第四节 《中华人民共和国兵役法》

兵役法是中国法律的重要组成部分,是兵役工作的最基本法规,是加强军队建设和国防现代化的重要法律依据之一。对学生进行兵役法基本知识教育,对增强国防观念,提高大学生履行兵役义务的自觉性,为军队现代化建设不断输送优质的人力资源等方面有重要意义。

## 一、兵役法的本质

兵役是公民依照国家法律规定履行的军事义务。兵役的本质特征体现在阶级性、国家性、军事性、约束性和社会性等方面。兵役制度随着国家的产生而产生,又随着国家的经济情况、政治制度和军事需要而发展变化。

兵役法是规定公民参加军队和其他武装组织或在军队外接受军事训练的法律。兵役法规定着国家总的兵役制度,其核心是确定国家兵役制度和形式。它是根据国家具体情况和军事战略需要,确定实行的兵役制度。它规定公民服兵役的条件、形式、期限,后备力量建设体制,并以法律形式固定下来,由国家最高权力机关颁布施行。中国制定兵役法的目的在于保障军队平时的兵员补充,加强国家武装力量建设,保障社会主义祖国安全和现代化建设大业的顺利进行。

图 2-3 《中华人民共和国兵役法》

## 二、中国现行兵役法的主要内容

《中华人民共和国兵役法》由 1984 年 5 月 31 日第六届全国人民代表大会第二次会议通过;根据 1998 年 12 月 29 日第九届全国人民代表大会常务委员会第六次会议《关于修改〈中华人民共和国兵役法〉的决定》,进行了第一次修正;根据 2009 年 8 月 27 日第十一届全国人民代表大会常务委员会第十次会议《关于修改部分法律的决定》,进行了第二次修正;根据 2011 年 10 月 29 日第十一届全国人民代表大会常务委员会第二十三次会议《关于修改〈中华人民共和国兵役法〉的决定》,进行了第三次修正;根据2021年8月20日第十三届全国人民代表大会常务委员会第三十次会议修订。新修订的兵役法,坚持以习近平新时代中国特色社会主义思想为指导,全面贯彻习近平强军思想,贯彻新时代军事战略方针,着眼与国家经济社会发展相协调、与国防和军队建设相适应,遵循服务国防需要、聚焦备战打仗、彰显服役光荣、体现权利和义务一致的原则,聚焦吸引入役、激励在役、保障退役,对兵役政策制度进行了创新设计和调整完善。

现行兵役法内容包括:总则、兵役登记、平时征集、士兵的现役和预备役、军官的现役和预备役、军队院校从青年学生中招收的学员、战时兵员动员、服役待遇和抚恤优待、退役军人的安置、法律责任、附则,共计11章65条。

### (一)兵役登记

兵役登记包括初次兵役登记和预备役登记。每年12月31日以前年满18周岁的男性公民,都应当按照兵役机关的安排在当年进行初次兵役登记。经过初次兵役登记的未服现役的公民,符合预备役条件的,县、自治县、不设区的市、市辖区人民政府兵役机关可以根据需要,对其进行预备役登记。

### (二)兵役征集

年满18周岁的男性公民,应当被征集服现役;当年未被征集的,在22周岁以前仍可以被征集服现役。普通高等学校毕业生的征集年龄可以放宽至24周岁,研究生的征集年龄可以放宽至26周岁。根据军队需要,可以按照上述规定征集女性公民服现役。根据军队需要和本人自愿,可以征集年满17周岁未满18周岁的公民服现役。

### (三)退役军人的安置

对退出现役的义务兵,国家采取自主就业、安排工作、供养等方式妥善安置。对退出现役的军士,国家采取逐月领取退役金、自主就业、安排工作、退休、供养等方式妥善安置。对退出现役的军官,国家采取退休、转业、逐月领取退役金、复员等方式妥善安置;其安置方式的适用条件,依照有关法律法规的规定执行。

残疾军人、患慢性病的军人退出现役后,由安置地的县级以上地方人民政府按照国务院、中央军事委员会的有关规定负责接收安置;其中,患过慢性病旧病复发需要治疗的,由当地医疗机构负责给予治疗,所需医疗和生活费用,本人经济困难的,按照国家规定给予补助。

## 三、中国兵役法的特点

兵役法的最鲜明特点是规定中国实行以志愿兵役为主体的志愿兵役与义务兵役相结合的兵役制度。这一制度既坚持了中国的传统制度,也体现了中国兵役制度的特色,又适应了军队建设发展的需要,符合当今世界各国军队职业化的总趋势。2021年新修订的兵役法将之前的"实行义务兵与志愿兵相结合、民兵与预备役相结合的兵役制度"更改为"实行以志愿兵役为主体的志愿兵役与义务兵役相结合的兵役制度",这意味着,军士将成为士兵的主体。根据部队需要把一部分技术骨干转为军士,较长时间留在部队服现役,以提高部队战斗力。

## 四、中国兵役法的优越性

现行兵役制度符合中国国情、民情、军情,它的优越性可以概括为以下三点。

### (一)有利于部队保留技术骨干,提高部队战斗力

实行以志愿兵役为主体的制度,把义务兵中一部分技术骨干转为志愿兵,这样可以稳定部队技术力量。他们都具有较熟练的专业技术,并熟悉部队情况,有一定的管理能力,是士兵中的骨干力量。有这样一批老战士在较长的时间内留在部队,掌握和传授各种专业技能,对加速我军现代化建设,提高部队战斗力具有重要作用。

### (二)有利于部队兵员更新,保持兵员年轻化

实行义务兵役制可以建立定期征兵和退伍制度,每年征集一定数量的优秀青年到中国人民解放军和中国人民武装警察部队中服现役,也有一批经过培养锻炼的士兵、军官退出现役,转入预备役。这就可以使部队的兵员得到定期轮换,不断补充新生力量,保证部队的兵员年轻力壮、朝气蓬勃、生龙活虎,具有旺盛的战斗力。

### (三)有利于健全预备役制度,提高战时快速动员能力

现代战争突然性强,破坏性大,人力物力消耗大。这就要求我们在平时必须建立健全预备役制度,有计划地积蓄强大的后备兵员,并能在战时将他们迅速动员组织起来,补充到现役部队或组建新的部队,投入反侵略战争中。

## 五、依法服兵役是公民应尽的义务

依法服兵役是公民应尽的一项基本义务。《中华人民共和国宪法》第五十五条规定:"保卫祖国、抵抗侵略是中华人民共和国每一个公民的神圣职责。依照法律服兵役和参加民兵组织是中华人民共和国公民的光荣义务。"《中华人民共和国兵役法》第五条第一款也明确规定:"中华人民共和国公民,不分民族、种族、职业、家庭出身、宗教信仰和教育程度,都有义务依照本法的规定服兵役。"这些规定表明,依法服兵役既是公民不可推卸、不能逃避的责任,又是公民光荣而神圣的职责。

国家的独立和安全关系着国家和民族的命运和前途,也关系到每一个公民的切身利益,强大的武装力量是国家安全的重要保障。所以,每个公民都要热爱自己的祖国,为捍卫祖国的主权和领土完整作出应有的贡献。强调公民的兵役义务,正是要帮助那些对兵役义务漠不关心的人,对服役抱有种种不正确态度的人端正思想认识,从而增强全体公民的责任感和国防观念,增强他们履行兵役义务的自觉性。

"国家兴亡,匹夫有责",为抵御外侮、反抗侵略而英勇献身,是中华民族的传统和民族精神。千百年来,为了民族安危英勇献身的无数英雄豪杰、普通士兵永远为人民所敬仰,永远为人民所铭记,永远活在人民心中。

## 六、中国公民服兵役的形式

兵役分为现役和预备役。在中国人民解放军服现役的称军人;预编到现役部队或者编入预备役部队服预备役的,称预备役人员。军人和预备役人员,必须遵守宪法和法律,履行公民的义务,同时享有公民的权利。

## (一)服现役

服现役是公民履行兵役义务的最主要形式。所谓服现役,就是依法应征加入人民解放军现役部队和预备役部队、武装警察部队。目前在人民解放军及武装警察部队中服役的干部、战士和学员,都是通过服现役来履行自己的兵役义务的。

### 1. 现役士兵

现役士兵包括义务兵役制士兵和志愿兵役制士兵,义务兵役制士兵称义务兵,志愿兵役制士兵称军士。义务兵服现役的期限为二年。义务兵服现役期满,根据军队需要和本人自愿,经批准可以选改为军士;服现役期间表现特别优秀的,经批准可以提前选改为军士。根据军队需要,可以直接从非军事部门具有专业技能的公民中招收军士。

图 2-4 大学生征兵宣传

2022年2月28日第十二届全国人民代表大会常务委员会第三十三次会议通过的《全国人民代表大会常务委员会关于中国人民解放军现役士兵衔级制度的决定》提出,士兵军衔分为军士军衔、义务兵军衔。军士军衔设三等七衔。①高级军士:一级军士长、二级军士长、三级军士长;②中级军士:一级上士、二级上士;③初级军士:中士和下士。军士军衔中,一级军士长为最高军衔,下士为最低军衔。义务兵军衔由高至低分为上等兵、列兵。

### 2. 现役军官

现役军官是中国各武装力量的指挥力量,现役军官的素质直接影响和决定着我军的战斗力。兵役法规定,现役军官从下列人员中选拔、招收:①军队院校毕业学员;②普通高等学校应届毕业生;③表现优秀的现役士兵;④军队需要的专业技术人员和其他人员。

战时根据需要,可以从现役士兵、军队院校学员、征召的预备役军官和其他人员中直接任命军官。

### 3. 军事院校学员

军事院校学员含各种本科、专科、士官学校的现役学员。

## (二)服预备役

### 1. 士兵预备役

依照《中华人民共和国兵役法》第十七条规定经过预备役登记的退出现役的士兵,由部队会同兵役机关根据军队需要,遴选确定服士兵预备役。依照《中华人民共和国兵役法》第十六条规定经过预备役登记的公民,符合士兵预备役条件的,由部队会同兵役机关根据军队需要,遴选确定服士兵预备役。

### 2. 预备役军官

依照《中华人民共和国兵役法》第十七条规定经过预备役登记的退出现役的军官、依照《中华人民共和国兵役法》第十六条规定经过预备役登记的公民,符合军官预备役条件的,由部队会同兵役机关根据军队需要,遴选确定服军官预备役。

预备役军官包括下列人员:①确定服军官预备役的退出现役的军官;②确定服军官预备役的退出现役的士兵;③确定服军官预备役的专业技术人员和其他人员。

## 第五节　其他国防法律

### 一、《中华人民共和国国防教育法》

《中华人民共和国国防教育法》由 2001 年 4 月 28 日第九届全国人民代表大会常务委员会第二十一次会议通过,根据 2018 年 4 月 27 日第十三届全国人民代表大会常务委员会第二次会议《关于修改〈中华人民共和国国境卫生检疫法〉等六部法律的决定》修正,经 2024 年 9 月 13 日第十四届全国人民代表大会常务委员会第十一次会议修订。其内容包括总则、学校国防教育、社会国防教育、国防教育保障、法律责任和附则,共 6 章 42 条。

国防教育法是中国第一部全面调整和规范国防教育的重要法律,是为了普及和加强国防教育,发扬爱国主义精神,促进国防建设和社会主义精神文明建设,适应中国国情和中国所面临的国际安全形势,根据宪法和《中华人民共和国国防法》《中华人民共和国教育法》而制定的。它科学地总结了中国国防教育的理论成果和实践经验,并采取一系列有效措施,加强新形势下的全民国防教育。国防教育法明确了国防教育是建设和巩固国防的基础,是增强民族凝聚力、提高全民素质的重要途径;明确了坚持中国共产党对国防教育工作的领导,建立集中统一、分工负责、军地协同的国防教育领导体制;明确了中央全民国防教育主管部门负责全国国防教育工作的指导、监督和统筹协调,中央国家机关各部门在各自的职责范围内负责国防教育工作,中央军事委员会机关有关部门按照职责分工,协同中央全民国防教育主管部门开展国防教育;明确了国防教育贯彻全民参与、长期坚持、讲求实效的方针,实行经常教育与集中教育相结合、普及教育与重点教育相结合、理论教育与行为教育相结合的原则,针对不同对象确定相应的教育内容分类组织实施;明确了中华人民共和国公民都有接受国防教育的权利和义务;明确了学校国防教育是全民国防教育的基础,是实施素质教育的重要内容;明确了普通高等学校应当设置国防教育课程,加强国防教育相关学科建设,开展形式多样的国防教育活动,使学生掌握必要的国防理论、知识和技能,具备较强的国防观念;明确了学校国防教育应当与兵役宣传教育相结合,增强学生依法服兵役的意识,营造服兵役光荣的良好氛围;明确了国家机关、人民团体、企业事业组织以及社会组织和其他组织违反该法规定,拒不开展国防教育活动的,由有关部门或者上级机关给予批评教育,并责令限期改正,拒不改正,造成恶劣影响的,对负有责任的领导人员和直接责任人员依法给予处分。

依法普及和加强国防教育是全社会的共同责任,依法接受国防教育是每个公民的权利和义务,一切社会组织和每个公民都有责任和义务学习贯彻好国防教育法。高等学校担负着为国家培养全面合格人才的重任,应带头学习和贯彻好国防教育法,紧密结合高校实际,加强国防教育。教育行政部门应当将国防教育列入工作计划,加强对学校国防教育的组织、指导和监督,并对学校国防教育工作定期进行考核。学校应当将国防教育列入学校的工作和教学计划,采取有效措施,保证国防教育的质量和效果。

## 二、《中华人民共和国国防动员法》

《中华人民共和国国防动员法》由第十一届全国人民代表大会常务委员会第十三次会议于 2010 年 2 月 26 日通过,自 2010 年 7 月 1 日起施行。《中华人民共和国国防动员法》的公布施行,在中国国防动员建设史上具有里程碑意义,它标志着中国国防动员建设进入了法制化、规范化发展的新阶段。它对于积蓄国防潜力、增强国防实力、提升综合国力、维护国家安全和发展,具有十分重要的意义。该法包括总则,组织领导机构及其职权,国防动员计划、实施预案与潜力统计调查,与国防密切相关的建设项目和重要产品,预备役人员的储备与征召,战略物资储备与调用,军品科研、生产与维修保障,战争灾害的预防与救助,国防勤务,民用资源征用与补偿,宣传教育,特别措施,法律责任,附则,共 14 章 72 条。

国防动员法有以下几个特点:一是建立健全了基本制度。该法规范了国防动员领域最基本的制度。这些制度与已出台的有关动员法律法规相衔接,能够有效规范国防动员各领域的活动,保证国防动员的顺利实施。二是科学总结实践经验。该法对经实践证明是正确的方针政策和成熟的经验做法进行科学总结和梳理,并上升到法律高度加以确认。三是注重突出重点内容。该法把增强国防动员潜力、提高国防动员能力作为重点,特别是对国防动员准备和实施的重要方面、重点环节进行了规范,体现了突出重点、兼顾一般、立足现实、着眼发展的要求。四是坚持以人为本理念。该法充分体现以人为本理念,既规定公民和组织在国防动员中的责任和义务,又注重保障公民和组织的基本权益,体现了维护国家安全需求和保障广大人民群众利益的有机统一。

## 三、《反分裂国家法》

《反分裂国家法》于 2005 年 3 月 14 日由第十届全国人民代表大会第三次会议通过,是一部关于台湾海峡两岸关系的法律,同日,由中华人民共和国主席令第三十四号公布并正式施行。该法共十条,主要内容是鼓励两岸继续交流合作,但同时也首次明确提出了在三种情况下国家可用非和平手段处理台湾问题,即第八条第一款:"'台独'分裂势力以任何名义、任何方式造成台湾从中国分裂出去的事实,或者发生将会导致台湾从中国分裂出去的重大事变,或者和平统一的可能性完全丧失,国家得采取非和平方式及其他必要措施,捍卫国家主权和领土完整。"

《反分裂国家法》旨在反对和遏制"台独"分裂势力分裂国家,促进祖国和平统一,维护台湾海峡地区和平稳定,维护国家主权和领土完整,维护中华民族的根本利益,具有重大而深远的意义。制定《反分裂国家法》,体现了党和国家以最大的诚意,尽最大的努力争取实现和平统一的一贯立场,表明了全中国人民捍卫国家主权和领土完整,绝不允许"台独"分裂势力以任何名义、任何方式把台湾从中国分裂出去的共同意志和坚定决心。它有利于团结包括台湾同胞在内的全中国人民共同推动祖国的和平统一大业,有利于遏制"台独"分裂势力的分裂活动,有利于维护台湾海峡地区乃至亚太地区的和平稳定。

## 思考题

1. 什么是国防法规？国防法规体系的主要内容是什么？
2. 国防法规体系有哪些等级？
3. 《中华人民共和国国家安全法》的主要内容有哪些？
4. 《中华人民共和国国防法》的主要内容有哪些？
5. 《中华人民共和国兵役法》的优点和优越性体现在哪些方面？
6. 中国公民服兵役的形式有哪些？

## 知识链接

### 国家安全机关

国家安全机关是反间谍工作的主管机关，具有国家公安机关的性质。国家安全机关依照法律规定，办理危害国家安全（如：阴谋颠覆政府、分裂国家、推翻社会主义制度，参加间谍组织或者接受间谍组织及其代理人的任务，窃取、刺探、收买、非法提供国家秘密，策动、勾引、收买国家工作人员叛变等）的刑事案件，行使与公安机关相同的职权，即在国家安全工作中依法行使侦查、拘留、预审和执行逮捕以及法律规定的其他职权。

# 第三章　国防建设与动员

国家的兴衰与国防密切相关，国防直接关系到国家的安全、民族的尊严、社会的发展。青年学生有必要了解新中国的国防建设，牢记历史，增强国防观念，并以实际行动为国防现代化建设尽一份力量。

## 第一节　国防建设概述

### 一、国防建设的定义和内容

国防建设是指为国家安全利益需要，提高国防能力而进行的各个方面的建设。国防建设是国家建设的重要组成部分，受国家政治制度、国防政策、军事战略、经济实力、科技水平、地理条件、文化传统和国际战略环境等因素的影响和制约。卓有成效的国防建设对于维护国家安全与发展、确保国防斗争的胜利等具有基础性和决定性的意义。

随着国家安全形势和战争实践的发展，国防建设的内容不断丰富。国防建设的基本内容主要包括国防理论建设、国防体制建设、武装力量建设、国防科技与国防工业建设、国防动员建设、边防海防空防建设、人防建设、国防精神建设、国防法制建设等活动。其中最核心、最重要的是武装力量建设。

### 二、国防领导体制的基本构成

国防领导体制是指国防领导的组织体系及相应制度。它包括国防领导机构的设置、职权划分、相互关系等。它是国家政权组织形式和机构的重要组成部分，一般设有最高统帅、最高国防决策机构、国家行政机关中管理国防事务的部门、武装力量领导指挥系统等。根据《中华人民共和国宪法》《中华人民共和国国防法》《中华人民共和国国家安全法》，中华人民共和国的国防职权是在中共中央的集中统一领导下，由国家权力机构、国家行政机构和军事机构等国家机构分别行使。

#### （一）中共中央的国防领导职权

中国共产党对国防事务的领导，主要是通过对整个国防进行政治原则、政治方向、重大决策的政治领导来实现的。我国的最高国防决策机构是中共中央。国防建设和国防斗争的大政方针由中共中央政治局、中共中央军事委员会制定。在中共中央的集中统一领导下，全国人民代表大会、中华人民共和国主席、国务院、中央军事委员会等国家机构，根据党中央的决策，共同行使国防领导和决策职权。

**(二)全国人民代表大会及其常务委员会的国防职权**

全国人民代表大会选举中央军事委员会主席,根据中央军事委员会主席的提名,决定中央军事委员会其他组成人员的人选;依照宪法规定,决定战争和和平的问题,并行使宪法规定的国防方面的其他职权。

全国人民代表大会常务委员会在全国人民代表大会闭会期间,根据中央军事委员会主席的提名,决定中央军事委员会其他组成人员的人选;在全国人民代表大会闭会期间,如果遇到国家遭受武装侵犯或者必须履行国际共同防止侵略的条约的情况,决定战争状态的宣布;决定全国总动员或者局部动员;决定全国或者个别省、自治区、直辖市进入紧急状态;行使宪法规定的国防方面的其他职权。

**(三)中华人民共和国主席在国防方面的职权**

中华人民共和国主席是中华人民共和国的象征和代表。中华人民共和国主席根据全国人民代表大会的决定和全国人民代表大会常务委员会的决定,宣布进入紧急状态,宣布战争状态,发布动员令,并行使宪法规定的国防方面的其他职权。

**(四)国务院在国防方面的职权**

国务院作为中央人民政府,与最高国家军事机关——中央军事委员会构成平行的国家机构。二者在国防领导活动中,各自履行分工职能,相互协调、相互配合,共同维护国家的国防利益。国务院领导和管理国防建设事业,依照法律规定决定省、自治区、直辖市的范围内部分地区进入紧急状态,行使宪法法律规定的和全国人民代表大会及其常务委员会授予的涉及国防建设事业的其他职权。国务院设有国防部以及其他与国防建设事业有关的部门。

**(五)中央军事委员会在国防方面的职权**

中央军事委员会是全军的统率机关,军委主席是全军的统帅。中央军事委员会领导全国武装力量,决定军事战略和武装力量的作战方针,统一指挥维护国家安全的军事行动,制定涉及国家安全的军事法规,发布有关决定和命令。中央军事委员会是最高决策机构,具有集中统一领导和战略指挥、战略管理的功能,负责决定未来部队建设、作战方向、资源分配等方面的重点工作,即"军委管总"。具体负责的工作包括领导和管理人民解放军的建设,向全国人民代表大会或者全国人民代表大会常务委员会提出议案,制定军事法规,发布决定和命令,决定人民解放军的体制和编制,任免、培训、考核和奖惩武装力量成员,批准武器装备体制和发展规划、计划,并行使法律规定的其他职权。

此外,为了加强国防领导的协调,国务院和中央军事委员会还建立了协调机制,解决国防事务的重大问题。国防法规定,中央国家机关与中央军事委员会机关有关部门可以根据情况召开会议,协调解决有关国防事务的问题。

# 第二节　新中国的国防建设历程

新中国成立之前,毛泽东就在中国人民政治协商会议第一届全体会议上指出:"我们的国防将获得巩固,不允许任何帝国主义者再来侵略我们的国土。我们将不但有一个强大的陆军,而且有一个强大的空军和一个强大的海军。"中华人民共和国成立以来,中国国防建设大体经历了以下五个阶段。

## 一、恢复阶段(1949—1953年)

国家处在外御帝国主义侵略,内治战争创伤和恢复经济时期。这一时期的国防建设主要完成了三个方面的任务：

(1)解放了全国大陆和除台、澎、金、马之外的大部分沿海岛屿,肃清了大陆上国民党残余的武装力量,平息了匪患,建立了边防和守备部队,加强了边海防的守卫。

(2)建立、健全了统一的军事领导机构和军事制度。建立了全军的领导机关和各级军事领导机构,加强了对全国武装力量的领导;建立了一支初具规模的海军、空军和各兵种部队,逐步开始了由单一陆军向诸军兵种全面建设过渡;建立了100余所军事院校,为国防建设培养了大批现代化军事人才。

(3)取得了抗美援朝战争的胜利。经过近三年的浴血奋战,中朝方面最终迫使以美国为首的所谓"联合国军"在停战协定上签下了字。抗美援朝战争以伟大胜利向世界宣告："西方侵略者几百年来只要在东方一个海岸上架起几尊大炮就可霸占一个国家的时代是一去不复返了!"

## 二、全面建设阶段(1953年底—1965年)

这一阶段是中国国防现代化突飞猛进的重要时期。1953年12月7日,全国军事系统党的高级干部会议在北京召开,这是军队建设和国防建设的一个里程碑。这次会议确定了军队建设的根本任务是"在现有的基础上,有步骤地建设一支强大的现代化的革命军队",以保卫我国的社会主义建设,防御帝国主义的侵略。我国制定了"积极防御、防敌突袭"的战略方针,提出实现国防现代化的重大战略措施,包括：精简军队,压缩国防开支,加速发展工业,为国防现代化打基础;加强国防工程建设,在沿海、沿边和纵深要地建设防御工程体系;实行义务兵役制度、军衔制度、薪金制度;大办军事院校,重新划分军区,完善战略、战役指挥体系;加强动员准备,建立各级动员机构和动员制度。这些重大措施有力地促进了中国国防现代化

图3-1　中国在新疆罗布泊成功地爆炸了第一颗原子弹

(1964年10月16日下午3时)

建设的全面发展,初步形成了具有中国特色的国防体系。经过多年的艰苦努力,中国国防体系基本完成配套,某些领域已接近当时的世界先进水平,并成功地爆炸了第一颗原子弹。

## 三、曲折发展阶段(1966—1976年)

这一时期尽管有林彪、"四人帮"的干扰和破坏,毛泽东、周恩来等党和国家主要领导人仍然高度重视维护国家的安全,保持了军队的稳定,顶住了霸权主义的压力。同时对发展国防尖端技术始终没有放松,因而保证了我国氢弹试验和人造卫星发射成功。这一时期还通过北反(珍宝岛自卫反击战)、南击(中越西沙海战)的军事行动捍卫了国家主权,这是在中国最困难、最艰难的时期进行的两场战争,都以中国的完胜而告终。

## 四、现代化建设阶段(1977—2012年)

20世纪80年代中期,邓小平根据国际形势不断缓和,特别是世界和平力量不断增长的情况,提出了"和平与发展"是当今世界两大主题的观点,从而确定了全党工作的着重点和国防建设指导思想,实行战略性的转变。在这一正确指导思想的指引下,我军现代条件下的作战能力和威慑能力有了新的提高,军队建设和国防建设也逐步走上了健康发展的道路。

1993年1月13日至19日,中央军委扩大会议制定新时期积极防御的军事战略方针,要求把军事斗争准备的基点放在打赢现代技术特别是高技术条件下的局部战争上。2004年6月召开的中央军委扩大会议提出,必须明确把军事斗争准备的基点放到打赢信息化条件下的局部战争上。

## 五、新时代发展阶段(党的十八大以来)

2012年党的十八大以来,围绕着"建设一支听党指挥、能打胜仗、作风优良的人民军队,把人民军队建设成为世界一流军队"新时代强军目标,制定新形势下军事战略方针,全力推进国防和军队现代化。国防和军队改革取得历史性突破,恢复和发扬我党我军光荣传统和优良作风,人民军队政治生态得到有效治理。领导指挥体制改革取得开创性成果,规模结构和力量编成实现体系性重塑,政策制度调整改革取得突破性进展,军民融合发展迈出实质性步伐,为夺取未来战争的胜利奠定了坚实的基础。

# 第三节 新中国的国防建设成就

中华人民共和国已经走过了70多年的光辉历程,国防和军队建设取得了举世瞩目的伟大成就。

## 一、铸造了一支强大的现代化合成军队

新中国成立后,人民解放军在毛泽东关于建设现代化革命武装力量的战略思想和邓小平关于新时期军队建设指导思想指引下,不断向现代化、正规化、革命化迈进。改革开放后,中国国防实力得到了进一步增强,国防现代化建设,尤其是军队的建设,有了突破性进展,取得了一系列重大成就。特别是党的十八大以来,牢固树立战斗力这个唯一的根本的标准,坚决把全军工作重心归正到备战打仗上来,统筹加强各方向各领域军事斗争,大抓实战化军事训练,大刀阔斧深化国防和军队改革,重构人民军队领导指挥体制、现代军事力量体系、军事政策制度,加

快国防和军队现代化建设,裁减现役员额30万胜利完成,人民军队体制一新、结构一新、格局一新、面貌一新,现代化水平和实战能力显著提升。

**(一)军队体制向精兵、合成、高效迈进**

1985年,中国向全世界宣告,裁军100万,走精干的常备军与强大的后备军相结合的精兵之路。之后,又经过几轮裁军,军队的总员额不断下降。2015年9月3日,在中国人民抗日战争暨世界反法西斯战争胜利70周年纪念大会上,中国再次宣布裁军30万。此举在军队向强军目标聚焦过程中有着重大的战略意义,它让军队更精干、专业的同时,也表明了中国人民解放军和中华人民共和国是爱好世界和平、维护世界和平的关键力量。

1985年,中国的大军区设置进行了调整,由原先的11个大军区整编为7个。党的十八大以来,党中央、中央军委和习近平主席围绕实现强军目标,统筹军队革命化、现代化、正规化建设,统筹军事力量建设和运用,统筹经济建设和国防建设,制定新形势下军事战略方针,提出一系列重大方针原则,作出一系列重大决策部署。在"军委管总、战区主战、军种主建"的原则下,以领导管理体制、联合作战指挥体制改革为重点,协调推进规模结构、政

图3-2 中国人民解放军五大战区臂章

策制度和军民融合深度发展改革。2016年2月1日,中国取消大军区设置,宣布建立东部战区、南部战区、西部战区、北部战区和中部战区,战区担负着应对本战略方向安全威胁、维护和平、遏制战争、打赢战争的使命。战区联合作战指挥机构是应对某一战略方向潜在威胁的主要机关,负责日后该战略方向的情报收集、安全环境评估、防御部署、作战指挥等工作。组建战区联合作战指挥机构,是党中央和中央军委着眼实现中国梦、强军梦作出的战略决策,是全面实施改革强军战略的标志性举措,是构建我军联合作战体系的历史性进展,对确保我军能打仗、打胜仗,有效维护国家安全,具有重大而深远的意义。

**(二)军事训练逐步实现科学化、现代化、多样化**

1985年军队建设指导思想实行战略转变后,一是改革训练体制,加强了对新兵和骨干的训练,结束了多年来士兵训练在低水平循环的状况。二是改革训练内容逐步实现了由重点抓士兵的训练转到抓干部的训练,由打步兵训练转到打坦克、打飞机、反空降、抗登陆训练,由单一兵种训练转到诸兵种合同战役战术训练上来。三是训练手段日趋现代化。目前,激光、电子模拟、指挥控制系统等现代化训练手段已被部队广泛使用,一批又一批野外实战对抗激光模拟系统、室内首长机关训练计算机和能够代替实战操作训练的模拟器材已装备部队。训练手段的现代化,增加了指战员训练的机会,缩短了训练的周期,节约了训练的经费,提高了训练质量,收到了过去训练难以达到的战场仿真效果。

**(三)军队干部队伍趋向年轻化、知识化、专业化**

1977年,在新的历史条件下,中央军委进一步强调"要把教育训练提高到战略地位"。在这一思想的指导下,全军开办了各类指挥及专业院校,不仅培养了一批又一批能适应现代化战争需要的各类指挥人才和各类专业技术人才,还提高了在职干部组织指挥能力和专业技术水平。目前,经过院校培训的干部已经成为我军干部的主体,而且基本实现了年轻化。

## 二、建立了门类齐全、综合配套的国防工业体系

新中国成立后,国防工业从小到大、从低级到高级、从仿制到自行研制、创新发展,逐步建立了一个门类比较齐全,具有一定教学、科研、试制和生产能力的国防科研体系。国防工业和国防科研得到了迅速的发展,并取得了重大成就:建立了一批新的科研、生产、试验等重要基地,改善了战略布局,使后方建设得到了巩固和新的发展;培养训练了一支坚强的善于攻关的国防科研队伍,在许多新兴科技领域,不断创新与发展,获得很多科技成果和重大发明;研制出一大批性能达到或接近世界先进水平的常规武器,为陆海空军实现武器装备现代化提供了重要保证。

独立自主地研制出战略武器,增强了中国自卫能力。1964年,中国自行设计的第一颗原子弹爆炸成功。1966年,第一枚中程地地导弹成功发射。1967年,第一颗氢弹爆炸成功。1970年,第一颗人造卫星发射成功。1981年,"一箭三星"发射成功,近、中、远程战略导弹开始装备部队。1984年,长征三号火箭成功发射了中国第一颗地球静止轨道通信卫星。1990年,中国首次成功发射商用卫星"亚洲一号"。从2003年开始,中国成功发射"神舟"系列载人飞船,并相继完成了太空行走、太空对接、太空授课等项目。2007年,中国首个月球探测卫星嫦娥一号发射成功。2012年,中国第一艘航空母舰"辽宁舰"正式服役。2017年,歼-20隐身战机列装部队、"鲲龙"AG600成功首飞。2019年1月,中国自主研发的嫦娥四号探测器,成功着陆在人类探测器此前从未驻足的月球背面,还成功在月球背面首次实现了与地球的中继通信,从而开启了人类月球探测新篇章。2022年12月2日,中国航天历史上首次实现6名航天员同时在轨,中国空间站正式开启长期有人驻留模式。2023年4月24日,中国首次火星探测火星全球影像图发布。2024年6月25日,嫦娥六号在人类历史上首次实现月球背面采样返回。

此外,军工各部门坚决贯彻"军民结合、平战结合、军品优先、创新驱动、自主可控"的方针,走出了一条新的发展之路,既满足了城乡人民物质文化需要,同时又为国家创造了财富。

## 三、国防动员和后备力量建设得到了较大发展

为了在战时有效而迅速地开展动员,中国在国防动员体制方面做了大量的工作,在不同阶段发挥了重要作用。当前随着军改推进,我国正在深化国防动员体制改革,相关法律也处在调整修订中。目前,国防动员实现由分到统、由散到聚、由合到融的整体转型,平战一体、上下贯通、军地协同的体制机制进一步完善,国防动员更加高效。

十一届三中全会以来,民兵、预备役工作不断在调整中完善,在探索中开拓,在改革中提高。中国后备力量在编制规模、军政素质、动员速度、反应能力等方面都达到了一定的水平。2022年12月30日,第十三届全国人民代表大会常务委员会第三十八次会议通过了《中华人民共和国预备役人员法》。法律的公布和施行,标志着预备役人员制度改革取得突破性进展,必将有利于在更大范围、更广领域、更高层次延揽集聚优秀人才,在更高起点上全面加强预备役人员队伍建设,为推进新时代预备役部队转型发展提供坚强法治保障。

此外,中国强化了民防措施。从20世纪60年代起,一大批能适应现代战争需要的民防工程相继建成,这些工程具有在核战争条件下保护相当大比例城市人口的潜力。加强了民防专业队伍建设,重视民防组织机构的建设,在大中专院校中加强防护知识等国防教育,使人民群

众有了充分应付各种突然情况的思想准备。

### 四、军民融合发展迈出实质性步伐

党的十八大以来,以习近平同志为核心的党中央把军民融合发展上升为国家战略,从党和国家事业发展全局出发进行总体设计,组织管理体系基本形成,战略规划引领不断强化,重点改革扎实推进,法治建设步伐加快,军民融合发展呈现整体推进、加快发展的良好势头,富国强军广阔前景一步步变成现实。

**(一)积极构建了统一领导、军地协调、顺畅高效的组织管理体系**

党中央成立了中央军民融合发展委员会,统领党、政、军各方力量,协调解决跨部门、跨领域、跨区域重大问题,对军民融合发展全领域、全过程实施统筹规划、合理配置和统一领导,在中央层面解决了军民融合体制制度缺位问题;有效布局军地部门职能配置,加强组织领导和顶层设计,中央军委设立军民融合发展的协调机构,各省(自治区、直辖市)建立军民融合发展领导机构,完善相关制度、明确责任分工,为加强对军民融合发展集中统一领导提供了组织体制保证。

**(二)初步形成了国家主导、需求牵引、市场运作相统一的工作运行体系**

坚持国家主导,以把控融合方向、调节运行状态、提供公共服务为重点,加强规划指导、政策引导、宏观调控和资源统筹,有力推动了经济建设与国防建设深度融合发展;强化需求牵引,完善军地需求对接机制,突出国防科技、武器装备、人才培养等重点领域,调整改革管理机制,成立军委科技委、跨军地部际协调小组等,解决了长期以来军地需求对接分散管理、单线沟通、多口对接等突出问题;坚持以市场为纽带,畅通"民参军"渠道,健全"军转民"机制,开通了全军武器装备采购信息网,公开武器装备预研项目指南,拓宽军地科技协作、社会化保障渠道等,军地共享资源、共赢发展成效日益显现。

**(三)健全完善了系统完备、衔接配套、有效激励的政策制度体系**

着眼推进军民融合发展制度化、规范化、程序化,党和国家密集出台了一系列法律法规和政策制度。党的十八届四中全会确立了军民融合依法有序推进的原则;2016年7月,中共中央、国务院、中央军委印发了《关于经济建设和国防建设融合发展的意见》,对推进军民融合发展相关事权划分、综合性立法、标准规范制定等提出明确要求;国家部委和军队系统相继出台了《关于加快吸纳优势民营企业进入武器装备科研生产和维修领域的措施意见》《武器装备科研生产许可目录》等,具有中国特色的军民融合发展政策和制度体系初具规模。

## 第四节　国防动员

国防动员是国防活动的重要组成部分,动员准备的完善程度,是国防强弱的标志之一。加强动员准备,已成为各国普遍重视的战略问题。中国为了应对潜在的战争威胁,建立了国防动员委员会,它是国务院、中央军委领导下主管全国国防动员工作的议事协调机构。国家国防动员委员会主任、副主任由国务院、中央军委领导兼任,委员由国务院有关部委、军队有关领导组成。我国宪法规定:决定进行全国总动员或者局部动员的权限,属于全国人民代表大会常务委员会;发布动员令的权限属于中华人民共和国主席。

## 一、国防动员的概念和类别

### (一)国防动员的定义

国防动员是指国家根据国防的需要,使社会诸领域全部或者部分由平时状态转入战争状态或者紧急状态所进行的活动。

动员的主体通常指国家(或政治集团);动员的对象是人力、物力、财力;动员的目的在于适应战争的需求,为战争服务,兼顾临时应付重大危机、自然灾害等突发情况;动员的手段包括法制措施、行政命令、教育宣传等;动员的实质是将战争潜力转化为战争实力。

### (二)国防动员的类别

国防动员涉及的领域十分广泛,目前世界各国对其分类问题,没有一个一致的看法,但从分类的角度来看,根据动员规模和范围的不同,可分为总动员和局部动员;根据动员方式,可分为秘密动员和公开动员;根据动员的阶段,可分为早期动员、临战动员、战争初期动员和战争中后期动员。

#### 1. 总动员与局部动员

总动员也称全面动员,是在国家全面遭到敌人大规模武装入侵时,在全国范围内进行的扩及全体武装力量、国民经济的各个部门以及社会的各个领域的动员,这时国家政治经济体制转入战争状态,一切为了战争,一切为战争服务。如中国的抗日战争、苏联卫国战争等都是总动员。局部动员是指在局部地区遭受敌国入侵或战争威胁时,仅限于部分地区和部门的动员,涉及的只是部分武装力量以及国民经济的某些部门,整个国家的政治经济体制并不根本改变。战争是发展变化的,局部战争也可能随着规模的扩大而发展成为全局性战争。宣布总动员和局部动员决定的权力,根据各国宪法规定应属于国家最高权力机关和国家元首。

#### 2. 秘密动员与公开动员

秘密动员是在不公开颁布动员令和不公开宣传的情况下采取秘密方式进行的,战前动员(包括早期动员和临战动员)通常都是秘密进行的。秘密动员的主要措施是保密和实施战略伪装,目的是达成军事的突然性,政治上避免给敌人以发动战争的口实。公开动员通常是在战争爆发后宣布进行的。在形势高度紧张、时间紧迫情况下,如何实施快速动员、争取主动,是尤为突出的问题。公开动员既可对本国人民起到巨大的动员作用,又可对敌人起到一定的震慑作用。

#### 3. 早期动员、临战动员、战争初期动员和战争中后期动员

早期动员是在预见到敌人确实有发动战争的企图,并已有某些征候时实施的,是在平时状态下进行的。临战动员,又称应急动员,是在战争临近的情况下进行的。临战动员是在高度紧张的情况下进行的,力争以最快的速度在最短的时间内,使整个国家或局部地区进入战时状态。战争初期动员是指从战争爆发起到完成第一步战略任务为止的一段时间的战争动员。其主要任务是补充战争初期的消耗,完成扩充组建部队,为转入反攻或保持持续进攻的能力,准备兵员和其他方面的条件。战争中后期动员是指战争进行的中后期所进行的动员。其任务是随着战争的发展和变化,继续扩大和补充部队,增加军工生产,保证战争需要,把战争继续进行

下去,直到最后胜利。

现代战争中,大量高技术武器装备投入战场,使得战争的节奏加快,进程缩短,已经不像传统机械化战争一样表现出明显的四个阶段性,呈现出首战即决战的特性,要求动员保障趋向一次性到位,对动员工作提出了更高的要求。

## 二、国防动员的基本领域

国防动员的内容十分广泛,主要包括人民武装动员、政治动员、国民经济动员、交通战备动员和人民防空动员等。

### (一)人民武装动员

人民武装动员是将现役部队和其他武装力量,由平时编制体制迅速扩大为战时编制体制的动员。它是国家进行动员的主体,是国防动员的核心和主要组成部分。在现代战争中,武装力量动员的好坏,直接关系到战争的开局、进程和结局。因此,世界各国对武装力量的动员都极为重视。

人民武装动员的内容主要包括兵员动员、军官动员和相应的武器装备、后勤保障等方面的动员。《中华人民共和国国防法》规定,中华人民共和国的武装力量由中国人民解放军、中国人民武装警察部队、民兵组成。因此,中国的武装力量动员,既包括对服现役的中国人民解放军、中国人民武装警察部队的动员,也包括对预备役部队和民兵的动员。

### (二)政治动员

政治动员是指国家为了进行战争而开展的宣传、教育、组织工作和外交活动。其目的是激发军民的爱国热情,动员军队英勇作战,动员人民踊跃参军参战。毛泽东曾指出:"战争的伟力之最深厚的根源,存在于民众之中。""动员了全国的老百姓,就造成了陷敌于灭顶之灾的汪洋大海,造成了弥补武器等等缺陷的补救条件,造成了克服一切战争困难的前提。"

### (三)国民经济动员

国民经济动员是保证战争胜利的物质基础。其主要是将国民经济的有关部门和体制,从平时状态转入战时状态,把各方面力量组织动员起来,充分发挥国民经济潜力,生产重点转换到为战争服务,以便大规模生产武器装备、弹药、被服、装具和其他战争物资器材,对武装力量、国家及人民群众在战争中的活动进行全面保障。

国民经济动员主要包括以下内容:改组国民经济的布局和结构,实施工业转产,扩大军工产品量,改变科研和设计部门的活动,以武器装备研制为重点,力争取得武器装备的质量优势;加强国民经济的集中统一管理,重新分配人力、物力和财力,保证战争中军队、政府的需求以及军事工业和其他经济运转,保障人民群众生活的基本需要。

### (四)交通战备动员

交通战备动员是国家为了适应战争需要,组织和利用各种交通运输线路、设施和工具,进行人员、物资、装备输送的活动。其任务是:战时统制各种交通运输线路、设施,保障军队机动、兵员和武器装备的补充、军工生产、军品供应、居民疏散、工厂搬迁,以及其他人员、物资的前送后运等。交通战备动员对于保障战争需要、夺取战争胜利具有重要影响。在现代高技术战争中,交通战备动员对战争的准备与实施,对整个国家战时的经济活动和社会行为有着重要影响。

### (五)人民防空动员

人民防空动员,简称人防动员,是指国家为了适应战争的需要,发动和组织人民群众防备敌人空袭,减少空袭损失和消除空袭后果所进行的活动。国外把组织民间防备敌人空袭,消除空袭后果,防护自然灾害统称为民防动员。随着现代科学技术的飞速发展,各种新式空袭兵器不断出现,空袭、反空袭已成为现代战争的主要作战样式之一,在现代战争中占有极为重要的地位。搞好人民防空动员,对于增强国家的总体防御能力具有重要的战略意义。

## 三、国防动员的意义

国防动员涉及国家的经济、政治、军事各个方面,是关系国家安危的全局性的大事。国防动员的准备与实施情况如何,对国家的经济发展和人民生活,对延缓、阻止战争的爆发,对战争的进程和结局,都有重大影响。

### (一)夺取战争胜利的重要保障

国防动员准备和实施的好坏是决定战争胜负的重要因素。现代战争具有突发性的特点,处于防御地位的国家,如战前准备不足,势必陷入战略被动,使武装力量和经济命脉在敌人的突然袭击之下遭受巨大的破坏。如果遭到侵略的国家在和平时期重视国防动员工作,制定动员法规,建立高效完善的动员体制,就能以最快的速度动员足够的兵力、物力、财力投入战争,迅速完成战争初期军队的组建和补充,保证战略适时展开,减弱敌人因突然袭击而造成的暂时优势,变战略被动为战略主动;粉碎敌方的战略突袭,制止敌方长驱直入,掩护国家在军事、政治、经济、文化等一切领域迅速转入战时体制,夺取战争的主动权,并赢得战争的胜利。1973年的第四次中东战争中,以色列在处于劣势的情况下,最终能扭转战局、转败为胜的重要原因之一就在于它平时形成了一套高效完善的战争动员体制。在这次战争中,以色列的战争动员体制成就受到了举世瞩目的关注。

### (二)增强国防威慑力的重要战略

一个国家的国防威慑力,不仅取决于常备军的数量和质量,而且还取决于军队后备力量和其他动员潜力,取决于常备军与后备力量动员准备的有机结合,以及动员机制的完善程序和运行效率。平时加强国防后备力量建设,做好战争动员准备,无疑可以增强威慑力量,从而达到制止战争爆发、维护和平的目的。

### (三)加强经济建设及增强国防实力的重要措施

在和平时期,国防动员的准备工作应当遵循经济建设的基本规律,顾全国家经济建设的大局,纳入国家经济和社会发展的总体规划,贯彻军民结合、平战结合的方针。武装力量建设、物质力量储备、群众性防卫措施、政治工作等,都要在平时奠定良好的基础。就武装力量建设而言,目前各个国家普遍采用常备军和后备力量相结合的原则,平时保持精干的常备军作为战时动员扩建部队的骨干力量,同时积极训练、储备后备力量,以便战时根据需要组编参战。这样既可以加速国民经济的发展,又可以从根本上增强国防实力。

## 四、国防动员的时机和要求

### (一)国防动员的时机

#### 1.确定国防动员时机的意义和依据

时机,是具有时间性的机会,具有稍纵即逝、难以把握的特点。动员时机掌握得如何,不仅影响到战争的开局,而且直接影响到战争的全过程,甚至决定着战争的胜负。确定动员时机的依据从两方面入手。首先,从国防战略环境考虑,分析国际环境,确定谁是主要的现实的威胁,到何种程度,谁是潜在的次要威胁,何以构成直接的威胁等,这对把握动员时机是至关重要的。其次,从敌国战争准备变化的特点考虑,要发动战争,尤其是对我们这样的一个大国发动战争,必须要进行一系列的战争准备。例如:增加军费开支,加大战场物资储备、工业转产,加紧新式武器的研制和生产;扩充军队和加强预备役兵员的组训,大规模地变更军队部署和频繁地进行有针对性的军事演习;对我边境和内地进行频繁的侦察;外交活动异常,以种种借口制造事端和摩擦,提出领土要求;等等。

#### 2.根据各类动员的特点把握动员的时机

确定早期动员的时机主要是根据国际形势和战争危险对本国威胁程度而定,在对制约战争的各种因素进行综合分析,作出战争不可避免的判断之后,有意识有计划地逐步扩充军队,做好战争动员的准备。临战动员是在战争即将爆发之时进行的,由于时间紧迫,情况错综复杂,时机稍纵即逝,因此决策要果断,行动要迅速,要利用战前动员基础,发挥优势,在敌人进攻之前完成动员,以便减少开战后的损失,争取开战后的主动权。战争初期动员是在战争爆发后进行的。有充分准备的进攻方,开战后以求速战速胜。受进攻的一方,比较被动,战前没有准备或准备不足,因此要求战争一打响就立即进行快速动员,不可稍有迟疑和松懈,尽最大可能满足战争初期作战的需要。战争中后期动员是一种持续的动员,是在战争初期人力、物力、财力巨大消耗下进行的,要掌握节拍,前后照应,纵观全局,保持后劲。如果动员把握得恰到好处,既可保障战争的需要,也能为赢得战争的最后胜利提供可靠保证。

### (二)国防动员的要求

国防动员历来是关系国家安危和战争胜负的重大战略问题,当前军事领域内正在发生的新军事革命不但引发了战争形态、作战样式、军队体制编制的深刻变革,而且对国防动员也产生了重大而深刻的影响。现代国防动员明显地表现出动员范围扩大,动员速度加快,动员数量增多和动员质量要求提高,动员贯穿于和平时期,动员组织工作异常艰巨、复杂等特点。这些特点对现代国防动员的要求是,能够应付各种战争威胁以及突发事件,具备因时因势的应变能力、全面需求的保障能力、长期持久的后续力、统顾全局的筹划力、急剧快速的爆发力、注重效益的组织力以及从国情出发适时确定科学的动员方式等。

世界各国的经验表明,为了建立一个完备、高效、权威的国家国防动员体制,必须重视以下问题:健全动员的组织体制,完善动员的法规体系,制订周密的动员计划,做好平战结合、军民结合的经济动员准备,建立强大的后备力量,加强动员的物质储备。同时,还要通过演习来检验和完善各项动员工作。

## 思考题

1. 什么是国防建设？
2. 简述新中国国防建设的历程。
3. 简述新中国国防建设取得的主要成就。
4. 什么是国防动员？
5. 国防动员包括哪些内容？
6. 国防动员的意义是什么？

## 知识链接

### 国防后备力量

国防后备力量，是指经过动员可以直接为战争所用，战时能迅速转化为直接或间接参战的军事力量。后备力量广义上是指除常备军以外，国家可以用于战时动员的精神和物质的一切力量；在狭义上是指国家除现役部队以外的武装组织，在中国是指预备役部队和民兵。国防后备力量既是国家武装力量的重要组成部分，也是常备军在战时扩军、补充的重要来源。

# 第四章　中国武装力量

世界大国普遍重视武装力量的建设，不断改革和完善武装力量体制。青年学生作为国家的希望、民族的未来，作为未来中国特色社会主义事业的建设者、保卫者和接班人，作为中国梦的追梦者和圆梦人，关注中国武装力量建设、支持国防建设事业是义不容辞的责任。本章主要介绍中国武装力量的形成与发展，以及武装力量整体及其各部分的组织体制、内部结构、地位作用和基本任务等内容。

## 第一节　武装力量的概念

武装力量是国家或政治集团所拥有的各种武装组织的总称。按其职能和性质，武装力量大体可分为军队、后备部队、武装警察和群众武装四种基本成分。通常它由国家或政治集团的最高领导人统帅。

武装力量一般以军队为主体，由军队和其他正规的、非正规的武装组成。它是国家政权的重要组成部分，是国家或政治集团实现阶级统治、推行内外政策的暴力工具。历史证明，无论是被统治阶级夺取政权，还是统治阶级巩固国防、抵御侵略和颠覆，都离不开武装力量。作为主权国家，武装力量是国防活动的主体力量，这就决定了国家建立和保持巩固国防，必须加强武装力量建设，否则，就难以保障国家的独立和安全。《中华人民共和国国防法》第二十条明确规定："中华人民共和国的武装力量属于人民。它的任务是巩固国防，抵抗侵略，保卫祖国，保卫人民的和平劳动，参加国家建设事业，全心全意为人民服务。"

## 第二节　中国武装力量体制的形成与发展

武装力量体制，是指国家或政治集团关于武装力量宏观的组织体系和相关制度，是国家武装力量的总体构成形式。武装力量体制主要包括武装力量的构成及各种武装的组织结构、领导指挥关系、任务区分等制度。一个国家的武装力量体制及其形成与发展，受国家政治制度、经济条件、军事战略、战争实践、人力资源等因素制约。其中军事方面的因素具有决定性影响。

### 一、中国武装力量体制的演变

中国的武装力量是在长期的革命战争实践中形成和发展起来的。中国共产党在领导中国人民革命战争的过程中,坚持毛泽东关于人民军队、人民战争的思想,逐步形成了适合中国国情的"三结合"武装力量体制。在土地革命战争时期,建立了主力红军、地方红军和赤卫队、少年先锋队相结合的武装力量体制。在抗日战争时期,形成了主力军、地方军和民兵、自卫队相结合的武装力量体制。在解放战争时期,形成了野战军、地方军和民兵结合的武装力量体制。

新中国成立后,大规模的武装斗争逐步停止,国家进入了和平建设的新时期。武装力量面临的形势和任务发生了很大变化:一方面要防备和抵御侵略,坚决打击外部来犯之敌;另一方面要维护社会治安、社会稳定,防止国内外敌对势力从内部进行破坏。在这种情况下,中国对于如何改进传统的"三结合"武装力量体制,如何保证其适应新的形势和任务需要,进行了长期的实践与探索。1984年5月通过的《中华人民共和国兵役法》第四条明确规定:"中华人民共和国武装力量,由中国人民解放军、中国人民武装警察部队和民兵组成。"2020年修订后的《中华人民共和国国防法》第二十二条第一款明确规定:"中华人民共和国的武装力量,由中国人民解放军、中国人民武装警察部队、民兵组成。"以法律的形式确立了"三结合"武装力量体制在中国国防基本制度中的地位作用。

## 二、中国武装力量体制的特点

中国武装力量在国家安全和发展战略全局中具有重要地位和作用,肩负着维护国家主权、安全、发展利益的光荣使命和神圣职责。中国"三结合"武装力量体制,与其他国家的武装力量体制相比,具有显著特点。

**(一)坚持党对武装力量的绝对领导**

中国的武装力量,是执行政治任务的武装集团,以全心全意为人民服务为最高宗旨,具有鲜明的无产阶级性质。将武装力量置于党的绝对领导之下,可以保证武装力量忠实地履行党和人民赋予的历史使命。因此,坚持中国共产党对武装力量的绝对领导,是党的利益、国家的利益和人民的利益一致性决定的,是中国武装力量建设的根本原则。《中华人民共和国国防法》第二十一条明确规定:"中华人民共和国的武装力量受中国共产党领导。武装力量中的中国共产党组织依照中国共产党章程进行活动。"

坚持党对武装力量的领导,是我党、我军在革命战争中形成的优良传统。在战争年代,武装力量在中国共产党的领导下,逐步发展壮大,从胜利走向胜利。新中国成立后,我们继续始终不渝地坚持党对武装力量的绝对领导。坚持党对武装力量的领导,主要是坚持党管武装、党指挥枪的原则,坚持党对武装力量行使最高决策权和统率权。从这个意义上说,中国共产党在武装力量体制中居于绝对领导地位。中国共产党对武装力量的领导与指挥,主要是通过党在武装力量中的最高国家军事机关——中央军事委员会,对全国的武装力量实施作战指挥和建设领导。武装力量建设的重大决策都要由党中央、中央军委决定;武装力量的指挥调动都要经党中央、中央军委批准。可以说,中国共产党对武装力量的绝对领导,是中国武装力量体制的最显著特征,也是区别于其他国家武装力量体制的根本标志。

**(二)坚持人民战争思想**

人民战争思想,是毛泽东关于人民战争本质及实施战争的核心内容,也是指导武装力量建设的战略思想。中国"三结合"武装力量体制,集中体现了人民战争思想。在解放战争时期,我党从中国的国情出发,在武装力量体制上,实行野战军、地方军和民兵相结合,发挥了人民战争的整体威力,取得了中国革命的彻底胜利。新中国成立后,"三结合"的武装力量体制,尽管在构成上有了新的变化,但其性质和内涵没有变,是对传统体制的继承和发展。人民解放军是执行机动作战任务的正规部队;武装警察部队在战时将担负地方作战任务;民兵具有寓兵于民的特点,在未来战争中将会继续发挥重要作用。依靠正规军、地方部队和广大民兵进行人民战争,仍将是我们坚持信息化条件下人民战争的主要内容,是我们克敌制胜的法宝。

(三)实行精干的常备军和强大的后备力量相结合

和平时期,国家既不需要也不可能保持一支庞大的常备军。党的十一届三中全会以后,为了适应形势的发展变化及新时期国防和军队建设的发展需要,党中央及时提出武装力量的总体结构要实行"精干的常备军与强大的后备力量相结合"。从 20 世纪 80 年代中期以来,一方面大幅度裁减常备军员额,改革军队体制编制,使常备军体制逐步朝着"精干、灵便、高效"的方向发展;另一方面组建了预备役部队,调整改革了民兵的组织结构,使后备力量体制建设不断发展和壮大,为优化武装力量体制奠定了坚实的基础。实践证明,中国"三结合"的武装力量体制,有利于实行精干的常备军与强大的后备力量相结合,符合中国国情、军情,符合现代武装力量建设的特点规律,是新形势下完成国防使命的客观要求。

## 第三节　中国人民解放军

中国人民解放军是中国共产党缔造和领导的人民军队,是中国武装力量的主体。如期实现建军一百年奋斗目标,加快把人民军队建成世界一流军队,是全面建设社会主义现代化国家的战略要求。

中国人民解放军诞生于 1927 年 8 月 1 日的南昌起义,当时沿用国民革命军第二方面军番号,1928 年 5 月以后,陆续改称中国工农红军。1937 年 8 月 25 日,红军主力部队改编为国民革命军第八路军。同年 10 月,在江南八省的红军游击队改编为国民革命军陆军新编第四军。1946 年,解放战争爆发,解放区各部队由八路军、新四军、东北民主联军等陆续改称人民解放军。

解放军建立之初仅由陆军组成。1949 年 11 月 11 日,空军领导机构在北京成立,司令员为刘亚楼,政委为肖华。1950 年 4 月 14 日,海军领导机关在北京成立,萧劲光任司令员。1966 年 7 月 1 日,第二炮兵领导机关在北京成立,向守志任司令员(未到任),李天焕任政委。1982 年 6 月 19 日,中共中央决定将中国人民解放军担负内卫执勤任务的部队同义务兵役制的武装、边防、消防警察统一组建为"中国人民武装警察部队",作为国家武装力量的重要组成部分。1983 年 4 月,武警部队总部正式成立。

解放军领导机关在新中国成立之初,设有总参谋部、总政治部、总后勤部。20 世纪 50 年代,仿照苏军模式,先后增设了总干部部、训练总监部、总财务部、总军械部、武装力量监察部。1958 年 7 月中央军委作出决定:调整总部机构,恢复总参、总政、总后三大部的传统体制。1998 年,增设总装备部,中国人民解放军成为四总部机构设置。2016 年初,军委机关实现调整组建,按照军委管总、战区主战、军种主建的总原则,把总部制改为多部门制,由原来的总参谋部、总政治部、总后勤部、总装备部 4 个总部,改为军委办公厅、军委联合参谋部、军委政治工作部、军委后勤保障部、军委装备发展部、军委训练管理部、军委国防动员部、军委纪律检查委员会、军委政法委员会、军委科学技术委员会、军委战略规划办公室、军委改革和编制办公室、军委国际军事合作办公室、军委审计署、军委机关事务管理总局等7个部（厅）、3个委员会、5个直属机构共15个职能部门。这是我军领导指挥体制改革取得的一个突破性进展，是全面实施改革强军战略的一个标志性成果，是走中国特色强军之路迈出的关键一步。

中国人民解放军包括现役部队和预备役部队。现役部队是国家的常备军，由陆军、海军、空军、火箭军等四大军种以及军事航天部队、网络空间部队、信息支援部队、联勤保障部队等四大独立兵种构成。预备役部队，是以现役军人为骨干、预备役官兵为基础，按照军队统一的体制编制组成的武装力量。2022年12月30日第十三届全国人民代表大会常务委员会第三十八次会议通过的《中华人民共和国预备役人员法》强调："预备役人员是国家武装力量的成员，是战时现役部队兵员补充的重要来源。"预备役部队的主要任务是：按照规定进行军事训练、执行防卫作战任务和非战争军事行动任务；根据国家发布的动员令，由中央军事委员会下达命令转为现役部队。

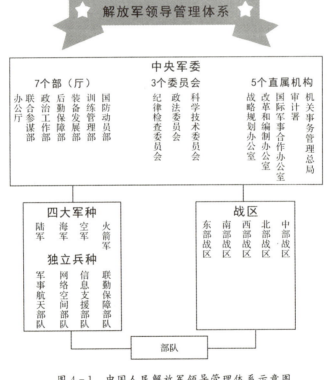

图4-1 中国人民解放军领导管理体系示意图

## 一、陆军

陆军是陆地上作战的军种，是军队的重要组成部分。中国人民解放军陆军诞生于"八一"南昌起义。土地革命战争时期，中国工农红军的组织结构主要以步兵为主，也有少量的骑兵、炮兵、工程兵、通信兵等部（分）队。抗日战争时期，陆军的结构成分基本没有变化。解放战争时期，陆军规模不断扩大，武器装备明显改善，发展了炮兵、工程兵和通信兵部队，新建了坦克、防化兵部（分）队。新中国成立后，陆军进入了现代化、正规化的新的发展阶段。当前，陆军按照机动作战、立体攻防的战略要求，加快实现区域防卫型向全域作战型转变，提高精确作战、立体作战、全域作战、多能作战、持续作战能力,努力建设一支强大的现代化新型陆军。

**(一)基本构成**

中国人民解放军陆军现役部队,主要由步兵、装甲兵(坦克兵)、炮兵、陆军防空兵、陆军航空兵、工程兵、防化兵(化学兵)、通信兵和侦察部队、气象部队、测绘部队等兵种、专业兵组成。

步兵主要以徒步或乘装甲输送车、步兵战斗车实施机动和作战,由山地步兵、摩托化步兵、机械化步兵(装甲步兵)组成。

装甲兵(坦克兵)主要以坦克和装甲车、保障车辆为基本装备,遂行地面突击任务。

炮兵主要以各种压制火炮、反坦克火炮、反坦克导弹和战役战术导弹为基本装备,遂行地面火力突击任务。炮兵是陆军对地火力突击的主体力量。

陆军防空兵主要以高射炮、地空导弹武器系统为基本装备,遂行对空作战任务。陆军防空兵是陆军对空火力打击的骨干力量,联合防空作战力量的重要组成部分。

陆军航空兵装备攻击直升机、运输直升机和其他专用直升机及轻型固定翼飞机,遂行空中机动和支援地面作战任务。陆军航空兵是陆军实施立体、全纵深、机动作战的重要力量。

工程兵由工兵、舟桥、建筑、伪装、野战给水工程、工程维护等专业部(分)队组成,担负工程保障任务。

防化兵由防化、喷火、发烟等部(分)队组成,担负防化保障任务。

通信兵由通信、通信工程、通信技术保障、航空兵导航和军邮勤务等专业部(分)队组成,担负军事通信任务。通信兵主要遂行通信、指挥控制系统保障和电磁频谱管理任务。

**(二)任务作用**

中国人民解放军陆军的主要任务是:担负陆地作战任务,在中央军委的领导指挥下,根据总的战略意图,独立或协同海军、空军等担负陆地歼灭敌人的任务;组织指挥本部队独立的或以陆军为主的地面作战行动;拟制陆上作战计划,组织联合作战行动和演习;直接领导所属陆军部队的组织建设、军事训练、行政管理、政治工作和后勤保障等。经过数十年建设,人民解放军陆军,已发展成为诸兵种合成军种,具有较强的火力、突击力和机动力,在抵御外敌入侵、巩固国防、保卫祖国领土安全、抢险救灾、支援国家建设等方面,发挥着重要作用。

**(三)组织体制**

2015年以前陆军一直未设立独立的领导机关,领导机关职能由原四总部(即总参谋部、总政治部、总后勤部、总装备部)代行,七大军区直接领导所属陆军部队。2015年12月31日,解放军陆军领导机构、火箭军和战略支援部队的成立大会在北京八一大楼举行,中共中央总书记、国家主席、中央军委主席习近平向解放军新成立的三大机构授予军旗。李作成上将成为中国人民解放军首任陆军司令员。

当今世界新军事革命浪潮风起云涌,各主要国家纷纷加快军事变革,争夺军事竞争新优势。建设适应时代发展和作战需要的新型陆军是一个战略重点,建设强大的现代化新型陆军是构建中国特色现代军事力量体系的战略举措。

**(四)武器装备**

中国人民解放军陆军的武器装备,主要包括步兵、炮兵、装甲兵、陆军防空兵、陆军航空兵和其他兵种的装备。其中,步兵的武器装备主要由摩托化步兵、机械化步兵和一般步兵装备构成。摩托化步兵装备有各种输送汽车,具有快速机动能力,能乘车机动、徒步战斗;机械化步兵装备有步兵战车、装甲输送车，具有较强火力、机动能力和装甲防护能力，便于与坦克配合作战，既可乘车战斗，也可徒步战斗。步兵的武器主要有手枪、自动步枪、冲锋枪、机枪、手榴弹、火箭筒、迫击炮和无坐力炮等。这些武器重量轻，便于携带、操作和近战。炮兵的武器装备主要有多种口径的加农炮、榴弹炮、加农榴弹炮、火箭炮、地地战役战术导弹和反坦克导弹等。装甲兵的武器装备有坦克、自行火炮和装甲车辆等。坦克分为主战坦克和特种坦克。主战坦克有多种型号的重型、中型和轻型坦克；特种坦克和其他战斗车辆有水陆坦克、扫雷坦克、装甲侦察车和步兵战斗车、装甲输送车等。陆军防空兵的武器装备主要分为高射武器和防空导弹。高射武器有高射机枪和各种口径的高射炮。防空导弹有单兵便携式防空导弹、车载四联装防空导弹、野战防空导弹等。陆军航空兵的武器装备主要有攻击直升机（也称武装直升机）、运输直升机和其他类专用直升机。部分直升机除装备航空枪炮外，还可携载多种航空炸弹、航空火箭弹、导弹等。

目前，按照机动作战、立体攻防的战略要求，陆军正大力推进转型建设，对建设管理模式进行调整和改进，对力量体系和作战能力进行整体改造和升级。陆军正加速推动13个集团军重组重塑，稳步实施院校改革等，已初步构建起全新的陆战力量体系。

## 二、海军

中国人民解放军海军是在人民解放军陆军的基础上组建起来的。1949年3月24日，中国人民革命军事委员会主席毛泽东和中国人民解放军总司令朱德热烈庆祝"重庆"号巡洋舰官兵起义，指出中国人民必须建设自己强大的国防，除了陆军，还必须建立自己的空军和海军。1949年4月4日，人民解放军第三野战军副司令员粟裕、参谋长张震奉中央军委命令，到达江苏省泰县白马庙乡（今泰州市高港区白马镇），建立渡江战役指挥部，接受国民党起义投诚舰艇，组建一支保卫沿海沿江的海军部队。1949年4月23日，华东军区海军领导机构在白马庙乡成立，张爱萍任司令员兼政委，人民海军从此诞生。1989年3月，中央军委批准确定1949年4月23日为人民海军成立日。

1950年4月14日，以第12兵团部部分机构为基础组成的海军领导机构在北京成立，这是中央军委领导和指挥的海军部队最高领导机关，萧劲光任第一任海军司令员，刘道生任副政委兼政治部主任；同年任命王宏坤为副司令员，罗舜初为参谋长，后相继组建东海舰队、南海舰队和北海舰队。1953年2月，毛泽东主席视察海军舰艇部队，为5艘舰艇写下了5张同样的题词："为了反对帝国主义的侵略，我们一定要建立强大的海军！"几十年来，在党中央、中央军委的正确领导下，人民海军不断发展壮大，陆续组建了海军水

图4-2 举行海军成立大会的会址（资料照片）

面舰艇部队、海军潜艇部队、海军航空兵部队、海军岸防部队和海军陆战部队五大兵种体系。目前，海军下辖北海、东海、南海三大舰队。北海舰队机关位于山东青岛，东海舰队机关位于浙江宁波，南海舰队机关位于广东湛江。

## (一)基本构成

中国人民解放军海军现役部队,主要由潜艇部队、水面舰艇部队、航空兵、岸防兵和陆战队等兵种及专业部(分)队组成。

潜艇部队编有常规动力潜艇部队和核动力潜艇部队,具有水下攻击和一定的核反击能力。担负战略核反击任务的核动力潜艇部队,直接由中央军委指挥。

水面舰艇部队编有战斗舰艇部队和勤务舰船部队,具有在海上进行反舰、反潜、防空、水雷战和对岸攻击等作战能力。

海军航空兵编有轰炸航空兵、歼击轰炸航空兵、强击航空兵、歼击航空兵、反潜航空兵、侦察航空兵部队和警戒、电子对抗、运输、救护、空中加油等保障部(分)队,具有侦察、警戒、反舰、反潜、防空等作战能力,其编制序列为:航空兵部,舰队航空兵,航空兵师、团。

海军岸防兵编有岸舰导弹部队和海岸炮兵部队,具有海岸防御作战能力。

海军陆战队编有陆战步兵、炮兵、装甲兵、工程兵及侦察、防化、通信等部(分)队,是实施两栖作战的快速突击力量。

## (二)任务作用

中国人民解放军海军的主要任务是:独立或协同陆军、空军等实施以海上为主的作战行动,消灭敌方海上力量,夺取和掌握制海权;对敌方进行战略袭击;破坏敌方和保护己方海上交通线;进行海上封锁、反封锁;参加登陆作战和抗登陆作战;保卫领海主权,维护海洋权益。海军在中国国防和未来军事斗争中具有重要的地位和作用。

海军是中国人民解放军的战略性军种,在国家安全和发展全局中具有十分重要的地位。为适应国家安全和未来军事斗争的需要,海军按照近海防御、远海护卫的战略要求,逐步实现近海防御型向近海防御与远海护卫型结合转变,构建合成、多能、高效的海上作战力量体系,提高战略威慑与反击、海上机动作战、海上联合作战、综合防御作战和综合保障能力。

## (三)武器装备

中国人民解放军海军的武器装备,主要包括水面舰艇部队、潜艇部队、海军航空兵、海军岸防兵、海军陆战队的武器装备等。

水面舰艇部队的装备,主要由战斗舰艇(多种型号的驱逐舰和护卫舰)以及多种型号的导弹艇、护卫艇、鱼雷艇、导弹护卫艇、猎潜艇、扫雷艇、布雷艇、登陆舰艇、气垫船和其他专业勤务船构成。舰艇上的武器装备主要有各种舰炮、舰舰导弹、反潜武器和舰空导弹,有的舰上还有舰载直升机。

潜艇部队的装备,主要有国产的多种型号的普通动力、核动力的鱼雷潜艇和导弹潜艇,以及引进的部分常规动力潜艇。艇上的武器装备有鱼雷、水雷、飞航式导弹、弹道导弹等。

海军航空兵的装备,主要有歼击机、歼击轰炸机、轰炸机、强击机、侦察机、反潜机等。机载武器有航炮、航空火箭弹、航空炸弹、空空导弹、空舰导弹、鱼雷和深水炸弹等。

海军岸防兵的装备,主要有多种类型的岸舰导弹和自动化火炮等。

海军陆战队的装备,主要有自动化的步兵武器、反坦克导弹、防空导弹、各种火炮和火箭炮以及舟桥、冲锋舟、气垫船、水陆两用坦克、装甲输送车和特种装备等。这些装备是按照两栖作战的要求而编配的,具有两栖化、装甲化、自动化、轻型化特点。

### 三、空军

空军是进行空中作战的军种。中国人民解放军空军是新中国成立后创建的。但早在20世纪20年代,中国共产党就选派军队干部赴苏联学习航空技术。抗日战争初期,又选派四十多名红军干部组成航空队,去新疆学习航空技术。解放战争时期,于1946年在东北建立了第一所航空学校,培训了一批飞行和航空工程机务干部。1949年3月,中国人民革命军事委员会决定组建军委航空局,统一领导中国人民航空事业。同年7月,中共中央正式决定建立中国人民解放军空军。同年8月15日,在北平南苑机场正式组建第一支飞行中队;10月,又增编了一个空运分队;11月11日,人民解放军空军领导机构正式建立。

**(一)基本构成**

中国人民解放军空军现役部队,由航空兵、地空导弹兵、高射炮兵、空降兵以及通信、雷达、防化等专业部(分)队构成。

航空兵是空军的重要组成部分和作战力量,包括歼击航空兵、强击航空兵、轰炸航空兵、侦察航空兵、运输航空兵等。

歼击航空兵是歼灭敌空中飞机和飞航式空袭兵器的兵种,通常用于抗击敌方空袭、争夺制空权、实施空中掩护等,必要时也可用于攻击地面、水上目标和实施航空侦察。

强击航空兵是攻击敌地面部队或其他目标的兵种。

轰炸航空兵是对地面、水面目标实施轰炸的进攻兵种,通常用于摧毁与破坏敌战略、战役纵深目标,参加争夺制空权,支援陆军、海军和火箭军部队作战等。

侦察航空兵是以侦察机为基本装备,从空中获取情报的兵种。

运输航空兵是装备军用运输机和直升机,遂行空中输送任务的兵种。

地空导弹兵是装备地空导弹、执行防空任务的兵种,通常与歼击航空兵、高射炮兵共同行动。

高射炮兵主要用于防空作战,歼灭敌空中目标,协助歼击航空兵夺取制空权。

空降兵是以机降或伞降方式介入地面作战的兵种,由步兵、装甲兵、炮兵、工程兵、通信兵及其他专业部(分)队组成,主要任务是夺取敌纵深内的重要目标或地域。

**(二)任务作用**

中国人民解放军空军的基本任务是:组织国土防空和要地防空作战,保卫国家领空和重要目标的空中安全;组织独立的空中进攻作战;在联合战役中,独立或协同陆军、海军和火箭军等作战,抗击敌人从空中入侵,或从空中对敌实施打击。空军具有快速反应、高速机动、远程作战和猛烈突击的能力,既能协同其他军种作战,又能独立遂行战役、战略任务。空军是现代立体作战的重要力量,能对战争的进程和结局产生重大影响,在中国国防和未来战争中具有重要的地位和作用。

空军按照空天一体、攻防兼备的战略要求,实现国土防空型向攻防兼备型转变,构建适应信息化作战需要的空天防御力量体系,提高战略预警、空中打击、防空反导、信息对抗、空降作战、战略投送和综合保障能力。

**(三)武器装备**

中国人民解放军空军的武器装备,主要包括歼击航空兵、轰炸航空兵、强击航空兵、侦察航空兵、运输航空兵和地空导弹兵、高射炮兵等的装备。歼击航空兵的装备,主要有国产的多型号歼击机、战斗机等;机载武器除航炮外,还可携带航空火箭弹、航空炸弹和中、近距空空导弹,可用以在中距拦射和近距格斗中歼敌航空器。轰炸航空兵的装备,主要有不同型号的轰炸机,其可携带各类常规炸弹、制导炸弹,也可携带核弹和照明弹、烟幕弹、照相弹等辅助炸弹。强击航空兵的装备,主要有不同型号的强击机;机载武器有航炮、航空火箭弹、航空炸弹等。侦察航空兵的装备,主要有多种型号的侦察机;机载设备有航空照相机、侧视雷达、电视和红外侦察设备等。运输航空兵的装备,主要有不同型号的运输机和直升机;此外,还装备有电子战、空中加油等各种专业机。地空导弹兵,主要装备有多种类型的地空导弹,可用于抗击敌军大规模空袭和在强电子干扰条件下,抗击不同高度的集群目标及巡航导弹。高射炮兵,主要装备有大、中型口径的高炮。

## 四、火箭军

中国人民解放军火箭军成立于2015年12月31日,是中国人民解放军新的军种,由第二炮兵发展而来。火箭军是中国战略威慑的核心力量,是中国大国地位的战略支撑,是维护国家安全的重要基石。成立火箭军是党中央和中央军委着眼实现中国梦、强军梦作出的重大决策,是构建中国特色现代军事力量体系的战略举措,必将成为中国军队现代化建设的一个重要里程碑,载入人民军队史册。

中国人民解放军火箭军的主体为中国人民解放军第二炮兵,其成立于1966年7月1日,由毛泽东主席批准、周恩来总理亲自命名,始终由中央军委直接掌握,是中国实施战略威慑的核心力量,主要担负遏制他国对中国使用核武器、遂行核反击和常规导弹精确打击任务。长期以来,面对国际局势风云变幻,面对国家安全重大挑战,火箭军部队在遏制战争威胁、营造中国安全有利战略态势、维护全球战略平衡与稳定方面起到了不可替代的重大作用。核力量是维护国家主权和安全的战略基石。中国始终奉行不首先使用核武器的政策,坚持自卫防御的核战略,无条件不对无核武器国家和无核武器区使用或威胁使用核武器,不与任何国家进行核军备竞赛,核力量始终维持在维护国家安全需要的最低水平。建设完善核力量体系,提高战略预警、指挥控制、导弹突防、快速反应和生存防护能力,慑止他国对中国使用或威胁使用核武器。

## 五、四大独立兵种

2024年4月19日,中国人民解放军信息支援部队成立大会举行,原战略支援部队番号撤销。本轮改革后,中国人民解放军总体形成中央军委直接领导指挥下的陆军、海军、空军、火箭军等军种,以及军事航天部队、网络空间部队、信息支援部队、联勤保障部队等兵种。

军事航天部队是战略性兵种。军事航天部队建设,对提高安全进出和开放利用太空能力、增强太空危机管控和综合治理效能、更好和平利用太空具有重要意义。

网络空间部队是战略性兵种。推进网络空间部队建设,大力发展网络安全防御手段,对筑牢国家网络边防,及时发现和抵御网络入侵,捍卫国家网络主权和信息安全具有重要意义。

信息支援部队是战略性兵种,是统筹网络信息体系建设运用的关键支撑。信息支援部队要坚持信息主导、联合制胜,畅通信息链路,融合信息资源,加强信息防护,深度融入联合作战体系,精准高效实施信息支援,服务保障各方向各领域军事斗争。

联勤保障部队是实施联勤保障和战略战役支援保障的主体力量,是中国特色现代军事力量体系的重要组成部分。

## 第四节　中国人民武装警察部队

中国人民武装警察部队,是中国武装力量中担负国内安全保卫任务的武装组织,是武装力量的组成部分,是保卫社会主义现代化建设的一支重要力量。

### 一、发展历史

中国人民武装警察部队有着光荣的历史。革命战争时期,为适应对敌斗争和巩固红色政权的需要,革命根据地曾先后建立过不同名称的承担治安保卫任务的武装组织,主要担负保卫首长、警卫机关、肃清特务、看押罪犯、维护社会治安等任务。1938年5月成立的延安市警察队,是中国人民武装警察部队的前身。1949年8月,根据中国人民革命军事委员会决定成立的中国人民公安中央纵队,为第一支中国人民武装警察部队。该纵队由公安部领导,担负中共中央机关、中央政府、首长和北京市的警卫、治安任务。随后,在新解放的大中城市相继建立了不同名称的公安武装。同年12月,各地公安武装整编为中国人民公安部队,隶属于各级公安机关。1950年,成立中央军委公安部队领导机构。1951年9月,内卫、边防和地方公安部队整编为中国人民解放军公安部队。1955年5月,国防部批准部分公安部队改为人民武装警察。1955年7月,国防部发布命令,将中国人民解放军公安部队改称为中国人民解放军公安军。1958年底,担负看押劳改、守护铁道和一般厂矿企业的内卫部队,部分边境、沿海内湾及对外开放口岸的边防部队,警卫外宾、使馆、省以下机关、学校的部队,拨交公安机关,改为人民武装警察。总参谋部警备部与公安部武装民警局(十六局)合署办公,改为公安部四局;各省成立武装警察总队。担负中央及各省、区、市警卫,剿匪治安,守护重要铁道桥梁和军工厂矿任务的总队和沿海边防总队,仍属军队序列。1961年12月,成立中国人民武装警察部队领导机构,公安部武装民警局(四局)撤销。1963年2月,改称中国人民公安部队,其建制和领导关系不变。1965年,全国公安消防民警中队人员实行义务兵役制(大队以上干部仍为人民警察序列),执行中国人民解放军条令条例,担负火灾预防和灭火救援任务。1966年7月起撤销公安部队,统一整编为中国人民解放军。1973年6月,国务院、中央军委批准将全国46个国家口岸检查站和37个地方口岸检查站交由公安部门领导。公安部设立边防保卫局,各省、地、市公安机关均设有相应的工作和管理机构。1976年1月,中国人民解放军县、市中队交归公安机关,改为人民武装警察。公安部设立武装民警局,各省(自治区、直辖市)、地区(州、盟、市)公安机关均设有武装民警处、科。

1982年6月,中共中央决定将人民解放军担负内卫执勤任务的部队移交给公安部门,同公安部门原来实行义务兵役制的武装、边防、消防三个警种一起组建中国人民武装警察部队。1984年9月,将中国人民解放军基建工程兵的水电、交通、黄金部队列入中国人民武装警察部队序列,受公安部和水利电力、交通、冶金部双重领导,以业务部为主。1985年8月,全国边防、消防武装警察从武警总部划出,归各级公安部门领导。1995年3月,国务院、中央军委决定,武警部队属于国务院编制序列,由国务院、中央军委双重领导,实行统一领导管理与分级指挥相结合的体制。1996年10月,人民解放军部分乙种步兵师移交武警部队改为武装警察师,归武警总部直接领导指挥。1999年2月,国务院、中央军委决定,武警黄金、森林、水电、交通部队划归武警总部统一领导管理,任务分配、业务指导由国家有关主管部门负责。

党的十八大以来,人民武装警察部队改革全面铺开。党的十九大明确要求"建设现代化武装警察部队",新时期武警部队改革的主要任务和重点是:强化党中央和中央军委对武警部队集中统一领导,坚定贯彻中央军委主席负责制,按照"军是军、警是警、民是民"的原则,调整武警部队指挥管理体制,优化力量结构和部队编成,实现领导管理和高效指挥的有机统一。

党中央决定,自2018年1月1日零时起,中国人民武装警察部队由党中央、中央军委集中统一领导,实行中央军委—武警部队—部队领导指挥体制。2018年1月10日,中央军委向武警部队授旗仪式在北京举行。公安边防部队、消防部队、警卫部队不再列武警部队序列,全部退出现役;海警队伍转隶武警部队;武警部队不再领导管理武警黄金、森林、水电部队,官兵集体转业改编为非现役专业队伍;武警部队不再承担海关执勤任务。

## 二、职能任务

中国人民武装警察部队担负执勤、处置突发社会安全事件、防范和处置恐怖活动、海上维权执法、抢险救援和防卫作战以及中央军事委员会赋予的其他任务。以武警内卫部队为例,平时主要担负固定目标警卫、守卫、守护、看押、看守和巡逻等勤务,处置骚乱、暴乱、叛乱和群体性事件等各种突发事件和反恐怖任务,并支援国家经济建设和执行抢险救灾任务。具体包括:国家列为警卫对象和来访重要外宾,省级以上党政领导机关和各国驻华使、领馆,国际性、全国性重要会议和大型文体活动现场的安全警卫;对监狱和看守所实施外围武装警戒;对重要机场、电视台、电台和国家经济、国防建设等重要部门的机密要害单位或要害部位实施守卫保卫;对铁路主要干线上的重要桥梁、隧道和特定的大型公路桥梁实施守卫保卫;对大城市、省会城市、自治区首府和沿海开放城市的武装巡逻;协助用兵单位执行逮捕、押解、追捕、押运等任务;处置突发性暴力案件、重大社会治安案件、特大社会治安灾害事故;处置袭击、劫持、爆炸等恐怖事件;执行抢险救灾任务。人民武装警察部队战时协助人民解放军进行防卫作战。人民武装警察部队由内卫部队、机动部队、海警部队和院校、研究机构等组成。

# 第五节 中国民兵

民兵是不脱离生产的群众武装组织,是中国人民解放军的助手和后备力量,是中国武装力量的重要组成部分。

## 一、发展历程

中国民兵,是一支新型的人民群众武装组织,在中国革命和社会主义建设的各个历史时期均发挥了巨大作用。早在大革命时期,中国共产党在领导和开展工农运动中,就注意建立工农武装。北伐战争时期,工人纠察队和农民自卫军有了很大发展,沉重地打击了帝国主义和封建军阀势力。

土地革命战争时期,中国共产党把组织群众、武装群众、建立人民武装,作为创建、巩固和发展革命根据地的根本。毛泽东率领秋收起义的工农武装进军井冈山,广泛发展暴动队、赤卫队、少年先锋队等群众武装组织,并以中华苏维埃共和国临时中央政府的名义,陆续颁布了《赤卫军组织法》和《苏区少先队各级队部组织条例》,将各个苏区的群众武装统一为赤卫军和少先队。他们广泛开展游击战争,积极配合红军作战,为粉碎敌人的"围剿",保卫和扩大红色革命根据地,发挥了重大作用。

抗日战争时期,中国共产党领导下的各抗日根据地,普遍建立民兵和自卫队,形成了中国民兵制度。到1945年,各抗日根据地的民兵发展到268万余人,自卫队达1000万人以上,展开空前规模的人民游击战争,创造出诸如地道战、地雷战、麻雀战、破袭战、围困战等多种巧妙战法,配合八路军、新四军狠狠地打击了日本侵略者。

解放战争时期,民兵队伍迅速扩大,人数达550万左右,自卫队则发展到数千万人。广大民兵积极配合人民解放军作战,在粉碎国民党军队大举进攻、保卫解放区的斗争中,民兵参加大小战斗11.47万次,歼敌20.47万人;在支前工作中更是发挥了重大作用,仅辽沈、淮海、平津三大战役,以民兵为骨干组织的支前大军就达880万人,创造了战争史上的奇观,为解放战争的胜利作出了不可磨灭的贡献。

新中国成立后,民兵制度被确立为国家的一项军事制度。1951年5月,中共中央、中央军委发出《关于加强民兵建设的指示》,提出在全国实行"普遍民兵制度"。1958年,为对付战争威胁,毛泽东发出了"大办民兵师"的号召,全国普遍建立了民兵组织。1962年6月,毛泽东指示"民兵工作要做到组织落实、政治落实、军事落实"(简称民兵工作"三落实"),促进了民兵工作的健康发展。1976年10月,中央军委及时整顿和恢复了民兵的传统领导体制和管理体制。党的十一届三中全会后,民兵的组织建设、军事训练和政治教育都相应地进行了调整改革。《中华人民共和国宪法》第五十五条规定:"保卫祖国、抵抗侵略是中华人民共和国每一个公民的神圣职责。依照法律服兵役和参加民兵组织是中华人民共和国公民的光荣义务。"1984年颁布的《中华人民共和国兵役法》,进一步确立了民兵与预备役相结合的制度。1990年12月,国务院、中央军委颁布的《民兵工作条例》,对民兵工作的任务、指导原则、组织建设、政治工作、军事训练、武器装备、战备执勤等各个方面,都做了明确的规定,推动了民兵工作的全面发展。

民兵在社会主义革命和现代化建设中,继承和发扬了革命战争年代的光荣传统,既是对敌斗争的战斗队,又是生产战线上的突击队,不仅在解放沿海岛屿、剿灭土匪、维护社会治安、镇压反革命暴乱、抗美援朝和历次自卫反击战中发挥了重要作用,而且同人民解放军一起,建立军民联防,在海陆边防线上配合和支援人民解放军完成了保卫祖国的神圣任务。从1950年到1979年,全国共歼灭小股武装特务104股827人,其中大部分是民兵单独或配合解放军歼灭的。配合公安机关维护社会稳定,是民兵的一项经常性任务。在发展生产、抢险救灾、植树造林、建设社会主义物质文明和精神文明的伟大事业中,民兵也起着骨干带头作用。

## 二、职能任务

中国民兵的职能任务,在不同的历史时期有不同的重点和要求。在革命战争年代,主要是配合人民军队参战支前。新中国成立后,特别是随着改革开放和形势任务的变化,民兵的职能任务呈现出多元化趋势。《中华人民共和国国防法》对民兵的任务作出了明确规定:"民兵在军事机关的指挥下,担负战备勤务、执行非战争军事行动任务和防卫作战任务。"

**(一)担负战备执勤**

担负战备执勤是民兵为保卫边(海)防、重点目标和人民生命财产安全而担负的各种军事勤务的总称。一是参加军警民联防和哨所执勤,配合人民解放军、武装警察、公安干警保卫边防、海防和战备重点地区的安全。二是守护重要目标,主要是配合武警部队,守护党政首脑机关、邮电通信设施、能源生产基地、重要交通枢纽、国防军工企业、物资储备仓库、大型水库堤坝等重要目标。三是组织广大民兵,开展护厂、护矿、护村、护路等活动,确保本地区本单位的安全与稳定。

**(二)参加防卫作战**

参加防卫作战是民兵在军事机关的指挥下配合人民解放军参加各种防卫作战和保障行动的总称。一是直接参与作战,主要包括民兵配合人民解放军参与战略威慑、防空作战、岛岸防卫作战、海上作战和应对边境地区冲突等作战行动。二是提供战勤保障支援,主要包括民兵为配合防卫作战行动,组织实施的情报侦察、工程保障、交通运输、通信信息、警戒防护、卫生勤务、装备保障等支援行动。三是为现役部队补充兵员,主要是指民兵为配合防卫作战行动,采取成建制或单个补充方式,对现役部队实施兵员补充的活动。四是参与消除战争灾害,主要是指民兵为配合防卫作战行动,参与抢修公共基础设施、消除火灾、实施医疗救护、消除核生化武器袭击后果等行动。

**(三)协助维护社会稳定**

协助维护社会稳定是民兵参加维护社会治安、平息动乱暴乱等各种行动的总称。其主要任务是:在当地党委、人民政府和军事机关的领导指挥下,配合公安部门和武警部队,打击扰乱社会秩序的破坏活动;参与平息各种动乱和暴乱活动,保持社会正常的工作和生活秩序;在战争状态下,依法参与战时管制,严厉打击刑事犯罪活动,粉碎敌对分子的破坏活动。

此外,中国民兵的职能任务,还包括积极参加社会主义现代化建设。即平时应对突发事件,参加抢险救灾,遂行急难险重任务,在建设社会主义物质文明和精神文明的伟大事业中,发挥骨干带头作用。

## 三、领导体制

中国民兵在党中央、国务院、中央军委统一领导下,实行地方党委、政府和军事系统的双重领导。这是由中国后备力量建设的特点决定的。中国民兵,是一支不脱离生产的群众武装,平时分散在各行各业,既是"民"又是"兵",其建设和使用是一项地方性、群众性很强的军事工作,只有在地方党委、政府的领导下,实行统一计划、统一部署,才能把民兵建设与地方其他各项工作紧密结合起来,协调各有关部门,调动各方面力量。同时,民兵又有军事组织的特性,是中国武装力量的组成部分,它除接受地方党委、政府的领导外,还必须接受军事系统的领导和指挥。只有这样,才能坚持"三结合"武装力量体制,从组织指挥上保持国家武装力量的集中统一,才便于把民兵建设纳入国防建设的总体规划,实行统筹安排,才能提高民兵的军事素质。无论是地方党委、政府还是军事系统,对民兵工作的领导,都是在党中央、国务院、中央军委的统一领导下实施的。实践证明,对民兵实行双重领导,能有效地保证党中央、国务院、中央军委有关民兵建设方针、政策的贯彻落实,保证党管武装的具体落实,保证民兵建设的顺利发展。

## 思考题

1. 什么是武装力量体制?
2. 中国武装力量体制有何特点?
3. 中国人民解放军陆军的任务作用是什么?
4. 中国人民解放军海军的任务作用是什么?
5. 中国民兵的职能任务有哪些?

## 知识链接

**中国新时代军事战略方针**

坚持防御、自卫、后发制人原则,实行积极防御,坚持"人不犯我、我不犯人,人若犯我、我必犯人"。强调遏制战争与打赢战争相统一,强调战略上防御与战役战斗上进攻相统一。

# 第二部分　国家安全

**教学目标：**

深刻认识当前国际战略形势的现状与发展趋势，了解世界主要国家军事力量及战略动向；正确分析中国面临的安全形势，把握和认识国家安全的内涵；理解中国总体国家安全观，增强国家安全意识和忧患意识。

**思政元素：**

底线思维　责任担当

国家安全工作是党治国理政一项十分重要的工作，也是保障国泰民安一项十分重要的工作。做好新时代国家安全工作，要坚持总体国家安全观，抓住和用好我国发展的重要战略机遇期，把国家安全贯穿到党和国家工作各方面全过程，同经济社会发展一起谋划、一起部署，坚持系统思维，构建大安全格局，促进国际安全和世界和平，为建设社会主义现代化国家提供坚强保障。

——习近平在主持十九届中央政治局
第二十六次集体学习时的讲话
（2020年12月11日）

# 第五章　国际战略形势

当前,世界之变、时代之变、历史之变正以前所未有的方式展开,人类社会面临前所未有的挑战。国际战略环境是一个时期内世界各主要国家(集团)在矛盾、斗争或合作、共处中的全局状况和总体趋势。国际战略环境包括国际战略格局和国际战略形势两个方面:国际战略格局是国际战略环境的框架结构,国际战略形势是国际战略环境的动态表现。它从本质上反映了世界各主要国家的政治集团建立在一定军事、经济实力基础上的政治关系的基本状况和总体趋势,其核心是世界范围内的战争与和平问题。

## 第一节　国际战略格局

### 一、国际战略格局概述

**(一)国际战略格局的基本含义**

国际战略格局,就是世界上一些主要的政治力量(国家或集团)相互联系、相互作用,在一定时期内所形成的具有重大影响而又相对稳定的一种关系和结构。它是国际战略环境的总体框架,包括国际政治、经济、军事关系在内的国际战略关系的表现形式,是国际战略力量对比的结构形态。这种结构表现了世界力量的分布、组合和对比,通常表现为一定的战略对应关系,如结盟或对立、合作或竞争等。国际战略格局也称世界战略格局或国际关系体系,有时也简称为世界格局或国际格局。国际战略格局的发展变化是制定战略的主要依据,是影响战略推行和演变的重要因素。

**(二)国际战略格局的特征**

(1)相对稳定性。国际战略格局总是同一定的经济格局和历史阶段相联系的。作为一种力量对比的结构状态,国际战略格局并不是瞬息万变、捉摸不定的,它在一定时期内,具有相对的稳定性,不可能今天一个样,明天另一个样。如二战以后形成的两极格局,经过40多年才被打破。

(2)发展演变性。我们说国际战略格局是相对稳定的,并不否认它有变化发展的一面。在国际舞台上,各种力量相互关联、相互作用,在不同层次之间总是既相互独立,又相互影响。各种力量之间的对比状况不断发生变化,导致国际战略格局不断变化。

**(三)国际战略格局的要素**

一是力量。力量对比决定着每一支力量在国际事务中的地位和作用,力量是国际战略格局的核心要素。客观上确实有大国小国、弱国强国之分。即使联合国有一国一票的体制,也只是形式上的平等,大国在其中更有主导地位和影响力。

二是关系。各种力量之间根据利益关系形成联盟或敌对关系,会造成力量对比的变化。结盟常常可以改变力量对比。然而结盟是有代价的,必须为盟国尽义务,甚至可能会牺牲部分主权。有些国家不愿受到结盟的束缚,便设法游刃于大国之间,利用它们的矛盾、竞争和有求于己而赢得自己的利益空间。而对于主要大国来讲,对各地区其他力量进行分化瓦解和制衡,防止其联合起来形成对自己不利的对比态势,则是保证其强势地位的有效途径。老牌世界大国英国和现在的超级大国美国都精于此道。

三是体制。格局中总是存在一定的体系和制度,这首先也是由实力和地位决定的。在旧的格局被打破后,获胜的同盟国家为了和平瓜分胜利果实,主导新的格局,需要共同建立新的体制,制定新秩序,剔除旧的格局体制中的不合理内容,同时对各支力量进行规范或制约。稳定畅通的体制是格局延续的基本保障。

## 二、国际战略格局的演变

大航海时代的到来,让人类历史成为真正意义上的世界史。自此,国与国之间开始了频繁的交流,战略格局悄然形成。最初,由于欧洲活跃的贸易与文化交流,此时的战略格局以欧洲为中心。国际战略格局的演变大致分为以下几个阶段。

**(一)威斯特伐利亚体系(多极均势格局,1648—1815 年)**

近代国际关系格局的第一次演变发生在 17 世纪初期,其标志是该时期席卷欧洲的三十年战争。1648 年《威斯特伐利亚和约》的签订,标志着欧洲三十年战争的结束,成为现代国际关系史的开端。和约确立的国家无论大小、战胜国还是战败国,均能以主权国家身份参与国际协议的原则,作为国际关系发展的重要里程碑而载入史册。

**(二)维也纳体系(多极均势格局,1815—1871 年)**

资本主义生产关系的发展和生产技术的更新,增强了主权国家的综合国力。威斯特伐利亚和会以后,国际关系中的重要特点就是西欧向世界各地的扩张,欧洲扩张导致了以欧洲为中心的国际"秩序"产生;此外,欧洲强国因殖民地等问题开始了激烈较量。最终在 1814 年 10 月—1815 年 6 月召开的维也纳会议上,确立了维也纳体系。英国、法国、俄罗斯、普鲁士和奥地利相互制约与平衡,形成多极均势国际体系中的主宰。

**(三)法兰克福格局(两大军事集团对峙的格局,1871—1918 年)**

在维也纳格局的发展过程中,欧洲工业的进步促使各国资本主义反对封建制度及其残余的革命斗争迅猛发展。1870 年 7 月,法国对普鲁士宣战。战争开始后,法国接连失利,最终战败。1871 年 5 月,两国正式签署《法兰克福和约》。为确保对法胜利成果,战后,俾斯麦组织了新的反法联盟,并于 1873 年建立了德奥俄"三皇同盟",共同遏制法国。于是,在欧洲大陆形成了新的以《法兰克福和约》和"三皇同盟"为基础的战略格局,史称"法兰克福格局"。出于俾斯麦在其中起着主导作用,亦称"俾斯麦体系"。

第一次世界大战的爆发使国际战略格局的覆盖面扩大,全球战略格局开始形成。

### (四)凡尔赛-华盛顿体系(多极格局,1918—1945年)

1919年6月28日,在巴黎和会上签署的《凡尔赛和约》,以重新确定德国边界、限制德国军备、瓜分德国殖民地、从德国榨取巨额赔款为基础,使欧洲形成了新的均势,确立了一战后欧洲国际关系的新秩序,即"凡尔赛体系"。另外,在战争期间才加入协约国的美国及日本利用战争攫取利益,美国的海军力量迅速发展起来。1921年底,美国为了确立在远东和太平洋地区的支配地位,主导召开了华盛顿会议,先后炮制了《四国条约》《五国海军条约》和关于中国问题的《九国公约》。这次会议,在承认美国实力优势的基础上,划分了一战后帝国主义国家在远东和太平洋地区的势力范围。自此,形成了以《凡尔赛和约》与华盛顿会议为基础的"凡尔赛-华盛顿体系"。

### (五)雅尔塔体系(两极格局,1945—1991年)

二战末,国际政治舞台上的美国和苏联已经成为两支主要力量。传统上以欧洲为中心的国际政治格局宣告终结,美英苏三国首脑举行的德黑兰会议、雅尔塔会议和波茨坦会议标志着以美苏两大强国为首的两极格局即雅尔塔体系开始形成。这些会议达成的协议和谅解,除协调了同盟国对德日法西斯的作战计划和行动,加速了反法西斯世界大战的结束外,更主要的是确定了美苏两国的势力范围,标志着两极格局初步形成。此后,美苏冷战更加剧了这一格局。

### (六)冷战后进入一超多强国际格局(1991年至今)

20世纪80年代末、90年代初,世界发生了对人类历史发展具有深远影响的巨大变化,随着东欧剧变和苏联解体,国际战略格局进入了一个转型期。两极世界对峙的结束,给国际关系带来了不可估量的影响。世界各种力量经过发展和重新组合后,进入一超多强国际格局,"一超"是指美国,"多强"是指中国、俄罗斯、欧盟、日本等国家或联盟。当前,国际格局总体依然保持"一超多强"的态势,但"一超"弱化、多强分化趋势明显,世界加速向多极化方向发展。

## 三、国际战略格局现状及趋势

当前,新兴市场国家和发展中国家群体性崛起,国际力量对比正加速朝着趋于均衡的方向发展。未来一二十年内,国际战略格局总的趋势继续朝着多极化方向发展。世界多极化深入发展既是历史发展的大势,也是国际社会的普遍期待。中国是世界多极化的坚定支持者和积极推动者,倡导各方共同建设持久和平、普遍安全、共同繁荣、开放包容、清洁美丽的世界。

### (一)美国欲维持单极霸权,却难阻多极化潮流

1991年,随着苏联解体,美苏争霸的冷战时代结束。随着美苏两极格局的消亡,美国成为世界唯一超级大国,其对外关系中的一个基本特征就是谋求霸权,推行强权政治,力图建立一个由美国领导的、以美国的价值观和意识形态为基础的单极世界新秩序。短时间内,美国在经济、科技、文化、军事等方面的实力仍然很突出。

世界在飞速变化,单极世界的时代已经过去,从这些年世界各地发生的冲突、入侵和政变可以看出,美国试图维持的"单极霸权"并没有让全球人民走向和平与繁荣,反而出现了国际动荡以及经济衰退等局势。单极世界无法给国际社会创造和平与稳定,只会对世界和平与稳定造成严重威胁。特别是近些年来,美国综合实力不断下降,在这种状态下想要继续维持单极霸权体系变得异常困难,美国已不能凭借自己的优势地位在世界上为所欲为。

从发展趋势看,未来10~20年,美国作为"一超"地位将进一步下降,世界格局中新兴经济

体在崛起,多种行为体所形成的多元力量在发展。发达国家地位相对下降,而发展中大国实力将上升,新的权力分配与国际关系的分化组合仍在进行。

**(二)俄罗斯以军事力量基础,力图重新树立大国地位**

2000年普京政府执政并将"经济发展,建立强大的国家和大国地位的恢复"作为其优先政策,带领俄罗斯力图重新获得大国地位。在多极化进程加快的背景下,俄罗斯成为世界大国的定位愈发明确,捍卫和争取大国权益的态度越来越坚决,在一些国际事务中也越来越有进取性。这种战略目标将一直是俄罗斯外交的出发点。然而,实现这一愿景的路程并不轻松,更加有定力和战略谋划的外交政策、具有创新性可持续的雄厚经济基础,将是圆梦的前提。

苏联解体后,俄罗斯不再占有世界陆地面积的1/6,而是变成了占有1/8,但它依然是世界上最大的国家,幅员横跨欧亚两大洲,国土总面积1700多万平方千米;自然资源极其丰富,物质技术基础雄厚,有着巨大的发展潜力。它是目前世界上唯一能与美国在军事上抗衡的国家,并保持着在苏联地区的领导地位和在全球事务中的影响力,当前在能源、军控和地区热点方面的作用举足轻重。

美国依然将俄罗斯视为霸权威胁和主要对手。北约东扩、东欧反导、俄格冲突、俄乌冲突等方面的斗争,都彰显出美俄遏制与反遏制斗争的深化。俄乌冲突表明世界正日益分裂成一个更加复杂和多极的环境,在这个环境中,美国长期奉行的外交政策冒险主义和过度扩张很可能导致其操劳过度。

客观地讲,今天的俄罗斯在经济上只相当于欧洲中等国家的水平,军费投入不足美国的1/10,无论是实力还是国际影响力都无法和以前的苏联相比。经济结构畸形、过度依赖石油天然气等,是俄罗斯当前经济发展的重要障碍。俄罗斯一贯给外人强硬的印象,但实际上其内部整合、积蓄内力的进程还很漫长,尤其是2022年爆发的俄乌冲突,对俄罗斯各个方面冲击巨大。

**(三)欧盟力量不断发展并且自主意识日趋增强**

欧盟是当今世界上规模最大、一体化程度最高的地区经济集团。欧盟现有27个成员国,面积约414万平方千米,人口约4.5亿,2024年GDP(国内生产总值)为17.94万亿美元。欧盟具有雄厚的经济、科技和军事实力,在联合国安理会5个常任理事国中占有1个席位,在处理全球或地区事务中有一定的发言权。近年来,欧盟在应对气候变化、金融危机、俄格冲突、伊朗核问题等热点上表现突出。欧盟一直在谋求使欧洲真正成为未来多极世界中强有力的一极,争取与美国平起平坐的地位。

但是,欧盟毕竟不是一个真正意义上的国家,它只是一个松散的国家联盟,各国在政策协调上存在诸多杂音,不可能像一个国家那样一致对外,也仍未摆脱对美国的依赖。更何况金融危机的持续,也使欧洲一体化经历着历史上最严峻的危机,欧元区面临瓦解,特别是英国已经脱欧,使欧盟的生存受到威胁。

**(四)日本加快由经济大国走向政治大国的步伐**

日本工业高度发达,科技实力雄厚,但其不满足于经济大国的地位,想要做政治大国、军事大国,要求成为联合国安理会常任理事国。2011年发生的地震、海啸与福岛核电站事故这三重灾害给日本造成了重大打击,而日本应对灾难的总体表现,显示了自己一定的实力。

但是,日本也有先天不足。日本对过去发动侵略战争的认罪态度问题是它与周边国家长期不睦的根源之一:不愿承担对受害国家的责任,长期否认或掩盖历史罪责,甚至公然美化侵略。除了历史问题,日本与周边国家还存在领土问题,与周边所有国家都存在海洋划界之争。今后长时期内,日本恐将很难改变盲目自大、政治迟钝、外交无术与国际孤立的处境,很难成为真正意义上的一极。

### (五)中国综合实力提升,在国际事务中发挥越来越重要的作用

中国从远远落后于其他大国的贫弱基础上快速崛起,14亿人从贫穷转为实现小康,是人类历史上亘古未有的壮丽事业,规模与速度举世无双。党的二十大报告指出:"改革开放和社会主义现代化建设深入推进,书写了经济快速发展和社会长期稳定两大奇迹新篇章,我国发展具备了更为坚实的物质基础、更为完善的制度保证,实现中华民族伟大复兴进入了不可逆转的历史进程。"经济上的强大,使中国的国际地位发生了历史性变化,也带动了亚洲的崛起,对世界格局产生着重大影响。中国的国防实力也在日益增强,拥有一支任何人都不能轻视的军事力量。随着综合国力的日益强盛,中国在世界上的地位和作用必将进一步提高。

近年来中国整体实力飞速发展,国际地位不断提升,全球GDP排名仅次于美国。根据高盛公司的预测,未来30年全球GDP的重心将更多地向亚洲转移。但是也要看到,经济方面的优势并不能必然转化为军事上的优势,经济也只是综合国力的一个组成部分。中国在综合国力方面与其他大国相比还有一定差距,目前尚未实现国家完全统一,软实力发展相对滞后,在国际舆论中声音仍然比较微弱。

### (六)其他国家和国家集团的实力与地位在增长

除了上述五大力量中心,现在世界上还有一些重要国家,因为综合国力的明显增强,在全球和地区事务中的地位和作用日益提高,成为所在地区有一定号召力的中心国家,并能影响到国际政治,如印度、巴西、南非、土耳其、伊朗等国。

从上述世界各种力量发展变化的情况可以看出,国际战略格局正呈现出多极化趋势。

## 第二节　国际战略形势特点与趋势

当前,世界百年未有之大变局加速演进,新一轮科技革命和产业变革深入发展,国际力量对比深刻调整,我国发展面临新的战略机遇。同时,世纪疫情影响深远,逆全球化思潮抬头,单边主义、保护主义明显上升,世界经济复苏乏力,局部冲突和动荡频发,全球性问题加剧,世界进入新的动荡变革期。虽然时代主题没变,但"世界和平与发展这两大问题,至今一个也没有解决",并呈现出一些新特点和新趋势。

### 一、国际局势复杂动荡,和平与发展的时代主题面临严峻挑战

冷战期间,由于存在以美苏为首的两大集团的竞争与对抗,国际形势总体上处于紧张状态,全人类处在世界大战、核大战的阴影之下,但由于美苏两个超级大国彼此之间几乎一直处于战略均势状态,特别是"核均势",大战没有打起来。冷战结束后,两大阵营的对峙不复存在了,形势明显缓和。但近年来,国际形势乱变交织,不确定、不稳定因素显著增强,大国较量空前激烈,民族主义、民粹主义蔓延肆虐,保护主义、单边霸凌主义逆流而动。保护主义、单边主义上升,世界经济低迷,全球产业链供应链因非经济因素而面临冲击,国际经济、科技、文化、安

全、政治等格局都在发生深刻调整,世界进入动荡变革期。局部战争和武装冲突的数量比冷战时期多了,呈现出大战不打、小战不断的局面。

**(一)冷战期间积聚的各种矛盾爆发,特别是民族宗教问题引发了各种武装冲突**

冷战结束后,冷战期间被世界"双头"政治束缚的所有力量都获得了空前的自由,都在主张自己的权利。俄罗斯不得不放弃苏联时期的大部分势力范围,阿富汗的权力空白由伊斯兰主义填补,随后沦为恐怖主义巢穴。"9·11"恐怖袭击,标志着一个新混乱时代的开始,各种矛盾也出现了爆发的态势。特别是民族宗教问题引起的各种国际和国内武装冲突非常突出,占总数的50%以上。如2020年9月爆发的阿塞拜疆和亚美尼亚之间的军事冲突,2023年4月爆发的新一轮苏丹内战,2023年10月爆发的新一轮巴以冲突。

**(二)有关国家围绕领土、资源等利益的激烈争夺,导致一系列新的冲突**

领土争端往往是同资源争夺联系在一起的。2011年日本核电站爆炸造成核污染的灾难后果,更让人们认识到传统能源的作用。所以西方战略家确认必须加紧对拥有丰富石油资源的利比亚采取行动,如今该国丰富的石油资源已大部分掌握在欧美国家手中。而同一时期,西非的科特迪瓦也陷入了混乱和内战之中,造成百万人的大流亡,西方国家却迟迟不愿派兵干预,因为那里没有资源。

除了石油这类战略资源,还有一种重要资源,就是我们生活中谁也离不开的水。水资源的分布更不平衡,因水资源而引起的冲突和战争,已在亚洲、非洲等水资源短缺的地区愈演愈烈。在亚洲共有57条跨国河流,大多数跨国河流都缺乏合作安排,这使水资源竞争成为重大的安全风险,增大了地缘政治矛盾和动荡的可能性。

**(三)霸权主义依然是当今世界动荡、冲突不断的重要根源**

苏联解体后,虽然美苏争霸世界的局面已不复存在,但霸权主义仍未退出国际舞台,尤其是美国等西方国家获得了更多的优势,推行霸权主义更加肆无忌惮。世界强国为实现所谓"绝对安全",以强大军事实力为支撑,对其他国家频繁实施或威胁实施军事干涉;为实现经济利益最大化,逆全球化潮流而动,试图重塑国际经贸规则;打着"民主""人权"旗号,向发展中国家输出民主模式、推动"颜色革命",企图颠覆对方政权。它们操纵建立所谓"世界新秩序",竭力在政治上控制发展中国家,致使许多发展中国家政局不稳、战乱不休。它们再以制止冲突的名义,推行新干涉主义战略,制造更多的冲突和战争。从20世纪90年代起,美国平均每年对外用兵5次以上,大大超过其在冷战时期对外用兵年平均2.8次的记录。

1999年的科索沃战争,就是以美国为首的西方国家冷战后第一次以"人道主义"为借口发动的侵略战争,此后又鼓动科索沃独立。这些行为已经打破了人类战争史和国际关系史上的许多禁忌,对现行国际秩序的稳定造成了严重不良后果。2011年对利比亚的军事打击,是以美国为首的西方国家"用武力实践民主"的一次尝试,创造了"利比亚模式"。

此外,恐怖主义、能源安全、跨国毒品走私、非法移民等全球性问题,也诱发了一些新的武装冲突。

可见,冷战结束,特别是进入21世纪以来,影响全球安全和人类生存的大战威胁虽已大大降低,但世界并没有进入一个和平盛世。虽然这些冲突并不具备全球性质,无法动摇和平与发展这一时代主题的基石,但也直接威胁到国际社会的安全与稳定。

## 二、经济全球化成为大趋势,大国较量竞争重点转向综合国力

**(一)经济全球化是大趋势,对国际战略形势的影响是一把"双刃剑"**

经济全球化是在科技革命的背景下进行的。以信息技术和生物技术为代表的新生产力日新月异地改变着人类社会的面貌。现代信息网络技术和传输技术的发展把各国经济逐步联结在一起。但是,经济全球化是资本主义经济发展的客观要求,是历史上垄断资本扩张的继续。西方跨国公司凭借产业优势、金融优势和技术优势,成为经济全球化的主导者和主要受益者。

一方面,它可以促进世界形势的缓和。在经济全球化的浪潮中,各国经济相互渗透、相互依赖,和平共处成为经济发展不可缺少的外部条件。世界经济初步形成既相互独立又相互联系的三大经济集团,即欧洲联盟、北美自由贸易区和亚太经合组织。这种经济上的相互制衡关系,有利于防止全球重新划分为相互对立的政治军事集团,促进了全球形势的缓和。当然,这是一种脆弱的缓和,是在以美国为首的西方集团占优势的情况下形成的。另一方面,它又可以使世界处于新的动荡分化之中。首先,经济全球化的过程为新干涉主义的横行提供了空间。为了谋求资本的无限制流动和最大化赢利,以美国为首的西方集团打出"人权高于主权"的旗号,将政治上的新干涉主义推广到经济领域,形成经济上的新殖民主义,严重威胁到发展中国家的主权和统一。其次,经济全球化使南北矛盾和西方内部矛盾深化,南北差距呈扩大化的趋势,多数发展中国家被抛向远离经济中心的边缘地带,处于越来越困难的境地,发展中国家的贫困化和发达国家内部的两极分化将导致全球市场趋于萎缩,促使南北矛盾和西方内部矛盾深化,加上民族、宗教矛盾和领土、资源、海洋权益等方面的争端,使得国际形势跌宕起伏,动乱和局部战争频频发生。美国是自由贸易和现有国际经济秩序的最大受益者。然而,近年来美国却不承认自己从自由贸易中获益。美国新一届政府上台以来,以各种借口宣布对包括中国在内的几乎所有贸易伙伴滥施关税,使世界经济发展受到严重干扰。

**(二)大国较量竞争的重点转向综合国力**

冷战结束后,尽管大国之间加强了对话与合作,但相互较量并没有停止,较量的重点已从冷战时期以军事力量为主,转向以科技为先导、以经济为基础的综合国力竞争。其主要内容是:夺取科技优势,促进国家经济、军事、教育等方面的全面发展,壮大综合国力,为夺取或保持在世界战略格局中的有利地位创造条件。

由于高新科技革命对各国综合国力的影响日趋增大,争夺高新科技的领先地位便成为各大国进行综合国力竞争的焦点。美国不断完善并加紧实施高新科技研究计划,其战略意图在于充分利用高新科技领域的优势,对经济、军事等领域进行综合开发,推动高新科技产业的发展,保持其世界领先的地位;日本以"科技立国"方针为指导,制定出"下一代产业基础技术研究开发计划""创造性科学技术推进计划""人类新领域研究计划",与美国和欧盟展开竞争,为其从经济大国向政治大国过渡创造条件;欧盟各国则联合起来,在"尤里卡计划"基础上,实施欧洲联合高新科技计划,强调在微电子、光电子、高能激光、粒子束、新材料、人工智能等六大高新科技领域内联合开发,与美国和日本展开竞争;其他国家也普遍重视科技的作用,把发展高新科技及其产业作为加强综合国力的根本措施。总之,当代世界正在展开的综合国力竞争,实质上是一场决定各国前途和未来命运的历史性大角逐,对国际战略格局的发展具有重大而深远的影响。

## 三、全球地缘战略竞争呈现新态势,传统安全问题仍很严重

从20世纪初地缘战略理论在世界范围兴起以来,地缘因素这一传统安全领域的问题一直受到世界主要大国的高度重视,它们在确定国家战略和对外政策时均把地缘因素放在突出位置。地缘战略促成了一些大国的崛起,甚至影响到两次世界大战。近年来,有关国家围绕战略要地、战略通道展开新一轮地缘战略博弈,传统的地缘战略竞争表现出一些新的态势和特点。西方大国地缘政治思维不仅没有减弱,而且有不断强化趋势。

### (一)欧亚大陆继续成为地缘战略竞争的"主战场"

长期以来,欧亚大陆一直是大国战略角逐的主要舞台。美国在此扩张的"V"字形布势,正是着眼于欧亚大陆的重要地位。在美国看来,这里有两个具备挑战潜力的国家:俄罗斯——美国的老对手,中国——美国的新威胁,是未来数十年战略上的"最大挑战"。大"V"字首先是为了围堵这两个核心国家。为了阻止中俄在欧亚大陆崛起,美国在东、西两个方向配置战略力量,企图实现东西对进,进一步挤压中俄两国的战略空间。2019年6月,在美国颁布的《印太战略报告》中,明确把中国和俄罗斯作为主要战略对手。在欧洲,美国推动北约实施多轮东扩,不断挤压俄罗斯战略空间。俄罗斯则凭借自身军事优势在格鲁吉亚、乌克兰、叙利亚问题上与美国持续角力。在亚太,美国不断强化对华战略竞争。美国推进"印太战略",试图构建"亚洲版北约",在更大范围内对冲中国崛起,拓宽美国的战略回旋空间,使美国更自如地充当"离岸平衡手"。

"V"字左边,即中东地区。作为世界上长期的动乱之地,宗教、民族、领土、资源等各种矛盾在此集中。两场反恐战争让美国深陷伊拉克和阿富汗的泥潭,这两场反恐战争不但没有彻底铲除恐怖主义,反而引发了更剧烈的地区动荡,恐怖组织乘叙利亚内乱死灰复燃,势力壮大,由此引发的难民问题给欧洲造成很大的负担。两场反恐战争还撬动了地区格局的变化,无形之中帮助了伊朗,伊朗在地区影响力的扩大已是不争的事实。

"V"字右边,围绕朝鲜半岛与东北亚和平安全机制,主要大国展开竞争,多次六方会谈不能解决朝鲜半岛无核化问题。朝鲜迷恋核武器,当然是出于安全考虑。朝鲜认为,没有核武器的战略遏制,根本就抵挡不了美韩军事上的常规进攻,唯一的指靠只能是发展自己的核武器。所以,朝鲜一边以和谈拖延、麻痹对手,一边加紧暗中发展自己的核武器。这种两面手法,让和平化解朝核危机的国际努力屡屡付诸东流。

### (二)大国地缘竞争持续向亚太、拉美和非洲延伸

在亚太地区,有关大国纷纷增强战略影响力,军事博弈日趋升温,成为大国战略竞争与博弈的焦点。美军进一步加大战略关注与投入力度。美国着眼应对地区大国崛起,积极构建以东北亚、东南亚为前沿,东海、南海区域为正面,三线"岛链"为纵深的军事部署格局,通过多元化军事合作加强在这一区域的战略牵制能力。俄军强化远东、太平洋方向的军事部署。俄军推进东部军区所属部队的战备建设,部署了陆军和海军的优势兵力,连续举行大规模战区联合演习,以较强姿态显示其在该地区的战略地位。日、印寻求扩大"跨区"军事影响力,将军事部署重心向中国方向推移,加强在南海附近及周边地区的军事活动,谋求介入我国南海事务。

在拉美地区,俄罗斯与委内瑞拉和古巴加强了军事合作。中国在拉美的动向也让美国格外关注。而拉美国家也加强了内部的团结合作,要致力于建立一个没有盎格鲁-撒克逊人(即

没有美国和加拿大)、仅限于拉美国家的组织。

在非洲,各大国也已开始进行激烈角逐。美国向非洲插足的行动并不顺利。虽然在2007年就成立了非洲司令部,但由于没有一个非洲国家同意接收,只能临时放在德国斯图加特待命。中国在非洲有着传统的友好合作关系,中国历史上对非洲的无私援助使我们与非洲国家结下了真诚而深厚的友谊。

### 四、非传统安全问题持续凸显,国际安全威胁更加复杂多样

传统安全是以政治和军事安全为重心的安全,它的核心问题就是如何应对主权独立、领土完整所面临的外部武力或威胁使用武力的挑战,其目标是防范外部军事入侵和攻击,保证国家独立、领土完整、社会生活和基本秩序不受损害。非传统安全指的是政治安全和军事安全以外的安全问题,涉及国家的政治、经济、社会、对外关系等各个领域,威胁国家的发展、社会的稳定、民众的生命安全、对外关系和国际形象,如金融、科技、生态、环境、能源、粮食、公共卫生等方面的安全。

在冷战结束之前,以政治和军事安全为主要内容的传统国家安全观一直占据主导地位。随着20世纪末两极体制终结,世界格局朝着多极化的方向发展。国家间的相互依存度不断提高,为全球化的发展提供了广阔空间。全球化使得各国主动或被动地开放成为必然,整个世界逐渐变成一个整体,"地球村"正在逐步形成。由于各国在经济、金融、贸易、投资等方面互相依存,国家的敏感性和脆弱性都比以前大得多,更容易受到攻击。全球化使一些国家内部的危机与灾难跨出了国界,经济危机、环境恶化以及重大传染性疾病的蔓延和传播,变得更加难以控制。可见,冷战时期对安全的单一威胁,已经被全球化时代多层面、多样性和不对称的威胁所取代。非传统安全威胁带来的危害,在特定时段甚至超过了传统安全威胁,成为主要矛盾或者矛盾的主要方面。中国有可能较长时期处于和平状态,但绝不是处于安全状态:随着中国经济实力的壮大和国际地位的提升,国家安全的内涵和外延不断拓展,逐步从"国家主权安全"到"国家利益安全",从"三维空间安全"到"多维空间安全",从传统安全领域到政治、经济、科技、社会、文化、意识形态等多个领域。

## 第三节 世界主要国家军事力量及战略动向

### 一、美国军事力量及战略动向

**(一)美国军事实力概况**

当今世界美国是超级核大国,它拥有全球60%以上的核武器,可以将人类毁灭几十次。美国的军费开支居世界第一,2024财年的军费支出达到8860亿美元,比上一年增长3%,约占全球总军费的40%。美国保持约143万人的现役部队,其中陆军约54万人,海军约32万人,海军陆战队约19万人,空军约33万人,海岸警卫队约5万人。

美国在全球的联盟体系有三部分:第一部分在欧洲,主要是北约,已经发展到30个成员国。第二部分在中东地区,以色列、沙特阿拉伯、科威特、卡塔尔、巴林等国家都是美国的盟国或伙伴国。第三部分在亚太地区,有美日安保体制、美韩军事同盟,还有美国和澳大利亚、美国

和菲律宾、美国和泰国的军事联盟体系。美国有800余个海外基地与设施,军事部署主要集中在以上的欧洲、中东、东亚三个地区。

美国拥有世界上最强大的军事实力。在战略核力量方面,美国海军拥有14艘"俄亥俄"级战略导弹核潜艇,以及战术潜艇59艘,包括"俄亥俄"级核动力巡航导弹潜艇4艘、"洛杉矶"级核动力巡航导弹潜艇30艘、"洛杉矶"级核动力攻击潜艇11艘、"海狼"级核动力攻击潜艇3艘、"弗吉尼亚"级核动力巡航导弹潜艇11艘。14艘"俄亥俄"级战略导弹潜核艇,各装备UGM-133A"三叉戟"Ⅱ(D5)潜射弹道导弹24枚,共计潜射战略导弹336枚,弹头2688枚。

在常规力量方面,美军拥有世界上最强大的作战力量。海军拥有世界上最多的航空母舰战斗群——11个航空母舰战斗群。这些航空母舰战斗群巡游在世界各主要海域,可舰载90~100架飞机,可谓是"海上超级堡垒"。目前美军航母开始配备新改进的F/A-18E/F型舰载机,其远程作战能力将进一步提高。陆军配备了7000多辆M1A1型和M1A2型主战坦克,部署了300架左右的AH-64D型武装直升机。空军部署了世界上最先进的作战飞机F-22隐形战斗机以及B-2型隐形轰炸机。

**(二)美国全球军事战略调整的主要内容**

近年来,美国军事战略不断进行新的调整。特别是奥巴马在2012年公布了题为《维持美国的全球领导地位:21世纪国防的优先任务》的新军事战略报告,加快军事战略重心东移,将中国列为主要军事"假想敌",放弃同时打赢"两场战争"设想,推出"一战一慑"新设想,提出"空海一体战"作战思想,给亚太以及世界形势带来了重大影响。这标志着美国亚太再平衡战略的正式出台。2017年,特朗普就职后不再称亚太再平衡战略,改称"印太战略",实际上两者区别不大,美国战略重心转移到亚太应该是长期趋势。拜登上任后,美国在"印太"的军事动作非常多,包括:与菲律宾恢复《访问部队协议》,同意就建立双边海上安全框架展开磋商,修复和加强美菲同盟关系;强化航母、两栖舰艇、潜艇等战略平台在"印太"的部署;扩大与"印太"盟友的联合演训;继续帮助东盟国家提升海上态势感知能力;拉欧洲国家介入"印太"事务并增强作战互通性;等等。特朗普新任期的南海政策目前尚未成型,仍是前任拜登政府南海政策的留存。

*1. 强化北约组织存在,确保对欧洲的军事优势*

特朗普在第一任期间,始终坚持"美国优先"的理念,为了减少美国贸易赤字不惜对美国最大的贸易伙伴发动贸易战,对欧洲多个国家先后进行了不同程度的打击和施压。而且,特朗普还不看好欧盟和欧洲一体化,公开表达对欧洲国家领导人的好恶评价,并先后作出了退出《巴黎协定》《伊核协议》《中导条约》等多边协议的行为,这些都加剧了特朗普政府与欧洲国家关系的恶化。而拜登上任后,则一反特朗普时期的做法,积极修复与欧洲国家的联盟关系,并进一步通过北约来制衡其潜在对手俄罗斯。特朗普重返白宫后,一改前任的政策,缓和与俄罗斯的关系,在俄乌冲突的议题上与欧盟产生巨大分歧。

*2. 缩减中东地区的军力部署*

中东地区由于盛产石油等能源资源,长期以来一直都是美国称霸全球的重要支撑。2021年美国却相继宣布从阿富汗撤军和停止在伊拉克的军事行动,并且这些行动都得到了彻底的落实,但这并不意味着中东地区在美国眼中地位的下降。美国表面上在中东地区施行战略收缩,但在其他方面却加强了军事存在,这其中包括把美国的盟友以色列、法国、日本等国家强行拉拢进来参与中东事务。美国在中东地区的存在需要美国盟友的帮助,美国所需要的是稳定的中东,它的战略重心正在向东移动。

### 3. 提升非洲影响和压缩拉美军力

放眼全球,美国在非洲和拉丁美洲的存在感是相对较低的,不过美国在六大战区司令部中仍旧设置有非洲司令部和南方司令部。2021年,美国以反恐为名开始在非洲扩大自身的军事存在感,并以此来遏制其潜在对手在非洲的影响力。美军的非洲司令部负责除埃及之外非洲53个国家区域内的作战任务,它还曾考虑将非洲司令部从德国的斯图加特迁移到非洲,以此来加强对非洲区域的控制。美国在拉美地区拥有十多个军事基地,和巴西、阿根廷还是主要盟友的关系。2021年6月,美军宣布取消在南方战区设置空地联合特遣舰队,并将节省下来的军费用于"印太"方向。

### 4. 美国在"印太"地区打造围堵计划

美军在其他地区所做的一切都是为了加强在"印太"地区的军事存在,2021年,美、英、澳三国组成了"奥斯库"联盟,这被外界解读为是一种类似于北约的军事联盟,它在"印太"地区发挥的影响力将会越来越大。此外,美国还在积极升级美、日、印、澳"四方安全机制"在"印太"地区占有的分量,并以此为基础开展了"马拉巴尔2021""护身军刀2021""东方之盾"等多场极具规模的军事演习,并打算把这种演习形成常态化的存在。

## (三)美国国家安全战略与中国

从21世纪以来美国政府颁布的《国家安全战略报告》可以发现美国国家安全战略的连续性,也可以窥见不同时期美国国家安全战略的变化与差异。而其中变化比较大的,就包括中国在美国国家安全战略中的定位。

### 1. 小布什政府对中国态度的前后变化

小布什政府刚执政时,曾经将中国定位为战略对手。但"9·11"事件发生后,美国国家安全战略迅速作出调整。美国将与中国的关系视为"我们促进建立一个稳定、和平和繁荣的亚太地区战略的一个重要组成部分",并表示,"美国寻求与一个正处于变革中的中国建立一种建设性的关系"。小布什第二任期的《国家安全战略报告》,更是将中国视为"全球事务的参与者"(global player),希望中国扮演"负责任的利益攸关方"(responsible stakeholder)角色。总体来看,小布什政府的国家安全战略对中国充满了矛盾的心态。

### 2. 奥巴马政府对中国的态度呈现出前后明显不一致的特点

在奥巴马的第一个任期,美国国家安全战略对中国更加强调合作;而在奥巴马的第二个任期,则更加强调双方在一些领域的竞争关系。

奥巴马的第一份《国家安全战略报告》,表示将"继续寻求与中国建立积极合作的全面关系",并希望中国在推进全球经济复苏、应对气候变化、防止大规模杀伤性武器扩散、维护地区和平等问题上,"担当起负责任的领导角色"。为应对中美所面临的共同挑战,双方将发展"务实而有效的双边关系";在安全领域,美国国家安全战略仅表示"关注中国的军事现代化"。作为双方积极合作的象征,中美两国建立了战略与经济对话机制,通过对话解决更广泛领域的问题,增进双方的军事联系并减少猜忌。

但在奥巴马的第二个任期,《国家安全战略报告》的基调明显发生了变化。尽管美国依然承认,美中两国的合作范围前所未有,美国也表示"欢迎一个稳定、和平和繁荣的中国的崛起",但美国更加强调,美国对中国的军事现代化"保持警觉,并拒绝通过恐吓解决领土争端";表示美国将"从强势地位管控竞争,同时坚持要求中国在从海上安全到贸易和人权等问题上,遵守国际规则和规范"。另外,在谈到一些全球事务和地区事务时,尽管没有点中国的名,但奥巴马政府针对中国的意图相当明显,总的方针是要求中国遵守国际规范。

**3. 特朗普政府直接把中国列为美国的战略竞争对手**

特朗普政府的《国家安全战略报告》正式宣告美国战略重点由"9·11"事件后的反恐,转向所谓"大国之间的战略竞争"。《美国国防战略报告》明确宣布"大国竞争而非恐怖主义如今是美国国家安全的主要关注点"。美国认为中、俄都在发展先进的"反进入/区域拒止"系统、防空反导、网络、电子战以及反太空能力,运用"混合战争"或"灰色地带"战术来削弱美国及其盟国的优势和利益,对美国构成跨地区、多领域、多功能的挑战,因而美国把中、俄视为主要战略竞争对手。中、俄相比,现在美国把中国排在俄罗斯前面,把中国视为最主要的战略竞争对手和挑战者。现在已经进入大国竞争时代,美国的任务就是要在大国竞争中领先,要把大幅领先的军事优势重新夺回来,并赋予未来美国对华关系以"长期战略竞争"的色彩,而且这种竞争几乎在所有重要领域和地区展开。

**4. 拜登政府认为中国是"最大竞争对手",推行联合盟友遏华的对华策略**

2021年1月拜登宣誓就任美国第46任总统。拜登政府尽管与特朗普政府的执政理念有很大不同,但在对华策略上继承了特朗普对华强硬路线,将中国视为"最大竞争对手",推行联合盟友遏华的外交策略。2022年10月,美国发布新版《国家安全战略报告》,明确提出未来10年是美国与中国竞争的关键阶段。

2025年,特朗普上任后,再次强调"美国优先",对外采取更强硬手段,其对华决策呈现出一系列新动向,在经贸、外交等多领域掀起波澜。

## 二、俄罗斯军事力量及战略动向

### (一)俄罗斯基本军情

2024年,俄罗斯现役军人为115万人,其中陆军占比最高。除了传统的军种陆军、海军之外,它在2015年建立了空天军——空军和空天防御兵合成的新军种。另外它还有两个独立兵种:战略火箭兵和空降兵。俄乌冲突爆发后,俄罗斯进行了一定的扩军。

俄罗斯全军编为5个联合战略司令部:西部战区位于中欧和北欧一线,也叫西部联合司令部,主要防御对象是北约;南部战区在北高加索方向;中部战区是俄战略预备队,位于广袤的中央地带;东部战区主要在亚洲地区特别是东亚方向;北极战略司令部,以之前的北方舰队为主,加入了一部分陆军、空军。

### (二)俄罗斯对国际局势的判断

俄罗斯认为,当前和未来世界军事政治形势的发展变化,集中体现在建立单极世界与多极世界的斗争上。美国极力主张建立美国主宰下的单极世界,以武力解决重大国际政治问题;而俄罗斯主张建立各国平等、利益平衡、以国际法准则为基础的多极世界。俄罗斯对当前国际军事政治形势基本特点的判断是:爆发大规模战争包括核大战的威胁在减少;维护世界和平与安全的机制在发展;多个地区力量中心正在形成;民族、种族和宗教极端主义在发展;分离主义盛行;局部战争和武装冲突不断升级;地区军备竞赛在加剧;大规模毁伤性武器在扩散;信息对抗在加剧;有组织犯罪、恐怖主义、非法倒卖武器和毒品活动规模在扩大;美国退出《反导条约》《中导条约》《开放天空条约》等重要条约,并且建立和部署国家导弹防御系统的势头越来越大。

### (三)俄罗斯军事战略

俄罗斯现阶段提出"现实遏制下的灵活反应"的军事战略。在威胁判断上,认为外部威胁大于内部威胁。外部威胁主要表现在：一是北约谋求全球性职能、不断东扩并将军事机器推进至俄罗斯边界；二是美国加紧建立和部署战略导弹防御系统和精确制导武器系统，加快了太空军事化的步伐；三是在俄罗斯毗邻地区，恐怖主义、极端主义和分离主义势力蔓延，国际安全形势恶化，有些国家企图干扰和破坏俄罗斯的国家和军事指挥系统，在境外组织和训练针对俄罗斯的非法武装等。

在兵力部署上，以西部、南部、东部为主要战略方向。在西部方向，由于美国与北约空天袭击能力和反导能力增强，俄罗斯面临遭受海空封锁和空天一体战略袭击的威胁，重点部署了空天防御力量和战略进攻力量。在南部方向，因存在再次爆发中低强度武装冲突的危险和实施反恐或维和行动的需要，重点部署了机动灵活的山地部队和空降部队。在东部方向，由于美国"重返亚太地区"，以及俄罗斯与日本的南千岛群岛领土之争再度升温，则部署了强大的海上和陆上作战力量。在中部方向，成立了战略预备队，随时准备支持其他军区，并兼顾中亚方向。

俄罗斯核力量的部署继续保持"西重东轻"的传统态势。其中，作为战略进攻力量的战略导弹兵和远程航空兵，由于打击距离基本不受限制，因而采取了分散配置、全境部署，但重心在西部。在战略遏制上，核遏制与非核遏制并举。由于认识到核武器所具有的不可替代的战略遏制作用，新军事战略进一步降低了核武器的使用门槛，明确提出"不仅可在核战争和大规模常规战争中使用核武器，而且可在受到任何形式的常规武器侵略使国家生存受到威胁时使用"、"核武器不仅用于保障国家安全，而且也可在盟国生存受到威胁时使用"。与此同时，俄罗斯还放弃了以有核与无核来区分打击对象的原则，转而以军事冲突的性质来衡量是否使用核武器，从而使核武器的威慑效能达到了最大化。

除核武器外，空天防御力量被视为保障国家安全的另一个有效战略遏制手段。为此，俄罗斯将分散在各部门和各军兵种的侦察和预警力量、防空力量、反导力量和太空防御力量及各种资源整合起来，建立了统一的国家空天防御系统。

在力量建设上，军队由大战动员型转向常备机动型。俄罗斯新的军事战略要求"军队的结构、编成和数量既要与当前和未来的任务相一致，又要符合国家的经济实力"。俄军当前的主要任务不是应付大战，而是应付中小规模、中低强度的局部战争或武装冲突。由于这类军事冲突具有速战速决、毁伤目标程度高、兵力和火力机动快等特点，俄当局要求军队彻底摒弃二战以来形成的、为应对大规模战争而组建的重型军队，从而实现由大战动员型军队向常备机动型军队的转型。

## 三、日本军事力量及战略动向

### （一）日本基本军情

日本自卫队总兵力约24.6万人，素质较高，装备精良。其中陆上自卫队约15.1万人，海上自卫队约4.5万人，航空自卫队约4.7万人，其他0.3万人。海上自卫队主要包括联合舰队和5个地方舰队，共装备各型作战舰艇144艘，装备各型飞机292架。航空自卫队主要包括航空总队和航空支援集团，航空总队是它的作战部队，航空支援集团是它的运输部队。日本自卫队武器装备的总体水平在东亚是比较靠前的，尤其是它的海上自卫队，无论是舰艇的总吨位、单舰的平均吨位还是作战能力都比较靠前，尤其是它的反潜能力比较强。

二战后，日本防卫的基本政策是：在和平宪法下，实行专守防卫；坚持日美安保体制；确保文官统治；遵守无核三原则；有节制地增强防卫力量。

## （二）日本国家安全防卫政策的调整

2013年12月，日本通过了《国家安全保障战略》(NSS)、《2014年度以后的防卫计划大纲》和《2014—2018年度中期防卫力量发展计划》。其中，《国家安全保障战略》是日本战后出台的第一份关于国家安全战略的官方文件，明确提出"积极和平主义"理念下的自主安全。"积极和平主义"与以往日本强调奉行的"和平主义"路线的一个显著不同点是日本要更加积极、主动地在国际安全领域发挥主要作用。

2018年8月，日本政府批准2018年版《防卫白皮书》，继续渲染日本周边安保环境日趋严峻，借海洋问题渲染所谓的"中国威胁"。2018年12月18日，日本内阁会议审议通过了《2019年度以后的防卫计划大纲》（以下简称"新大纲"）和《2019—2023年度中期防卫力量发展计划》。日本将继续增加国防开支，未来五年的防卫预算总额约为27.47万亿日元，比上一期五年计划增加11.3%。日本将进军太空、网络、电磁等新领域，发展网络和电子攻击能力，并将发展轻型航母。

2022年底，日本政府出台新版《国家安全保障战略》《国家防卫战略》《防卫力量整备计划》等"防卫三文件"，明确今后五年防卫战略方针和整备计划，标志着日本防卫政策理念由"专守防卫"向"攻守兼备"方向的重大转换。日本防卫安全政策迎来二战以后的最大转折点。

### 1. 大幅增加防卫开支

根据日本防卫省公布资料，2022财年日本防卫预算总额达到5.8661万亿日元，同比增加6.5%，GDP占比达1.09%，至此日本防卫开支已连续10年增长。2025财年日本防卫预算达8.7万亿日元，较2024财年增加9.4%，再创历史新高。自2023财年起，日本防卫预算连续突破6万亿、7万亿、8万亿日元大关，防卫预算连年大幅增长。

### 2. 发展进攻性军事力量

以朝鲜试射导弹、台海局势紧张等为由，自民党政权积极通过媒体造势，推动将"对敌基地反击能力"建设写入"防卫三文件"，并拟将增量防卫费用来研发和采购中远程导弹。根据2022年版《防卫白皮书》，日本防卫政策将优先致力于提升"跨领域作战能力"，将增量防卫预算优先投入发展太空、网络、电磁等新领域作战技术，提升防区外防卫能力和综合导弹防空能力，并加快研发新一代战机、无人机和高超音速导弹。根据2022财年防卫预算细目，日本正加快研发国产导弹和高超音速武器，加紧部署美制"标准-6型"和"爱国者-3型"反导导弹；日本陆上自卫队拟提前部署的国产12式反舰导弹射程可达900~1200千米。

### 3. 深化对外安全合作

日美继续深化同盟框架下的安全合作。美国积极配合日本强化西南诸岛防御，推进驻日美军基地重组，增加在日部署F-35战机等先进武器装备，强化一体化军事指挥和作战能力演练。2022年11月举行的日美"利剑23"联合演习中，双方总共出动3.6万名兵力、370架军机及30艘舰艇，还首次邀请英国、澳大利亚、加拿大舰机参加。日本与澳大利亚、英国相继签署《互惠准入协定》，就双方部队相互访问和军事物资运输作出便利化安排，标志着日本与英、澳关系朝着"准同盟"方向发展。此外，日本与北约高层互动频密，2022年6月底岸田文雄作为日本首相首次出席北约峰会，11月日本正式加入"北约合作网络防御卓越中心"，双方拟进一步强化网络安全、情报共享、军事演训和人员、装备技术等领域交流合作。2025年2月，日本首相石破茂访美和慕尼黑安全会议后，在南海、台海问题上搞小动作，呼应美方立场。

#### 4.扩大对外军事行动

乌克兰危机发生后,日本政府对乌克兰提供价值2亿美元的头盔、防弹背心等军用装备物资,被视为变相突破"武器装备转移三原则"。此外,日本航空自卫队还出动C-2运输机,以"救助难民"名义将联合国难民署的储备物资由阿联酋运抵波兰。2022年4月,日本内阁会议通过《自卫队法》修正案,允许在紧急情况下从海外撤侨时动用自卫队执行陆地人员运输任务,突破了迄今只可动用飞机船舶的限制,为日本在海外实施陆上军事行动打开了口子,被视为"军事松绑"的新突破。

防卫政策调整成为2022年日本形势的"关键词",成为日本政府因应国际变局,借势推动彻底摆脱"战后束缚"、谋求大国地位的国家战略选择。但自民党政权推动激进强军路线仍面临多方面制约因素。一方面,日本国内围绕防卫开支增加的来源出现争议,因为增税将加重民众负担,增发国债则会加剧债务风险。另一方面,日本要全面摆脱军事发展制约,根本上需要修改宪法第九条。尽管日本国会修宪势力已经达到三分之二的门槛,但日本国内围绕如何修宪仍存尖锐争议。岸田政权要想实质性启动修宪议程,仍需进一步凝聚政界共识,争取民意支持。

### (三)日本确立新军事战略的背景

(1)日本确立新的军事战略,从根本上说是出于摆脱"正常国家"化进程中面临的现实困境,推动国家安全乃至发展战略转型的目的。日本所谓的"正常国家",概括地说就是要成为与自己的经济地位相称的政治大国。日本几十年来"普通国家"化的政策实践在日本精英层中产生强烈的"挫败"感,引起了日本政治精英的焦虑和反省,因此日本战略决策层试图从军事战略调整中寻找成功摆脱战后体制的活路。

(2)日本决策层对战略环境和安全威胁判断的重大变化是提出新军事战略的认知基础。冷战后日本的安全观念历经变迁,其总体发展轨迹是向基于现实主义和地缘战略的传统安全和权力对抗逐渐回归。在东亚权力秩序加速变迁和美国高调宣布战略等因素的刺激下,日本摆出了与邻国展开权力对抗的姿态,至第二次安倍内阁执行极具民族主义色彩的政策理念,日本政府在一再升级的威胁评估中,不断强化和明晰战略竞争对手,从而完成了向传统安全观念的全面回归。安全观念的改变使日本决策精英将维护军事利益提升为对外战略目标的优先选项,从而对军事力量和武力手段的功效愈加迷信。

(3)美国战略重心的东移为日本调整军事战略提供了机遇和动力。首先,美国要扩大在东亚地区的军事存在,完成军事力量的均衡部署,同盟和伙伴的协助与配合必不可少,作为关键盟友的日本自然能在提升军事能力上获得美国的首肯。其次,随着日美同盟从"分工"走向"一体",日本已逐渐与美国的军事战略规划保持高度一致。此次美国"军事重返"以全面加强与中国进行直接军事对抗的准备为主要目标,为此大力提升陆、海、空、天、网等多维作战领域的有效行动能力,以便实施"空海一体战"和"联合作战进入"部署,应对所谓中国在西太平洋的"反介入""区域拒止""高端不对称威胁"。而善于巧借外力的日本通过与美国之间的协同部署和演练,跟上美国军事现代化的步伐,从而使自己从战略设计到军力结构直至作战能力,都提升到一个新"历史性水平"。

## 四、印度军事力量及战略动向

### (一)印度基本军情

印度目前总的现役兵力为144.4万人,其中陆军123.7万人,空军14万人,海军6.7万人,部队规模不算小,但是因为兵力和军种配置不太合理,总体上还是一支陆战型部队。

目前,陆军战略核打击力量基本形成。印度成功试射了射程为4000千米的"烈火-4"型弹道导弹,以及射程5000～8000千米的"烈火-5"型中远程导弹,成为继中、美、俄、法之后第五个拥有洲际弹道导弹的国家。一旦"烈火-4"型导弹和射程更远的"烈火-5"型导弹进行实战部署,印陆军将具有真正有效的战略核威慑能力。2014年,印度成功试射国产可载核弹头的远程巡航导弹,其射程达1000千米。2015年2月,印度试射射程350千米的"大地-2"短程导弹。近年来印度海基核打击力量建设取得重大进展,印度空基核力量也在明显改善中。

与此同时,印度积极研制反导系统和发展导弹突防能力,确保其战略核威慑的可靠性。2004年开始"大地防空导弹系统"和"先进防空导弹系统"组成的多层弹道导弹拦截系统的研发。2014年4月,印度使用"大地"系列超音速反弹道导弹,成功进行远程导弹拦截试验,旨在从大气层拦截或摧毁来袭导弹。2022年11月,印度进行了AD-1型反导拦截弹飞行试验。印度还将发展空中预警系统。早在2010年,印度就进行了旨在实验多弹头分导技术的"一箭五星"发射试验,2017年曾实现一箭104星发射,创造了一项世界纪录。2024年11月,印度成功进行了远程超音速导弹BM-04的飞行试验。

### (二)印度军事战略

印度近年来确立了以有限、可靠的核威慑为后盾,以强大常规军事力量为手段,以先发制人、主动进攻的"两线作战"为指导思想,以巴基斯坦和中国为主要作战对象并以威慑为核心的军事战略。其主要内容如下:

#### 1. 战略目标

利用自身在南亚地区的重要地缘战略地位,在称霸南亚的同时,威慑巴基斯坦,遏阻中国,控制周边小国,控制印度洋。加强核力量建设和军队现代化建设,维护国内稳定。积极发展与美、俄、日、东盟等国家和地区的战略伙伴关系,加快争当军事强国和世界"一流"大国的步伐。

#### 2. 战略方针

在战争威胁判断上,突出核威慑条件下的高技术局部战争(低强度战争)的威胁,战争准备从打一场全面战争转向打多场核条件下的局部战争。

在作战指导思想上,力求先发制人,主动进攻,达到威慑的目的。以使用常规力量的"有限战争"作为主要作战手段,即通过给对手以必要的惩罚,达到相对有限的战争目的。

提出对巴、对华实行"两线作战",即对巴拥有进行一场全面战争的能力,迫使其撤出所占领土;对中国不放弃"既得利益",扩大印中边境军事优势,伺机进行新的扩张和蚕食。

对南亚诸国通过军事以及外交和经济等手段,对其加强全面控制。控制从阿拉伯海到南中国海之间的海域,坚持不允许外国干涉南亚和印度洋事务,特别是阻止中国同印度邻国发展军事关系。

#### 3. 实行最低限度的可靠核威慑政策,加快建设"三位一体"的核威慑力量

印度发展核武器旨在谋求大国地位,对中国形成所谓"核对称",对巴基斯坦保持核威慑优势,制约外部势力,特别是美国在印度洋的军事存在。继1998年5月成为事实上的核国家之后,印度制定了"最低限度可靠核威慑"的核战略草案,即在遵守"不首先使用和不对无核国家使用核武器"的原则下,维持足够的核力量,确保印度及其武装力量受到对方核攻击时使用核武器进行惩罚性报复,从而形成战略核威慑。

## 思考题

1. 冷战后国际战略格局的演变呈现哪些特征?
2. 在国际战略格局中,美国、欧盟、俄罗斯、日本、中国这五大力量的发展呈现了什么趋势?
3. 基于不同时期的美国《国家安全战略报告》,比较中国在其安全战略中的定位变化。
4. 日本确立新军事战略的背景有哪些?

## 知识链接

### 《威斯特伐利亚和约》

《威斯特伐利亚和约》(the Peace Treaty of Westphalia)是象征三十年战争结束而签订的一系列和约。1648年10月24日签订的《奥斯纳布吕克和约》和《明斯特和约》,作为《威斯特伐利亚和约》的组成部分,签约双方分别是统治西班牙、神圣罗马帝国的奥地利哈布斯堡王朝和法国、瑞典以及神圣罗马帝国内勃兰登堡公国、萨克森选侯国、巴伐利亚等诸侯邦国。一般史学家会视1635年的《布拉格和约》和1659年的《比利牛斯和约》为《威斯特伐利亚和约》系列之一。《威斯特伐利亚合约》确定了国际关系中应遵守的国家主权、国家领土与国家独立等原则,对近代国际法的发展具有重要促进作用,被誉为"影响世界的100件大事"之一。

# 第六章　国家安全概述

> 当今世界,所有国家都重视自身的安全。国家安全关系到国家存亡、民族兴衰,没有国家安全就没有和平稳定的建设环境。习近平总书记指出:"实现中华民族伟大复兴的中国梦,保证人民安居乐业,国家安全是头等大事。"大学生是社会主义现代化的建设者和接班人,是国家的未来和希望,其国家安全意识如何,直接关系到国家的长治久安。

## 第一节　基本概念

概念是理论分析的基础,要理解国家安全的概念,首先需要理解"国家"和"安全"这两个概念,只有在科学准确地理解"国家"与"安全"这两个概念的基础上,才可能进一步科学准确地理解"国家安全"这样一个复合概念。

### 一、国家

国家是经济上占统治地位的阶级进行阶级统治的政治权力机关。从构成要素看,人口、领土、政府和主权是国家不可缺少的基本要素。其中,主权是一个国家处理其国内事务和国际事务的统一而不可分割的最高权力,是一个国家的生命和灵魂,在诸要素中居于首要地位。国家是一个历史的范畴,它不是从来就有的,也不是永恒存在的,是阶级矛盾不可调和的产物和表现,并随着阶级的消亡而消亡,因此,国家存在于人类社会的特定阶段。从国家的职能看,国家的根本职能是政治统治职能,也具有社会管理职能。阶级性是国家的本质属性。关于国家的类型,按国家性质划分,有奴隶制国家、封建制国家、资本主义国家、社会主义国家等;按经济发展程度划分,有发达国家和发展中国家。

在当代国际社会中,国家的基本权利体现在独立权、平等权、自卫权、管辖权四个方面。独立权是指国家拥有按照自己的意志处理内政、外交事务而不受他国控制和干涉的权利;平等权是指国家不论大小、强弱,也不论政治、经济、意识形态和社会制度有何差异,在国际法上的地位一律平等;自卫权是指国家拥有保卫自己的生存和独立的权利;管辖权是指国家对其领域内的一切人和物具有管辖的权利。权利和义务是辩证统一的,国家的义务主要体现在不侵犯别国、不干涉他国内政、以和平方式解决国际争端等方面。

### 二、安全

纵观人类文明发展历史,寻求安全是人类不懈的追求,也是各国政策的首要目标。安全问题是一个既古老又常新的问题。在中国汉语里,《现代汉语词典(第7版)》把安全解释为"没有危险;平安"。《辞海》对"安"字的第一个释义就是"安全",并在与国家安全相关的含义上举了《战国策·齐策六》中的一句话作为例证:"今国已定,而社稷已安矣。"虽然古代汉语中并没有安全一词,但"安"字却在许多场合下表达着现代汉语中"安全"的含义。例如:"是故君子安而不忘危,存而不忘亡,治而不忘乱,是以身安而国家可保也。"(《周易·系辞下》)这里的"安"是与"危"相对的,"安"所表达的就是安全这一概念。古汉语中的安全除了平安意思之外,还有保护、保全之意,如:"有在大王之国者,朝廷不敦其家,安全如故。"(范仲淹)在中国的传统文化和政治理念中,安定、平稳、免除危险与动乱,是小至个人和家庭,大至整个国家的安全的核心内容。

在日常生活语言中,安全一词具有多种含义,但在探讨国家安全问题时,在专门研究安全概念时,却不能因此把各种不同含义都包容在相关科学关于安全概念的定义中。虽然安全一词在中英文中有各种不同含义,但人们之所以把"security"译成安全,就是因为二者具有共同的含义,即表示"免于危险"或"没有危险"的状态。安全不仅是一种状态,而且是一种客观的状态。无论是在国外,还是在国内,都有学者明确把安全感作为安全的一个方面,把安全感作为安全构成要素。安全作为一种状态是客观的,它不是也不包括主观感觉。事实上,安全是一种不以人的主观感觉为转移的客观状态,它不包括对安全的感觉(无论是自我感觉还是他人的感觉)。从逻辑上说,安全与安全感是两个外延完全不同的全异概念。安全是主体的一种客观属性,是客观存在;而安全感则是对主体客观属性的一种浅层次的意识,是一种主观感觉。

根据以上的分析,我们可以对安全进行界定:安全是一种客观态势,它反映出安全主体在一定时间、地点、环境等条件下所受威胁的程度。安全是一个相对的概念,客观上的安全状态与主观上的反应、判断有时是一致的,有时则存在着一定程度的差异。安全的意义依主体而存在。当主体是个体时,安全指的是个体安全;当主体是某个组织或集团时,安全指的是组织或集团安全;当主体是国家时,安全就是国家安全。

### 三、国家安全

对于国家安全的概念,不同的人们对其也有不同的看法。从事国家安全保卫工作的人倾向于从领土安全和国防安全的角度来理解和阐释国家安全;从事安全情报工作的人会认为,国家安全就是一个国家防止境外间谍、敌对势力进行渗透和破坏的专门能力与措施;而从国际政治学的角度来看,国家安全显然有着更为广泛的内容。

《中华人民共和国国家安全法》第二条对国家安全进行了权威定义:"国家安全是指国家政权、主权、统一和领土完整、人民福祉、经济社会可持续发展和国家其他重大利益相对处于没有危险和不受内外威胁的状态,以及保障持续安全状态的能力。"

从国家安全基本法律规定出发理解国家安全概念,是界定国家安全内涵的科学路径。第一,国家安全的主体为"国家",民族、地区不应成为国家安全的主体,全球安全、国际安全应当以国家安全为基础,国家安全以人民利益为主要内容。第二,国家安全的指涉对象为国家重大利益,即为国家政权、主权、统一和领土完整、人民福祉、经济社会可持续发展和国家其他重大利益。第三,外部不受威胁、内部没有危险是国家安全的理想状态。这种状态具备两个层面特征:首先是安全的客观状态;其次是安全化,即特定的安全风险经过一定的程序进入了国家安全决策治理层面,并因而实现了国家安全的理想状态。第四,保障持续安全状态的能力是国家治理能力现代化的重要内容,国家安全领域是国家治理重要领域,维护国家安全能力是国家治理能力的核心内容。因此,要正确理解国家安全,必须把握三个方面内涵的关键词:国家利益、重大风险、治理理念。人民安全是国家利益的基础,政治安全是国家利益的根本保障,国家利益至上是国家安全的基本内核;防范、化解重大风险,维护与塑造国家安全,实现国家安全理想状态,是国家安全工作的核心目标;构建大安全格局,统筹安全与发展,推进国家治理体系与治理能力现代化,是国家安全的战略定位。

### 四、维护国家安全的意义

**(一)维护国家安全是全国各族人民根本利益所在**

党的二十大报告指出:"国家安全是民族复兴的根基,社会稳定是国家强盛的前提。"国泰民安是人民最基本、最普遍的诉求和愿望,对生命财产安全、生活稳定以及免遭痛苦、威胁或疾病的安全需求也是人类的本能欲望。个人的生命安全,社会的稳定繁荣,都离不开背后的国家和国家能力。对个人来说国家安全就如同空气,受益而不觉,失之则窒息。

**(二)维护国家安全是国家发展的重要基石和人民福祉的根本保障**

从"利莫大于治,害莫大于乱"的中国古训,到当今世界一些国家和地区深陷战火和苦难的悲惨景象,再到近年来恐怖主义带来的巨大危害和新冠疫情蔓延给各国人民造成的深重灾难,都深刻地启示我们:没有国家安全的基础和社会稳定的环境,任何美好蓝图都是空中楼阁,任何人都将难有所成。

**(三)维护国家安全是我们治党治国必须始终坚持的一个重大原则**

我们党要巩固执政地位,要团结带领人民坚持和发展中国特色社会主义,保证国家安全是头等大事。党的十八大以来,以习近平同志为核心的党中央加强对国家安全工作的集中统一领导,从全局和战略高度对国家安全作出一系列重大决策部署,强化国家安全工作顶层设计,完善各重要领域国家安全政策,健全国家安全法律法规,有效应对了一系列重大风险挑战,保持了我国国家安全大局稳定。

## 第二节　总体国家安全观

### 一、中国国家安全观的演变与总体国家安全观的内容

安全观通常是指维护国家安全过程中对安全问题的认识、观点以及形成的理论体系。它包括国家对其所处的安全环境和威胁的判断、评估,对国家安全利益的认识以及维护国家安全利益的策略和手段。传统上,国家安全主要是依靠军事手段,以达到维护国土安全、主权完整、政治稳定的目标,一直到冷战结束之前,各国普遍都认为军事安全就是国家安全的全部。随着冷战的结束、国际安全环境的变化,各国开始逐渐认识到,传统安全观已经无法解释当下的安全问题。1992年1月,联合国安理会在一份文件中指出:"经济、社会、人道主义和生态领域中的一些非军事性的不稳定因素构成了对和平与安全的威胁。"这标志着非传统安全这一新理念的形成。

### (一)中国国家安全观的演变历程

新中国成立以来,中国国家安全观经历了三个时期的历史演变。

#### 1. 新中国成立至改革开放前:传统安全观为主导

新中国成立至改革开放前,中国的国家安全观是典型的传统安全观。在安全环境研判方面认为存在严重的内忧外患,将政治安全视为核心,以军事安全作为主要维护手段,并花费大量资源投入军事力量建设。国家安全的主要任务始终围绕维护国家独立、主权、安全和领土完整,保卫中国人民的革命成果和合法权益,捍卫党的领导和社会主义制度,确保人民民主专政,反映在安全观上即坚持以军事和政治安全为核心的传统国家安全观。

#### 2. 改革开放后至党的十八大前:逐步形成的非传统安全观(新安全观)

这一时期的中国和世界都发生了显著的变化,对世界局势的看法是世界大战可以避免,和平与发展是时代的主题。因此实行以经济建设为中心的方针,开启了改革开放的伟大征程,并推动了中国国家安全观的转变,促进了非传统安全观的逐渐形成与发展,也称为新安全观。国家安全工作重点不止于巩固社会主义政权,防止被侵略被颠覆,对反间谍、反对和平演变以及包括经济安全、意识形态安全在内的其他各方面的安全重视程度日益增强。尤其进入21世纪后,恐怖暴力袭击、气候变化、金融危机等非传统安全问题越来越突出,各国越来越重视非传统安全,于是"大安全观""综合安全观"这些概念也就应运而生。

#### 3. 党的十八大后:总体国家安全观的确立

党的十八大以来,国际形势发生了重大变化,世界进入大发展大变革大调整时期,面临"百年未有之大变局"。面对愈加复杂的国内外安全环境,以习近平同志为核心的党中央提出了总体国家安全观。

中共中央在十八届三中全会上宣布成立国家安全委员会。2014年4月15日,习近平总书记主持召开中央国家安全委员会第一次会议,习近平总书记在讲话中首次提出总体国家安全观,阐述了总体国家安全观的基本内涵、指导思想和贯彻原则,提出要构建集政治安全、国土安全、军事安全、经济安全、文化安全、社会安全、科技安全、信息安全、生态安全、资源安全、核安全等于一体的国家安全体系。总体国家安全观坚持人民安全、政治安全、国家利益至上的有机统一,人民安全是国家安全的宗旨,政治安全是国家安全的根本,国家利益至上是国家安全的准则。总体国家安全观是对以往综合安全观的进一步丰富和发展,是对当前中国所面临的日益复杂的外部安全形势作出的及时回应。

### (二)总体国家安全观的内容

#### 1. 总体国家安全观是五位一体的架构

在党的二十大报告中,习近平总书记指出:"必须坚定不移贯彻总体国家安全观,把维护国家安全贯穿党和国家工作各方面全过程,确保国家安全和社会稳定。我们要坚持以人民安全为宗旨、以政治安全为根本、以经济安全为基础、以军事科技文化社会安全为保障、以促进国际安全为依托,统筹外部安全和内部安全、国土安全和国民安全、传统安全和非传统安全、自身安全和共同安全,统筹维护和塑造国家安全,夯实国家安全和社会稳定基层基础,完善参与全球安全治理机制,建设更高水平的平安中国,以新安全格局保障新发展格局。"党中央提出以新安全格局保障新发展格局,这是顺应世界变化的必然要求,对实现高质量发展具有重要意义。

上面论述明确了国家安全的"五要素",即宗旨、根本、基础、保障、依托。以人民安全为宗旨就是一切为了人民,这是我们国家各项工作的出发点和落脚点。以政治安全为根本的核心是政权安全和制度安全。以经济安全为基础的核心是坚持社会主义经济制度不动摇,确保国家经济利益。以军事科技文化社会安全为保障是通过制度和机制建设,统筹国家安全各领域、各要素、各层面,把军事、科技、文化和社会安全作为保障,创建国家安全治理大格局。以促进国际安全为依托就需要推动和完善国际和地区的安全机制,构建以合作共赢为核心的新型国际关系。

### 2. 总体国家安全观是统筹兼顾的安全理念

总体国家安全观是统筹兼顾的安全理念,具体就是要做到五个统筹。

(1)统筹外部安全和内部安全。对外维护国家主权、安全、发展利益,对内维护政治安全和社会稳定,是加快构建新安全格局的基本要求。要把外部安全和内部安全作为国家安全不可分割的两个方面,对外部挑战和内部风险时刻保持警醒,对外求和平、求合作、求共赢,对内求发展、求变革、求稳定,注意防止国际因素的倒灌效应和国内因素的溢出效应,有效塑造新安全格局。

(2)统筹国土安全和国民安全。捍卫国家主权和领土完整是国家安全的重要任务,国土安全始终是国家安全的重中之重。人民安全是国家安全的宗旨和基石,维护国土安全是为了维护人民安全;人民的认同和支持,是国土安全的根本依托和支撑,只有把国土安全建立在人民安全基础之上,国土安全才能真正实现,国家安全才有意义。

(3)统筹传统安全和非传统安全。面对传统安全和非传统安全交织叠加的新形势,必须统筹兼顾、综合施策。既要重视传统安全,又要找准影响国家安全的新主体、新矛盾、新行为,动态拓展国家安全工作领域,预判非传统安全风险。既要坚决堵住非传统安全漏洞,又要警惕传统安全与非传统安全问题叠加共振,有效防范化解破坏新安全格局的系统性安全风险。

(4)统筹自身安全和共同安全。实现民族复兴不仅需要安定团结的国内环境,而且需要和平稳定的国际环境。当前,世界各国相互联系、相互依存的程度空前加深,安全问题的联动性、跨国性、多样性更加突出,任何人任何国家都无法独善其身。面对共同挑战,我们要坚持统筹自身安全和共同安全,致力于在共同安全中实现自身安全。

(5)统筹维护和塑造国家安全。维护国家安全和塑造国家安全是统一的。既要具备维护国家安全的能力,更要增强塑造国家安全态势的能力,通过塑造实现更高层次、更具前瞻性的维护,不断形成总体有利的国家安全战略态势。

### 3. 总体国家安全观是全面系统的安全体系

国家安全包括政治安全、国土安全、军事安全、经济安全、文化安全、社会安全、科技安全、网络安全、生态安全、资源安全、核安全、海外利益安全等领域,还包括太空、深海、极地、生物等新型领域安全,共同构成一个全面系统的安全体系。总体国家安全观是一个开放的概念,随着时代发展,内涵不断丰富,例如我们也高度重视粮食安全、金融安全、人工智能安全、数据安全。

(1)政治安全。政治安全攸关我们党和国家安危,其核心是政权安全和制度安全。维护政治安全的主要任务包括:坚持中国共产党的领导,维护中国特色社会主义制度,坚持马克思主义的指导地位,发展社会主义民主政治,健全社会主义法治,强化权力运行制约和监督机制,保障人民当家作主的各项权利。

(2)国土安全。国土安全涵盖领土、自然资源、基础设施等要素,是指领土完整、国家统一、海洋权益及边疆边境不受侵犯或免受威胁的状态。国土安全是立国之基,是传统安全备受关注的首要方面。

(3)军事安全。军事安全是指国家不受外部军事入侵和战争威胁的状态,以及保障这一持续安全状态的能力。军事安全既是国家安全体系的重要领域,也是国家其他安全的重要保障。

(4)经济安全。经济安全是国家安全体系的重要组成部分,是国家安全的基础。核心是要坚持社会主义基本经济制度不动摇,不断完善社会主义市场经济体制,坚持发展是硬道理,不断提高国家的经济整体实力、竞争力和抵御内外各种冲击与威胁的能力,重点防控好各种重大风险挑战,保护国家根本利益不受伤害。

(5)文化安全。文化是民族的血脉,是人民的精神家园。文化安全是国家安全的重要保障。维护国家文化安全,必须坚持社会主义先进文化前进方向,坚持以人民为中心的工作导向,坚持文化自信,增强文化自觉,加快文化改革发展,加强社会主义精神文明建设,建设社会主义文化强国。

(6)社会安全。社会安全是国家安全的重要内容,包括防范、消除、控制直接威胁社会公共秩序和人民群众生命财产安全的治安、刑事、暴力恐怖事件,以及规模较大的群体性事件等。

(7)科技安全。科技安全是指科技体系完整有效,国家重点领域核心技术安全可控,国家核心利益和安全不受外部科技优势危害,以及保障持续安全状态的能力。科技安全是国家安全体系的重要组成部分,是支撑国家安全的重要力量。

(8)网络安全。互联网让世界变成"地球村",网络空间成为与陆地、海洋、天空、太空同等重要的人类活动新领域。同时,网络安全问题也相伴而生,世界范围内侵害个人隐私、侵犯知识产权、网络犯罪等时有发生,网络监听、网络攻击、网络恐怖主义活动等成为全球公害。网络安全已成为我国面临的最复杂、最现实、最严峻的非传统安全问题之一。

(9)生态安全。生态安全是指一个国家具有支撑国家生存发展的较为完整、不受威胁的生态系统,以及应对内外重大生态问题的能力。维护生态安全直接关系人民群众福祉、经济可持续发展和社会长久稳定,生态安全成为国家安全体系的重要组成部分和基石。

(10)资源安全。从国家安全的角度看,资源的构成包括水资源、能源资源、土地资源、矿产资源等多个方面。资源安全的核心是保证各种重要资源充足、稳定、可持续供应,在此基础上,追求以合理价格获取资源,以集约节约、环境友好的方式利用资源,保证资源供给的协调和可持续。

(11)核安全。核能的开发利用给人类发展带来了新的动力。同时,核能发展也伴生着核安全风险和挑战。维护核安全,要采取措施防范核攻击、核事故和核犯罪行为,坚持核不扩散立场,确保核设施和核材料的安全,防止和应对核材料的偷窃、蓄意破坏、未经授权的获取、非法贩运等违法行为,防范恐怖分子获取核材料、破坏核设施等。

(12)海外利益安全。海外利益是国家利益的重要组成部分。海外利益安全主要包括海外能源资源安全、海上战略通道以及海外公民、法人的安全,其维护方式多种多样,如开展海上护航、撤离海外公民、应急救援。随着新一轮对外开放的全面推进,特别是"一带一路"建设加快实施,海外利益安全日益关乎我国整体发展利益和国家安全,维护海外利益安全成为一项重要任务。

(13)太空安全、深海安全、极地安全、生物安全等新型领域安全。我国在太空、深海和极地等战略新疆域有着现实和潜在的重大国家利益,人员安全进出、科学考察、开发利用等方面面临安全威胁和挑战。中国也加入了相关国际公约,认真履行公约义务。有必要以法律的形式,把公约赋予我国的权利以及我国现实和潜在的利益明确下来,为依法保障自身相关活动、资产和人员的安全提供法律保障。

## 二、中国国家安全形势的变化

当今世界,国家强弱越来越表现为综合国力的竞争,政治、经济、军事、科技、信息等全方位的综合较量取代了传统的以军事或政治作为支柱的实力观。一个国家在国际社会中的安全不再仅仅以军事或政治安全作为依托,而更多的是以上述方面的综合安全为保证。由于各种非军事方面的挑战日益增多,"无硝烟、不流血、看不见"的战争此起彼伏,并越来越成为新时代国家安全的主要威胁。从全球的发展趋势来看,各个国家都在由应对传统安全问题转向应对非传统安全问题。当前我国国家安全内涵和外延比历史上任何时候都要丰富,时空领域比历史上任何时候都要宽广,内外因素比历史上任何时候都要复杂。

### (一)外部安全形势

中国外部安全形势总体上稳定,但局部上仍然严峻,安全问题进一步复杂化而且风险加大。传统的军事安全形势并不乐观,近年来,受美国亚太战略调整的影响,邻国与中国的海洋争端进一步升温,东海、南海形势同时趋紧,联动效应增强。日本在右翼势力推动下,"专守防卫"军事战略已悄然发生改变,呈现出外向型和进攻型特征,其防卫重点也由"北方"向"西南方向"转移。中国面临的军事安全形势虽然相对复杂,但总体上是可控的。相较而言,政治安全形势更为特殊和严峻,其特殊性在于我们与西方国家存在着意识形态领域的巨大差异。实际上我们今天处在资本主义世界的包围圈中,美国推行"普世价值"战略,试图在亚洲建立民主国家联盟,给中国维护政治安全带来很大挑战。正如有的学者指出的那样,审视中国外部安全环境,"需要以中国特色社会主义为视角。在此视角下,政治安全是核心,中国政治安全外部环境最具挑战性"。而对于现实中的中国来说,除了遭受传统意义上的国家安全威胁之外,还有非传统意义上的安全,它涉及日益拓展的领域和空间,如经济、能源、金融、生态环境、信息网络、反恐怖主义等各领域。而正是传统和非传统两种安全威胁交织在一起,使得中国维护国家安全的任务变得更加复杂和艰巨。

### (二)内部安全形势

传统的国家安全侧重于外部安全,而现在的总体国家安全观则兼顾内部安全与外部安全,内部安全和外部安全之间存在着联动相关性。当前,中国国内安全面临最大的隐患和威胁就是来自"三股势力"的挑战,尤其分裂主义最为突出,这些势力的背后往往都有西方大国的支持。从近年来西方国家策动颜色革命的经过来看,往往都是先从制造内部分裂开始,然后出现社会动荡、政权解体,从西亚到北非再到东欧,这样一条轨迹非常清晰。西方敌对势力认为要想遏制中国,最容易利用的就是分裂主义,他们借助"涉疆""涉藏""台独"等议题干涉中国内政,对中国的国家安全构成严重挑战。所以说,如果国内问题处理不好的话,很容易出现内外势力相互勾结,导致国内问题国际化。

### (三)互联网技术的影响

在考量中国安全环境的同时,绝对不能够忽视蓬勃发展的互联网技术带来的影响和效应。网络信息技术的迅速发展对国家安全提出了严峻考验,西方大国渗透颠覆的方式正在发生着巨大的变化,从现实世界逐渐地向虚拟空间转变。正是鉴于网络安全的严峻形势,很多国家都已经将网络安全纳入国家安全的层面来考虑。2014年2月,中央网络安全和信息化领导小组成立,习近平总书记亲任组长,明确指出:"没有网络安全就没有国家安全,没有信息化就没有现代化。"2014年11月,在浙江的乌镇召开了世界互联网大会,更是突显出互联网安全已经成为全球性的议题。2015年7月通过的《中华人民共和国国家安全法》中明确规定了一些重要领域的安全任务,如:在文化安全中,提出"培育和践行社会主义核心价值观""防范和抵制不良文化的影响"的规定;在网络与信息安全中,提出"建设国家网络与信息安全保障体系,提升网络与信息安全保护能力""维护国家网络空间主权、安全和发展利益"的规定。

综上所述,今天安全的防线往往呈现出无国界的特征,对中国来说,政治安全特别是意识形态领域的安全尤为突出,现代网络技术新平台的出现成为各种思潮和舆论迅速传播蔓延的助推器,起到了推波助澜的作用。根据中国互联网络信息中心(CNNIC)2022年发布的第50次《中国互联网络发展状况统计报告》,截至2022年6月,我国网民规模达10.51亿,较2021年12月新增网民1919万,互联网普及率达74.4%,网民人均每周上网时长为29.5个小时,使用手机上网的比例达99.6%。从职业结构来看,网民中学生群体的占比最高。青年大学生作为网络运用最大、最活跃的群体,已成为西方大国渗透瓦解、进行和平演变的对象,以美国为首的西方国家"凭借网络技术的绝对优势,别有用心地散布网络谣言,传播低俗网络文化,以动摇我大学生对党和国家的理想信念和政治忠诚"。那种认为国家安全就是情报、间谍机关的活动,是国家安全部门的事情的传统看法早已落伍,国家安全斗争以更立体、更隐秘的方式渗透在网络空间中,使得中国国家安全形势更加复杂化。这对大学生的国家安全意识提出了更高的要求。

## 第三节 新型领域安全

新型安全领域,是相对于传统领域而言、引领时代潮流的新兴安全空间,具有鲜明的时代特征,是当前科学技术发展应用最活跃的新领域,是人类未来生存发展的新领域,是维护国家安全的新领域。

国家利益拓展到哪里,国家安全边界就该到哪里。在全球化、信息化时代,对安全主体的认知从人民、国家扩展到全球,同时要避免局限于当下的安全领域而忽视生物、太空、深海、极地等新型领域安全。因此,国家必须提高保护利益边界的能力,提高维护新型领域安全的能力。下面介绍几种新型领域安全。

### 一、生物安全

生物安全,是指国家有效防范和应对危险生物因子及相关因素威胁,生物技术能够稳定健康发展,人民生命健康和生态系统相对处于没有危险和不受威胁的状态,生物领域具备维护国家安全和持续发展的能力。生物安全作为国家安全的重要组成部分,属于非传统安全领域范畴。

随着全球化进程的加快和生物技术的进步,生物安全已成为一个涉及政治、军事、经济、科技、文化和社会等诸多领域的世界性安全与发展的基本问题。许多国家高度重视生物安全,把生物安全纳入国家战略,作为国家安全和国防建设的战略制高点。美国政府率先将生物安全纳入国家安全战略,自 2004 年以来不断推出关于生物安全的一系列国家战略。欧盟、中东、北非、俄罗斯、法国、英国、澳大利亚等国家或地区结合各自特点,也纷纷制定应对生物战、生物恐怖、传染病疫情、实验室生物安全、生物技术谬用等生物安全问题的战略措施。

生物安全包括:2019 年以来埃博拉病毒、非洲猪瘟、新型冠状病毒等重大新发突发传染病、动物疫情等,以合成生物学和基因组编辑技术为代表的新型生物技术的误用、滥用和谬用,生物实验室的安全隐患,国家重要遗传资源和基因数据流失,生物武器与生物恐怖主义的现实威胁以及外来物种入侵造成的生态威胁,等等。

从近年来暴发的生物安全事件来看,生物安全没有国界,如高致病性 H5N1 禽流感病毒、埃博拉病毒、寨卡病毒、"黄金大米"、蝗虫入侵等生物安全问题都说明,生物威胁已经从偶发风险向现实持久威胁转变,威胁边界从局限于少数区域向多区域甚至全球化转变。因此,快速提高我国生物安全治理体系和能力,确保我国生物安全,防范生物安全领域的"黑天鹅""灰犀牛"事件,对于确保人民群众生命健康安全不受侵害具有极为重要的战略意义。

## 二、太空安全

太空安全是太空系统、太空权益、太空轨道环境等方面不受威胁、侵害的客观状态。对于国家而言,维护太空安全表现为确保国家安全范畴内的太空资产、太空权益和轨道环境免遭自然环境与人类活动所形成的威胁或侵害。21 世纪以来,太空对国家全面发展产生重大而深远的影响,世界主要航天国家纷纷出台国家太空战略,逐鹿太空安全高地。2019 年,美国成立太空司令部,负责统一指挥美国的全球太空作战行动,明确太空是物理作战域和战场,并完善相关作战条令。与此同时,美国还联合盟国常态化开展太空作战演习演练,演习覆盖战略、战役、战术各层次。此外,法国、英国、澳大利亚等国也相继设立太空作战指挥机构;印度成立国防航天局,成功实施首次反卫星试验;日本筹备组建宇宙监视部队……随着商业航天的发展,人类向太空"放卫星"的步伐进一步加快,频率和轨道资源被掠夺性抢占。

进入太空、利用太空、控制太空的太空争夺已经日趋"白热化",我们必须深入思考维护太空权益的相关重大问题。太空领域及其相关太空技术已经成为权力政治追逐的对象,然而太空无法像领土、领海、领空一样划分边界。随着世界各国对太空的开发、利用和竞争日趋激烈,太空安全问题日趋严重:卫星频轨资源短缺,尤其是地球静止轨道越来越稀缺;太空碎片越来越多,影响航天器进出太空以及在轨运行;太空军事化、武器化越来越明显,不仅严重影响卫星在轨运行,而且严重影响国际战略的稳定与平衡。

如今,我国的"神舟""天宫"等系列航天工程、"北斗"卫星导航系统已取得了举世瞩目的伟大成就。今后如何维护太空安全,防止爆发太空战争,成为我国以及坚持和平开发和利用太空的大多数国家所面临的重大国家安全课题。

## 三、深海安全

深海安全是指维护国家和平探索和利用深海,增强安全进出、科学考察、开发利用的能力,加强国际合作,维护我国在深海的活动、资产和其他利益的安全。

深海(the deep sea)概念的出现是基于人类对于海洋探索的不断推进,它是与浅海相对应的。关于如何划分深海与浅海,在不同学科及学者的观点中有着不同的界定。在海洋科学中,以 200 米、1000 米、4000 米以及 6000 米四个深度为界,将全球海洋分为五大水层。而这四大界限也往往成为学者界定深海的重要尺度。虽然关于深海的界定标准尚未统一,但深海所具有的一系列特征已经被人们所认识。首先,深海自然环境十分复杂,会对人类的活动产生极大阻碍。其次,深海这一概念并不单指一定深度的海洋水体,也包括水体覆盖下的国际海底。另外,经由1982年《联合国海洋法公约》的界定,国际深海的全球公域地位进一步明确。《联合国海洋法公约》一方面规定了国际海底"区域"及其资源是人类的共同财产,另一方面也指出,"任何国家不得有效地声称将公海的任何部分置于其主权之下"。这一前提的确立为世界各国和平利用深海资源创造了条件。

随着国际深海开发的不断推进,深海也日益成为世界各国关注的重要全球公域。与此同时,随着各国在深海领域资源开发与力量投送的不断增强,国际深海领域面临的各种安全问题也日益突出,这对各国更好地利用国际深海资源、维护全人类共同福祉产生了极大影响。

深海区域具有丰富的资源储备,深海战场环境特殊,容易达成进攻效果,具有巨大的军事战略价值。21世纪是海洋的世纪,更确切地说,应该是深海的世纪。由于全球海洋90%的海域水深大于1000米,而海洋面积占地球表面积的71%,因此,深海海域的面积约占地球表面积的65%。迄今为止,人类对海洋空间的认知仅有5%左右,余下的未知空间基本上都是深海。深海是地球上最后的未被人类全面系统感知和利用的地理空间,深海空间巨大,潜在战略价值近乎无限。鉴于人类正加快走向深海,深海的战略形势将极大程度上左右未来的国际海洋政治格局。

随着世界各国对深海开发与介入程度的不断提升,国际深海也出现了一系列安全问题,体现在如下几个方面:首先,人类对于国际深海区域介入力度的不断增强,带来国际深海生态安全问题;其次,深海区域不断加快的军事化进程严重影响国际深海安全,由于大国对深海区域军事介入的不断增强,深海摩擦越来越成为现实;最后,经济与资源安全是现阶段亟待解决的国际深海安全问题,例如西方某些国家在对深海国际海底的矿产勘探与开发中,拒绝接受相关国际法的限制,抢占国际海底资源开发的先机,不但对国际海底资源的开发格局造成极大冲击,也对其他国家的经济和资源安全产生恶劣影响。

深海军事竞争是深海安全面临的新挑战。未来战争,谁先抢夺深海,谁就会在未来的海战中赢得主动,同时对陆地和太空形成强力的威慑和制约。与以往主要依赖潜艇实施"点打击"或非对称制衡不同,如今水下军事竞争网络化和体系化特征愈发突出。深海感知、通信和工程等能力的进步让深海安全的威胁进一步加剧。同时海底已经成为无人机战争的新疆域,海底世界未来会像海面、天空甚至太空一样成为"兵家必争之地"。

## 四、极地安全

极地安全是指维护国家和平探索和利用极地,增强安全进出、科学考察、开发利用的能力,加强国际合作,维护我国在极地的活动、资产和其他利益的安全。极地的地理连通性、战略威慑有效性、资源丰富性、大国集聚性以及与其他全球公域的密切配合,使其对于全球安全的重要性不断提升。

极地自然资源丰富,开发利用前景广阔。资源禀赋的多寡,日益成为一个地区是否具有潜在价值的重要筹码。极地是冰雪覆盖的高纬度地区,蕴藏着足以影响未来世界能源格局乃至经济力量对比的自然资源。据美国地质调查局统计,北极圈内已探明并可用现有技术进行开发的石油储量约为900亿桶,占世界未探明石油储量的13%;天然气储量约为1669万亿立方米,占世界未探明储量的30%;液化天然气约为441亿桶,占世界未探明储量的20%。南极地区以雪和冰的形式存储着全球70%的淡水,还有储藏量巨大的磷虾等众多生物资源,对全球生态安全和人类永续发展意义重大。

极地航运价值极高,事关全球能源通道安全。据北极理事会估计,北极地区从2030年起可能因大范围融冰出现西北、东北两条北极航道,这将成为欧亚、欧美之间最短、最便捷的水上运输要道,具有巨大的国际航运价值。任何始发港口在北纬30度以北的远洋航行,与通过苏伊士运河或巴拿马运河的传统航线相比,通过北极航线航行将至少缩短40%的航程,不仅可以节约油料成本、缩短通航时间,更重要的是能够使各国避开马六甲海峡、亚丁湾等恐怖主义和海盗活动多发的区域,以降低远洋航运的风险。而且如果发生国际冲突,对北极能源运输通道采取封锁、截留等行动,其威力相当于直接进攻该国能源中心,对途经各国的能源通道安全造成潜在威胁。

极地地理位置特殊,关乎域内外各国军事安全。北极作为连接欧亚、北美的顶点,使得北极到北半球任何一个地区的距离都是最短的,从北冰洋发射导弹几乎可以覆盖整个北半球国家。而且由于北冰洋的表面常年被较厚的冰层覆盖,是战略核潜艇等军事武器天然的隐蔽保护场地,具有极强的军事威慑力。在南极地区建立极地卫星地面接收站,还关系到未来信息化战争条件下夺取信息优势进而掌握战争主动权。此外,北极和南极还是试验和研发空间天气、电磁、气象等前沿军事技术,以及训练军事人员和检验军事装备在极端条件下作战能力的极佳试验场所,也是各大国部署"全球到达、全球打击"战略的重要一环,其军事价值可见一斑。

极地作为未来战争的战略极点,成为多国争夺的新疆域。如今,全球51个国家参与了极地科学考察,我国分别于2022年和2021年成功完成了第38次南极科学考察和第12次北极科学考察。极地关系着全球变化和人类的未来,也是一个国家综合国力、高科技水平在国际舞台上的展现和角逐,在政治、科学、经济、外交、军事等方面都有着深远和重大的意义,备受各国政治家的高度重视,为全球科学家所向往。当前,极地作为重要资源和能源的主储存地,已成为各国争夺的新疆域。许多国家都把极地研究与开发作为国家的一项重要战略。

极地的军事化倾向加剧。美、俄都将北极视为战略安全前沿,并频频进行军事行动。2014年,俄罗斯专门组建北极战略司令部和北极作战旅,2018年又成立负责北极考察的集团军,2019年9月将驻防在北极地区的防空导弹团换装S-400新式防空系统,大幅提高其对北极的空中管治能力。截至目前,俄罗斯已"量身打造"适应北极地区的多种特种军事装备,并通过建立和扩大军事基地等做法加强在北极的军事存在,在北极圈内建设了400多座军事基础设施。

美国自"冷战"起建立的从阿拉斯加经格陵兰至冰岛的导弹防御系统,以及与加拿大联合建立的早期预警网络运作至今,多次制定修改北极战略。美国海军于2016年1月开始组建使用"绿色燃料"的"大绿舰队",专门用于部署在北极地区。2020年6月9日,美国总统特朗普又签署发布了一份备忘录,明确提出为保护美国在极地的国家利益,在2029财年前通过测试并完成部署一支极地核动力破冰船舰队。事实上,美国、日本等不少国家都以后勤保障的名义开展南极军事活动,为其蓄谋在南极争夺资源和划分领土暗度陈仓。可以说,美、俄等国在极地的军事博弈,对极地非军事化原则构成直接挑战,更危及包括我国在内的各国领土防御和对极地的和平利用。

## 第四节　如何有效维护新时代国家安全

国家安全是安邦定国的重要基石,是中国式现代化行稳致远的基础。不断增强维护国家安全能力,是以中国式现代化全面推进中华民族伟大复兴的必然要求,是驾驭纷繁复杂国际安全形势、提高全党斗争本领和应对风险挑战能力的必然要求。

### 一、把党的领导贯穿到国家安全工作各方面全过程

党的领导必须是全面的、系统的、整体的,做好新时代新征程的国家安全工作,必须加强统筹协调,把党的领导贯穿到国家安全工作各方面全过程。要坚持党对国家安全工作的绝对领导,实施更为有力的统领和协调。因此,我们在推进国家安全体系和能力现代化的进程中,要坚定捍卫"两个确立",坚决做到"两个维护",贯彻党的意志和主张,严守政治纪律和政治规矩,经得起各种风浪考验,始终坚持党对国家安全工作的领导,坚持系统思维和全局观念,加强前瞻性思考、全局性谋划、战略性布局、整体性推进,不断提高党把方向、谋大局、定政策、促改革的能力和定力。要建立健全坚持和加强党对国家安全工作领导的组织体系、制度体系、工作机制,形成落实党领导国家安全工作全覆盖的工作格局。

### 二、坚持和贯彻总体国家安全观

党的十八大以来,从提出总体国家安全观到强调统筹发展和安全,从建立国家安全领导体制到加快构建新安全格局,以习近平同志为核心的党中央不断开创新时代国家安全工作新局面,国家安全得到全面加强。落实总体国家安全观,系统回答了中国特色社会主义进入新时代,如何解决好大国发展进程中面临的共性安全问题,处理好中华民族伟大复兴关键阶段面临的特殊安全问题。

国家安全形势出现的新特点新趋势,要求我们必须坚持总体国家安全观,落实党中央决策部署,把国家安全体系和能力现代化建设推向纵深。

### 三、构建系统完备、科学规范、运行有效的国家安全法治体系

党的二十大报告提出,"强化国家安全工作协调机制,完善国家安全法治体系"。我们要始终坚持在法治轨道上推进国家安全体系和能力现代化,更加重视法治、厉行法治、强化法治思维,运用法治方式,更好发挥法治固根本、稳预期、利长远的重要作用,坚持依法应对重大挑战、抵御重大风险、克服重大阻力、解决重大矛盾。要坚持统筹推进国内法治和涉外法治,协调推进国内治理和国际治理。要加强国家安全法治保障,积极推进科技创新、公共卫生、生物安全、防范风险、涉外法治等重点领域的立法,依法防范、制止、打击危害我国国家安全和利益的违法犯罪活动。要加快涉外法治工作的战略布局,形成系统完备、科学规范的涉外法律法规体系,综合运用立法、执法、司法等手段开展斗争,提升涉外执法司法效能,坚决维护国家主权、尊严和核心利益。

## 四、坚持统筹国内国际两个大局

习近平总书记指出:"完整、准确、全面贯彻新发展理念,要统筹国内国际两个大局,统筹'五位一体'总体布局和'四个全面'战略布局,加强前瞻性思考、全局性谋划、战略性布局、整体性推进。"当前必须坚持对外开放基本国策,扩大对外开放水平,统筹好国内国际两个大局,利用好国际国内两个市场、两种资源,发展更高层次的开放型经济,积极参与全球经济治理,同时坚决维护我国发展利益。

## 五、坚持统筹发展和安全两件大事

坚持统筹发展和安全,坚持发展和安全并重,实现高质量发展和高水平安全的良性互动。我们既要善于运用发展成果夯实国家安全的实力基础,又要善于塑造有利于经济社会发展的安全环境,以高水平安全保障高质量发展,以高质量发展为各领域安全提供坚实支撑,实现发展和安全互为条件、彼此支撑,走出一条具有中国特色的国家安全道路。

## 六、坚持底线思维,着力防范化解重大风险

政治安全是党和国家安全的生命线,是不可动摇的底线,我们必须筑牢维护政治安全的铜墙铁壁。面对来自外部的各种围堵、打压、捣乱、颠覆活动,我们必须发扬不信邪、不怕鬼的精神,始终保持高度警惕,既要高度警惕"黑天鹅"事件,也要防范"灰犀牛"事件,注重防范化解影响我国现代化进程的重大风险,坚定维护国家政权安全、制度安全、意识形态安全。要坚持底线思维和极限思维,准备经受风高浪急甚至惊涛骇浪的重大考验。

## 思考题

1. 如何理解"国家安全"概念中的"安全"概念?
2. 简述"国家安全"概念的基本含义。
3. 当代国家安全的基本内容包括哪些方面?
4. 总体国家安全观提出的历史背景和主要内容是什么?
5. 新型领域安全包括哪些?如何认识维护新型领域安全的重要意义?

## 知识链接

**国家利益**

国家利益是一个主权国家在国际社会中生存需求和发展需求的总和,关系民族生存、国家兴亡。国家利益涉及政治、国土、军事、经济、文化、社会等领域,包括安全利益、政治利益、经济利益、文化利益等。

# 第七章 中国周边安全

地缘关系,即以地理位置、综合国力和距离等地缘要素为基础所产生的国家之间的地缘政治、地缘经济、地缘军事等关系,主要表现是国家之间的相互作用。地缘因素在国家战略制定中有着重要的影响。中国周边地缘关系是中国面临的国际环境中的重要组成部分,是影响国家政治稳定、经济发展和国家安全的重要因素。

## 第一节 地缘环境概述

### 一、中国地缘环境与周边地区

**(一)中国地缘环境**

中国位于亚洲东部、太平洋西岸,背靠亚欧大陆,面向太平洋,是一个陆海兼备的国家。中国陆地国土广阔,从东部沿海横跨到欧亚大陆的核心地带,陆地总面积约960万平方千米,占世界陆地面积的十五分之一,占亚洲陆地面积的四分之一,仅次于俄罗斯、加拿大,居世界第3位。中国陆地边界线长度约2.2万千米,大陆海岸线长度约1.8万千米,海域总面积约473万平方千米。

**(二)中国周边地区**

中国周边地区指中国的陆海边境地带及其外侧的陆海邻国和公海所构成的区域。中国陆上邻国众多,是除俄罗斯外,世界上邻国最多的国家。陆上与14个国家接壤,它们是朝鲜、俄罗斯、蒙古、哈萨克斯坦、吉尔吉斯斯坦、塔吉克斯坦、阿富汗、巴基斯坦、印度、尼泊尔、不丹、缅甸、老挝和越南;海上与8个国家的大陆架或专属经济区相连接,它们是朝鲜、韩国、日本、越南、菲律宾、马来西亚、印度尼西亚和文莱。其中越南与朝鲜既是中国的陆上邻国,又是中国的海上邻国,因此中国共有邻国20个。此外,还有5个国家与中国位置靠近,它们是柬埔寨、泰国、孟加拉国、乌兹别克斯坦和土库曼斯坦。中国周边是世界人口最密集、大国最集中的地区,世界公认的五大力量中心,除欧洲外,其他四大力量——美、俄、日、中均交汇于此;世界人口逾亿的14个国家有8个聚集在这里;2022年GDP超过一万亿美元的17个国家中有6个在此。

### 二、邻国众多,地缘关系复杂

周边安全环境是指国家周边有无危险和受到威胁的情况及条件,是一个国家对其周边国家或集团在一定时期内对自己国家主权、领土完整是否构成威胁,有无军事入侵、渗透颠覆等情况的综合分析和评估。周边对中国具有极为重要的战略意义。与美国"东西两大洋、南北无强邻"相比,中国周边邻国众多,各邻国政治、经济、文化、宗教及社会制度差异大。周边国家中,有像俄罗斯、日本、韩国、印度等在内的大国、强国、富国;也有像蒙古、缅甸等穷国、小国、弱国。在国体和政体方面,有社会主义国家,也有资本主义国家;有共和制国家,也有君主立宪制国家。近年来,中国周边地区各种极端的民族、宗教势力日益蔓延,向我国境内渗透,威胁到我国的社会稳定与民族团结。没有一个国家像中国这样面临如此复杂、严峻的周边地缘政治环境。

### (一)俄罗斯

俄罗斯位于欧亚大陆北部,地跨欧亚两大洲,国土面积为1700多万平方千米,是世界上面积最大的国家。俄罗斯拥有世界最大储量的矿产和能源资源,是最大的石油和天然气输出国,拥有世界最大的森林储备和含有约世界25%淡水的湖泊。近年来,虽然俄罗斯经济危机严重,但是苏联解体后,俄罗斯继承了苏联大部分军事力量,拥有世界上最大的核武器库,军工实力雄厚。俄罗斯工业、科技基础雄厚,核工业和航空航天业占据世界重要地位,所以仍是世界性大国,是联合国安全理事会五大常任理事国之一,是金砖国家之一,是世界公认的五大力量中心之一。目前中俄关系处于最好的历史时期,两国已结成新时代全面战略协作伙伴关系。

### (二)东亚地区

东亚地区是构成中国地理环境的重要因素。东亚包括中国、日本、朝鲜、韩国、蒙古五个国家。东亚地区是美、俄、中、日四大国战略利益交汇的地区。日本是高度发达的资本主义国家,也是世界第四大经济体。日本资源匮乏,严重依赖海外资源与海外市场,发达的制造业是国民经济的主要支柱,科研、航天、制造业、教育水平均居世界前列。近代以来,日本经历了50年的侵略扩张与对美国的依附。冷战结束后,日本追随美国,当时的国际形势曾为日本提高国际地位提供了难得的机会。21世纪,日本坚持以日美同盟为基础,注重将经济、科技、金融优势转化为政治和军事影响力,开拓战略空间。

### (三)印度

印度位于南亚,是南亚次大陆最大的国家。从地理条件看,印度地理条件优越,北面环绕兴都库什山脉、喜马拉雅山脉与青藏高原,东面以山脉相隔于中南半岛,半岛深入印度洋,陆地上的隔绝与海路上的通达决定了"由陆向海"是印度关注的战略发展问题。印度人口众多,是除中国之外的第二大发展中国家,也是金砖国家之一。经济产业多元化,涵盖农业、手工艺、纺织、服务业等。近年来,印度发展进程加快,2019年印度GDP已超越法国和英国,位列世界第五位。

### (四)东南亚地区

东南亚地区位于亚洲东南部,是连接亚洲与大洋洲、沟通印度洋与太平洋的"十字路口"。其中,马六甲海峡是世界水上运输最繁忙的水道之一,被日本称为其"生命线"。同时,东南亚资源丰富,锡储量占世界60%,橡胶年产量占世界的80%以上,矿产资源丰富,为经济发展提供了良好的条件。目前东南亚是当今世界经济发展最有活力和潜力的地区之一。东南亚地区在未来新的世界政治、经济格局中的作用和战略地位将更为重要。

### (五)中亚地区

中亚地区即亚洲中部地区,包括哈萨克斯坦、吉尔吉斯斯坦、塔吉克斯坦、乌兹别克斯坦、土库曼斯坦五个国家。中亚地区处于东亚、西亚、南亚和北亚的地理连接点上,是贯通亚欧大陆的交通枢纽,古代的丝绸之路途经此地。冷战结束后,中亚作为重要的战略缓冲地带,其地缘政治意义更加凸显。中亚是世界上石油和天然气资源蕴藏最丰富的地区之一,石油资源主要分布在黑海区域。中亚五国在苏联解体后获得独立,为了谋求国家利益最大化,确立了多边务实的外交战略,特别注重与俄、中、美大国之间的外交关系。中国已同中亚五国实现全面战略伙伴关系全覆盖和双边层面践行人类命运共同体全覆盖。

### 三、中国地缘安全环境的特点

综上所述,可以将中国地缘安全环境的特点总结如下:
(1)面积广,人口多,国防潜力大;
(2)边界长,邻国多,易发生争端;
(3)差异大,热点多,不稳定因素增加;
(4)大国集中,军事强国多,潜在威胁大。
中国周边地区的特点,决定了周边对于中国具有极为重要的战略意义。

## 第二节 中国周边安全战略

两极格局解体后,世界安全局势发生了重大变化,中国周边安全环境也在不断调整中。因此,了解中国周边安全环境的发展历史,正确判断和评估当前周边所面临的安全威胁,对于新时期中国周边安全战略的制定和落实具有重要意义。

### 一、中国周边安全环境回顾

在中华民族漫长的发展历史上,外部敌对势力经周边地区多次对我国发动过侵略战争。从1840年开始,西方列强通过对中国的多次侵略战争和其他方法,强迫中国割地、赔款,贪婪地攫取种种特权。

冷战期间,美苏两国的激烈对抗对中国的周边安全形势产生了巨大影响,美苏两国长期对中国保持直接的强大的军事威胁,大兵压境,全线包围,甚至进行核讹诈,中国始终处于大战的阴影之下,不得不准备"早打、大打、打核大战"。新中国建立之初至20世纪60年代初,国家领导人根据对当时国际复杂形势的判断,奉行"一边倒"的外交政策,倒向社会主义阵营,与苏联结盟,共同对抗美国。此时美国对中国奉行敌视和侵略政策,将中国视作共产主义扩张的打击对象,从政治、经济和军事上全面威胁新

图7-1 中国人民志愿军赴朝参战

中国的生存。1950年,朝鲜内战爆发,战火烧到鸭绿江边,在这种情况下,中国果断采取"抗美援朝、保家卫国"的军事行动,中国人民志愿军赴朝作战,有效维护了国家安全。20世纪60年

代初到70年代初,中苏关系持续恶化,苏联将中国视为其称霸世界的巨大障碍和主要敌人,加紧在中国周边地区对中国展开战略包围;此时的中美关系趋于缓和,但来自美国的战略压力并未减弱。20世纪70年代初至90年代初,中国采取联美反苏的外交策略,1972年美国总统尼克松访华,奠定了中美两国关系正常化的基础,同时在中美关系改善的影响下,中国与当时属于西方阵营的周边国家相继实现关系正常化,中国周边安全环境结构发生了深刻变化。

## 二、坚持和平与发展的时代主题,坚持"亲、诚、惠、容"的周边外交理念

**(一)中国与所有邻国都建立了友好合作关系,坚持与邻为善、以邻为伴,坚持睦邻、安邻、富邻**

自新中国成立至20世纪80年代,受制于冷战大气候和美国的反华政策,周边多个邻国或集团与中国的关系曾出现过阶段性紧张状态,甚至发生武装冲突。冷战结束前后,在世界形势变化和中国睦邻友好政策的推动下,中国与邻国的关系出现了前所未有的改善势头,逐步在周边地区建立起了全面稳定的睦邻友好关系:与朝鲜、巴基斯坦、缅甸、柬埔寨等国的传统友好关系进一步巩固和发展;与日本、菲律宾、泰国等在70年代建立的正常国家关系继续保持;与俄罗斯、蒙古、越南、印度等邻国实现了关系正常化,与韩国建立了外交关系;与从苏联分离出来的中亚五国建立了友好关系。目前,维护和用好中国发展的重要战略机遇期,全面发展同周边国家的关系,与周边国家关系有了进一步的突破。具体而言,中国与俄罗斯建立了新时代全面战略协作伙伴关系,中俄关系处于历史最好水平;与日本建立了战略互惠关系;与巴基斯坦建立全天候战略合作伙伴关系;与越南建立全面战略合作伙伴关系;与韩国、阿富汗建立战略合作伙伴关系;与朝鲜建立传统友好合作关系;与中亚五国建立全面战略伙伴关系;等等。尽管中国与多个邻国之间尚存在领土、领海纠纷和其他矛盾,但近期发生大规模武装冲突的可能性不大,正常的国家交往不会被打破。

2013年10月24日,习近平总书记在周边外交工作座谈会上强调:"我国周边外交的基本方针,就是坚持与邻为善、以邻为伴,坚持睦邻、安邻、富邻,突出体现亲、诚、惠、容的理念。""亲"是指巩固地缘相近、人缘相亲的友好情谊,要坚持睦邻友好、守望相助,讲平等、重感情,常见面、多走动,多做得人心、暖人心的事,使周边国家对我们更友善、更亲近、更认同、更支持,增强亲和力、感召力、影响力。"诚"是指坚持以诚待人、以信取人的相处之道,要诚心诚意对待周边国家,争取更多朋友和伙伴。"惠"是指履行惠及周边、互利共赢的合作理念,要本着互惠互利的原则同周边国家开展合作,编织更加紧密的共同利益网络,把双方利益融合提升到更高水平,让周边国家得益于我国发展,使我国也从周边国家共同发展中获得裨益和助力。"容"是指展示开放包容、求同存异的大国胸怀,要倡导包容的思想,强调亚太之大容得下大家共同发展,以更加开放的胸襟和更加积极的态度促进地区合作。"亲、诚、惠、容"是新形势下中国坚持走和平发展道路的一份生动宣言,是对多年来中国周边外交实践的一个精辟概括。

**(二)中国积极参与和建立多边区域合作机制**

经济全球化、一体化是一个趋势,这个趋势总的原则是将资源在世界范围内进行优化配置,这样的结果就是资源更多流向发达国家,而贫穷落后国家将越来越穷。面对这样一种情况,世界许多地区形成了地域性的多边合作机制,成立某种组织,建立某种关系。近年来中国积极参与和注重建立多边区域和次区域合作机制,为中国和平发展创造了良好的外部条件。

### 1. 上海合作组织

20世纪90年代前半期,为了解决苏联解体遗留问题,中国与俄罗斯、哈萨克斯坦、吉尔吉

斯斯坦、塔吉克斯坦达成边境地区相互信任和裁军协议,促成1996年"上海五国"机制的建立。上海合作组织(简称上合组织)是在"上海五国"机制基础上演变而来的,于2001年6月15日在上海正式成立。2017年6月,印度和巴基斯坦正式成为上海合作组织成员。2022年9月,上合组织峰会在乌兹别克斯坦城市撒马尔罕举行。随着新一轮扩员正式启动,以及中东大国伊朗成为第九个成员国,上合组织的面积、人口、资源更加可观,经济潜力不断提升,合作的地理空间从中亚、南亚延伸至西亚,可讨论的议题将明显增多,而且不可避免地要在未来全球战略格局当中扮演举足轻重的角色。

### 2. 东盟

东盟是东南亚地区以经济合作为基础的政治、经济、安全一体化合作组织。2003年,中国成为第一个加入《东南亚友好合作条约》的非东盟国家。2010年中国—东盟自由贸易区全面建成。2009年以来,中国连续13年保持东盟第一大贸易伙伴地位;2020年,东盟首次跃居中国第一大贸易伙伴。2022年1月1日,《区域全面经济伙伴关系协定》(RCEP)正式生效,从而提振了区域合作的信心,也为周边安全与稳定提供了保障。

随着中美战略竞争近年来持续加剧,双方在东南亚地区的竞争愈演愈烈,加之美国旨在遏制中国的"印太战略"快速实心化和扩大化,东南亚成了中美博弈的主战场之一。此外,东盟作为冷战后以小国集团的方式维护地区和平与稳定的重要力量,也推出了东盟版的"印太战略"——东盟印太展望,力图最大限度地按照其利益和偏好塑造东南亚安全格局的走向。概言之,东南亚地区作为中国崛起的战略依托,其安全格局变迁已经成为影响中国国家安全与发展的直接外部因素。

### 3. 金砖国家

巴西、俄罗斯、印度、中国四国英文名称首字母组成缩写词。因"BRICs"拼写和发音同英文单词"砖"(bricks)相近,中国媒体和学者将其译为金砖国家。2011年,南非正式加入金砖国家,英文名称定为BRICS。

2006年,金砖国家外长举行首次会晤,开启金砖国家合作序幕。2009年6月,金砖国家领导人在俄罗斯叶卡捷琳堡举行首次会晤。2011年11月,金砖国家领导人在法国戛纳二十国集团峰会前夕举行首次非正式会晤。截至2022年,金砖国家领导人共进行了14次会晤和9次非正式会晤。

金砖国家合作机制成立以来,合作基础日益夯实,领域逐渐拓展,已形成以领导人会晤为引领,以安全事务高级代表会议、外长会晤等部长级会议为支撑,在经贸、财金、科技、农业、文化、教育、卫生、智库、友城等数十个领域开展务实合作的多层次架构。金砖国家合作的影响已经超越五国范畴,成为促进世界经济增长、完善全球治理、推动国际关系民主化的建设性力量。

金砖国家国土面积占世界领土总面积26.46%,人口占世界总人口41.93%。据估算,2021年五国经济总量约占世界的25.24%,贸易总额占世界的17.9%。2022年,五国在世界银行的投票权为14.06%,在国际货币基金组织的份额总量为14.15%。

### 4. 亚洲基础设施投资银行

亚洲基础设施投资银行(Asian Infrastructure Investment Bank,简称亚投行)是一个政府间性质的亚洲区域多边开发机构,是首个由中国倡议设立的多边金融机构,总部设在北京。宗旨是通过在基础设施及其他生产性领域的投资,促进亚洲经济可持续发展、创造财富并改善基础设施互联互通;与其他多边和双边开发机构紧密合作,推进区域合作和伙伴关系,应对发展挑战。截至2023年1月,亚投行有106个成员。新冠疫情发生后,亚投行专门成立了总规模130亿美元的专项基金,用以帮助成员缓解疫情对经济、公共医疗等行业的冲击。亚投行成为促进成员共同发展、推动构建人类命运共同体的新平台。

**(三)"一带一路"与地缘环境**

"一带一路"是"丝绸之路经济带"和"21世纪海上丝绸之路"的简称。从地理位置上来看,"一带一路"依托于中国周边地缘环境。"一带一路"贯穿整个欧亚大陆,并环绕着太平洋、印度洋、北冰洋和大西洋。其中,"丝绸之路经济带"简称为"一带",畅通中国经中亚、俄罗斯至欧洲(波罗的海),中国经中亚、西亚至波斯湾、地中海,中国至东南亚、南亚、印度洋。"21世纪海上丝绸之路"简称为"一路",重点方向则是从中国沿海港口过南海到印度洋,延伸至欧洲;从中国沿海港口过南海到南太平洋。"一带一路"倡议的提出,以经济带动政治,以政治维护安全,对于打造中国周边和平稳定的安全环境具有重要意义。截至2022年底,中国与150个国家、32个国际组织签署200余份共建"一带一路"合作文件。

# 第三节 中国周边安全环境分析

中国地处亚太地区,尽管当前形势相对稳定,短期内不至于发生牵涉中国的战乱,外敌入侵中国的可能性基本可以排除,但是周边地区一些固有的矛盾并没有完全解决,影响和平安全的因素依然存在,中国周边安全与稳定仍面临不同对象和不同程度的现实的潜在威胁。西方军事强国对中国安全环境影响深远,边界和海洋权益争端尚存,恐怖主义和民族分裂活动直接威胁到中国安全。因此,和平时代更需要居安思危,增强忧患意识,这样才能使国家立于不败之地。

## 一、美国将在较长时期内对中国保持现实的综合压力

来自大国的政治、经济、外交和军事综合威胁和压力是影响国家安全的最重要因素。中美两国虽然远隔重洋,从地理意义上讲美国并非中国周边国家,但是美国作为世界上唯一的超级大国,在东亚地区从政治、经济、军事等多个方面都对中国周边有着重要的影响,因此,美国是中国特殊的"周边国家"。冷战结束后的新时期,中美关系几经波折,在中美三个联合公报强调的一个中国的原则下,中美关系正常化,2011年确立中美合作伙伴关系。中美通过经贸合作实现互利共赢。2015年,中国成为美国第一大贸易伙伴,2017年双边贸易额突破5800亿美元,互为双方第二大合作伙伴。2017年特朗普访华签约额,创下中美经贸合作史上的纪录,刷新了世界经贸合作史上的新纪录。同时两国在朝核问题、反恐怖主义、伊朗核问题等多方面都开展了合作。

然而在合作的同时,中美关系日趋复杂。2020年初,新冠疫情突然暴发,加剧了中美的战略竞争,加速了百年未有之大变局和亚太秩序格局演变。疫情暴发之初,美方对中国政治体制的批判和否定达到了前所未有的程度。当中国控制住新冠疫情,而全球其他国家的疫情在大肆蔓延时,中国转而成为美国等西方国家"甩锅"的对象。中美战略竞争的迅速加剧,给周边国家提供了不同的"机遇"和挑战,导致周边国家的对华政策也出现了明显的不同程度的分化。

### (一)美国通过"印太战略"遏制中国发展

2011年,奥巴马提出"重返亚太"战略,寻求从阿富汗和伊拉克两场战争撤出,并加速将战略重心向亚太转移。2017年特朗普上台,将把中国视为"21世纪最大的地缘政治挑战"的认知付诸各领域对华激烈围堵的实践,在贸易、安全等领域加速遏华步伐。2017年12月,特朗普发布任内第一份《国家安全战略报告》,将中国视为"战略对手",提出将依托同盟和伙伴作为实施"印太战略"的政治优先议程,并特别强调收紧与日澳印的关系。2018年《美国国防战略》认为,美国必须借助同盟伙伴关系作为谋求地区力量优势的战略手段。2018年11月,美日印澳在东亚峰会期间举行了安全对话并提出外交国防的"2+2倡议",实现了四国外交官员十年来的首次会晤。特别值得注意的是,印度2020年接纳澳大利亚加入"马拉巴尔"军事演习,四边安全合作的一大弱项得到加强。拜登上台后全盘继承特朗普"印太战略"遗产,继续将"四边机制"作为实施"印太战略"的核心,并积极修复与盟友伙伴关系。相比于奉行单边主义的特朗普,扯着"多边主义"大旗的拜登在事实上将"四边机制"带入了诱压盟友伙伴承担更多责任、发挥更多作用的新的阶段。2022年2月12日,白宫发布拜登任后首份"印太战略文件",明确提出美国在"印太"的政策目标和行动主轴,将"四边机制"作为塑造中国周边战略环境的首要区域性机制和关键战略抓手,引发广泛关注。2025年1月特朗普重新上台后,仍然立足遏制中国的基本方略,持续强调中美全面战略竞争。

### (二)"四边机制"对中国周边安全的影响

"四边机制"中除美国外,都处于广义上的我国周边地区,四国将遏华作为合作的内在驱动,结成具有准联盟性质的遏华小圈子,以排他性的制度安排煽动地区分裂,行动上与中国针锋相对、手法上多管齐下抗衡中国影响力,严重影响中国周边国家安全。

美国军方将太平洋司令部更名为"印度-太平洋"司令部,军事部署进一步向"印太"倾斜,加强美与日印澳双边的情报、安全和军事技术合作,打造针对中国的新兴海洋防务体系。美国还尝试突破以往传统双边军事安全合作模式,将安全合作从双边扩展到四边,逐步构建起军事施压中国的战略闭环。美国还希望将"四边机制"打造为具有军事安全性质的"印太小北约"。总的来看,四国以中国为假想敌开展双边与小多边的军事安全合作,极大地增强了我国战略安全压力,恶化了我国周边的安全环境。

## 二、日本争当世界政治大国,对中国安全构成潜在威胁

日本是与中国一衣带水的东北部邻国,历史上多次入侵中国,是加害中国最重的国家。20世纪50—60年代,日本追随美国反华。1972年,田中角荣首相访华,两国实现了邦交正常化,步入友好交往的新时期。目前,中日关系保持友好大局,日本军力规模有限,因此在短期内对中国不构成现实威胁。但自20世纪90年代以来,日本加快了争当世界政治大国和军事大国的步伐,其对华政策中消极因素在上升,对中国安全构成了潜在威胁。伴随着2010年中国GDP超过日本,中国取代日本成为世界第二大经济体,中日关系日趋复杂。

### (一)中日之间矛盾增多,形成潜在的战略冲突

中日之间长期存在争端,主要有东海大陆架划分和钓鱼岛主权争端、台湾问题以及日本右翼势力为侵华战争翻案问题等。20世纪90年代,又出现了新的冲突点,即日本的"战略利益"与中国主权利益的冲突。20世纪90年代,日本积极谋求世界政治大国地位,欲成为联合国安

理会常任理事国,同时也迈出了建立军事大国的步伐。90年代初,日本解除了向海外派兵的禁令。综观日本近年发生的变化,可以看出:其一,日本的战略筹谋能力和外交活跃度逐渐加强,全球影响力及涉华博弈力有所提升,例如在推动《全面与进步跨太平洋伙伴关系协定》(CPTPP)和《区域全面经济伙伴关系协定》的形成与生效方面发挥了重要作用。其二,日本作为美国的盟友,对美"印太战略"发挥着"地区总代理"和"力量倍增器"作用,这就增加了我国周边安全环境的复杂性。其三,日本加速军事转型,发展全域高新军力尤其远程打击力量,并针对西南防卫、台海问题等对我国谋划对抗和反制。同时,以所谓"人权问题"等为抓手大肆干涉我国内政,急推(涉华)经济安全战略,并使之成为美"印太战略"的有机组成部分。

（二）日本积极扩军,增强军事实力,成为潜在军事大国

日本军队称自卫队,是第二次世界大战后在美国扶植下重建和发展起来的。随着日本经济实力的迅速增强,日本军队建设得到长足发展,在"质重于量"和"海空优先"的建军方针指导下,自卫队已发展成为一支装备精良、训练有素、作战能力较强的武装力量。20世纪90年代,日本加快扩军步伐,防务开支高居世界第二位,已成为军事工业基础、军事技术、装备质量领先的潜在军事大国,其海上自卫队已成为西太平洋一支颇具战斗力的海上力量,步入全球海军强国之列。近年来,日本在军事上推进以邻为壑的政策,渲染"周边威胁",企图将作战区域也由"国土"扩展到"周边",再由"周边"扩展到更远的地方。

（三）日本国内右翼势力猖獗,存在着重走扩张之路的社会温床

多年来,日本国内军国主义势力活动猖獗,气焰嚣张,否认、掩盖侵略罪行,美化侵略历史,政府始终未就以前的侵略战争反省和向受害国认真道歉,官方和右翼势力一直没有中断为侵略战争翻案的言论和行动,这为日本重走扩张之路提供了思想基础和社会基础。日本右翼势力在钓鱼岛问题、历史问题等方面的极端言行严重损害了中日关系,更影响到了日本与周边国家的关系。随着日本经济、军事力量进一步增强以及政治野心的不断膨胀,日本对中国构成的潜在威胁呈上升趋势。

## 三、印度将中国作为重点防范对象和主要竞争对手

印度曾是最早承认中华人民共和国的民族独立国家。中国和印度作为两个新兴大国同时崛起。两国同为金砖国家、二十国集团、上海合作组织的成员国。尤其是,随着中印近年来都保持了较快经济增长,国力及国际影响力持续提升,中印关系已经事实上超越了双边关系乃至地区范畴,而越来越具有全球影响和意义。

由于历史的原因,中印边界存在争议,中印双方也曾发生过边界武装冲突。印度在边界问题上经常大做文章,印度国内曾有"中国威胁论"和把中国视为敌手的论调。近些年,两国边界风波再起,2017年中印洞朗对峙事件,2020年中印加勒万河谷冲突,其后两国关系一度跌至自冷战结束以来的最低点。印度试图从中美战略竞争加剧及其向长期化发展的趋向中"渔利",一方面快速向美国阵营靠近,并积极与美国、日本及澳大利亚推进"印太战略";另一方面,在中印之间具有争议性的问题上也频频采取示强策略。中印关系近年来问题很多,主要是两国的同时崛起所导致的。在崛起过程中,两国传统的对外关系模式纷纷转型,传统上行之有效的相处方式也因此受到冲击,边界争端激化只是其中的一个表现。作为成熟理性的两大邻国,中方认为应把边界问题置于双边关系适当位置,不应用边界问题定义甚至阻碍双边关系的整体发

展。中方提出中印要以长远眼光看待双方关系,以共赢思维看待彼此发展,以合作姿态参与多边进程,这一建设性思维经得起时间检验,符合中印交往的历史逻辑。

除中印边界争端之外,印巴关系是影响中国周边地区安全环境的重要因素。印度和巴基斯坦在克什米尔的归属问题上的争端仍然是南亚地区的热点问题,双方在克什米尔地区的小规模武装冲突时有发生。印度和巴基斯坦作为相继拥有核武器的两个国家,形成核军备竞赛,双方互相声明在必要时候首先使用核武器,增加了南亚次大陆爆发核战争的危险。

### 四、中国与周边国家尚存在复杂的领土、领海、海洋权益的争议

领土、领海、海洋权益争议问题直接关系国家领土主权完整,同时也危及国家和周边地区和平稳定,是影响国家安全的重大问题。中国与周边一些国家的争议,亟待制订并采取有效措施,以维护国家主权。除中印边界之外,中国与不丹边界问题尚未解决。中国、不丹边界长约600千米,从未正式划定,但两国间存在着一条传统习惯线,边境地区基本稳定。不丹是中国周边邻国中唯一尚未与中国建交的国家,两国一直保持友好交往。近些年来,南沙地区岛屿被侵占、海域被分割、资源被掠夺的情况十分严重。南海诸岛及其海域自古就是中国的神圣领土。该地区发生争端的起因是南海地区发现了丰富的油气资源。目前,南海周边国家大多采取"决不退让"的强硬立场,都在寻求"法理依据",利用《联合国海洋法公约》,制定和颁布了己有利的海洋法规,使其侵占南海岛礁合法化、永久化。这些国家还在南海问题上加强协调与合作,并竭力拉拢域外势力,尤其是大国势力介入南海问题,企图使南海问题国际化。除南海问题外,中国与周边邻国还存在中日钓鱼岛问题、中韩苏岩礁归属问题等。

尽管中国周边一些矛盾还未从根本上解决,仍存在影响安全的不稳定因素,但只要做好工作,实现周边安全仍是可能的。中国将继续加强睦邻友好,坚持与邻为善、以邻为伴,加强区域合作,把同周边国家的交流和合作推向新水平。

## 思考题

1. 中国周边安全环境的相对和平体现在哪些方面?
2. 中国周边安全环境面临哪些主要威胁与挑战?

## 知识链接

### 地缘政治理论

地缘政治学是西方政治地理学中创立较早、影响较大的核心理论。它历经兴衰,仍通行于西方世界,成为各国制定国防和外交政策的重要依据。纵观历史,任何一个国家的崛起都会给全球稳定和地缘格局带来影响。到目前为止,地缘政治学发展了四个经典的地缘政治理论,即拉采尔的"国家有机体论"、麦金德的"陆权论"、马汉的"海权论"和斯皮克曼的"边缘地带论"。1890年马汉为美国提出海权论,1896年拉采尔在德国提出国家有机体论,1904年麦金德为英国提出陆权论,而到1942年斯皮克曼为美国提出边缘地带论。他们相继在半个多世纪的时间里提出了四个经典的地缘政治理论,这与当时国家经济发展或实力变迁轨迹具有耦合性。

# 第八章 中国海洋安全形势与海洋安全战略

> 党的二十大报告指出:"发展海洋经济,保护海洋生态环境,加快建设海洋强国。"这是党的十八大报告作出建设海洋强国、党的十九大报告作出加快建设海洋强国战略部署后,将其作为加快构建新发展格局、着力推动高质量发展的重要战略任务之一再次予以强调。海洋是人类社会生存与发展的依赖,是生态环境的重要组成部分。随着各国相互联系日益密切以及人类对海洋的认知和利用程度不断提高,海洋在国家经济发展格局和对外开放中的作用更加重要,在维护国家主权、安全、发展利益中的地位更加突出,在国家生态文明建设中的角色更加显著,在国际政治、经济、军事、科技竞争中的战略地位也明显上升。建设海洋强国,在国内外形势复杂的当前具有重要现实意义、战略意义,是中华民族永续发展、走向世界强国的必由之路。

## 第一节 海洋概况

### 一、领海、专属经济区与大陆架

无规矩不成方圆。从大航海时代的交战规则、近代海上交战的法律规范到1982年《联合国海洋法公约》,一次次的海洋规范,将世界一次次推入一个崭新的海洋时代。其中1982年通过的《联合国海洋法公约》对一个国家的领海、专属经济区和大陆架作出了明确的规定,标志着新的国际海洋秩序的确立。

#### (一)领海

领海是沿海国陆地及其内海以外邻接的处于其主权之下的一带海域,领海的范围不超过领海基线外12海里。领海属于国家领土,沿海国对其享有完全排他性主权,享有自然资源的所有权和专属管辖权等。

#### (二)专属经济区

专属经济区是指从测算领海基线量起200海里、在领海之外并邻接领海的一个区域。根据《联合国海洋法公约》规定,沿海国对专属经济区的管辖权主要包括行政管辖权、民事管辖权和刑事管辖权,以及国际法赋予的其他管辖权。沿海国在专属经济区

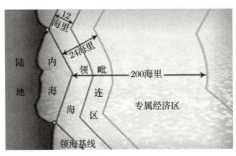

图8-1 领海、专属经济区

享有以下几个方面的权利:在勘探开发方面,沿海国对自己专属经济区内的生物及非生物资源享有所有权,有勘探开发、养护和管理的主权权利。在专属经济区的人工岛屿、设施和结构的建造和使用方面,沿海国在专属经济区内有授权建造设施的专属权利,并且对这些设施享受专属管辖权。在海洋科学研究方面,沿海国有专属管辖权,管理、授权并进行海洋科学研究,其他国家未经许可不得进行此类研究。

### (三)大陆架

大陆架包括其领海以外依其陆地领土的全部自然延伸,扩展到大陆边缘的海底区域的海床和底土。大陆架的范围是从领海基线量起到大陆边缘的距离不超过350海里。对于大陆架,沿海国家不享有领土主权。大陆架有丰富的矿藏和海洋资源,全世界的海洋渔场大部分分布在大陆架海区,世界上石油产量有20%也来自大陆架。沿海国家可以在其大陆架上开发自然资源,任何国家未经沿海国同意不得在该沿海国的大陆架上从事开发资源的活动。

## 二、海洋的战略价值

### (一)海洋是生命的摇篮

早期的地球上是没有任何生物的。原始生命起源于陆上的可能性很低,因为陆上有大量的紫外线和很不稳定的条件。生物的进化历程表明,地球上的原始生命起源于海洋,而现有的各种动物和各种植物,包括我们人类,都是原始生命的后裔及发展。然而,随着人类对海洋开发的脚步加快,海洋动物的数量和种类都开始减少。目前,除开发较晚的印度洋的生物种类还在增多外,其他大洋的海洋生物种类开始减少。所以,我们今天思考和关心世界的发展问题,思考我们人类向何处去和如何生存发展,我们不应当忘记海洋是生命的摇篮,我们从海洋而来,理当要开发海洋、爱护海洋、利用海洋和保护海洋。

### (二)海洋是风雨的故乡

中国古诗中有"山雨欲来风满楼"的佳句。刮风下雨像一对孪生兄弟,总是相伴而行。从地球宏观水循环的观点看,风雨起源于海洋。在广阔的海面上,海水不断地蒸发进入大气层。湿气团上升成云,靠太阳和海洋供给的能量,由海面输送到大陆上空,以雨雪的形式降落到地面,再经江河返回海洋。地球上水的总量约为15亿立方千米,其中海水约为13.7亿立方千米。风雨从海洋开始,又回到海洋,因此海洋可视作风雨的故乡。

### (三)海洋是资源的宝库

海洋对于人类的生存与发展来说,几乎是一个无穷无尽的资源宝库。21世纪是海洋世纪,人类将全面认识海洋、开发海洋和利用海洋。随着历史的不断向前发展,我们所处的世界日趋信息化、一体化和复杂化。作为人类生存的新空间和资源宝库,海洋对人类实现可持续发展的重要性日益凸显。

### (四)海洋是洲际的通道

地球的各个大陆因海洋而隔开,也因海洋而相互连接,因此世界的交通主要依靠海洋相互往来。海运航线是指船舶在两个或多个港口之间,从事海上旅客和货物运输的线路,海洋已经名副其实地成为世界各国生存与发展的交通要道和"生命线"。

### 三、中国海洋国土概述

海洋国土,又被称为蓝色国土,是沿海国家的内水、领海和管辖海域的统称。中国是一个海洋大国,东临太平洋西岸,与印度洋、北冰洋距离较近。渤海、黄海、东海、南海位于太平洋西部的边缘,是中国的四大海域,也称为中国的近海,自北向南呈弧状分布。

#### (一)渤海——京津地区的海上门户

渤海是中国的内海,位于中国的北部,三面环陆,在辽宁半岛与山东半岛的环抱之中。渤海像一个斜置的葫芦,头枕东北平原,坐落在华北平原之上,构成首都北京的海上门户。渤海仅有长 105 千米的渤海海峡中的几个狭窄水道与外海相通,造成了几乎是封闭之海的态势。

围绕着渤海,我国建成包括京津冀圈、山东半岛圈和辽东半岛圈在内的环渤海经济区。目前渤海地区处于东北亚经济圈的中心地带,向南联系着长江三角洲、珠江三角洲、港澳台地区和东南亚各国,向东沟通韩国和日本,向北联结着蒙古国和俄罗斯远东地区。环渤海地区拥有丰富的海洋资源、矿产资源、油气资源、煤炭资源和旅游资源,也是中国重要的农业基地。环渤海地区拥有 40 多个港口,构成了中国最为密集的港口群;环渤海地区是中国交通网络最为密集的区域之一,是我国海运、铁路、公路、航空、通信网络的枢纽地带,交通、通信联片成网,形成了以港口为中心、陆海空为一体的立体交通网络,成为沟通华北经济和进入国际市场的重要集散地。渤海是我国最大的内海,素有"天然鱼池"之称,盛产多种鱼、虾、贝类水产品,还有丰富的其他海洋资源。

#### (二)黄海——北部沿海的海上前哨

出了渤海海峡,海面骤然开阔,深度逐渐加大,这就是黄海。黄海位于中国和朝鲜半岛之间,面积约为 38 万平方千米,全部为大陆架构造,曾经是黄河的入海口,也因此成为世界上接受泥沙量最多的陆缘海。

日本军事历史学者司马辽太郎曾说:"谁控制了黄海,谁就主导了在东北亚大陆说话的话语权。"从 1894 年的甲午海战、1950 年的朝鲜战争,到 1994 年黄海危机可以看出,黄海制海权至关重要,在此区域发生的任何军事行动都对中国安全有着全局性的严重威胁。

#### (三)东海——中国海上的战略中枢

东海北起长江北岸至济州岛方向一线,南以广东省南澳到台湾省本岛南端一线,东至冲绳海槽(以冲绳海槽与日本领海分界),正东至台湾岛东岸外 12 海里一线,面积 77 万平方千米。东海位于黄海的南面,是中国大陆东岸与太平洋之间的半封闭海,在中国大陆、中国台湾与日本之间,东北部通过对马海峡与日本海相通,西南部通过台湾海峡与南海相连。大陆流入东海的江河,长度超过百公里的河流有 40 多条,其中长江、钱塘江、瓯江、闽江等四大水系是注入东海的主要江河。中国沿海岛屿约有 60% 分布在东海区域,主要有台湾岛、舟山群岛、澎湖群岛、钓鱼岛等。穿过台湾海峡,就从东海进入南海。

东海海面上岛屿星罗棋布,加之地理位置特殊,从而造就了东海独特的战略价值。对我国来讲,东海是"近海防御"的关键性海域,也是东出太平洋的必经之地。

#### (四)南海——世界海上的交通要道

南海总面积 350 万平方千米,因位于中国南边而得名,又叫作南中国海,是中国最大的外海,也是中国最大、最深的海,是世界第三大陆缘海。南海的海底是一个巨大的海盆,海盆的山岭露出海面就是各类岛礁,这些岛礁总称南海诸岛,分为东沙群岛、西沙群岛、中沙群岛、南沙群岛,其中南沙群岛是中国南海诸岛四大群岛中位置最南、岛礁最多、分布最广的群岛,属于海南省管辖。浩瀚的南海四通八达,交通便捷,通过巴士海峡、苏禄海和马六甲海峡等,与太平洋和印度洋相连,因此具有重要的地理战略意义。

这种战略意义体现在多个方面。从航运价值来看,南海航运价值巨大,对我国重要战略物资运输十分重要。我国与东南亚、南亚、西亚、非洲以及欧洲等地来往的海上航线都经过南海诸岛海域,我国通往国外的39条航线中,有21条通过南沙群岛海域,60%的外贸运输从南沙经过。从军事价值来看,南海是中国海基核力量进行驻屯、集结、隐蔽、训练和作战的重要场所,也是中国航空母舰编队进行训练与作战的关键区域。

## 第二节　中国海洋安全形势

中国海岸线漫长,周边海洋邻国众多,多种政治力量在此汇聚,因此中国向海的地缘政治环境更加复杂。中国周边的海洋形势不仅仅包括中国的近海——黄海、东海和南海方向的海洋形势,统称中国的"三海问题",同时也涉及太平洋和北印度洋的海洋形势。目前,中国周边海洋形势总体较稳定,但是各种有争议及不确定因素持续存在。

### 一、黄海方向:斗争与合作并存

黄海形势主要受朝鲜、韩国的因素影响。朝核问题是黄海安全形势中复杂和不确定的因素。朝核问题始于20世纪90年代初,其实是冷战对抗的延续。朝鲜指控美国对其国家安全构成最大威胁,美国则坚持朝鲜半岛无核化。美国当时怀疑朝鲜开发核武器,扬言要对朝鲜的核设施实行检查。朝鲜则宣布无意也无力开发核武器,同时指责美国在韩国部署核武器威胁它的安全。第一次朝鲜半岛核危机由此爆发。根据国际原子能机构的资料,朝鲜在宁边设有核反应堆。为使朝核问题和平解决,中国政府积极斡旋,自2003年起在北京举行了由中国、朝鲜、韩国、美国、日本、俄罗斯参加的朝核问题六方会谈,并确立了通过谈判和平解决朝核问题的原则。无论是着眼于维护东北亚地区和平稳定,还是维护中国自身良好周边环境,中国都坚持推进半岛无核化目标。

在黄海区域,中国与朝鲜没有划定海洋边界。朝鲜从本国利益出发,目前没有正式批准《联合国海洋法公约》,在黄海区域一直主张以纬度等分线划界,相关海域的划界尚未达成一致。同时朝韩之间有很大的所谓有争议领海区域,直接影响到了中国与朝鲜的海洋边界。两国海洋边界不明,使黄海海域频繁发生中国渔船被朝鲜方面扣押的事件,进而影响到中国在东北亚地区的海洋安全态势。

中韩海洋划界问题争议不断,其中主要涉及苏岩礁的归属问题。苏岩礁是中国东海上的一块礁石,自古以来就在中国的管辖范围之内。韩国在未得到国际社会承认的情况下,于20世纪70年代擅自将苏岩礁划入韩国海域,并在苏岩礁非法设立大型海洋平台,将海底暗礁变成人工岛,同时扩大防空识别区,将苏岩礁划入韩国防空识别区内。针对苏岩礁的归属问题,中方多次就韩方在苏岩礁修建海洋观测站问题向韩方提出交涉,反对韩方在两国专属经济区主张重叠海域的单方面活动。

## 二、东海方向:中日钓鱼岛争端发酵

中日钓鱼岛争端是日本侵犯中国领土所引发的争端。钓鱼岛及其附属岛屿自古以来就是中国的固有领土,中国对此拥有充分的历史和法律依据。但是,日本方面无视大量历史事实,声称钓鱼岛为日本的"固有领土"。此后日本在钓鱼岛修建机场、灯塔等,2010年日本巡逻船在钓鱼岛附近冲撞一艘中国渔船,引发中国海峡两岸的强烈抗议。近年来,日本通过并不断修订的"安保三文件"为扩充日方军备寻找各种借口,意味着中日钓鱼岛争端呈现"长期化"趋势。目前,中国政府部门对钓鱼岛及附属岛屿开展常态化监视、监测,并设立东海防空识别区,捍卫中国领土主权完整。同时,中国与日本之间还存在着专属经济区和大陆架划界的问题,这既涉及中国大陆为一方和日本群岛为另一方的相向海岸之间大陆架划界,同时也包括中国台湾与琉球群岛之间相向海岸的大陆架和专属经济区划界。

## 三、南海方向:南海岛屿争端

中国与海上邻国存在的矛盾与争议,集中表现在南海岛屿争端。近年来,域外大国以南海争端为借口插手南海事务,以谋取政治、经济和战略利益。南海争端成为世界上最复杂的岛屿主权和海洋管辖权争议,被称为"亚洲四大热点"问题之一。

### (一)南海海域介绍

中国南海海域包括东沙、西沙、中沙、南沙四大群岛,共有岛、礁、沙滩200余个,矿物资源丰富,含有锰、铁、铜、钴等35种金属和稀有的锰结核;鱼类资源丰富,有1500多种,马鲛鱼、石斑鱼、金枪鱼等产量高,经济价值高,是中国渔民远海捕鱼的主要品种。因此各国对于南海岛屿主权的争夺,实质上是对南海地区经济资源和利益的争夺。

南海地缘战略意义重大,是连接印度洋和太平洋的重要通道,是中国联系东南亚、南亚、西亚、非洲及欧洲国家,发展海上丝绸之路的必经之地。优越的地理位置使南海岛屿的地位显得日益重要。南海自古以来就是中国的传统管辖海域,以"南海九段线"为界线形成"中国传统管辖海域"。根据大量历史资料记载,中国最早发现、控制了南沙群岛、中沙群岛、西沙群岛、东沙群岛,它们是中国历史性传承下来的固有领土,并在1946年以官方地图的形式正式宣布主权,得到了国际上的承认与尊重。

### (二)南海问题起源

南海问题起源于20世纪70年代。南海地区发现了大量油气资源,目前主要涉及"六国七方",分别是中国大陆和台湾、菲律宾、越南、马来西亚、印度尼西亚、文莱。南海四大群岛中,东沙群岛仅东沙岛露出海面,目前在中国台湾的控制范围内。西沙群岛曾经被南越军队入侵,我军在1974年的西沙海战中将其驱逐出西沙群岛,目前西沙群岛由我军驻守。中沙群岛主体身居水中,无人居住。海洋问题争端主要集中在南沙群岛,因此南海问题又称为"南沙问题"。南沙群岛目前被各个国家占领割据,关系错综复杂。其中越南占领29处,面积100多万平方千米;菲律宾占领9处,面积41万平方千米;马来西亚占领5处,面积27万平方千米;文莱宣布南通礁为其所有,但并未出兵占领。

### (三)南海问题争端

1992年,中国政府面对南海问题,愿意在争议解决前,同有关国家暂时搁置争议,开展合作。而后各个海上邻国开始对南海地区进行海洋资源的开发与海洋领土的占领。

菲律宾与中国在南海问题上一直争端激烈,引发紧张局势。20世纪90年代以后,菲律宾以黄岩岛在其200海里专属经济区内为由,对在该海域正常作业的中国渔民进行驱赶和抓扣。面对近年来菲律宾的频频挑衅,2024年11月10日,中国政府根据1992年2月25日《中华人民共和国领海及毗连区法》,宣布中华人民共和国黄岩岛的领海基线。中菲两国之间在南海问题上还发生过美济礁事件。美济礁是中国南沙群岛中一个珊瑚环礁,战略地位极其重要,现由中国实际控制,隶属于海南省三沙市。多年来,菲律宾针对美济礁,声称中国在其附近海域拘留菲律宾渔民,逮捕菲律宾船只,在美济礁建立军事基地等。菲律宾蓄意将争议升级,组织本国与外国记者,分别用船只和直升机将这些记者载运到美济礁进行所谓的"采访",企图使美济礁事件引起国际上的关注。

越南宣称在南海有所谓的专属经济区,是所谓领海最多的国家。近年来在非法侵占的岛礁上不断地填海造陆,升级工事。同时大肆开发南海区域的油气资源,越南在南海划定近200个区块,区块很大一部分属于中国的西沙、南沙海域,并与多家外国公司合作进行石油勘探与开发。越南拉拢美国、印度等大国,推动南海争端的国际化。

同时美国是南海问题上那只"看不见的手"。近年来,美国频繁介入中国的海洋争端,在中国的专属经济区内开展军事活动,不断向中国施压。从与菲律宾在南海开展联合军事演习,美国军舰在南海执行所谓"航行自由"行动,到美军"卡尔·文森"号核动力航空母舰停靠到越南的岘港市,美国介入南海海洋争端的力度不断加强,手法不断多样化。美国插手中国的南海争端,也成为近年来南海争端愈演愈烈的重要原因之一。

## 第三节 中国海洋安全战略

### 一、中国海洋安全战略历史沿革

从郑和下西洋到郑成功收复台湾,从清代闭关锁国政策到甲午海战北洋水师全军覆没,中华民族的命运一直与广阔的海洋紧密相连。伴随着中华民族"站起来""强起来""富起来"的步伐,新中国成立后的海洋战略不断演进,展现出中国走向海洋,建设海洋强国的信心与决心。

### (一)新中国成立时期的海洋战略

新中国成立之初,海洋方向的形势非常严峻。美国通过操纵联合国与英国、法国、澳大利亚等国家实施对华禁运,把海上封锁扩大到国际禁运,并进一步推行海上孤困中国的政策。另一方面,台湾海峡两岸处于军事对峙状态。1950年朝鲜战争爆发的同时,美国将第七舰队开进台湾海峡并对其进行封锁,将台湾视为"永不沉没的航空母舰"。因此,基于当时国际国内环境的双重影响,为保障国家安全利益,以毛泽东同志为核心的党的第一代中央领导集体,强调以海防为战略重点,高度重视新中国海防,以建设一支强大的足以保卫自己的人民海军为目标,以海军力量建设为中心,建立和建设新中国海防。1949年4月23日,中国人民解放军海军正式成立,随后建立了东海舰队、南海舰队、北海舰队,初步具备了类别齐全、编制合理的战斗体系。1974年,中国完全自主研制的核潜艇"长征1号"正式编入人民海军战斗序列,中国由此成为世界上第五个拥有核潜艇的国家。1974年,海军击退侵犯的南越海军,以弱胜强的"西沙保卫战"宣告胜利,中国收复西沙群岛,保卫了国家的领海安全。

**(二)改革开放时期的海洋战略**

经过近三十年的曲折发展,中国进入改革开放新时期,中国的海洋战略也发生了改变,实行以沿海经济发展为重点的海洋战略,主要开放沿海地区、开发近海资源、开拓远海公土。20世纪70年代后,中美关系正常化,中日邦交正常化,中国恢复了在联合国的合法席位,和平与发展成为时代的主题。国际环境的改善,以沿海经济发展为重点的海洋战略成为这一时期的必然选择。这一时期实行近海防御,虽然中国海上威胁日益严峻,海洋争端不断加剧,海洋资源被频繁掠夺,出于当时中国重点发展经济的考量,邓小平提出"主权属我、搁置争议、共同开发"的原则。以发展沿海经济为重点,中国系统开放沿海城市,逐渐形成"经济特区—沿海开放城市—沿海经济开放区—内地"依次放开的生产布局,以沿海经济繁荣带动国民经济的发展。这一时期,中国海洋科考实现跨步发展。1985年,中国在南极的第一个科学考察站"长城站"建成,填补了中国科学事业上的一项空白,标志着中国极地考察事业发展到新阶段。1995年5月6日,中国北极科学考察队到达北极点,五星红旗插在白雪皑皑的北极点上,这是中国科学考察的成功。1994年,《联合国海洋法公约》正式生效。1996年,中国正式加入《联合国海洋法公约》,标志着中国海洋事业与世界全面接轨。

**(三)21世纪的海洋战略**

1998年以后,随着经济全球化拉开序幕,中国逐渐以海洋安全为重点。2019年4月习近平主席集体会见应邀出席中国人民解放军海军成立70周年多国海军活动的外方代表团团长时,说:"我们人类居住的这个蓝色星球,不是被海洋分割成了各个孤岛,而是被海洋连结成了命运共同体,各国人民安危与共。""这次多国海军活动,将召开以'构建海洋命运共同体'为主题的高层研讨会,希望大家集思广益、增进共识,努力为推动构建海洋命运共同体贡献智慧。"海洋命运共同体理念正式提出。海洋命运共同体理念是人类命运共同体理念的重要组成部分,是人类命运共同体理念在海洋领域的延伸和适用。构建海洋命运共同体是中国针对全球海洋治理提出的中国理念、中国方案,受到国际社会的高度评价和关注,是世界百年未有之大变局下人类有效应对海洋治理挑战的必然选择,具有重大的政治意义。

## 二、新时期中国维护海洋安全的基本策略

**(一)坚决维护领土主权和海洋权益**

中国明确将国家主权、国家安全、领土完整、国家统一、中国宪法确立的国家政治制度和社会大局稳定以及经济社会可持续发展的基本保障列为必须坚决维护的六项核心利益。岛礁领土事关国家主权和领土完整问题,海洋权益关乎着国家的发展利益,都需要国家坚决予以维护。习近平总书记多次强调维护领土主权和海洋权益的重要意义:"要坚持把国家主权和安全

放在第一位,贯彻总体国家安全观,周密组织边境管控和海上维权行动,坚决维护领土主权和海洋权益,筑牢边海防铜墙铁壁。""要坚决维护领土主权和海洋权益,维护国家统一,妥善处理好领土岛屿争端问题。"

### (二)坚持奉行防御战略

中国坚持走和平发展道路,反对霸权主义,这已明确写入宪法。中国国防政策完全是防御性的,是和平的。2015年5月,国务院新闻办公室发布的《中国的军事战略》白皮书,提出:"海军按照近海防御、远海护卫的战略要求,逐步实现近海防御型向近海防御与远海护卫型结合转变,构建合成、多能、高效的海上作战力量体系,提高战略威慑与反击、海上机动作战、海上联合作战、综合防御作战和综合保障能力。"中国海军虽然面临越来越多的远海护卫任务,但中国海军依然奉行防御战略,目的是保卫国家的领土主权、海洋权益和其他海上利益。

### (三)坚持维护世界和地区海洋和平稳定

维护世界和平,反对侵略扩张,是中国海洋安全政策的重要目标和任务。中国反对霸权主义和强权政治,反对战争政策、侵略政策和扩张政策,反对军备竞赛,支持一切有利于维护世界和地区和平、安全、稳定的活动。在处理领土主权和海洋权益争议问题上,中国一贯从和平发展的国家战略和睦邻友好的周边外交政策出发,着眼维护地区和平稳定,致力于通过直接谈判和协商,和平解决争议。中国军队坚决贯彻国家的大政方针,坚持核心利益至上,加强海区控制与管理,建立完善体系化巡逻机制,为国家海上执法、渔业生产和油气开发等活动提供安全保障,妥善处置各种海空情况和突发事件,依法履行防务职能,捍卫了主权权益,遏制了危机升级。与相关国家开展海洋安全合作,共同维护世界和地区海洋安全是完全符合中国国家海洋安全利益的。

## 思考题

1. 中国维护海洋安全面临的主要任务有哪些?
2. 当前建设海洋强国战略有哪些重要意义?

## 知识链接

### 伤心问东亚海权

海权的核心要素是海上力量,海上力量的主体是海军。晚清时期,中国自海上门户被西方列强敲开之后,曾以"中体西用"为指导掀起一场洋务运动,亦即在捍卫和巩固中国传统文化和制度的前提下,通过学习、运用西方先进的技术和器物来实现富国强兵。洋务运动的最大成果就是建成了亚洲首屈一指的北洋舰队,目的则是加强海防,甚至企图以此重新关上国门。结果,当日本挥舞"海权"利剑终于挑起侵华战争时,大清北洋海军防不胜防,直至覆灭于军港之中,海防亦随之崩溃。甲午战争用血与火诠释了海权与海防的本质区别及其决定性影响。

此后,孙中山发出了"伤心问东亚海权"的感叹。这一有感而发的时代浩叹,既饱含对既往中国有海无防的悲愤,也充满了对近代中国依然不能问津东亚海权的忧虑。

# 第三部分 军事思想

**教学目标：**

了解军事思想的内涵和形成与发展历程，以及外国军事思想的基本情况；熟悉中国古代军事思想、毛泽东军事思想的主要内容、历史地位和现实意义；理解习近平强军思想的科学含义和主要内容，树立科学的战争观和方法论。

**思政元素：**

文化自信　历史传承

新的征程上，我们必须全面贯彻新时代党的强军思想，贯彻新时代军事战略方针，坚持党对人民军队的绝对领导，坚持走中国特色强军之路，全面推进政治建军、改革强军、科技强军、人才强军、依法治军，把人民军队建设成为世界一流军队，以更强大的能力、更可靠的手段捍卫国家主权、安全、发展利益！

——《在庆祝中国共产党成立100周年大会上的讲话》（2021年7月1日）

# 第九章 中国古代军事思想

中华民族是一个具有悠久历史和优秀传统文化的民族。在中华民族五千年跌宕起伏的历史长河中,所谓"史传浩穰,兵事居半",军事领域的辉煌成就举世瞩目,经验教训极其深刻,尤其是中国古代军事思想,是一笔久而弥新的文化遗产。习近平总书记强调:"要加强对中华优秀传统文化的挖掘和阐发,使中华民族最基本的文化基因与当代文化相适应、与现代社会相协调,把跨越时空、超越国界、富有永恒魅力、具有当代价值的文化精神弘扬起来。"整理和继承这些军事思想,对于迎接新军事革命的挑战,实现军事理论的新突破,找准中华民族在新时代复兴的历史定位,具有重要的意义。

## 第一节 军事思想概述

人类对军事问题的认识,随着社会生产力的发展,战争的日益频繁和战争规模的不断扩大,人们科学文化水平的提高,有一个从简单到复杂的发展过程。任何军事思想都是一定历史发展阶段的产物。

社会生产力的不断提高和科学技术的飞速进步,要求军事思想在继承历史上一切优秀遗产的基础上,不断地有所创新和发展。但是,军事思想的发展历史表明:一般说来,在和平时期军事思想的发展往往落后于社会生产力和科学技术的发展;上一场战争中曾经赢得胜利的经验,远远不能满足下一场战争的要求。因此,在和平环境中,防止和克服保守倾向,积极探索军事领域出现的新情况和新问题,努力使军事思想适应新的历史条件,才能保证它对未来战争发挥正确的理论指导作用。

### 一、军事思想的概念

军事思想是关于战争、军队和国防的基本问题的理性认识,是人们长期从事军事实践的经验总结和理论概括。不同阶级、国家或政治集团有不同的军事思想。军事思想是一种社会意识形态,既受其他社会意识形态的制约和影响,也影响和作用于其他社会意识形态。

军事思想来源于人类的军事实践,同时又给人类的军事实践以理论指导,并在军事实践中接受检验和发展。军事思想作为一种独立的意识形态是在奴隶社会形成的,它产生于一定的社会物质生产和战争实践基础之上,并且受到其他社会意识形态的制约与影响。

## 二、军事思想的特点

**(一)军事思想具有鲜明的阶级性**

不同的阶级由于立场、观点和方法不同,对战争规律认识就不完全相同。因此,不同的阶级、国家或政治集团必然有不同的军事思想。例如,马克思主义的军事理论,就是以辩证唯物主义和历史唯物主义的基本原理为理论基础的,它所揭示的军事规律,是无产阶级和一些受压迫人民进行武装斗争的指南。资产阶级军事思想的许多内容,揭示了近代战争的一定规律,对于军事科学的发展起到一定的推动作用,但从根本上说,它是为资产阶级的掠夺扩张性政策服务的。

**(二)军事思想具有强烈的时代性**

不同历史时期的战争有着不同的形态和战略战术,有着不同的军队组织原则和编制。这种不同时代的特征往往最能反映当时的生产方式和生产水平,特别是军事技术装备的发展水平,军事思想所反映的这些特征代表着这一时代的特性。

**(三)军事思想具有明显的继承性**

军事思想是一个动态系统,是在继承和发展中不断向前发展的,这种继承主要是指对传统的军事思想和军事遗产中具有普遍真理意义的原理、原则及经验的借鉴。历史上的一些伟大的军事家,之所以能够创造出伟大的军事思想,除了有一定的军事实践外,还大量地借鉴了前人的军事思想,总结战争经验并不断加以丰富和发展。

**(四)军事思想具有一定的创新性**

创新是人类进步发展的源泉,没有创新,军事思想必然落后,因此任何时期的军事思想,必须融入创新的元素,才能真正在竞争中占有优势。在漫长的人类历史中,产生过许许多多伟大的军事思想家,他们在那个时代毫无疑问是先进军事思想的代表。但是将他们进行跨越时空的对比,他们的军事思想是具有巨大区别的,后来者总是在前者基础上有着巨大的创新。

## 三、军事思想的主要内容和分类

**(一)军事思想的主要内容**

军事思想的内容包罗万象,非常复杂,但我们可以将其分为两个层次:

第一个层次是军事哲学,包括战争观、军事问题的认识论和方法论。

第二个层次是军事实践基本指导原则,包括战争指导的基本方针和原则、军队建设的基本方针和原则、国防建设的基本方针和原则等。

**(二)军事思想的分类**

分类的标准不一样,其分类结果也不一样。军事思想可按时代、阶级、国家等进行分类。按阶级划分,军事思想可分为奴隶主阶级军事思想、封建地主阶级军事思想、资产阶级军事思想、无产阶级军事思想;按时代划分,军事思想可分为古代军事思想、近代军事思想、现代军事思想;按国家划分,军事思想可分为中国军事思想、外国军事思想。

## 四、军事思想的作用

### (一)军事思想为认识军事问题提供基本观点

人们总是基于一定的思想观念,去评判军事问题的是非与价值,进而确定对其采取何种态度和行动。军事思想提供的正是这种思想观念。运用马克思列宁主义的理论去看待战争,就能全面认识战争在人类社会生活中的作用,正确判断正义战争与非正义战争,坚持以正义的、进步的、革命的战争,去反对非正义的、反动的、反革命的战争。如果用否定一切战争暴力的和平主义或"强存弱汰"的社会达尔文主义之类的观点看待战争,就不可能有正确的态度和行动。

### (二)军事思想为进行军事预测提供思想方法

科学的军事思想揭示了军事领域矛盾运动的规律,为人们正确地认识战争,进行军事预测提供了科学的认识论和方法论工具。例如,恩格斯和列宁关于资本主义列强之间的争夺将导致世界大战的预见。毛泽东关于中国人民抗日战争进程与结局的论断:毛泽东在《论持久战》一书中写了 21 个问题。前 9 个问题为第一部分,主要说明抗日战争为什么是持久战,为什么最后胜利是中国的,批判了亡国论和速胜论;后 12 个问题为第二部分,主要说明怎样进行持久战和怎么取得最后胜利,着重论述了人民战争和人民战争的战略战术。这是科学地进行宏观预测的范例。非科学的军事思想不能揭示甚至歪曲了军事领域矛盾运动的规律,必然导致错误的预测结果。

### (三)军事思想为从事各项军事实践活动提供全局性指导

人们从事军事实践活动,离不开军事思想的指导。军事实践的成败,与军事思想的科学与否关系甚大。以科学的军事思想作指导,军事实践就能保持正确的方向,并能达到预期的目的。否则,军事实践的方向就难免发生全局性的偏差,达不到预期的目的。军事思想之所以能对军事实践起指导作用,在于它是军事实践的能动的反映,是军事实践经验的理论概括,并揭示了军事领域的一般规律。春秋时期,吴国用孙武的军事思想,打败了强大的楚国。拿破仑的军事思想,成功地指导了法国的资产阶级革命战争。毛泽东军事思想,在中国半殖民地半封建社会性质的条件下,从敌强我弱的实际情况出发,充分发挥其能动的指导作用,使中国共产党取得了中国革命战争的伟大胜利。相反,欧洲一些国家在第二次世界大战初期战略防御的失败,与这些国家当时军事思想上存在的非科学性,特别是保守主义有直接关系。战争实践证明,在客观物质条件许可的范围内,军事思想正确与否决定着军事实践成效的好坏,决定着战争的胜败。

## 五、外国军事思想简介

外国军事思想,主要是指除中国以外的世界其他国家政治家、军事家和思想家关于战争、国防和军队等问题的理性认识,一般包括战争观、战略思想、作战思想、建军思想和研究战争与军事问题的方法论等。外国军事思想经历了漫长的历史时期,大致可分为古代、近代和现代等发展阶段。

## (一)古代外国军事思想

公元前8世纪至公元5世纪,是西方古代的奴隶制社会时期。这个时期,主要以古希腊、古罗马的军事思想为代表。古罗马军事思想源于古希腊而又有所发展,主要表现在:战争有正义与非正义之分;政治、军事、外交手段配合运用,通过外交途径广泛联盟,孤立对手,恩威并举;主张以进攻为主、防御为辅;主张建立一支忠于自己的部队,以金钱、土地、房产等物质利益保证部队将士的忠诚,以精神鼓励、严格的纪律来保持部队的战斗力。代表性的著作有希罗多德的《希腊波斯战争史》、修昔底德的《伯罗奔尼撒战争史》、恺撒的《高卢战记》、阿里安的《亚历山大远征记》等著作。

从公元476年西罗马帝国灭亡,到1640年英国资产阶级革命之间的时期为欧洲的中世纪。在这长达1100多年的"黑暗"时代,封建割据的庄园经济、宗教思想和经院哲学的禁锢极大地限制了军事思想的发展。

## (二)近代外国军事思想

世界近代是资本主义形成与上升,无产阶级作为独立的政治力量登上历史舞台的时代。近代军事思想发展有两个方面的特征:一是欧洲国家在文艺复兴运动和产业革命的推动下率先实行军事思想的变革,资产阶级军事思想体系得到确立;二是以马克思主义军事理论为代表的无产阶级军事思想宣告诞生。

从17世纪中期英国资产阶级革命战争到19世纪初期的法国拿破仑战争,是资产阶级军事思想形成的重要时期。经济的迅速发展,科学技术的进步,推动着社会各领域包括军事领域的不断变革。这一时期主要军事理论著作有普鲁士克劳塞维茨的《战争论》和瑞士若米尼的《战争艺术概论》。他们在总结历史上各次重大武装冲突,尤其是在总结法国大革命和拿破仑战争的基础上,对战争和军事的一些基本问题,如战争的本质、军队建设、战略战术等做了较全面系统的理论概括。《战争论》和《战争艺术概论》是资产阶级军事思想具有奠基性质的理论名著,标志着资产阶级军事思想的形成。

1871年,巴黎工人和市民举行起义,推翻了资产阶级的统治,成立了巴黎公社。当巴黎公社失败后,马克思、恩格斯认真地总结了经验和教训,阐明了无产阶级打碎旧的国家机器的必要性,论证了工人阶级要取得政权,必须要建立自己的武装,必须使用革命暴力的原理,并在几十年的革命斗争实践中,总结了工人阶级斗争的经验,撰写了大量的论文和专著。这些军事著作的发表,标志着马克思主义军事科学理论的创立。

## (三)现代外国军事思想

1917年俄国十月社会主义革命的成功,标志着人类文明跨入现代史时期。第一次世界大战之后的几年里,在资本主义大国中,意大利的杜黑提出了"空军制胜",英国的富勒和德国的古德里安提出了"坦克制胜";在法西斯德国,鲁登道夫提出了"总体战",古德里安提出了"闪击战"理论。上述理论在第二次世界大战中得到一定程度的应用。

第二次世界大战结束后,由于导弹、核武器、航天兵器等高技术武器的出现,资产阶级军事思想的发展进入了一个新的时期。资产阶级军事思想的重心从西欧转到美国,其基本思想是以新的技术兵器,特别是以威力巨大的核武器为后盾,保持强大的威慑力量的军事优势,进行军备竞赛,争夺世界霸权。今后,随着社会生产力和科学技术的不断进步和世界政治形势的不断变化,资产阶级军事思想还将会不断丰富和发展。

## 第二节　中国古代军事思想的发展过程、特点及内容

中国古代军事思想,是指夏朝至鸦片战争期间(约公元前2070年—公元1840年)产生和发展的军事理论。在中国悠久的历史长河中,涌现了许多著名的军事家和军事理论家,他们在总结战争经验的基础上,创立、发展了中国古代军事思想。

### 一、中国古代军事思想的发展过程

**(一)产生与初步形成时期(夏、商、西周)**

战争起源于原始社会晚期,它与人类社会发展一样有数千年的历史。马克思和恩格斯论述,最早的战争是部落之间原始的掠夺、集团的残杀,也就是为了争夺生存条件而进行的暴力行动。在中国的典籍记载中,最早的战争是公元前26世纪至公元前22世纪中间进行的神农氏伐斧燧的战争,以神农氏获胜而告终。当时的战争,只是战争的初始形态,没有专门的作战兵器,通常用木棒、石块与对方搏斗,作战方法极其简单。因此我们认为,那个时期尚未构成严格意义上的战争概念,战争也不带有阶级的色彩。

原始社会末期,氏族公社迅速发展,各个部落内部的经济发展迅速,奴隶的数量不断增加,阶级分化不断明显,最终导致了奴隶社会的形成。公元前21世纪,夏朝就是在这样的历史条件下建立起来的。发展到公元前8世纪,这是中国历史上的奴隶社会时期,先后出现了夏、商、周三个奴隶制王朝。

**1. 战争形态的演变**

(1)军政合一、步战为主的夏朝。

夏朝(约公元前2070年—前1600年)是中国历史上第一个世袭奴隶制王朝。夏朝的政治体制是政军合一,大权完全掌握在夏王手中。夏王之下,设有6个政务官,后世称之为"六卿",平时辅佐夏王管理国家事务,战时则受命领军作战。夏朝的军队基本都装备了专门的兵器,主要是石、木及骨制兵器。夏朝的青铜生产已经有了一定的发展,各级指挥官和主要将领都装备了当时最先进的青铜兵器,并穿着皮甲。

根据史料记载,夏朝已经有了战车,但由于当时生产力低下,还不可能大量造出战车,也难以快速通行,只能在平地平稳行驶,供高级贵族指挥官乘坐,不可能用于冲锋战斗。因此在整个夏朝,步兵是主要兵种,步战是主要作战形态。但是由于已经有了战车,因此在战场上不可避免地出现了车战的萌芽。

(2)步车分编、实施阵战的商朝。

商朝(约公元前1600年—前1046年)是中国历史上继夏朝之后的一个王朝。因契被封于商,所以他的后世子孙商汤将自己在亳(今河南商丘)建立的王朝称为"商"。至盘庚,又将国都迁往殷,所以商朝又称为殷商。整个商朝,步兵仍是军队的主要兵种,根据甲骨文的记载,大部

分是步兵出征进行战斗,较少有战车的记录。但是到了商朝的后期,战车的质量和数量都有所改善和增加,军队的编组较前大为严密。这时候的作战,采取了以严整队形为特征的方阵战术,这种方阵战术,没有机动性可言,只能做缓慢的直线运动,进行正面攻击。战车虽然冲击力较大,但是在这样的方阵中,难以发挥其优势,主要作用是掩护步兵前进或撤退。此外战车上的乘员主要是高级将领或贵族,有一定的督战性质。作战时间大部分是约定的,正如"结日定地,各居一面,鸣鼓而战,不相诈"。

(3)车步合编、车战为主的西周。

西周(公元前1046年—前771年)是由周武王灭商后所建立的,定都于镐京和丰京(今陕西省西安市西南)。成王五年营建东都成周洛邑(今河南省洛阳市)。周朝的社会经济相当发达,与战争有密切关系的手工业发展尤为突出,因此这个时期已经能制造精良的战车,战车的数量也大大增加。西周的作战方式,虽然和商朝后期一样以方阵作战,但是战车的位置已经被置于步兵

图9-1 西周战车

之前。最典型的是周武王灭商的牧野之战,姜子牙创造性地将300辆战车及3000名甲士编为密集的车阵实施正面冲击,取得了巨大胜利。为了便于指挥,西周的军队编制,也从步车分编发展为车步合编,即以战车为主体,每车配备一定的步兵,称为"乘"。从此战车兵成为军中的主要兵种,真正跨入了车战为主的时代。

### 2.军事思想的特征

(1)用天命观指导战争。

"天命"即"天时",反映了当时人们的认识水平,成为当时战争观上比较有特征的核心内容。商周时代,古人崇天敬神,相信冥冥之中的上天力量。那时,统治阶级要发动战争,总是称之为"天讨有罪""恭行天之罚",都以"天命"作为发动战争的依据,使之成为占有绝对统治地位的思想。

(2)把军事作为维护奴隶主阶级统治的特殊手段。

夏、商、西周三朝都有军事机构,例如《周礼·夏官》中就记载:"立夏官司马,使帅其属而掌邦政,以佐王平邦国",明确指出了军事机构和军事长官的职能。首先,军事力量要维系国家统治,确保政权稳定。奴隶主统治阶级把武力镇压当作调节内部关系的主要手段,以及对诸侯实施征伐时天子的特有权力,这样就保证了王朝有效行使统治权。其次,军事力量用来防御外来侵略,或是对外进行扩张。通过战争,一些国家被征服、合并,变为诸侯国。有的诸侯国势力变强大,通过战争又形成新的国家。最后,军事力量用来镇压奴隶反抗,平息人民起义。由于当时社会的主要矛盾是奴隶阶级和奴隶主阶级之间的矛盾,人民为了反抗统治阶级,不断进行抗争。面对这样的情况,统治阶级就将军事的矛头指向了人民。

(3)贞、德、律思想出现在军事领域。

贞,就是正义;德,就是德政;律,就是纪律。《尚书》中有几个著名的誓词《甘誓》《汤誓》《牧誓》等,都反映出为正义而战、讨伐有罪的思想。在西周时就形成的兵书《军志》提出,"有德不

可敌",指出了人心向背是战争胜负决定因素的战争观念。《周易》里有几处提到"师出以律,失律凶也",强调了纪律的重要性,强调了纪律是保证作战胜利的思想基础。

夏、商、西周时的军事思想,虽然带有相当程度的朴素性,还未达到系统化的程度,但却反映出一个事实,即中国的军事思想,在西周时已经开始走向独立发展的道路,它为后来中国古代军事思想的发展奠定了基础。

### (二)发展与成熟时期(春秋、战国)

春秋战国(公元前770年—前221年)是中国历史上的一段大分裂时期。春秋时期,简称春秋,指公元前770年—前476年,是属于东周的一个时期。战国时期简称战国,指公元前475年—前221年,是中国历史上东周后期至秦统一中原前。

#### 1. 战争形态的演变

(1)车战达到鼎盛和水战出现的春秋时期。

西周时期战车兵已经成为军队中的主要兵种,随着经济、科技和战争的发展,到了春秋时期,车战更是达到了鼎盛。首先,战车的数量大为增加。公元前632年的晋楚城濮之战,晋军出动战车700乘。公元前607年大棘之战,郑国缴获宋国的战车即达到460乘。春秋末期,晋国有"甲车四千乘",楚国、齐国等大的诸侯国都有战车,与晋国不相上下。其次,战车的种类也有所增加。由于战争规模不断扩大,战略战术推陈出新,战场环境日趋复杂,军队机动逐渐加快,战车承担的任务相对增多,从而分工越来越细,种类增加。例如,《孙子兵法》将战车分为"驰车"和"革车"两大类,一般认为,驰车是轻型战车,革车是重型战车。春秋200多年间,有400多次战争,基本上都是一个战场,一次交战一天之内就决定了胜负。直到春秋末期,才出现像吴楚柏举之战那样,连续5次交战,追逐几百里,连续很多天的战例。

中国有众多的江河湖泊,也有着漫长的海岸线。考古资料显示,中国在7000多年前,就已经有了比较成熟的独木舟,进入夏朝,已经有了木板船。到了春秋时期,水运和船舶技术都已经到了很高的水平,因此随着战争规模的扩大,战争也从陆地上扩展到江河湖海之上,从而出现了战船和水上作战兵器。至春秋末期,已经形成了一个新的兵种,即水军,也可以认为已经形成了中国的古代海军。据《左传》和《吴越春秋》记载,吴越、吴楚之间曾经发生过多次水战。

(2)步战为主车骑为辅的战国时期。

战国时期是中国封建社会形成和确立时期,在这个阶段,战争也很频繁,规模不断扩大。由于铁的生产技术不断发展,铁兵器普遍开始装备到军队,在物质上提高了步卒的作战能力。步兵的成分发生变化,大量农民被征入伍,还可以因为军功被提拔。井田制被破坏导致交通状态发生变化,于是军队的编成和作战方式也发生变化。因此,在战国时期,步兵的作用又重新凸显,步战取代车战逐渐又成为主要的作战形态。

图9-2 秦兵马俑

骑兵作为一个兵种出现在战场上,大约在春秋战国之交。公元前307年,赵武灵王进行"胡服骑射"改革,使骑兵的作用逐渐发挥出来。但是,在整个战国时期,战场上的主兵仍然是步兵,其次是车兵,再次是骑兵。车兵虽然不是主兵,但是仍然是一个独立而且有效的兵种,它常与骑兵配合作战,形成一个快速而有效的打击力量。

### 2. 军事思想的特征

(1)形成了更加完整的战争观。

春秋时期,就产生了朴素的唯物论的战争观,并有了初步的辩证法哲学观点。春秋末期出现的《孙子兵法》,是中国古代军事思想成熟的重要标志,奠定了中国的军事思想体系。战国时期,哲学领域的成就更加突出,能够认识到天就是自然或是自然界,自然界的运动规律和存在是不以人的意志转变的,这些理论被兵家所接受,因此形成了更完整的战争观。首先,认为战争不是"皇天降灾",而是社会矛盾激化的产物。其次,对于战争的性质认识更加深刻。"义兵""义战""不义之战"是这一时期战争性质概括性的特点。例如孟子讲道:"春秋无义战。"尉缭子讲道:"故兵者,所以诛暴乱,禁不义也。"最后,进一步提出了决定战争胜负的基本因素。春秋时期,经过长期的探索,人们认识到了客观条件和主观指导是决定战争胜负的基本因素,战国时期进一步将其发展。

(2)提出了更加普遍的战争指导原则。

在奴隶制时代的作战指导原则大多是经验性的,层次比较低。春秋时期,对于战争指导原则认识较为深刻,提到了一般方法论的高度,认为战争是有规律可循的。《孙子兵法》在这方面的成就最高,它提出的知彼知己、百战不殆、未战先算、伐谋伐交等原则被后世广泛应用。战国中期的《孙膑兵法》进一步发展其思想,将"道"明确而完整地理解为战争指导规律,并提出料敌计险、批亢捣虚、攻其必救的战争指导原则;《吴子》提出审敌虚实、因形用权等作战指导原则,都是十分深刻的,对于后世以至现代都有重要指导意义。

(3)总结出更加系统的治军之道。

治军思想在春秋时期已上升到一个新台阶,到了战国时期通过总结又提出了新的理性认识,使治军的理论更加完整化、系统化。首先,强调军队要有一个编制管理体制。"兵不在众,以治为胜。""凡兵,制必先定。"这些都强调军队要有一个合理的编制管理体制。战国时期强调军队领导要一元化,将相要分职,由具备指挥才干的专职人员担任将领,独立行使指挥权。其次,结合实战发展武器装备。中国冷兵器发展,经历了夏、商、西周,到了春秋战国时期,基本奠定了冷兵器时代军队装备的基础。这个时期,各个诸侯国都将武器装备的发展作为治军的一个重要内容。最后,把教育训练作为治军的首要任务。"用兵之法,教戒为先。""士不先教,不可用也。""不教民而用之,谓之殃民。"这些论述,都反映出这一时期对教育训练的重视程度。

## (三)充实和提高时期

中国古代军事思想经过春秋战国时期的大发展之后,又经历了秦、汉、晋、隋、唐、宋、元、明、清等几个大的王朝统治和更迭(公元前221年—公元1840年)。在漫长的历史发展过程中,中国古代军事思想在前期的基础上,又得到进一步的充实和提高。

### 1. 战争形态的演变

(1)骑战为主的秦汉至隋唐时期。

秦朝(公元前221年)统一后,经过两汉、魏晋南北朝到隋唐的1100多年时间里,是中国封建社会发展的上升阶段。其中汉唐时期也曾发展到了鼎盛时期,反映在军事上,也是不断"开拓疆土",对外进行战争。因此,这一时期的战争也最具封建时代战争的典型特点。恩格斯曾说过,骑兵在整个中世纪,是一切军队的主要兵种,中国的情况也不例外。例如,汉朝和匈奴长达百年的战争中使用的大骑兵集团,魏晋南北朝到隋朝使用的重装甲骑兵,唐朝时期的轻骑兵等,都是当时军队主要的打击力量。但是这不能说明在这个时期,骑兵的数量居于多数,只是说明在战场上骑兵起着决定战争胜负的最重要作用。由于中国南方江河湖泊很多,因此在南方,这个时期水军比骑兵更为重要,体现出"南船北马"的特征。至于车兵,到了西汉以后,已经基本不担负作战任务,而逐渐成为运输工具。

(2)步骑对抗为主的宋辽夏金元时期。

宋朝到元朝时期,是中国封建社会的精神文明及物质文明不断发展提高的重要时期,也是中国各民族不断融合发展的时期。这一时期的战争,主要是以汉族为主体的两宋政权为焦点的国内民族战争。宋朝的军事实力基本上是以步兵为主体的,而其他少数民族的军事实力基本上是以骑兵为主体的,因此反映在作战形态上,就是步骑对抗作战。宋朝时期,有经验的军事将领,实际上都认识到了骑兵的重要性,但是最主要的原因是马匹不能保证,导致骑兵不强。尤其到了南宋时期,丧失了陕西,断绝了向西北买马的道

图 9-3 骑兵作战

路,只能向西南等少数民族买马,但是西南少数民族不仅马匹少,而且马匹体型矮小、战斗力差。在这种理性认识和现实矛盾冲突之下,宋朝将领不得不想方设法寻求和创造出步兵抗击骑兵的战法。例如,吸取了秦汉以来步兵抗击骑兵成功的经验,强调以弩制骑,同时以弩和车结合抗击骑兵的冲击,也强调充分利用地形的条件抗击骑兵。辽、夏、金、元都是少数民族建立的,骑马射箭是他们的基本生活技能,组成骑兵部队,具有天然的优越条件。

(3)火器应用不断增加的明清时期。

明清时期,是中国封建社会的政治、经济、军事、文化发展到了极限,并逐渐走向没落的时期。随着西方科学技术的迅速发展及传入中国,在战场上火器的应用不断增加,军队主力部队装备火器的比例越来越高。从明朝中后期开始,军队结构出现了车、步、骑、炮合成部队,战斗的队形更加疏散,战斗形态不再以冲锋代表全过程,而是以火战开始,冲锋结束。对于攻城战斗和水上战斗,更是以火战为主。为了抗击外来势力的入侵,也建立了比较完备的海防体系。明朝火器制造技术的发展,在中国历史上是空前的,无论是数量上还是质量上都有了显著提高。火器技术发展虽然很快,但在明清之际还是没有达到完全代替冷兵器的作用,最后的决战往往还是依靠冷兵器的近身搏斗。

2.军事思想的特征

(1)军事思想研究深入发展。

这个阶段的军事思想在前期的基础上,不断充实和提高,尤其到了明清之际,是兵学发展的第二个高潮。首先,重视对兵书的收集和整理。虽然在秦朝,秦始皇"焚书坑儒",但是在后代发展中,其他朝代基本都重视兵书。例如,汉朝时就对兵书进行了整理,宋朝时朝廷编纂了

《武经七书》，清代时的《四库全书总目提要》对收录的每部兵书都做了简要的介绍。其次，兵书作者阵营不断扩大。讨论研究军事不再是武人的专利，许多文人也在研究军事，著述兵书，兵书数量增多，门类齐全。最后，重视对于前代军事思想的继承。明朝的茅元仪说："前孙子者，孙子不遗；后孙子者，不能遗孙子"，这说明了对于《孙子兵法》的继承与发展。

(2) 冷热兵器并用的军事思想形成。

从宋朝开国到清朝末期，中国处于冷热兵器并用时代，前后经历了 900 多年的渐变过程。宋元时期火器对于作战的影响比较轻微，明清时期火器数量、种类增加对于军事思想有了很大的影响。作战中，讲究冷热兵器协同配合，发挥最大的作用。将领的主要任务不再是亲自冲杀，而是适应情况变化，进行组织指挥，由此对于将帅修养和平时的军事训练也提出了新的要求。

## 二、中国古代军事思想的特点

### (一) 历史悠久，内涵丰富

据《汉书·艺文志》中的《黄帝》和《神农兵法》可以推断，中国的兵法始于黄帝。《孙子兵法·行军篇》中也称："凡此四军之利，黄帝之所以胜四帝也。"可见，中国军事思想发端于约 5000 年前的远古时代。中国有史可查的最早的兵书《军志》大约出现于西周，距今已有 3000 多年。而举世公认的古代兵法名著《孙子兵法》，则出现于 2500 多年前的春秋时期。

中国古代军事思想宏观上纵横联络，言兵而不限于兵，而是将军事与政治、经济、人文、自然、心理等有关因素融合在一起，全方位考察，其中往往充满哲理与智慧。例如，《孙子兵法》归纳的"道、天、地、将、法"五个战争取胜因素，"智、信、仁、勇、严"的将帅五项素质指标，"不战而屈人之兵"的"全胜"目标，"先胜后战"的战争原则，"知彼知己，百战不殆"的著名论断，以及对计与战、力与智、利与害、全与破、数与胜、奇与正、形与隐、虚与实、动与静、迂与直、势与能等范畴的深刻分析，对古今中外的军事思想产生了巨大影响。

### (二) 崇尚道义，追求和平

关于用兵的政治经济背景，受孔孟之道的影响，中国军事思想强调得民心、得人，重视作为群体的人心，主张弃个人小利，谋长远大利。譬如，孙子把"道"也就是道义作为战争取胜的头一条因素，并告诫人们一定要慎重对待战争。战争关系到国家的"死生""存亡"，"亡国不可以复存，死者不可以复生。故明君慎之，良将警之，此安国全军之道也"。战国初期的《司马法》也提出"好战必亡"的著名论断。日本历史学家浅野先生在深入研究了中国军事历史之后得出这样的结论：中国军事思想的"第一个特点是以非战主义为原则，尽量通过外交和谋略活动，求得政治解决。第二个特点是在军事上力争把战争控制在局部并在短时间内结束"。

### (三) 注重谋略，力求智取

《孙子兵法》首篇即明确指出，"兵者，诡道也""上兵伐谋"，主张先计而后战。《孙子兵法》中还提出了旨在"全胜""速胜""巧胜""不战而屈人之兵"等一系列谋略思想。中国军事谋略思想的产生与运用，可以溯源到远古的战争。进入奴隶社会后，较多地运用了计谋。如商朝著名的鸣条之战，就已运用了离间计；周朝著名的牧野之战，是"兵家之祖""军事谋略的奠基人"吕望奇计良谋的杰作。此后，从孙膑首创的"围魏救赵"到戚继光精妙的"鸳鸯阵"作战方法，中国古代历史上运用奇妙方略的经典战例举不胜举。

#### (四)居安思危,未雨绸缪

中国军事思想中,有很强的居安思危意识。中国古代的战争相当频繁,因此,做好战争准备,是维护国家安全的重中之重。几乎所有的军事家、军事思想家和政治家都有极强的思危意识,都反复强调要居安思危、未雨绸缪。《左传》中"居安思危,思则有备,有备无患"的著名论断,至今还被人们反复引用。《司马法》也告诫人们:"天下虽安,忘战必危。"战国时代的吴起就提出:"夫安国之道,先戒为宝。"甚至连《周易》都有这样的论断:"君子安而不忘危,存而不忘亡,治而不忘乱,是以身安而国家可保也。"人类奇观万里长城,就是中国古代军事思想中思危意识的最好例证。

#### (五)固有的缺陷

##### 1. 偏重谋略,轻视技术

偏重谋略,轻视技术,长此以往,导致自身的发展动力逐渐变弱,发展速度逐渐趋缓。清朝中前期思想上的自我封闭、妄自尊大与技术上的不思进取,又进一步加剧了这一落后局面,直接导致了近代历史上被动挨打的窘境出现。近代军事即使"师夷长技",也始终滞后于别的国家。

##### 2. 消极防御,不思进取

从秦始皇开始的中国古代帝王,耗费巨大的人力、物力、财力,历经漫长的历史时期所修筑的万里长城,在表现出气吞山河的气概和居安思危的意识的同时,也暴露出这种根深蒂固的军事上消极防御的思想。两宋时,国家拥有大批军队却只能屈辱媾和以求无事,也是这种思想的反映。

##### 3. 关注政治,忽视经济

中国古代军事思想虽然较多注意到政治、民心向背对战争的制约与影响,却很少意识到战争与经济的关系,特别是战争对经济的依赖、制约和促进作用。中国历史上许多战争的后果是国库空虚、民不聊生,反过来又使国家濒于灭亡的边缘。反观西方,其打仗往往是为了掠夺资源,控制贸易要塞,争夺市场,十分强调战争与政治、经济的互补相成。科林斯认为军事力量可作为达到经济目的的主要手段。普鲁士的麦克斯·耶恩斯认为军事的基础首先是人民的经济生活状况。可以说,这一方面是中国古代军事思想的一个缺憾。

### 三、中国古代军事思想的主要内容

中国古代军事思想的内容极为丰富,大致涉及战争观、谋略、战法、阵法、军队组织、训练和纪律以及将帅修养和作战指挥等方面。现仅就其中的几个主要方面简要概述。

#### (一)战争的性质和作用

《尉缭子》提出了"兵者,以武为植,以文为种;武为表,文为里"的卓见。即在战争问题上,军事是从属的,政治是基本的;军事是现象,政治是本质。《司马法》指出"正不获意则权,权出于战,不出于中人",说明解决国内外矛盾时,若用政治达不到目的,就必须使用战争。有的兵书把战争区分为"义兵"与"不义之兵","得道"与"失道"之兵,在一定意义上已经触及战争的性质。中国古代军事杰出人物对战争的作用也有许多精辟的论述。孙武指出:"兵者,国之大事,死生之地,存亡之道,不可不察也。"其精辟地阐明了战争是关系到国家存亡、民族生死的大问题,必须认真研究和对待。《司马法》提出以战止战的口号,指出:"是故杀人安人,杀之可也;攻其国,爱其民,攻之可也;以战止战,虽战可也。"就是说,杀掉坏人,保护好人,杀人是可以的;攻其国,解放其民,进攻是可以的;用战争制止战争,即使开战,也是可以的。

#### (二)战争指导思想

##### 1. 先发制人

战场上两军对阵,剑拔弩张,谁能争取先机,便有了主动。《尉缭子》提出:"故兵贵先,胜于此,则胜彼矣。"其认为用兵贵在先发制人,靠此才能打胜仗。

##### 2. 速战速决

历代军事著作和军事家,都十分强调速胜,而孙武的理论最为杰出。他说,"兵之情主速,乘人之不及""久则钝兵挫锐""故兵贵胜,不贵久"。他主张速战速决,反对持久拖延。

##### 3. 力争主动

主动权是军队行动的命脉,历代军事家无不主张争取战场主动权。《鬼谷子》提出:"制人者,握权也;见制于人者,制命也。"这就是说能控制敌人,就掌握了胜利权;为敌人所控制,将遭受致命的打击。

##### 4. 集中兵力

"兵之贵合也。合则势张,合则力强,合则气旺,合则心坚。"尹宾商认为作战最重要的是集中兵力,就能形成强大的力量,就能使士气旺盛,就能使军人坚定。

##### 5. 出其不意

孙武认为:"攻其无备,出其不意。此兵家之胜,不可先传也。"他认为要在敌人无准备的状态下实施攻击,要在敌人意想不到的情况下采取行动。这都是军事家取胜的奥妙,是不可事先规定的。

##### 6. 奇正互变

孙武说:"凡战者,以正合,以奇胜。故善出奇者,无穷如天地,不竭如江河。"他认为大凡指挥作战,都是用正兵当敌,用奇兵取胜,所以会出奇制胜的人,指挥灵活像自然现象那样变化无穷,像江河那样长流不竭。

##### 7. 兵贵其和

古代兵家把协同作战看作战争胜利的重要因素。《淮南子》提出:"良将之用卒也,同其心,一其力。"这是说高明的将领指挥部队,在于统一其思想,协调其力量。

##### 8. 先戒为宝

古人从战争经验中认识到战争是不可避免的,而战争的胜败则是关系到国家存亡的大事,因此,把备战作为一条重要的原则。《吴子》提出:"夫安国之道,先戒为宝。"保障自家安全的方法,最重要的是先有戒备。《司马法》认为:"天下虽安,忘战必危。"天下虽然太平,但忘了战备是很危险的。

#### (三)治军理论

##### 1. 将帅修养

中国古代军事家很早就认识到将帅的重要地位和作用,把选将的标准作为治军的主要着眼点。孙武把选将的标准归纳为:"智",多谋善断;"信",赏罚有信;"仁",爱护士卒;"勇",勇敢坚定;"严",明法审令。《三略》认为贤将要具备十二能(素质):能清(廉洁)、能静(镇静)、能平(公平)、能整(严整)、能受谏(接受批评)、能明讼(明辨是非)、能纳人(任用人才)、能采言(采纳意见)、能知国俗(知敌国的风俗)、能图山川(研究山川的形势)、能表险难(明了地形的险阻)、能制军权(掌握军队的指挥权)。

#### 2. 以治为胜

古代军事思想,把严明军纪作为治军的重要原则。魏武侯曾问吴起:"兵何以为胜?"吴起回答:"以治为胜。"并指出:"若法令不明,赏罚不信,金之不止,鼓之不进,虽有百万,何益于用?"如果法令不严明,赏罚不及时,军队不听指挥,让止不止,让进不进,这样的军队即使有百万之众,也没有战斗力。《司马法》认为:"从命为士上赏,犯命为士上戮,故勇力不相犯。"就是说对坚决执行命令的,给予优厚的奖励,对违抗命令的,要严厉制裁,这样有胆量的壮士,也不敢触犯军纪。

#### 3. 教戒为先

古代许多兵家还把加强军队训练作为治军的一个重要方面。《吴子》认为:"夫人常死其所不能,败其所不便,故用兵之法,教戒为先。"作战中人们牺牲往往是由于技能不高,失败于技术不熟练,所以,在用兵原则中,首要的是教育训练。《司马法》认为:"士不先教,不可用也。"即士兵不经过教育训练,是不能够用来作战的。荀子指出:"不教诲,不调一,则入不可以守,出不可以战。教诲之,调一之,则兵劲城固,敌国不敢婴也。"强调军队不教育训练,步调就不统一,这样退不能守,进不能攻。教育训练了,步调统一了,就有坚强的军队和巩固的国防,敌国就不敢轻易进犯了。

## 第三节 《孙子兵法》简介

### 一、作者简介

孙武,字长卿,被人们尊称为孙子或孙武子,春秋末期齐国乐安人。孙武因齐国内乱出奔到吴国,经吴国重臣伍员推荐,以兵法十三篇呈见吴王阖闾。孙武善用兵,被吴王重用为将。

孙武在吴国几十年戎马生涯中,为吴国的崛起和兼并战争立下了赫赫功劳。他曾与伍员一起辅助吴王制定并实施自强其力、待机而动、分兵轮番袭楚的方略,使楚疲于奔命,国力耗损。公元前506年,在柏举之战中,吴王采纳孙武等的建议,率部千里奇袭楚国,以3万之兵大败楚国20万大军,五战五捷,一举攻入楚国首都郢城,使一个长期雄居江汉、争霸中原的头等大国丧失了争霸能力。而吴国则出现了"西破强楚,北威齐、晋,南服越人",以一隅之地而称雄的局面。孙武作为中国古代军事学的奠基人,对后世产生了广泛而深刻的影响。

图9-4 孙武(约公元前533年—约公元前470年)

## 二、《孙子兵法》的历史地位

《孙子兵法》被中外称为"世界古代第一兵书""兵学经典",是中国和世界军事史上一部杰出的军事理论专著。它在一定程度上反映了战争的一般规律,总结了具有科学价值的作战指导原则,提出了深刻的谋略制胜思想,贯穿着对军事哲理的深入探索,留下了众多脍炙人口的名言警句。

在中国,从战国时代起,《孙子兵法》就广为流传,"境内皆言兵,藏孙、吴之书者家有之"。《史记》上讲"世俗所称师旅,皆道孙子十三篇"。东汉末年著名军事家曹操讲,"吾观兵书战策多矣,孙武所著深矣",并对此书做了注释。以后有200多人注解《孙子兵法》。近代以来,孙中山曾评价说:"那十三篇兵书,便成立中国的军事哲学。"毛泽东称孙武是"中国古代大军事家",多次引用《孙子兵法》的一些原则来说明问题。新中国成立后,《孙子兵法》多次再版,给现代军事思想以一定影响,并扩及企业管理、商战等多个领域。

在国外,《孙子兵法》也久负盛名,唐初传入日本,18世纪下半叶起传入法、俄、英、德等国,并得到高度赞扬。日本尊崇孙武为"百世兵家之师""兵圣"。美国1973年出版的《大战略》称孙武是古代第一个形成战略思想的伟大人物。海湾战争期间,美国部队掀起了《孙子兵法》热,美国政界、军界一些人再三告诫战争决策者要重视用《孙子兵法》决策战争。许多国家把《孙子兵法》列为军事人员必读之书和军事院校的重要教材。近年来,国外又将《孙子兵法》和现代战争理论、战略作战思想结合起来研究,并向经济、体育等领域扩展。《孙子兵法》不仅是中国宝贵的军事遗产,也是世界军事宝库中的珍贵财富。

## 三、《孙子兵法》在理论上的主要贡献

《孙子兵法》十三篇,共6000余字,就其内容而言,是一部独立完整的兵书,也是中国古代最有价值的著名军事典籍。它总结了春秋及以前的战争经验,具有深刻的谋略思想,在一定程度上反映了战争的一般规律。该书关于战争本质、军队建设以及战略战术等理论和哲学思想,达到了较高水平,成为后世兵书的典范。其理论上的主要贡献如下。

**(一)揭示了以"道"为首的战争制胜因素**

孙武提出用"五事"(道、天、地、将、法)去研究战争,把"道"这个属于政治范畴的因素放在首位,表明他在一定程度上朴素地看到了战争与政治的联系。他在《形篇》中进一步指出"道"是战争胜败的决定因素,"善用兵者,修道而保法,故能为胜败之政"。由此可见,孙武把修明政治看作战争制胜的首要因素。这是他对战争本质的深刻揭示,是对战争研究的一大贡献。

**(二)揭示了"知彼知己,百战不殆"的普遍军事规律**

孙武在《谋攻篇》中提出"知彼知己,百战不殆"的著名观点。其不仅揭示了战争指导者对彼己情况的了解与战争胜负之间的关系,而且指明了在了解彼己情况的基础上,找出双方行动的规律,并按照这些规律去确定自己的行动,以战胜敌人。把"知"与"战",把"胜可知"与"胜可为"结合起来,这是孙武对中国古代军事思想的一大贡献。

**(三)提出了以"致人而不致于人"为核心的作战原则**

孙武力求以谋略胜敌,而不单以力取胜。在古代军事思想上,他第一次鲜明地提出"兵者,

诡道也""兵以诈立"的谋略思想。在强调以谋胜敌上,他提出了一系列具有真知灼见的用兵原则。第一,先胜而后求战。他主张慎战,强调必须充分做好战争准备,不打则已,打则必胜。第二,致人而不致于人。就是调动敌人而不被敌人所调动。充分发挥主观能动性,就能占据主动,避免被动。第三,我专而敌分。他认识到兵力优势是取得战争胜利的物质基础,主张作战时要集中兵力,并设法尽量分散敌人的兵力。第四,避实而击虚。这是《孙子兵法》中关于正确选择作战方向,打击目标的重要原则。其核心是要避开敌人的强点,打击其弱点。第五,因敌而制胜。强调灵活运用兵力和变化战术的问题。

### (四)反映了战争问题上的朴素唯物论和辩证法

孙武在军事理论上的辉煌成就,是与他在哲学思想上充满着朴素的唯物论和辩证法密切联系的。一是主张无神论,反对天命观,从主观与客观结合上探索战争胜败的原因;二是在朴素的辩证法上,他对战争运动中一系列矛盾现象,如攻防、强弱、劳逸、奇正、虚实、利害、远近等,都看作是相互依存的,可以转化的。孙武论述军事问题中体现出的哲学思想,达到了一定的高度,成为中国古典哲学的基础之一,有着重要的哲学参考价值。

## 思考题

1. 什么是军事思想?其有哪些基本特征?
2. 中国古代军事思想有什么特点?
3. 中国古代军事思想包含哪些内容?
4. 中国古代军事思想经历了哪几个阶段?
5. 《孙子兵法》在理论上的贡献有哪些?

## 知识链接

### 《武经七书》

《武经七书》又称《武学七书》,简称《七书》。它是我国古代著名的军事理论丛书,收录从先秦以来到唐宋间七部重要的兵书,包括《孙子》《吴子》《司马法》《李卫公问对》《尉缭子》《三略》《六韬》。《武经七书》这部兵书丛书是封建社会为适应战争需要,"兴武备、建武学",为培养军事人才而逐渐形成的。早在南北朝梁时刘勰《文心雕龙·程器》就称"孙武《兵经》",在北宋初期编的大型汇书《太平御览》中最早出现"七书"说法(但"七书"具体所指不详),而《武经七书》作为一个整体正式颁定并被固定下来是在北宋元丰年间。《续资治通鉴长编》中记载说是元丰三年(1080年)四月乙未,宋神宗下诏校定《孙子》《吴子》《六韬》《司马法》《三略》《尉缭子》《李卫公问对》,并雕版刊行,号称"七书","武经七书"即源于此。自此,《武经七书》被定为官书,颁之武学,并列学官,设置武经博士。《武经七书》是自宋代以后封建社会武举试士的基本教材。能否谙熟《武经七书》,成为统治者选拔军事人才的一条重要标准。

# 第十章 毛泽东军事思想

> 毛泽东作为中国共产党、中国人民解放军、中华人民共和国的主要缔造者,在领导中国人民反帝反封建的民主革命斗争中,研究历史上革命和战争的经验教训,总结人民革命战争和军队建设的经验,创立了指导中国革命走向胜利并仍作为我军建军指导思想的毛泽东思想及其组成部分的毛泽东军事思想。

## 第一节 毛泽东军事思想的科学含义

毛泽东军事思想是以毛泽东为代表的中国共产党人关于中国革命战争、军队问题和国防建设的科学理论体系。毛泽东军事思想是马列主义的基本原理和中国革命战争的具体实践相结合的产物,是中国革命战争和军队建设实践经验的科学总结,是中国共产党人集体智慧的结晶,是毛泽东思想的重要组成部分。

### 一、毛泽东军事思想是马列主义的基本原理和中国革命战争的具体实践相结合的产物

在毛泽东军事思想产生的年代,中国是一个以农民为主体的半殖民地半封建国家。当时,无产阶级的政党怎样组建军队,如何进行革命战争,如何按照中国革命战争的客观规律将革命引向胜利,是摆在中国共产党人面前的一个特殊复杂而又艰巨的任务。而马列主义的经典著作中,没有提供现成的答案。靠照抄照搬别国的经验,是无法取得成功的。以毛泽东等为主要代表的中国共产党人,根据中国革命战争的需要,在长期扎根于中国革命战争的实践过程中,结合当时的实际情况,创造性地应用马列主义的普遍原理,正确回答时代的课题,形成了具有鲜明中国特色的马列主义军事理论——毛泽东军事思想。

### 二、毛泽东军事思想是中国革命战争和军队建设实践经验的总结

毛泽东军事思想来源于实践。在长期的革命斗争中,中国共产党经历了国共合作的北伐战争,独立地领导了土地革命战争、抗日战争和全国解放战争,推翻了帝国主义、封建主义和官僚资本主义三座大山,建立了新中国。新中国成立后,我军经历了抗美援朝战争的严峻考验、中印、中苏和中越边境及保卫南海有关岛屿等自卫反击战,并大力推进国防建设,积累了丰富的实践经验。毛泽东军事思想就是这些实践经验在理论上的科学概括和总结。

### 三、毛泽东军事思想是具有中国特色的马克思主义军事理论

马克思列宁主义是指导世界无产阶级革命的科学。马克思主义必须同各国的具体国情相结合,才能发挥作用。在中国这样一个以农民为主要群众的半殖民地半封建的国家,无产阶级政党怎样建立军队,如何组织群众进行革命战争,书本里找不到现成答案,实践中也没有先例可循。以毛泽东为代表的中国共产党人,运用马克思主义的立场、观点和方法来研究中国历史,分析中国社会特点,探求中国革命战争的特点和规律,解决了在半殖民地半封建的中国组织人民军队、进行人民战争的一系列根本问题,创立了具有中国特色的马克思主义的军事理论。毛泽东军事思想既不是经院式的学究文章,也不是照葫芦画瓢地照搬外国的军事条令,而是中国革命战争经验的理论升华。

### 四、毛泽东军事思想是毛泽东思想的重要组成部分

新中国成立以前的22年峥嵘岁月,我党的历史实际上就是一部武装斗争史,武装斗争占有突出地位。毛泽东等老一辈无产阶级革命家投入了极大的精力关注战争,研究军事。毛泽东的军事实践活动是他一生中最光辉、最成功的部分,因而在他的全部理论研究中,军事著作占重要地位。党的十一届六中全会通过的《关于建国以来党的若干历史问题的决议》指出,毛泽东思想主要内容的六个组成部分,其中第三部分即关于革命军队的建设和军事战略的理论就是军事思想。因而毛泽东军事思想是毛泽东思想的重要组成部分。

## 第二节 毛泽东军事思想的产生、形成与发展

毛泽东军事思想产生于中国革命战争的实践,又反过来指导革命战争的实践,并在革命战争实践的发展中不断地受到检验,取得发展。毛泽东军事思想的形成和发展,是同中国革命战争的发生、发展、胜利以及同党内各种错误的斗争紧密联系在一起的。新中国成立后,毛泽东军事思想适应国防建设和军事斗争的需要,继续得到了丰富和发展。

### 一、毛泽东军事思想的产生

中国共产党成立后,在俄国十月革命的影响下,中国共产党从接受马克思列宁主义关于暴力革命学说开始,逐渐认识到军事工作在中国革命中的重要性。国共合作时期,中国共产党帮助国民党创办黄埔军校,在军队中设立党代表和政治部,开始直接掌握和影响部分军队,对武装斗争和军队建设问题进行探索,培养了一批党的军事干部。

第一次大革命失败的严酷现实,使中国共产党人进一步认识到武装斗争和独立掌握军队的极端重要性。1927年8月1日的南昌起义,打响了武装反抗国民党反动派的第一枪,开创了我们党独立领导武装斗争的新时期。之后,在党的八七会议上,毛泽东提出了"枪杆子里面出政权"的著名论断。其后,毛泽东又亲自发动和领导了湘赣边界的秋收起义,并带领秋收起义部队进军井冈山,建立了第一个农村革命根据地,实行"工农武装割据",开辟了一条以农村

包围城市的崭新的革命道路。从"三湾改编"到"古田会议",毛泽东提出并制定了一套较为完整的人民军队的建军原则。在反击敌人"围剿"的武装斗争中,毛泽东提出并实践了动员群众、依靠群众和武装群众的人民战争思想,总结出了游击战争十六字诀原则和一系列红军作战原则。

至遵义会议召开时,中国共产党已形成了一条马列主义的军事路线。这一时期,以毛泽东为主要代表的中国共产党人,从中国的实际情况出发,不断地探索和总结武装斗争和军队建设的经验,提出了中国革命战争的总方针,创造性地解决了中国革命的道路问题,提出了人民战争思想及一系列人民战争的战略战术原则。至此,毛泽东军事思想的基本内容已经产生,为其科学体系的形成奠定了坚实的基础。

### 二、毛泽东军事思想的形成

从遵义会议到抗日战争的胜利,是毛泽东军事思想的形成时期。遵义会议纠正了王明"左"倾冒险主义在军事领导上的错误,重新肯定了以毛泽东为代表的正确军事路线,确立了毛泽东在红军和中共中央的领导地位。这是中国革命由挫折走向胜利的一个伟大的历史转折点。红军长征到达陕北后,毛泽东在指挥作战之余,开始总结土地革命战争以来的经验,制定了抗日民族统一战线的政治路线和军事战略方针。1936年12月,毛泽东在《中国革命战争的战略问题》中,阐明了无产阶级对待战争的根本立场、观点和研究指导战争的基本方法,深刻分析了中国革命战争的特点和规律,系统地论述了中国革命战争的战略指导问题,确立了积极防御的基本原则。在后来的《抗日游击战争的战略问题》《论持久战》《战争和战略问题》等军事名著中,毛泽东深刻分析了中国革命战争,特别是抗日战争的特点和规律,确立了指导战争的方针和原则及战略和策略问题,把游击战提高到战略地位,创立了系统的游击战争理论,全面阐述了人民军队的建军宗旨、原则和人民战争的基本内容。至此,毛泽东军事思想已形成了比较完整的军事科学体系。

### 三、毛泽东军事思想的发展

抗日战争胜利后,经过解放战争、抗美援朝战争及社会主义建设等几个阶段,毛泽东军事思想得到了全面的丰富和发展。

解放战争时期,根据形势的需要,毛泽东相继发表了《抗日战争胜利后的时局和我们的方针》《以自卫战争粉碎蒋介石的进攻》《集中优势兵力,各个歼灭敌人》《大举出击,经略中原》《解放战争第二年的战略方针》《目前形势和我们的任务》《评西北大捷兼论解放军的新式整军运动》《关于辽沈战役的作战方针》《关于淮海战役的作战方针》《关于平津战役的作战方针》《将革命进行到底》等大量文章,在战争的战略战术方面,有很多创新。如战略防御和运动战理论有了发展,创立了战略进攻、战略决战和战略追击的系统理论。

1947年12月25日至28日,中共中央在陕北米脂县杨家沟召开扩大会议,会议讨论通过毛泽东所做《目前形势和我们的任务》的书面报告。报告提出了著名的"十大军事原则"。毛泽东用精辟的语言,把人民解放军的战略战术原则讲得清清楚楚,既易懂又易记。

> **十大军事原则**
>
> (1)先打分散和孤立之敌,后打集中和强大之敌。
>
> (2)先取小城市、中等城市和广大乡村,后取大城市。
>
> (3)以歼灭敌人有生力量为主要目标,不以保守或夺取城市和地方为主要目标。
>
> (4)每战集中绝对优势兵力(两倍、三倍、四倍,有时甚至是五倍或六倍于敌之兵力),四面包围敌人,力求全歼,不使漏网。在特殊情况下,则采用给敌以歼灭性打击的方法,即集中全力打敌正面及其一翼或两翼,求达歼灭其一部、击溃其另一部的目的,以便我军能够迅速转移兵力歼击他部敌军。力求避免打那种得不偿失的或得失相当的消耗战。
>
> (5)不打无准备之仗,不打无把握之仗,每战都应力求有准备,力求在敌我条件对比下有胜利的把握。
>
> (6)发扬勇敢战斗、不怕牺牲、不怕疲劳和连续作战(即在短期内不休息地接连打几仗)的作风。
>
> (7)力求在运动中歼灭敌人。同时,注重阵地攻击战术,夺取敌人的据点和城市。
>
> (8)在攻城问题上,一切敌人守备薄弱的据点和城市,坚决夺取之。一切敌人有中等程度的守备而环境又许可加以夺取的据点和城市,相机夺取之。一切敌人守备强固的据点和城市,则等候条件成熟时然后夺取之。
>
> (9)以俘获敌人的全部武器和大部人员,补充自己。我军人力物力的来源,主要在前线。
>
> (10)善于利用两个战役之间的间隙,休息和整训部队。休整的时间,一般地不要过长,尽可能不使敌人获得喘息的时间。

解放战争胜利后,毛泽东明确了新中国成立后的建军方向:将不但有一个强大的陆军,还要有一个强大的空军和一个强大的海军。在抗美援朝战争时期,毛泽东根据当时的情况和特点,提出了一系列在现代条件下进行反侵略战争的建军与作战理论及原则。之后,毛泽东提出了建设现代化、正规化的国防军队,发展尖端国防科技和实行全民皆兵的思想,并指出要在大力发展国民经济、增强国家经济实力的基础上,建立完整的国防工业体系,发展现代化的技术装备,独立自主地建设强大的国防,做好反侵略战争的准备。党的十一届三中全会后,中国共产党人继承和发展了毛泽东军事思想,在建设现代化国防、制定新时期军事战略方针和打赢高技术条件下的局部战争等方面,都有新的发展。

## 第三节 毛泽东军事思想的主要内容

毛泽东军事思想是科学、完整的无产阶级军事理论体系。其整个理论体系可分为无产阶级的战争观与方法论、人民战争、人民军队建设、人民战争的战略战术等四个部分。无产阶级的战争观与方法论是毛泽东军事思想的理论基础;人民战争是进行革命战争的指导路线,决定人民军队的性质和战略战术的特点;人民军队是进行人民战争的主要力量;人民战争的战略战术是以人民战争为基础的战争指导艺术和作战方法。

## 一、无产阶级的战争观与方法论

毛泽东在长期的战争实践中,深入研究战争的起源、性质,战争与政治、经济的关系,人与武器之间的关系,提出了科学完整的战争观和方法论。毛泽东运用辩证唯物主义和历史唯物主义的原理,研究和指导中国革命战争,创造性地提出了"军事辩证法"概念,系统深刻地阐明了关于战争和军队的一系列根本观点,提出了研究和指导战争的具有普遍意义的重要原则。

**(一)无产阶级的战争观**

毛泽东根据马克思列宁主义的战争观,深化了对战争本质的认识,并对如何正确地认识与对待战争等问题,作出了系统深刻的分析。其范畴包括:战争的起源,战争的消亡,战争的性质,决定战争的因素,战争与政治、经济、科学技术的关系,战争与和平、战争与革命,以及无产阶级对待战争的态度等一系列问题。

(1)战争产生于私有制和阶级矛盾,只要存在私有制和阶级,战争就不会消亡。毛泽东明确指出:"战争——从有私有财产和有阶级以来就开始了的,用以解决阶级和阶级、民族和民族、国家和国家、政治集团和政治集团之间在一定发展阶段上的矛盾的一种最高的斗争形式。"这一论断不仅精辟地阐明了战争是阶级社会的必然产物,是人类社会的一种历史现象,而且还深刻地揭示了战争与生产方式、与阶级之间的内在联系。毛泽东还进一步发展了列宁关于帝国主义是现代战争根源的观点,指出霸权主义也酝酿着战争,从而深刻地揭示了帝国主义和霸权主义的掠夺、扩张是产生现代战争的主要根源。

(2)战争是政治的继续,和平时期的斗争也是政治,二者在一定条件下可以互相转化。近代资产阶级著名的军事理论家克劳塞维茨指出:"战争无非是政治通过另一种手段的继续。"这一论断,正确地反映了战争与政治的本质联系。列宁明确指出,政治是经济的集中体现,"政治就是各阶级之间的斗争"。毛泽东坚持并发展了列宁的观点,他提出:"'战争是政治的继续',在这点上说,战争就是政治,战争本身就是政治性质的行动,从古以来没有不带政治性的战争。"但战争不等于一般的政治,是政治的特殊手段的继续。可以说"政治是不流血的战争,战争是流血的政治"。毛泽东同时对战争贯彻实现其政治目的的方针、原则和政策等问题进行了全面阐述。他还认为战争与和平之间存在着同一性。"和平时期的斗争是政治,战争也是政治,但用的是特殊手段。战争与和平既互相排斥,又互相联结,并在一定条件下互相转化。"

(3)战争有正义与非正义两类,共产党人支持正义战争,反对非正义战争。毛泽东明确地提出了划分战争性质的标准,以及如何以辩证的态度对待战争。他指出:"一切反革命战争都是非正义的,一切革命战争都是正义的。""一切进步的战争都是正义的,一切阻碍进步的战争都是非正义的。我们共产党人反对一切阻碍进步的非正义的战争,但是不反对进步的正义的战争。"又说:"在阶级社会中,革命和革命战争是不可避免的,舍此不能完成社会发展的飞跃,不能推翻反动的统治阶级,而使人民获得政权。"他认为,在阶级社会中只能经过战争去消灭战争,经过革命战争去消灭反革命战争。

**(二)研究和指导战争的方法论**

战争同其他事物一样有其自身的发展规律。这种规律在战争实践中是既可以认识,又可以掌握的。毛泽东在战争指导上所提出的辩证原则如下。

(1)既要研究一般战争规律,更要着重研究特殊战争规律。战争规律有一般与特殊之分。敌我、攻防、进退、胜败、人与物、主观与客观、可能与现实、偶然性与必然性、保存自己与消灭敌人等,这些既互相联结,又互相排斥的矛盾现象,就是战争的一般规律。然而,不同时间、地域和性质的战争,又各有其特殊性,又存在着不同于其他战争的特殊规律。因此,我们不但要研究一般战争的规律,更要重视研究特殊战争的规律。

(2)研究战争指导规律,应该着眼其特点和发展。战争情况的不同,决定着不同的战争指导规律,有时间、地域和性质的差别。因而我们在研究各个不同历史阶段、不同性质、不同地域和民族的战争指导规律时,应该着眼其特点和发展,反对战争问题上的机械论。一切带原则性的军事规律,都是过去战争经验的总结,我们应该重视学习它,但必须注意从自己的经验中考证这些结论,吸收那些用得着的东西,拒绝那些用不着的东西,增加那些自己特有的东西。这是十分重要的,否则就不能指导战争。

(3)熟识敌我双方各方面的情况,找出其行动规律,并应用它指导自己的行动。战争中一切客观事物本来是互相联系的和具有内部规律的,如果不了解矛盾总体和矛盾各方的特点,否认深入事物里面精细地研究矛盾特点的必要性,就不可能找出正确解决的方法来。他说:"但战争不是神物,仍是世间的一种必然运动,因此孙子的规律,'知彼知己,百战不殆',仍是科学的真理。"在军事上要多打胜仗,少打败仗,关键在于把主观和客观二者之间很好地结合起来。因此,军事计划的建立和实行,都必须建立在依据客观实际情况和新的认识的基础上。

(4)在既定的客观物质基础上,充分发挥人的自觉的能动性,争取战争的胜利。毛泽东认为,战争的胜负主要地决定于作战双方的军事、政治、经济、自然诸条件,这是没有问题的。然而不仅仅如此,还决定于作战双方主观指导的能力。任何天才的指挥员和战争指导者,离开一定的物质基础去企求战争的胜利只能是空想。然而,要把具备了一定客观物质条件基础上夺取胜利的可能性变为现实,又必须充分发挥人的自觉的主观能动性才有可能。战争是力量的竞赛,但主观的努力,多打胜仗,少犯错误,是决定的因素。在实际斗争中,由于主观指导的正确,可以化劣势为优势,化被动为主动;主观指导的错误也可以化优势为劣势,化主动为被动。因此,主动和胜利是可以根据实际情况,经过努力,创造一定条件,从优势和主动者手里夺过来的。

(5)懂得照顾战争全局,正确处理局部与全局的关系。只要有战争,就有战争的全局。凡属带有要照顾战争各方面和各阶段的性质的,都是战争的全局。毛泽东要求每一个研究和指导战争的人,必须学会正确地处理全局与局部之间的关系。首先要照顾好全局,因为全局处于决定的地位,代表着战略利益的根本方面。但在把握全局的前提下,又必须重视有决定意义的局部。因为全局是由它的一切局部构成的,如果对那些有决定意义的局部处理得不好,就有可能给战争全局造成极为不利的影响,甚至造成战争全局的失败。他强调,要"抓住战略枢纽去部署战役,抓住战役枢纽去部署战斗"。

**(三)认识与解决武装力量建设中各种矛盾关系**

毛泽东遵循中国革命武装力量建设的客观规律,运用辩证唯物主义的方法,正确处理和解决军队和国防建设中有关军队与革命、军队与国家,以及军队内部与外部之间的各种矛盾。主要内容如下。

(1)不要枪杆子,必须拿起枪杆子。毛泽东提出,"没有一个人民的军队,便没有人民的一切",精辟地阐明了革命武装在整个革命斗争中的重要地位与作用。他强调,在中国,主要的斗争形式是战争,主要的组织形式是军队。中国的问题离开了武装斗争就不可能解决,因此,工人阶级和劳动人民只有用枪杆子的力量才能战胜武装的资产阶级和地主。从这个意义上说,整个世界只有用枪杆子才能改造。他又说:"军队是国家政权的主要成分。谁想夺取国家政权,并想保持它,谁就应有强大的军队。"

(2)军队的内部和外部存在着各种矛盾,正确解决这些矛盾,才能推动军队建设的发展。作为无产阶级武装力量主体的人民军队,在建立和建设过程中不可避免地存在着军队内部和外部在政治与军事、人与技术、党委领导与行政领导、军事工作与政治工作、民主与纪律、上级与下级、指挥机关与保障机关、军队与群众、军队与政府之间等诸种矛盾。毛泽东认为,只有用马克思主义的科学方法正确地解决和处理好这些矛盾,才能促使人民军队建设在对立统一中不断发展。在政治与军事关系上,必须加强革命的政治工作,但又必须反对空头政治。在党的集体领导制度上,党委制是保证集体领导,防止个人包办的重要制度,但"还须注意,集体领导和个人负责,二者不可偏废"。在民主与纪律的关系上,坚持必须实行一定限度的民主,但更须防止极端化民主。在军政军民关系上,要求人民军队必须全心全意为人民服务,军队与人民群众之间必须建立鱼水关系,并认为这是夺取革命战争胜利的基础。如此等等的辩证原则,为我军在建军过程中处理各种矛盾提供了正确依据。

(3)国家安全有赖于国防的巩固,国防建设又依赖于国家经济建设的发展。军队是执行政治任务的武装集团,是国防的骨干力量。它的编成、编制、装备以至战略战术,都依赖于国家的经济实力。国防现代化是整个国家现代化的组成部分,是局部和全局的关系。毛泽东强调要建设现代化的国防,同时又强调国防现代化必须建立在国家经济发展的基础之上,加强国防建设,首先要加强经济建设。据此,他提出了一套诸如发展尖端武器与常规武器、发展国防工业与民用工业、建设国防与兼顾人民生活、坚持自力更生与不排斥外援等解决国防建设与经济建设中各种矛盾的方针和政策。

## 二、人民战争思想

人民战争思想,是毛泽东军事思想的核心,是中国人民进行革命战争的指导路线。它建立在下述基本观点之上:一是革命战争的正义性质与广大人民的根本利益是一致的,因此能够在战争中把广大人民群众动员和组织起来参加和支援战争。二是人民群众是历史的创造者,革命战争只有动员和依靠广大人民群众,才能赢得战争。从这个意义上说,这是党的群众路线在战争问题上的体现。三是人和物都是战争胜负的重要因素,但决定的因素是人不是物。从根本上说,人民战争,就是人民群众为了反抗阶级压迫或民族压迫,谋求自身解放,组织和武装起来进行的正义的革命战争。毛泽东人民战争思想主要包括以下内容。

**(一)走农村包围城市的武装革命道路**

这既是中国共产党领导革命的指导路线,也是实行人民战争的军事指导路线。毛泽东指出,革命的中心任务和最高形式是武装夺取政权,在不同国家的不同条件下,应有不同的做法。列宁根据马克思主义原理,领导了以城市工人为主力军的十月革命,实现了先占城市后取乡村的革命道路。毛泽东则根据中国的国情,提出了先占乡村后取城市的革命道路,并取得了成功。这是毛泽东对马克思列宁主义军事理论的一个突出贡献。

**(二)组织最广泛的人民革命统一战线**

统一战线是中国革命的"三大法宝"之一。它既是个政治问题,也是个军事问题。因为要进行人民战争,必须首先解决依靠谁、团结谁、打击谁的问题。毛泽东说:"长期的战争必须有长期的统一战线才能支持,战争的长期性与统一战线的长期性,是不能分离的。"只有坚持统一战线,才能坚持人民战争,才能夺取最后胜利。因此,必须建立最广泛的革命统一战线,争取一切可以团结的人们来支持和支援革命战争。必须依据各个不同时期的革命的性质、任务、对象和目的,正确规定和划分人民的范围,实行正确的团结人民的方针和政策,最广泛地团结一切可以联合的阶级、阶层和社会集团,最大限度地孤立和打击革命的敌人。

### (三)建立巩固的革命根据地

毛泽东根据中国革命战争的特点和条件,强调中国革命战争必须首先在那些反革命势力比较薄弱的地区,建立农村革命根据地。根据地是革命战争赖以执行自己的战略任务,达到保存和发展自己,消灭和驱逐敌人,支持长期革命战争的人力物力主要来源的战略基地。只有建立巩固的农村革命根据地,并实行波浪式推进政策,不断扩大根据地,把人民群众充分动员、组织和武装起来,才能实行真正的人民战争,夺取革命战争的最后胜利。

### (四)实行"三结合"的武装力量体制

毛泽东主张必须有一支人民军队作为进行人民战争的骨干力量,同时还应把人民群众中能够参加作战的青壮年武装起来,直接参加或配合人民军队作战。土地革命战争时期,他就强调必须建立以主力红军、地方红军和赤卫队等相结合的武装力量体制。后来随着战争形势的发展,逐步形成了野战军、地方军和民兵相结合的体制。毛泽东对这种体制给予了高度评价。这个军队之所以有力量,一是由于有广大的群众武装组织和它一道配合作战;二是由于它将自己划分为主力兵团和地方兵团两部分。没有群众武装的配合,没有这种正确的划分,要战胜敌人,是不可能的。1958年,毛泽东还针对帝国主义势力包围着我们,随时都可能对中国发动侵略战争的情况,向全国发出了以这种体制为骨干的实行全民皆兵的号召。

### (五)各种斗争形式相配合

马克思、恩格斯所提出的人民战争的基本斗争形式,主要是发动人民群众武装起义,开展人民的游击战争。列宁在领导俄国的革命战争中,进一步提出了动员全民直接作战和参加辅助作战的各种工作的号召。毛泽东认为,"兵民是胜利之本",明确地提出了以武装斗争为主,与其他斗争形式紧密配合的更为完善的组织形式和斗争形式。他要求必须深入动员,把一切革命人民不分性别、不分老幼,组织在各种职业的工作团体之中,热烈地从事援助军队的各项工作,并提出组织人民群众热烈地从事政治、经济、文化、卫生、科技等各项建设工作,以各种方式直接参加战争或间接地支援战争。

### (六)创立与人民战争相适应的战略战术

毛泽东指出:"在这个宗旨下面,这个军队形成了为人民战争所必需的一系列的战略战术。"尽管敌人也熟知我们的这些作战方法,并曾专门研究和企图寻找对付的办法,但仍不能挽救其失败。"这是因为我们的战略战术是建立在人民战争这个基础上的,任何反人民的军队都不能利用我们的战略战术。"我军正是使用了这种进步的、灵活机动的战略战术,才战胜了强敌。

## 三、人民军队建设理论

人民军队,是服从于无产阶级及其政党领导的、服务于人民革命斗争的工具,是中国共产党领导革命战争,夺取与保卫政权必须解决的首要问题。以毛泽东为代表的中国共产党人,坚持把马克思列宁主义的建军原则和中国革命的实际相结合,创造性地提出了体现中国特点的系统的人民军队的建军理论。

**(一)全心全意为人民服务的宗旨**

毛泽东把军队的任务、命运同人民的根本利益直接相联系,强调人民军队不是为着少数人的或狭隘集团的私利,而是为着广大人民群众和全民族的利益而结合、而战斗的。"紧紧地和中国人民站在一起,全心全意地为中国人民服务,就是这个军队的唯一的宗旨。"他明确地给我军规定和提出了与此宗旨相符合的基本任务和要求,即必须完全彻底地为人民的利益而战斗和工作。我军主要是一个战斗队,但同时又是一个工作队和生产队。

**(二)党对军队的绝对领导**

这是毛泽东根据列宁的建军原则和我军成分主要是农民这一特点提出来的,其根本目的在于保证我军始终保持无产阶级性质和坚定正确的政治方向,成为执行无产阶级政党政治任务的武装集团。在毛泽东的领导下,我军经过"三湾改编"和"古田会议",确立了党对军队领导的一套原则和制度。即使是在抗日战争、国共合作期间,仍然坚持了共产党对我军的绝对领导,并从理论上阐明了"有军则有权"和"党指挥枪,而决不容许枪指挥党"的原则。他明确提出,坚持党对军队的绝对领导,就是坚持党的正确路线的领导。建立党中央统一领导下的军事系统和地方党委对军队的双重领导制度,在军队各级建立党的组织,建立政治委员和政治工作制度,并实行党委统一的集体领导下的首长分工负责制,以保证党对军队的绝对领导和一切行动听从党中央和中央军委的指挥。

**(三)强有力的政治工作制度**

毛泽东明确提出:"中国共产党在中国人民解放军中的政治工作是我军的生命线。"他认为,强有力的革命的政治工作,是我军团结自己、战胜敌人的重大因素。因此,强调必须用马克思主义武装全体官兵的头脑。在长期的建军实践中,他为我军政治工作创立了一整套方针和原则,成为保证党对军队绝对领导的重要措施。一是保证党的路线、方针、政策的正确贯彻与实行;二是保证军队各项具体任务的完成。他多次指出,政治工作的中心内容,就是保障部队与党政民以及部队上下级之间发生正确的关系,并把它概括为军民一致、官兵一致和瓦解敌军三大原则。

**(四)民主制度和严格的纪律**

毛泽东对我军的民主制度和纪律问题提出了系统的理论。他指出:"军队内的民主主义制度,将是破坏封建雇佣军队的一个重要的武器。"其目的在于达到官兵一致。只要这一目的达到了,就能增强军队的战斗力,就不怕不能支持长期的革命战争。因此,必须通过集中领导下的民主运动,实行政治、经济、军事三大民主。在纪律问题上,他认为,"纪律是执行路线的保证",军队统一的纪律是革命战争胜利的保证。他亲自制定的"三大纪律八项注意",充分体现了我军自觉维护人民群众利益的本质,成为全军行动的基本准则。

**(五)军队的现代化、正规化建设**

毛泽东认为,人民军队必须随着战争形势和建军过程的发展,在军队建设上逐步实现现代化和正规化。不如此,就不能战胜国内外强大的敌人。因此,他在战争年代就逐步提出并形成了一套实现我军由低级阶段向高级阶段发展的理论。新中国成立后,毛泽东又多次强调,必须建立自己强大的国防军。他提出,除了陆军,还必须建立自己强大的空军和海军。1958年他又明确指出,我军发展须经过三个阶段:第一阶段是小米加步枪;第二阶段是步枪加飞机大炮;第三阶段是常规武器加特种武器。这是毛泽东根据我军发展规律所提出来的实现国防现代化的宏伟规划。在正规化方面,毛泽东提出:"与现代化装备相适应的,就是要求部队建设的正规化,就是要求实行统一的指挥、统一的制度、统一的编制、统一的纪律、统一的训练,就是要求实现诸兵种密切的协同动作。"并强调要正确处理好现代化、正规化与革命化之间的关系。

### 四、人民战争的战略战术

人民战争的战略战术,是毛泽东坚持一切从中国革命战争的实际情况出发,实事求是地指导战争的方式和方法。其基本特点是:以马克思主义的军事辩证法为指导,在实行彻底的人民战争路线的基础上,以"保存自己,消灭敌人"的战争目的为依据,坚持一切从实际出发,实行灵活机动的作战。战略战术理论的内容极其丰富,概括起来主要有以下几点。

#### (一)实行积极防御,反对消极防御

毛泽东说:"积极防御,又叫攻势防御,又叫决战防御。""消极防御实际上是假防御,只有积极防御才是真防御,才是为了反攻和进攻的防御。"中国革命战争,由于敌人的强大和我军的弱小,战略防御问题是我军作战中最复杂、最重要的问题,而解决这个问题的基本原则就是承认积极防御,反对消极防御。因为只有积极防御才能达到保存自己、消灭敌人的目的,才能解决处于防御态势下,如何摆脱被动、力争主动的问题。根本方针就是实行攻势防御,即在战略防御阶段实行战略上的内线的持久的防御战,战役战斗上实行外线的速决的进攻战;在战略反攻阶段实行最精彩最活跃的带决战性的进攻战。积极防御战略方针的具体内容是发展变化的。新中国成立后,毛泽东为中国所制定的积极防御的战略方针,充分反映了中国社会主义制度的政治本质,即我们不去侵犯他人,但也决不允许任何外敌入侵中国。当国家安全一旦遭到威胁时,就要按照积极防御的战略方针,进行有理、有利、有节的,政治与军事相结合的斗争。

#### (二)战略的持久战和战役战斗的速决战

这是贯彻积极防御思想的一个重要方面。毛泽东从分析敌我双方的长处和短处入手,提出了中国革命战争中我军有可能发展和战胜敌人,但又不可能很快发展和很快战胜敌人的基本规律,提出了与此相适应的积极防御、持久胜敌的战略思想。抗日战争初期,他又根据敌我双方相互矛盾的基本特点,提出了持久战的战略方针,并得出最后胜利必将属于中国的结论。敌之强大规定了我们长期作战的战略方针,这是战争指导上必须遵循的基本原则。然而,持久绝不是消极等待,而必须通过主观的努力将战争过程尽量缩短。军事上的办法,就是实行战略的持久战、战役和战斗的速决战。这一原则,既适用于国内革命战争,也适用于反对帝国主义的战争。

#### (三)适时进行军事战略转变

战略转变,即当战争的形势、任务和敌情等起了根本变化时,在军事战略上所做的改变。它通常反映在具体战略方针的改变和运动战、阵地战、游击战等主要作战形式的转换上。中国革命战争经历了土地革命战争前期的游击战争向后期的正规战争,从国内正规战争向抗日游击战争,从抗日游击战争向解放战争大规模运动战等多次重大的军事战略转变。毛泽东对战略转变问题十分重视,抗日战争初期,他在总结国内革命战争和抗日战争的经验时指出:"我们

党的军事战略的变化问题,值得给以研究。"他认为,在战争的转折关头,战争指导者要善于审时度势,灵活机智地适时实施战略转变。这对于战争的坚持、发展和胜利具有重大意义。

**(四)战略上藐视敌人,战术上重视敌人**

毛泽东说:"为了同敌人作斗争,我们在一个长时间内形成了一个概念,就是说,在战略上我们要藐视一切敌人,在战术上我们要重视一切敌人。"也就是要贯彻战略上"以一当十",战术上"以十当一"的法则。这是因为,从战争的本质上看,帝国主义和一切反动派,它们是脱离人民的,政治上是腐朽落后的,最终必将被革命人民所战胜。因此,从全局和长远看,我们应该藐视它。但是,在现实力量上,敌人确实还很强大,且不甘心自己的失败和灭亡,必将做垂死挣扎。所以,从局部和暂时性上看,我们又必须重视它。他说:"如果我们在全体上过高估计敌人力量,因而不敢推翻他们,不敢胜利,我们就要犯右倾机会主义错误。如果我们在每一个局部上,在每一个具体问题上,不采取谨慎态度,不讲究斗争艺术,不集中全力作战,不注意争取一切应当争取的同盟者,我们就要犯'左'倾机会主义错误。"

**(五)实行有利决战,避免不利决战**

毛泽东强调,要实现整个战争的胜负,必须依靠两军的决战。因为只有决战,才能解决两军之间谁胜谁负的问题。然而,在战略决战问题上,他又总是持十分慎重的态度。他指出,决战必须有有利的时机和力量。在战争双方力量对比没有发生一定变化之前,就要举行决战,企图达到解放之路是没有根据的。抗日战争初期,他曾就决战问题明确指出:"一切有把握的战役和战斗应坚决地进行决战,一切无把握的战役和战斗应避免决战,赌国家命运的战略决战应根本避免。"但条件成熟时,就要及时进行决战。解放战争后期,毛泽东亲自组织实施了辽沈、淮海、平津三大战役,进行了伟大的战略决战。

**(六)集中优势兵力,各个歼灭敌人**

毛泽东根据中国革命战争的特点和规律,历来强调我军的战役和战斗必须实行歼灭战的方针。他说:"击溃战,对于兵力雄厚之敌不是基本上决定胜负的东西。歼灭战,则对任何敌人都立即起了重大影响。对于人,伤其十指不如断其一指;对于敌,击溃其十个师不如歼灭其一个师。"而要达此目的,在具体作战方法上则必须集中优势兵力,各个歼灭敌人。这种战法的最大效果是一能全歼,二能速决。这是制胜敌人的根本法则之一。只有如此,才能使我军始终立于主动、灵活、进攻的有利地位,牢牢掌握行动的自由权。

**(七)充分准备,不打无把握之仗**

毛泽东指出,主动性、灵活性、计划性,都是为了争取主动,逼敌处于被动地位,以达保存自己、消灭敌人之目的。因此,他强调"我们历来不打无准备无把握之仗,也不打只有准备但无把握之仗"。其基本含义是:第一,一切作战行动,必须事先有严密的计划和尽可能的充分准备。它包括战略上的科学预测、决策和筹划,战役战斗上的了解敌情、确定任务、部署兵力、休整部队、筹措给养等。第二,从最困难的情况出发,多手准备。作战计划特别是战略计划必须把最困难、最复杂的情况作为根本出发点,要准备在各种情况下都有对付的办法。而在实际工作上又必须力争向有利于我方的局面转化。只要我们在思想上和行动上有了这种准备,在战争中就能始终立于主动,摆脱被动。

毛泽东军事思想、邓小平新时期军队建设思想、江泽民国防和军队建设思想、胡锦涛国防和军队建设思想、习近平强军思想,既一脉相承又与时俱进,为我军不断发展壮大提供了科学指南和行动纲领。当前,学习掌握毛泽东军事思想具有重要意义,是我军实现新形势下强军目标的必然要求。

## 思考题

1. 如何理解毛泽东军事思想的科学含义?
2. 毛泽东军事思想经历了哪几个发展阶段?
3. 毛泽东军事辩证法主要研究和解决什么问题?
4. 毛泽东人民战争思想有哪些理论观点?

## 知识链接

### 湖湘军事文化

闻名于世的湖湘文化中含有军事文化。湖湘文化养育湖南人才,也扩散到全国范围内。在中国共产党领导的革命战争年代,人民军队的领导人和将帅以马列主义为指导,还注意从中国传统文化中汲取营养,其中湖湘文化占了很大分量。湖湘文化的基本精神以及从王船山、魏源、曾国藩到黄兴、蔡锷等人几百年来数代人薪火相传的军事思想为毛泽东军事思想的形成提供了重要的源泉。

# 第十一章　中国当代国防和军队建设思想

> 新中国成立以来,中国结束了有国而无防的历史。国防建设在武装力量建设、武器装备发展、防空体系的建立、动员体制的建设以及国防外交与国家军事合作等方面,取得了惊人的成就,使中国的国防力量逐步增强。改革开放和建立社会主义市场经济体制在给国防建设注入巨大活力、带来勃勃生机的同时,也使得国防建设面临着许多新情况、新问题和新挑战,新时期必须要有新的思想指导中国国防军队建设。

## 第一节　邓小平新时期军队建设思想

党的十一届三中全会以后,以邓小平同志为主要代表的中国共产党人,团结带领全党全国各族人民,深刻总结新中国成立以来正反两方面经验,围绕什么是社会主义、怎样建设社会主义这一根本问题,借鉴世界社会主义历史经验,创立了邓小平理论,解放思想,实事求是,作出把党和国家工作中心转移到经济建设上来、实行改革开放的历史性决策,深刻揭示社会主义本质,确立社会主义初级阶段基本路线,明确提出走自己的路、建设中国特色社会主义,科学回答了建设中国特色社会主义的一系列基本问题,制定了到二十一世纪中叶分三步走、基本实现社会主义现代化的发展战略,成功开创了中国特色社会主义。邓小平新时期军队建设思想作为邓小平理论的重要组成部分,创造性地回答了新形势下军队建设、国防建设亟待解决的一系列重大理论和现实问题。这一理论,是毛泽东军事思想在新时期的继承和发展,是当代中国的马克思主义军事理论。

### 一、邓小平新时期军队建设思想的科学含义

邓小平新时期军队建设思想,是邓小平在中国社会主义建设新的历史时期,关于军队建设及有关军事问题的科学理论体系。

(1)邓小平新时期军队建设思想,是马列主义军事理论、毛泽东军事思想与新时期国防和军队建设实践相结合的产物。邓小平在领导新时期国防和军队建设的伟大实践中,以实事求是的科学态度,运用马列主义军事理论、毛泽东军事思想的立场、观点和方法,研究新情况,解决新问题,创造性地提出了一系列理论、原则、方针和政策,形成了一个完整的科学体系。它是在新的历史条件下对马列主义军事理论、毛泽东军事思想的继承和发展。

(2)邓小平新时期军队建设思想,是邓小平理论的重要组成部分。作为四个现代化的重要组成部分,国防现代化以及军队建设和改革一直为邓小平所关注。在邓小平新时期军队建设

思想中,解放思想,实事求是,是新时期军队建设思想的理论基础。关于时代主题的理论,是邓小平理论的一块重要基石,同时,也是邓小平新时期军队建设思想的重要内容。以经济建设为中心、坚持改革开放、坚持四项基本原则的基本路线,构成了邓小平新时期军队建设思想的灵魂。因此,军队的建设,必须以服务于国家经济建设为中心,在这个基础上,将我军建设成为一支强大的、革命化、现代化、正规化的人民军队。

(3)邓小平新时期军队建设思想,是新时期中国国防和军队建设实践的科学总结。邓小平不仅通过整顿使军队从"四人帮"时期的一盘散沙的局面回到正确的轨道上来,而且亲自领导了新时期国防和军队建设的伟大实践,具体研究和解决了国防和军队建设实践中遇到的一系列重大现实问题。

(4)邓小平新时期军队建设思想是以邓小平为杰出代表的全党全军集体智慧的结晶。党中央、中央军委和广大指战员都参与到了这个理论的创新过程中,献计献策,共同探讨,使邓小平新时期军队建设思想具备了坚实的群众基础,焕发出了理性的光芒。

## 二、邓小平新时期军队建设思想的基本内容

邓小平新时期军队建设思想是一个完整的科学体系。这一理论体系,主要由四个方面内容组成。

### (一)当代战争与和平理论

战争与和平问题,是军事领域的一个基本问题,是国际社会中影响全局的重大问题。邓小平牢牢把握住时代脉搏,科学地回答了时代提出的关于战争与和平,当代战争的根源,世界大战能否避免,以及"一国两制""共同开发"等解决历史遗留问题和国际争端的方式方法等一系列重大理论和原则问题,揭示了现代军事运动的新的趋势和规律性,从理论上回答了前人所未遇过或因条件限制未能全面解决的问题,从而丰富了马列主义军事理论、毛泽东军事思想的战争观,为我们进一步认识当代战争,提供了科学的依据。

#### 1.和平与发展是当今世界的主题

判明时代的主题,是邓小平新时期军队建设思想的重要内容,也是国防建设指导思想以及对外政策最重要的理论依据之一。第二次世界大战后,尤其1980年以后,世界经济、政治、军事诸方面的发展变化,使人类社会进入一个同以前的战争与革命时期不相同的新的历史时期。这主要表现在以下四个方面:一是西方发达国家之间经济上相互渗透、相互依存,尽管它们在领土、资源、市场的争夺中,存在着许多矛盾和冲突,但还没有达到兵戎相见、爆发帝国主义世界大战的地步。二是在资本主义和社会主义两大社会体系之间,虽然帝国主义不忘颠覆社会主义,但他们已改变了同社会主义的斗争策略和方式,从武力扼杀为主转变为促使"和平演变"为主的战略。三是在帝国主义国家同殖民地半殖民地国家的矛盾上,由于世界性殖民主义解体,已经衍化为新的意义上的"南北矛盾",即发展中国家同发达国家的矛盾。发展中国家的发展和发达国家的再发展问题,上升为全球普遍关注的问题。四是以经济、科技为重点的综合国力竞争,成为国际竞争的中心,世界多数国家先后在制度、政策等方面进行调整改革,制定新的国家发展战略,致力于经济、科技的发展。上述种种表明了世界的时代特征呈现出新的面貌。邓小平通过对国际形势发展的观察和分析,紧紧把握形势发展变化中最具有根本意义的时代条件,作出了和平与发展是当今世界两大主题的科学论断。他说:"现在世界上真正大的问题,带全球性的战略问题,一个是和平问

题,一个是经济问题或者说发展问题。"这一论断,揭示了当代世界的主要矛盾,指明了维护世界和平是当代世界的历史主流,促进发展是当代各国的根本任务。和平与发展两大问题,相互影响,相互作用。要发展,必须维护和创造稳定的国际环境;要实现和平,就离不开各国的共同发展。

#### 2. 霸权主义是现代战争的主要根源

这是邓小平重新审视国际形势,研究第二次世界大战以后的武装冲突后对世界战争根源所作出的新的论断。

马克思主义认为战争的根源是社会经济制度。列宁指出:"帝国主义是现代战争的根源。"毛泽东也认为这个世界只要存在帝国主义制度,战争就不可避免。他在晚年,又进一步分析了超级大国霸权主义争夺与新的世界战争的内在联系,提出了当代世界战争根源主要来自霸权主义争夺的观点。到20世纪80年代初期,邓小平果断指出:"当今世界不安宁的根源来源于霸权主义的争夺。""霸权主义是战争的根源。"经过多年的观察与思考,邓小平把这一论断又进一步完善为:无论是世界性霸权主义,还是地区性霸权主义,都是当代战争的根源。这样就更深刻地揭示了现代战争产生的社会根源,从而丰富和发展了马克思主义的战争观。邓小平关于霸权主义是当代世界战争的主要根源的思想,具有丰富的内涵,是对马列主义战争根源理论的重大发展。

#### 3. 如果工作做得好,世界大战是可以避免的

这是邓小平研究了军事运动的历史和现状得出的一个新结论。

20世纪80年代后,世界战略格局向多极化转变,世界出现了制约世界大战的多种因素:第三世界的崛起,中国国际地位的增强,成为制约世界大战的首要因素;欧洲、日本等摆脱超级大国控制的独立倾向的发展,成为制约世界大战的第二种势力;美国与苏联两国相互遏制和他们的经济力无法承受大战的消耗,加上其国内广大人民不赞成战争,也捆住了他们发动大战的手脚。这些制约因素的增长,决定了世界大战可以避免的结论的产生。1985年9月,邓小平指出:尽管仍然存在战争的危险,但如果我们搞得好,战争是可以避免的。1987年,他又指出:"如果世界和平的力量发展起来,第三世界国家发展起来,可以避免世界大战。"1988年4月,邓小平在会见日本自民党总务会长伊东正义时,更加明确地说:现在我们确信战争是可以避免的。邓小平关于世界大战是可以避免的论断向我们指明:第一,大战避免不是无条件的。我们只有通过努力争取,促使和平力量不断发展,破坏霸权主义的全球战略部署,就可以避免大战爆发。第二,大战可以避免,绝不是说小战不会发生。因此,不能笼统地说战争已转化为和平,从而放松对一切战争的警惕性。第三,大战可以避免,也不是说战争根源已不复存在。不要把战争根源与战争现实等同,但也不要忽视"世界战争的危险是存在的"。

#### 4. 提出了用和平方式解决国际争端的新思路,发展了马克思主义关于战争消亡的理论

暴力革命是马克思主义的一个基本观点。在帝国主义战争的历史背景下,列宁曾经开创并实践了以革命制止战争的"以战止战"的道路和学说。毛泽东在领导国内革命战争中,也提出了"枪杆子里面出政权"的用战争消灭战争的理论。这些理论在当时条件下都对指导革命实践起了巨大的作用,在现代条件下,也仍有其现实意义。但随着时代条件和国际斗争形势的变化,在解决国际矛盾和争端中,使用暴力方式所受到的制约比以往任何时代都多,战争受到一定的遏制。国家间的利益冲突,又必然地导致战争,历史早已证明过这一点。因为只有当争端一方诉诸武力,战争才可能爆发,而双方都选择政治解决方式,战争就可能避免。也就是说,在

解决国际争端问题上,军事手段和政治手段都是可能的选择,但问题在于,过去的时代各国在选择解决方式上,更偏重于军事手段,而仅仅把政治手段作为军事手段的补充,或者是交替使用。因此,政治解决争端不能构成主要的手段。邓小平针对新的现实,经过多年思考后指出,为了维护世界和平,应当慎重考虑用暴力方式解决国家间的利益矛盾和冲突,最好代之以政治解决。他认为要消除世界上的热点,必须采取新办法,即用和平方式解决国际争端。沿着这个思路,他创造性地提出了"一国两制""共同开发""经济合作""和平对话"等新办法,并付之于实践,从而为维护国家利益、维护世界和平作出了卓越的贡献。这种"以和抑战"的新思路,丰富和发展了马克思主义"以战止战""以战灭战"的理论学说。

### (二)国防和军队建设理论

新的历史条件下,国际形势出现重大变化,国家建设进入新的发展时期,邓小平在指导新时期国防建设的实践中,通观全局,审时度势,及时地作出了国防和军队建设指导思想实行战略性转变的重大决策,指出了正确处理国防建设与经济建设的关系以及新时期国防建设的方针、原则和措施,形成了有中国特色的国防建设理论。

#### 1. 国防和军队建设的指导思想实行战略性转变

中国国防和军队建设指导思想的战略性转变,是邓小平新时期军队建设思想在理论和实践上全面展开的一个重要标志,是我军发展史上一次具有里程碑意义的重大飞跃。这一转变,结束了国防和军队建设长期以来存在的被动应付局面,对于增强中国的综合国力,促进国防和军队以现代化为中心的根本建设,提高国防和军队在现代条件下,特别是高技术条件下的防卫能力,有着重大的现实意义和深远的历史意义。国防和军队建设指导思想的战略性转变,是关系国防和军队建设全局及长远发展方向的重大转变。这一转变影响到国防和军队建设的各个方面,内容广泛,含义深刻。一是国防和军队建设立足点的转变,即从随时准备早打、大打、打核战争的临战状态,转到相对和平时期正常建设的轨道上来;二是国防和军队建设与国家经济建设关系的转变,即把国防和军队建设调整到与国力所能承受的程度,转到服从和服务于国家经济建设大局,以国家经济发展为依托,促进国防和军队的发展上来;三是国防和军队建设工作重心的转变,即着眼未来战争需要,进一步突出现代化在国防和军队建设中的中心地位,着重抓好国防科研和现代化武器装备的发展以及现代化军事人才的培养,大力解决国防和军队现代化水平与现代战争不相适应的矛盾;四是军队和后备力量建设中数量与质量关系的转变,即从偏重于常备军和后备力量的数量规模,转到压缩规模、减少数量、提高质量上来;五是军事斗争准备的基点的转变,即把按全面反侵略战争设计的军事战略指导,转到应付可能发生的高技术局部战争为军事斗争准备的基点上来;六是国防科技和国防工业功能与体制的转变,即打破国防科技和国防工业在国民经济中自成体系、自我封闭的状况,纳入国家经济建设的大系统之中,贯彻"军民结合、平战结合、军品优先、以民养军"的方针,建立起军民兼容的国防科技和国防工业新体制。国防和军队建设指导思想战略性转变的实质,是要充分利用今后较长时间大仗打不起来的有利时机,在服从国家经济建设大局的前提下,抓紧时间,有计划、有步骤地加强以现代化为中心的根本建设,提高军政素质,增强国防和军队在现代战争中的自卫能力。

#### 2. 正确处理国防和国家经济建设的关系

邓小平依据中国在新时期以经济建设为中心、全面增强国家力量的总的发展战略,强调国防和军队建设要服从国家经济建设这个大局,要与国家经济建设协调发展。首先,国防建设必须以综合国力为基础。国防力量的强弱,军队现代化水平的高低,从根本上讲,都是由国家综合国力的强弱决定的。综合国力强,有坚实的经济基础,就能为国防和军队现代化建设提供雄厚的财力和物力,才能使军事力量得到可靠的增长。其次,国防建设要服从国家经济建设的大局。国防建设的实质是国家安全问题,经济建设的实质是国家发展问题,它们既是互相依存的,又是有主有次的,既互相制约,又互相促进。在党和国家工作重点已转移到以经济建设为中心的现代化建设上来之后,邓小平明确指出:"现在需要的是全国党政军民一心一意地服从国家建设这个大局,照顾这个大局。这个问题,我们军队有自己的责任,不能妨碍这个大局,要紧密地配合这个大局,而且要在这个大局下面行动。""大家都要从大局出发,照顾大局,千方百计使我们国家经济发展起来。发展起来就好办了。"因此国防建设服从国家经济建设的大局,是以国家整体利益为根本着眼点的长远之计。最后,国防建设要与国家经济建设协调发展。国防建设离不开经济建设,经济建设也离不开国防建设。国防建设对经济发展具有保证作用和促进作用,国家经济建设为国防建设提供保障。就是说,国防建设在服从经济建设大局的前提下,在国家总体发展规划中,应与经济建设统筹兼顾,协调发展。

### 3. 建设有中国特色的现代化国防

针对我们建设什么样的国防,邓小平明确指出,我们在国防建设上,坚持不称霸,不扩张,不结盟,不依附别国,也不欺侮别国,坚持和平共处、独立自主的防卫原则,从而确立了中国国防是自卫型国防。一是明确国防建设要以国家利益为最高准则。国防建设受到多种因素的制约,其中国家利益是最基本最重要的因素;国家利益的发展变化,必然对国防建设提出新的要求;维护国家利益,是新时期国防建设的根本宗旨和目的。因而,邓小平明确指出:"我们都是以自己国家的利益为最高准则来谈问题和处理问题的。"二是实行"军民兼容、平战结合"的方针。"军民兼容"就是寓军于民,军民结合,把国防建设寓于国家总体建设之中,国防科技和国防工业纳入国家经济建设的轨道,将单一研究、生产军品,改为在保证军品的前提下,大力开发民用产品。"平战结合"是国家的平时经济建设,要充分考虑到战时国防的需要,要与未来战争的要求相适应。国防科技和工业平时实行军转民,以提高经济效益,战时则便于民转军,以保证战争需要。三是建立精干常备军与强大的后备力量相结合的武装力量体制。在新的历史时期,人民军队是国防武装力量的主体,是巩固国防、抵御侵略、保卫祖国的坚强柱石和钢铁长城。为了建立强大的国防,必须要建设一支精干的常备军,使之体制编制结构合理,根据现代战争的要求,系统结构协调均衡,整体功能明显增强,形成陆、海、空三军一体的强大力量。邓小平多次强调国防后备力量的地位和作用。国防后备力量是指经过一定准备,必要时可以动员用于国防的力量。从武装力量上讲,主要指民兵和预备役。新成立的预备役部队,有统一的编制番号、规章制度和服装,有训练大纲和各种正规化管理,有专门的营房和训练基地,以劳养军,平战结合,是一支强有力的后备力量。四是坚持独立自主、自力更生的立足点。要把国防现代化放在自己力量的基点上,不依赖别国力量,更不幻想他国的恩赐。邓小平指出,"独立自主、自力更生,无论过去、现在和将来,都是我们的立足点。"他还指出,独立自主不是闭关自守,自力更生不是盲目排外。要搞国防现代化,不开放不行,不加强国防交往不行,不引进发达国家的先进经验、先进科学技术成果和资金不行,因此,要把坚持独立自主、自力更生与坚持对外开放有机结合起来。五是加强国防教育,强化全民的国防观念。邓小平在指导新时期国防建设的实践中,把国防教育作为增强国防观念、树立国防意识、重视国防建设的主要环节,增强全国人民捍卫国家、民族和社会主义建设的责任感和向心力,充分调动全国人民热爱、建设、保卫祖国的积极性,从而形成巨大的精神力量,促进国防现代化建设的发展。

### (三)建立一支现代化、正规化的革命军队

邓小平关于"建设一支强大的现代化、正规化革命军队"的思想是我军建设的指针,具有丰富的内容,体现了他作为一个伟大战略家的胆略和智慧,是我军的宝贵财富,对今后军队建设有着长远的指导作用。

#### 1. 确立革命化、现代化、正规化是我军建设的三项指标

革命化是我军建设的政治标准,它反映着我军的阶级属性和思想政治水平,鲜明地体现着军队的本质和宗旨,是我军的根本特色所在,是我军区别于一切剥削阶级军队的根本标志。现代化体现军队的武器装备、指挥、作战和协同等方面适应现代高技术战争的能力。正规化体现军队组织、管理和军制状况。军队现代化程度越高,越需要加强正规化建设。以现代化为中心,不仅是解决新时期我军建设主要矛盾的必须之举,而且也是我军向高级阶段发展的必由之路,同时又是实现中国四个现代化建设总任务的客观要求。国防现代化是四个现代化的内容之一,而军队现代化则是国防现代化的重点,这是因为我军是保卫社会主义祖国、维护人民民主专政的坚强柱石。以现代化为中心,并不是忽视和降低革命化、正规化建设的地位。"三化"是相互联结、相互促进、不可分割的统一体。以现代化为中心,必然带动其他"两化"相应地发展。现代化建设也需要革命化和正规化的保障,需要依靠广大指战员积极性创造性的发挥,而这种人的主观能动性精神需要革命化去激发,需要正规化加以融汇。邓小平提出的"三化"建设的总目标,是我军建设由低级向高级阶段发展的必然要求,是新时期保卫国家安全、实现国家发展战略的需要。

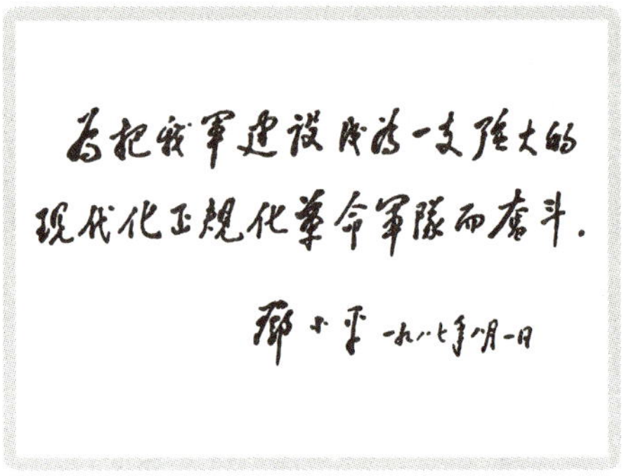

图11-1 建设一支强大的现代化、正规化革命军队

#### 2. 建立科学的编制体制

军队的体制编制,包括军队领导指挥机关、作战部队系统、院校和科研系统、后勤系统的设置、编组以及任务区分和相互关系等制度,以保证军队各级各类组织有机地编成,人和武器有效地结合。科学合理的体制编制,对整体的战斗效能有着重大的影响。因此,体制编制改革的着眼点,就是提高战斗力。邓小平在主持我军裁减100万的同时,又狠抓了我军的体制编制的改革,这就是精简和整编相结合的军队整顿工作。邓小平指出:"解决肿的问题,搞好军队的编制整顿、体制整顿,可以适当解决军队的其他问题。"我军在贯彻邓小平和军委提出的"精兵、合成、平战结合、提高效能"四条原则上,取得了可喜的进展。精兵的原则是兵贵精不贵多。精兵既是质的概念,又是量的概念,是质与量的统一,达到高质适量。当今世界,许多国家的军队都把减少数量、提高质量作为军队建设的方针。中国确定精兵之路,不仅要顺应当代军队发展的基本规律,又要符合中国的实际。譬如,中国陆地面积大,军队建设主要出于保卫国家利益、反对侵略、实行自卫的需要,因此,军种比例上仍然要以陆军为主体,但在陆军中,适当增大技术兵种的比例。由于中国海、边防线长,故必须重点充实海、边防力量,加强值班部队和快速反应部队的建设。由于中国各个地区的地理特点,预定作战对象和任务不同,需要因地因任务制宜进行科学编组,建立既相对统一,又有独立组织作战和后勤保障的多个战区。这就是必须走适合中国国情的具有中国特色的精兵之路。

### 3. 把教育训练提高到战略地位

把教育训练提高到战略地位,是邓小平新时期军队建设思想的又一组成部分。邓小平所讲的军队教育训练包括军事训练、政治教育、科学文化教育和民用技术训练。这"四位一体"的军事实践活动,大大拓宽了军队教育训练的领域,丰富了军队教育训练的内容。邓小平提出把教育训练提高到战略地位,也正是要求把教育训练作为军队新时期建设的全面性问题来看待。也就是说,教育训练在新时期比过去任何时候都重要,已经成为事关全局的大问题,必须给予高度重视。必须把教育训练作为实现我军革命化、现代化、正规化的大事来认识,作为增强维护国家安全和稳定能力的根本措施来对待,作为全面提高军队各方面素质以适应当前国家建设大局需要的重大问题来解决。

### (四)坚持现代条件下的人民战争

人民战争思想是毛泽东军事思想的核心内容,是在敌强我弱的战争年代发展起来的。随着时代的发展变化以及高技术武器在现代战争中的应用,人民战争思想的内容也必然得到发展。在这种历史条件下,邓小平号召我军要继承毛泽东军事思想,研究现代条件下的人民战争。

#### 1. 要研究现代战争特点给人民战争带来的影响

由于战争样式和战争环境的变化,现代战争呈现出许多新的特点,充分认识这些特点给人民战争带来的影响,是打赢未来反侵略战争的前提。首先,战争的立体性增强,由此决定现代条件下的人民战争也必然是一场现代化的立体战争。这就决定了现代条件下的人民战争一方面反空袭斗争的任务更加繁重,另一方面将要求各种作战力量的协同与配合更加密切。其次,战争的消耗增大。这主要是因为现代化战争将广泛使用威力大、精度高、射程远的机械化、自动化武器装备,增加了消耗能力和破坏程度。对现代条件下人民战争消耗大的基本特点,我们必须给予足够的重视,并把它作为一个重大的战略性问题加以解决。邓小平曾明确指出:"过去我们是小米加步枪,对后勤依赖还不算很大。现在不同了,无论是军需给养、武器弹药、装备器材,都得靠强大的后方供应。战争物资的储备,也在不断变化,这些都需要认真具体地研究。"要适应这个基本特点,就需要我们平时努力搞好国家经济建设,不断增强国家的经济实力,并逐步建立起强大而高效的后勤保障系统。最后,战争的复杂性更加明显。现代条件下的人民战争将涉及国家的各个方面、各条战线、各个领域,而且对作战行动的时效性要求更高,指挥协调就更加困难,这必然对战争能力提出更高的要求。

#### 2. 要创造现代条件下人民战争的新战法

敌我武器装备之间差距的客观存在,决定我们要赢得未来反侵略战争的胜利,必须在作战谋略的运用上高敌一筹,特别要研究以劣胜优的作战方法。要着重研究高技术条件下的作战特点,既研究外军在现代条件下的作战特点,更要研究我军在现代条件下的作战特点。力争在侦察与反侦察、空袭与反空袭、机动与反机动、封锁与反封锁,以及电子战、夜战、近战等方面有所突破。

#### 3. 认真做好人民战争的各项准备工作

首先,必须努力增强全民国防观念,培养国防意识,为实行现代条件下的人民战争奠定坚实的思想基础和组织基础。未来战争与历次革命战争相比,战争的艰苦、激烈程度将是空前的,战争的人力、物力消耗也将是前所未有的,所以要求在动员人民群众的深度和广度上将有更大的发展。要达到这样的要求,就必须具备相应的思想基础和组织基础,即平时就要使广大人民群众都始终保持着强烈的国防意识和高度的思想警惕,并建立和健全各种动员机构,以便能够根据战争的需要把人民群众迅速组织动员起来。其次,要加强武装力量建设。武装力量建设是国防建设的重要组成部分,是平时对敌实施威慑、战时赢得胜利的重要保证。一方面要建立一支精干的常备军。现代军队的整体战斗力是以合成为前提的,邓小平正是从我军的编成单一、合成程度低、不能适应现代战争需要的实际出发,提出了精兵合成的思想。他要求军队要"认真学习现代化战争的知识,学习诸军兵种联合作战","要编组合成军,就是要逐步地把部队合成起来,通过平时训练,使大家熟悉这方面的知识,学会这方面的本领"。另一方面要加强后备力量建设。邓小平根据新的历史条件,从中国国防建设和军队建设的实际出发,继承和发展了毛泽东人民战争思想,创造性地回答和解决了后备力量建设中的一系列重大问题。一旦战争爆发,不仅可以满足常备军成倍扩编和补充的需要,还可以广泛动员人民群众参加和支援战争,达到平时少养兵,战时多出兵、出好兵的战略目的。最后,注意打牢人民战争的物质基础。在这方面,邓小平阐明了国防建设要同经济建设协调发展的思想,强调"国防的现代化,只有建立在国家整个工业以及农业发展的基础上才有可能";主张新时期的国防工业建设要走平战结合、军民兼容的发展道路;要搞好战争物资储备。

### 三、邓小平新时期军队建设思想的地位和作用

**(一)邓小平新时期军队建设思想是当代马列主义军事理论**

邓小平新时期军队建设思想,形成于中国社会主义改革开放和现代化建设的伟大实践之中。通过对当今国际形势冷静观察和正确判断,通过对新时期中国国情、军情实事求是的科学分析,邓小平提出了一系列建军方针、政策。因此,邓小平新时期军队建设思想具有鲜明的时代特征,它着眼于马列主义军事理论在新的历史条件下的运用,着眼于对国际战略形势和中国国情的深刻分析,着眼于新时期我军建设的实际,是当代马列主义军事理论在中国新时期的创新与实践。

**(二)邓小平新时期军队建设思想是我军建设的科学指南**

邓小平新时期军队建设思想,揭示了和平时期国防和军队建设的基本规律。它坚持把当今世界各国国防和军队建设的一般规律和原则同我军的实际情况结合,抓住我军建设中的主要矛盾,创造性地回答和解决新时期我军建设亟待解决的一系列重大理论和实际问题。邓小平新时期军队建设思想,是一个完整的科学体系,是马列主义军事理论、毛泽东军事思想在新的历史条件下的创造性运用和发展,是新时期我军军事斗争和军队建设的科学指南。

**(三)邓小平新时期军队建设思想是我军克敌制胜的锐利的思想、理论武器**

邓小平新时期军队建设思想,揭示了现代战争的特点和规律,为现代高技术条件下局部战争的作战指导提供了理论武器。邓小平提出了和平与发展的新理论,极大地丰富了马克思主义的战争观。他提出了现代条件下的人民战争理论,强调把建设强大的常备军与建设强大的后备力量相结合。他为我军制定了新时期积极防御的战略方针,赋予了具有时代特点的新内涵。他为我军确定了总目标、总任务,强调以现代化建设为中心,全面加强军队质量建设,时刻做好战争准备。从上述意义上而言,邓小平新时期军队建设思想是我军赢得高技术条件下局部战争胜利的锐利的思想、理论武器。

# 第十一章　中国当代国防和军队建设思想

## 第二节　江泽民国防和军队建设思想

以江泽民同志为主要代表的中国共产党人，着眼于解决新时期国防和军队建设包括军事斗争准备的新情况、新问题，在坚持和发展马列主义军事理论、毛泽东军事思想和邓小平新时期军队建设思想方面，日益深刻地展示着共产党人特有的科学态度和革命的创造精神。坚持马列主义军事理论、毛泽东军事思想和邓小平新时期军队建设思想，是江泽民反复强调的根本原则，也是成功地解决中国国防和军队现代化建设诸多问题的重要前提。学习、贯彻中央军委和江泽民关于世纪之交国防和军队建设思想，是坚持马列主义军事理论、毛泽东军事思想和邓小平新时期军队建设思想的必然要求，也是顺应我军建设发展的历史趋势，是搞好国防和军队现代化建设的迫切需要。江泽民这些年来在领导国防和军队现代化建设中，紧紧围绕进一步把我军建设成为一支强大的现代化、正规化的革命军队这个总方针、总目标，做过许多重要论述。在党的十六大报告中，江泽民在总结过去十三年成功的经验中，指出其中的一点是：坚持党对军队的绝对领导，走中国特色的精兵之路。

### 一、关于建军思想

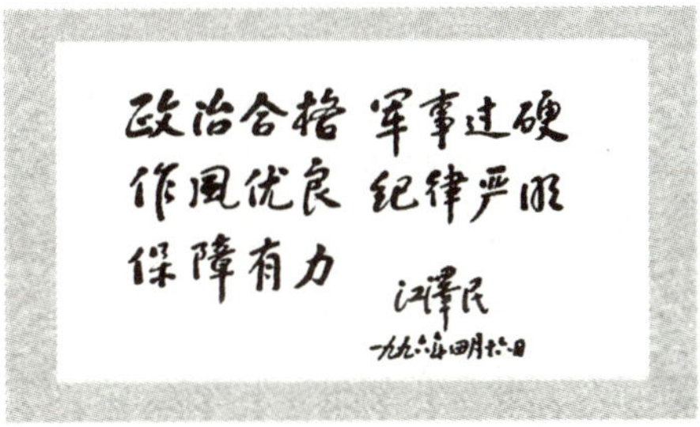

在 20 世纪的中国，与马列主义同中国实际相结合的两次历史性飞跃相联系，中国共产党人在军事领域创造性地运用马列主义军事理论同样获得了两次历史性飞跃：第一次是创立和形成了毛泽东军事思想，第二次是创立和形成了邓小平新时期军队建设思想。邓小平新时期军队建设思想，是毛泽东军事思想和当代中国军事实际相结合的产物，是对毛泽东军事思想的重大发展。中央军委和江泽民号召全军努力学习毛泽东军事思想和邓小平新时期军队建设思想，

图 11-2　"政治合格、军事过硬、作风优良、纪律严明、保障有力"

用科学的军事理论武装全军。在党的十六大报告中，江泽民更进一步指出："坚持以毛泽东军事思想、邓小平新时期军队建设思想为指导，全面贯彻'三个代表'重要思想，按照政治合格、军事过硬、作风优良、纪律严明、保障有力的总要求，紧紧围绕打得赢、不变质两个历史性课题，坚定不移地走中国特色的精兵之路，加强军队的革命化现代化正规化建设。"提出了新形势下，中国军队建设的指导思想。

### 二、关于加强思想政治工作

坚持党对军队的绝对领导，是我军政治工作的前提。中国人民解放军是中国共产党缔造的无产阶级的新型人民军队，是执行革命的政治任务的武装集团，是为实现党的纲领、路线服务的。我们党的性质和我军的阶级属性，都决定了我军必须由中国共产党来领导。党对军队的绝对领导，是毛泽东、邓小平等老一辈无产阶级革命家把马克思主义的普遍真理与中国革命和军队的实际相结合，创造性地提出的一条根本性的建军原则。江泽民主持军委工作以后，对坚持党对军队的绝对领导的问题十分重视，他指出："必须始终不渝地坚持党对军队的绝对领

导。"后来还强调："在新的形势下,要始终保持我军的性质,保证党对军队的绝对领导。"在党的十六大报告中,江泽民更进一步指出,要毫不动摇地坚持党领导人民军队的根本原则和制度。这对于新时期加强我军建设,具有重大的指导意义。政治工作是我军的生命线。江泽民高度重视这条生命线,多次强调指出要加强和改进思想政治工作。他指出："搞好军队的思想政治建设,是搞好军事训练、后勤保障以至整个军队现代化建设的重要基础。思想政治建设是革命化建设的核心,是引导全军干部战士拒腐蚀、永不沾,永葆人民军队革命本色的可靠保证。所以,我们必须高度重视军队的思想政治建设,必须把它摆在全军各项建设的首位。"后来江泽民还指出："我们党历来把思想政治建设摆在党的建设的首位。"在党的十六大报告中,江泽民指出："始终把思想政治建设摆在军队各项建设的首位,永葆人民军队的性质、本色和作风。"深入贯彻落实这些重要指示,必须在正确认识发展社会主义市场经济对我军官兵思想产生的双重影响的基础上,不断充实思想政治教育内容,探索有效的思想政治教育方法和途径。

### 三、关于科技强军思想

党的十四大之后,江泽民提出:军队建设"要贯彻质量建军、科技强军的战略思想"。在党的十六大报告中,江泽民指出："贯彻积极防御的军事战略方针,提高高技术条件下的防卫作战能力。适应世界军事变革的趋势,实施科技强军战略,加强质量建设。把教育训练摆到战略位置,深入开展科技练兵,加强军队院校建设,培养大批高素质新型军事人才。创新发展军事理论。努力完成机械化和信息化建设的双重历史任务,实现我军现代化的跨越式发展。"

**(一)走科技强军之路,必须确立"科学技术是第一生产力,也是战斗力"的观念**

江泽民在与国防科技大学的专家学者们座谈时,高屋建瓴地指出："邓小平同志提出的科学技术是第一生产力的著名论断,是对马克思主义理论宝库的一个新的重大贡献,科学技术是第一生产力,也是重要的战斗力,国家和军队现代化建设必须依靠科学技术的进步。"同时又指出："现实告诉我们,现代战争正成为高科技战争,是立体战、电子战、导弹战,落后就意味着被动挨打。"为使这一思想成为全军的共识,江泽民在海湾战争前夕指出："在现代战争条件下,国家的防御能力和军队的作战生存能力,比以往任何时候都更加依赖和取决于科学技术和现代工业,要把加强科技的发展和应用放在现代化建设全局的重要位置,使经济建设和国防建设都切实转移到依靠科技进步上来。"海湾战争后,他又讲："海湾战争,使我们进一步看到了科学技术在现代战争中的作用。我们不是唯武器论者,相信最终决定战争胜负的是人,而不是物。但是,先进的武器毕竟是重要的,科学技术是不可忽视的。"江泽民在各地视察工作时一再强调,走科技强军道路,依靠科技进步,才能真正实现国防和军队建设的现代化。

**(二)"两个根本性转变"明确规定了新时期科技强军的战略目标和任务,又指明了军队质量建设的发展方向**

1995年,中央军委明确提出了实现"两个根本性转变"的战略决策——"在军事斗争准备上,实现由准备应付一般条件下局部战争向准备打赢现代技术特别是高技术条件下局部战争转变;在军队建设上,由数量规模型向质量效能型、由人力密集型向科技密集型转变。"这是对科技强军思想具体化的清晰描述,是着眼国际形势发展变化,适应高科技发展的时代要求,进一步贯彻落实新时期军事战略方针的实际步骤,既为新时期科技强军明确规定了战略目标和任务,又为我军质量建设指明了发展方向。江泽民曾多次指出："创新是一个民族进步的灵魂,是国家兴旺发达的不竭动力。"这是"两个根本性转变"战略思想的精髓。我们必须以创新精神把军事斗争准备的基点放到打赢现代技术特别是高技术条件下的局部战争上。这是基于我军军事斗争任务的客观现实,也是科技强军的奋斗目标和战略任务。要建设一支现代化的军队,必须把军队建设的重点放到注重质量、效能,向科学技术要战斗力上。这是从我军建设的实际情况出发,明确科技强军的有效措施和基本途径,从而为全面落实科技强军指明了基本思路。它一方面突出了战略方针的核心内容,也强调处理好一般技术和高技术局部战争之间的关系;另一方面也指明了实现科技强军的基本途径。

**(三)依靠科技进步,实现科技强军,必须结合基本国情,"抓住关键,集中力量打歼灭战"**

*1. 军队素质的现代化,是科技强军的核心*

江泽民反复强调,科教兴国、科技强军,发展先进的科学技术,关键是人才,要把提高军事人才的科技素质作为一项十分重要的科技任务来抓。"高新技术装备一下子搞不上去,但人才培养要先行。宁可让人才等装备,也不能让装备等人才。"高科技人才是推动社会进步和加强军队质量建设的强大动力,从某种意义上讲,高科技人才决定了高科技自身的发展,人才的培养是关系到国家民族兴衰存亡的重大战略问题。为此,要在部队官兵中普及现代科技知识,坚持用正确的思想理论和高科技知识武装官兵,"迅速掀起并形成一个广泛、深入、持久地学习现代科技特别是高科技知识的热潮",特别是指战员要"力求掌握更多的现代科技知识,使自己真正成为一个合格的现代化军队的指挥员"。同时还要注意发挥军队中知识分子的作用,进一步形成尊重知识、尊重人才的良好风气。

*2. 优先发展若干急需和顶用的尖端武器,做到抓住关键,集中力量,重点突破*

江泽民曾语重心长地指出,中国的国防建设尤其是发展一些尖端武器,对保卫我们的经济建设和国家安全,关系太重要了。尽快地拥有自己的高技术武器装备,不仅是世界军事斗争形势发展的客观要求,也是我军落实军委新时期军事战略方针必须解决的一个重要问题。先进的高新技术及其相应的武器装备,集中反映了一个国家和民族的综合能力,是国防和军队现代化水平的重要标志。目前,中国的科技水平和科技实力与发达国家相比,还有较大差距。但是,我们绝不能消极等待,无所作为。在科学技术整体水平不如他人的情况下,通过集中力量发展若干急需和顶用的尖端武器装备,改变自身被动的局面,不是做不到的,而是可能也是必须要做的。

## 四、关于发展具有中国特色的军事科学

具有中国特色的军事科学,是在中国革命战争、国防和军队建设实践中,在毛泽东、邓小平等老一辈无产阶级革命家、军事家领导下,逐步创立和发展起来的。这种军事科学,在军事实践中曾经并正在继续发挥着非常重要的指导作用。进入20世纪90年代后,中央军委和江泽民非常重视军事科学研究。他曾多次指出:"先进的军事理论,历来是军队建设得以健康发展的必要条件,是战争的重要制胜因素。"当代军事领域的变革,推动着军事理论的发展和创新。在党的十六大报告中,江泽民指出:"探索新的历史条件下治军的特点和规律,推进国防和军队建设的各项改革。"

## 第三节　胡锦涛国防和军队建设思想

新世纪新阶段,胡锦涛同志着眼国家安全和发展战略全局,科学筹划指导国防和军队建设以及军事斗争准备,提出了一系列紧密联系、相互贯通的新思想新观点新论断,科学回答了在世界大发展大变革大调整、我国全面建设小康社会的历史条件下推进国防和军队建设科学发展、全面履行新世纪新阶段军队历史使命的重大课题,形成了胡锦涛国防和军队建设思想,开辟了党的军事指导理论创新发展新境界。

### 一、新世纪新阶段军事战略思想

坚持以人为本、全面协调可持续发展的科学发展观指导国家现代化建设,是以胡锦涛同志为主要代表的中国共产党人从新世纪新阶段党和国家事业发展全局出发提出的重大战略思想。

**(一)用科学发展观统领国防和军队建设**

胡锦涛明确指出,要坚持把科学发展观作为加强国防和军队建设的重要指导方针。十六大以来,党中央提出以人为本、全面协调可持续发展的科学发展观,极大地丰富了马克思主义理论。在科学发展观的指导下,中国经济社会进入了一个健康发展的新阶段。国防和军队建设是社会主义现代化建设的重要组成部分。胡锦涛指出,实现国防建设和经济建设协调发展,就是要使国防和军队发展战略与国家发展战略相适应。要做到这一点,我们就必须依据科学发展观的要求,站在国家发展战略的高度,考虑和设计国防和军队发展战略,把国防和军队现代化建设融入国家现代化建设的战略全局之中,使国防和军队现代化进程与国家现代化进程相一致。胡锦涛还指出,我们要坚持以科学发展观为指导,全面、系统、深入地研究军队建设的阶段性特点,把军队建设的基础和现状搞清楚,把影响和制约军队建设的重点难点问题搞清楚,把军队建设的发展方向和主要任务搞清楚,不断深化对军队建设规律的认识,正确解决军队建设发展中的深层次矛盾和问题,把军队建设切实转入科学发展轨道,使我军建设发展始终充满生机和活力。

**(二)和平是主流,安全形势严峻**

胡锦涛指出,我们分析判断安全形势,不仅要看到有利的一面,还要看到不利的一面。随着国际形势的深刻变化和中国社会的深刻变革,中国对世界的影响力在增长,但中国发展面临的外部制约因素也在增加。传统安全威胁和非传统安全威胁因素相互交织,影响中国安全的不稳定不确定因素增多,国家安全问题的综合性、复杂性、多变性进一步增强。中国依然面临着军事安全威胁,同时政治安全、经济安全、信息安全、能源安全、海上通道安全等方面面临的威胁也不容忽视。西方敌对势力加紧对中国实行西化、分化的政治战略,千方百计从各个方面对中国加以牵制和遏制。国家安全问题的综合性、复杂性、多变性进一步增强的态势,对国防和军队建设提出了新的更高的要求。胡锦涛根据时代发展和国家安全形势的变化,提出了新世纪新阶段我军的历史使命,进一步明确了我军在新的历史条件下的地位、作用,进一步拓展了我军职能,赋予了我军更加光荣而艰巨的任务。胡锦涛指出,我们要从国际国内大局出发,用更加宽广的战略眼光来审视国防和军队建设问题,确立国防和军队建设的目标和任务,以增强打赢信息化条件下局部战争的能力为核心,不断提高应对多种安全威胁、完成多样化军事任务能力,确保我军能够在各种复杂形势下有效应对危机、维护和平、遏制战争、打赢战争。

### (三) 反对"台独",做好打赢信息化战争的准备

"台独"就是分裂,"台独"就意味着战争,制止"台独"势力分裂国家,是国家武装力量的神圣职责。"台独"分裂势力及其活动已经成为国家安全面临的最大威胁,成为某些国家遏制中国发展的主要着力点之一。围绕台湾问题进行的斗争,既是为保证国家安全统一进行的反分裂斗争,也是为保障国家发展进行的反遏制斗争。维护国家主权独立、领土完整的军事斗争准备是我军长期的主要战略任务,只要祖国统一问题没有解决,这一战略任务就一天也不能放松。反对"台独"、反对分裂、实现祖国统一大业的斗争,要与做好打赢信息化战争准备结合起来。当前,我军最重要、最现实、最紧迫的战略任务是做好军事斗争的各项准备。必须充分认清中国安全问题的综合性、复杂性、多变性进一步增强的态势,充分认清军事斗争准备在中国安全和发展战略中的重要地位,从而树立强烈的忧患意识、责任意识和使命意识,坚决履行好捍卫国家主权、安全统一和领土完整的神圣职责。

## 二、军队建设思想

胡锦涛继承党的三大军事指导理论成果,创新发展了马克思主义军事指导理论,向全军郑重提出,军队要为党巩固执政地位提供重要的力量保证,为维护国家发展的重要战略机遇期提供坚强的安全保障,为维护国家利益提供有力的战略支撑,为维护世界和平与促进共同发展发挥重要作用。"三个提供,一个发挥"的重要指示,深刻揭示了新的历史条件下国防和军队建设的本质规律,构建了新时期军事思想的科学体系,实现了人民军队历史使命的又一次与时俱进,开辟了我们党军事指导理论发展的新境界,具有重大的理论创新价值和实践指导意义。

### (一) 为党巩固执政地位提供重要的力量保证

为党巩固执政地位提供重要的力量保证,是我军阶级属性和鲜明党性的集中体现。根据马克思主义国家学说,国家通常是由政党领导的,军队作为国家机器的重要组成部分,总是为一定的阶级和政党的统治而存在和服务的。谁想夺取政权并想保持它,谁就应有强大的军队。我军是党绝对领导下的人民军队,是执行革命政治任务的武装集团。从成立那天起,我军就以党的宗旨为宗旨,以党的旗帜为旗帜,以党的目标为目标,以党的意志为意志。坚持党对军队的绝对领导是我军永远不变的军魂,也是我军建军的根本

图 11-3 "忠诚于党、热爱人民、报效国家、献身使命、崇尚荣誉"

原则和特有的政治属性。正如《关于建国以来党的若干历史问题的决议》中指出的那样:"中国革命的胜利,主要是依靠我们党所领导的完全新型的与人民群众血肉相连的人民军队,通过长期人民战争战胜强大敌人取得的。没有这样一支人民的军队,就不可能有人民的解放和国家的独立。"党和军队的这种历史渊源和血肉联系,决定了军队必须把巩固党的执政地位作为自己的神圣使命。我们党成为执政党,是历史的选择,人民的选择。坚持党的领导,巩固党的执政地位,是推进中国特色社会主义事业,维护好、发展好、实现好人民利益的根本保证。我军要

始终不渝地坚持全心全意为人民服务的宗旨,就必须为党巩固执政地位提供重要的力量保证。

### (二)为维护国家发展的重要战略机遇期提供坚强的安全保障

所谓战略机遇期,通常是指国际国内各种综合因素对一个国家的历史命运产生全局性、长远性、决定性影响的某一历史阶段,是为一个国家经济社会发展提供良好机会和环境条件的特定历史时期。当今世界"冷战"虽然结束,但天下仍不太平,西方发达国家通过他们控制的国际经济、金融组织,企图主导、控制国际经济发展;国际上各种力量争夺战略要地、战略资源、经济发展主导权的矛盾错综复杂;霸权主义和强权政治依然存在,局部战争和武装冲突连绵不断;西方敌对势力不愿看到中国的发展和强大,不会放弃遏制中国的图谋;中国周边地区还存在一些不安定因素。"台独"分裂势力及其活动对国家主权和领土完整构成严重威胁,成为影响国家发展的心腹大患;随着中国社会结构的深刻变化和各种思想文化相互碰撞,各种社会矛盾、不利于社会稳定的因素在增多。总而言之,国家主权面临的威胁、国家安全面临的挑战和社会稳定面临的问题,都有可能影响和制约我们对战略机遇期的把握和全面建设小康社会目标的实现。在新的形势下,军事安全因素对保障国家安全和发展的作用不但没有降低,反而进一步上升。在确保国家安全、维护国家发展的重要战略机遇期,必须努力增强中国的国防和军事实力。正是基于对国际安全环境、周边安全环境和国内安全环境变化的深刻分析和准确判断,胡锦涛提出我军要为维护国家发展的重要战略机遇期提供坚强安全保障的新的历史使命。

### (三)为维护国家利益提供有力的战略支撑

国家利益,是一个国家生存与发展需求的总和,是国家与国家之间交往的最高准则和核心价值。它通常由国家领土、国家安全、国家主权、国家发展、国家稳定和国家尊严等多个层次的要素所构成。其中,国家经济利益、国家政治利益和国家安全利益是国家利益的核心内容。国家经济利益是所有国家战略利益的物质基础,国家政治利益是国家经济利益的集中体现,而国家安全利益则是国家政治利益和国家经济利益在国家关系中的延伸。随着时代的进步和中国的不断发展壮大,国家利益所涉及的地域、空间和范围也在不断地发生变化。就国家领土、主权和安全发展而言,在科学技术不发达的时代,国家利益所涉及的疆域主要是指地理边疆。随着信息化和经济全球化时代的到来,我们的国家利益逐渐超出传统的领土、领海和领空范围,不断向海洋、太空、电磁空间扩展和延伸。这一发展和变化,使国家利益的内涵和构成增添了许多新的内容。围绕海洋、太空、电磁空间的控制和争夺,已经成为当前和今后国际竞争的焦点,对国家的生存和发展将产生重大的影响。以海洋来说,它不仅是国际交往的大通道,也是人类可持续发展的战略宝库。中国作为一个海洋大国,内海和边海的水域面积约470万平方千米,在公海上我们也有巨大的国家利益。海洋还是中国对外贸易的命脉,中国有30多条远洋运输航线通达150多个国家和地区的600多个港口,对外贸易额的90%以上是通过海上运输实现的。随着中国改革开放的发展,海上通道对我们来说,无论是推进发展还是维护国家安全,都具有巨大的战略价值。至于太空领域,已成为国际合作、竞争和对抗的新领域,少数大国正在加紧争夺太空军事优势。这一趋势势必对中国的安全和发展利益带来严重影响。维护国家利益是军队使命所系、职责所在。随着时代的进步和国家利益的发展,我军的历史使命也必然随之延伸。这就要求我们必须拓宽国家安全战略和军事战略的视野,不仅要关注和维护国家生存利益,还要关注和维护国家发展利益;不仅要关注和维护领土安全、领海安全、领空安全,还要关注和维护海洋安全、太空安全、电磁空间安全,为维护国家利益提供有力的战略支撑。

**(四)为维护世界和平与促进共同发展发挥重要作用**

维护世界和平与促进共同发展,是新形势下我军历史使命的必然要求。当今世界,虽然和平与发展仍是时代的主题,但我们必须看到,进入新世纪新阶段,影响和平发展的不确定因素在增加,热点问题层出不穷,局部战争和地区冲突此起彼伏,霸权主义、强权政治依然存在,恐怖势力、宗教极端势力、民族分裂势力的危害在不断上升,尤其是霸权主义和恐怖主义作为威胁世界安全的直接祸源没有得到有效的遏制,对世界和平与发展仍是极大的威胁。随着经济全球化进程和科学技术的加速发展,各国间合作与竞争日益加深,国家利益涉及的领域和空间不断延伸;日趋激烈的国际竞争充斥在经济、政治、军事、科技、文化、人才等各个领域;国际形势复杂多变,传统与非传统安全威胁因素相互交织;中国周边安全中不稳定、不确定因素增多。中国作为一个在世界上影响力不断提升的负责任的大国,应当在维护世界和平与促进共同发展中发挥重要作用。新世纪新阶段的历史使命,赋予了我军崇高的职责和更加繁重而艰巨的任务。军队在维护世界和平与促进共同发展中发挥作用,要求我们必须以世界眼光来加强和推进军队建设,努力把我军建设成为与中国地位相称、与我军新的历史使命相适应的军事力量。维护世界和平,促进共同发展,必须要有强大的军事实力作后盾。对此,我们必须保持清醒的头脑,把握世界发展趋势,提高警惕,居安思危,不断发展和壮大军事实力,提高应对危机、维护和平、遏制战争、打赢战争的能力。我们要适应新形势新任务的要求,加强军事力量建设,认真贯彻新时期军事战略方针,确立以信息化为主导的现代化建设思路,认真研究和平时期军事力量运用问题,积极做好各种准备,充分发挥军队应对危机和遏制战争的作用,努力提高打赢信息化条件下局部战争的能力,把我军建设成为一支能够承担维护世界和平与促进共同发展重任的军事力量。

### 三、国防建设思想

**(一)国防与经济建设一定要协调发展**

党的十六大提出的坚持国防建设与经济建设协调发展的方针,是我们党对国防建设和经济建设内在规律的科学总结。集中精力把经济建设搞上去,不断增强经济实力,是解决包括国防和军队建设在内的所有问题的重要前提和物质基础。国防实力是综合国力的重要组成部分,强大巩固的国防是国家安全和经济发展的重要保障,尤其是在当今世界形势复杂多变,各国之间综合国力竞争日趋激烈的情况下,国家的安全和发展必须有强大的军事实力作后盾,我们一定要统筹好国防建设和经济建设的关系。胡锦涛指出,要在经济发展的基础上,努力建设一支同我国安全和发展利益相适应的军事力量,有效维护国家安全统一,确保全国建设小康社会的顺利推进。这是落实科学发展观的必然要求,也是在新世纪新阶段抓住战略机遇期,全面推进社会主义经济建设、政治建设、文化建设和社会主义和谐社会建设,实现全面建设小康社会宏伟目标的需要。要正确贯彻执行国防建设与经济建设协调发展的方针,就必须正确认识和把握国防和军队建设服从服务于经济建设这个大局的辩证关系。从国家讲,要在经济发展的基础上,逐步增加国防投入,保障和促进国防和军队现代化建设的顺利进行。从军队讲,要坚决服从服务于国家经济社会发展的大局,为经济建设保驾护航。胡锦涛指出,经过改革开放二十多年的发展,中国的经济实力上了一个大台阶,国防和军队现代化建设的物质技术基础明显加强。新世纪新阶段中国经济社会的不断发展,必将为国防和军队现代化建设创造更加有利的条件。可以说,21世纪前20年,既是国家经济社会加快发展的重要时机,也是国防和军队现代化建设加快发展的重要时机。我们应该也有可能把国防和军队现代化建设搞得更好。要依托国家经济社会发展,把国防建设融入现代化建设全局之中,统筹国防资源和经济资源,注重国防经济和社会经济、军用技术和民用技术、军队人才和地方人才的兼容发展,进一步形成国防建设和经济建设相互促进、协调发展的良好局面。

### (二)军民结合、寓军于民

实现国防和军队现代化建设又快又好地发展,必须坚持军民结合、寓军于民的方针,把国防和军队现代化建设深深融入经济社会发展体系之中。新中国成立以来,我们党在领导国防和军队建设中始终坚持人民战争的战略思想,致力于探索军民结合、寓军于民发展国防和军队建设路子,认识不断深化,实践不断拓展。当代科技革命、产业革命和新军事变革的发展,使国防经济与社会经济、军用技术与民用技术的结合越来越广、融合度越来越深。信息化战争呈现军民一体、前后方一体的趋势,信息化军队建设和作战,对经济、科技和社会的依赖性空前增强。新世纪新阶段,中国高新技术产业和社会信息化的迅速发展,对中国特色军事变革的影响和支撑也不断深入,因此,对军民结合、寓军于民发展国防和军队建设提出了新的更高的要求,也提供了更加有利的条件,利用国家经济社会资源加快国防和军队的建设与发展的前景也更加广阔。胡锦涛指出:"我们要认真总结自己的成功经验,借鉴国外有益经验,积极探索新形势下军民结合、寓军于民的新途径新方法,全面推进经济、科技、教育、人才等各个领域的军民融合,在更广范围、更高层次、更深程度上把国防和军队现代化建设与经济社会发展结合起来,为实现国防和军队现代化提供丰厚的资源和持续发展的后劲。"军民结合、寓军于民,需要党和国家从经济社会发展全局通盘考虑,制定相应的法规政策和军民通用技术标准,要强化军民结合、寓军于民意识,建立军民结合、寓军于民的经济社会体系。胡锦涛指出:"能利用民用资源的就不自己铺摊子,能纳入国家经济科技发展体系的就不另起炉灶,能依托社会保障资源办的事都要实行社会保障。"要尽可能把国防科学技术研究纳入国家科学技术中长期发展规划,广泛吸纳成熟的民用技术,提高武器装备的创新发展能力。胡锦涛特别强调,要加大依托国民教育培养军事人才和从社会引进专业技术人才工作的力度,更好地满足军队建设日益增长的高素质人才需求。国防动员是实现军民结合、寓军于民的重要组织形式和桥梁,要通过国防动员推进军队后勤保障和其他社会保障的社会化,大力加强民兵和预备役部队建设,突出抓好高新技术武器装备动员和综合保障动员建设,巩固军政军民团结,切实增强打赢信息化条件下的人民战争的整体实力。

## 思考题

1. 邓小平是如何论述"和平与发展是当今世界的主题"的?
2. 邓小平是如何论述"霸权主义是现代战争的主要根源"的?
3. 论述我军"三化"建设及"三化"之间的关系。
4. 简述邓小平关于国防和国家经济建设关系的论述。
5. 试述江泽民的科技强军思想。

6. 简述江泽民关于加强军队思想政治工作必要性的论述。
7. 胡锦涛关于国防与军队建设重要论述的主要内容有哪些?

## 知识链接

### "一国两制"

中共十一届三中全会以后,以邓小平同志为主要代表的中国共产党人从历史和现实出发,创造性地提出了"一国两制"的伟大构想,开辟了以和平方式实现祖国统一的新途径。1979年年初,邓小平在应邀访美期间指出,"至于用什么方式解决台湾回归祖国的问题,那是中国的内政,希望用和平方式解决台湾问题""我们不再用'解放台湾'这个提法了。只要台湾回归祖国,我们将尊重那里的现实和现行制度"。1982年1月,邓小平首次明确提出了"一国两制"的概念。同年2月,五届全国人大五次会议通过《中华人民共和国宪法》,及时将这一重大方针政策确定下来。通过外交谈判,中国政府与英国政府于1984年12月签署《关于香港问题的联合声明》,与葡萄牙政府于1987年4月签署《关于澳门问题的联合声明》。按照"一国两制"方针,中国政府先后于1997年7月1日和1999年12月20日对香港和澳门恢复行使主权。香港、澳门回归祖国后,重新纳入国家治理体系,走上同祖国共同发展、永不分离的宽广道路。"一国两制"实践取得了举世公认的成功,为解决台湾问题树立了光辉典范。

# 第十二章　习近平强军思想

　　党的十八大以来，以习近平同志为核心的党中央，把握强国强军的时代要求，与时俱进创新党的军事指导理论，形成习近平强军思想。习近平强军思想是习近平新时代中国特色社会主义思想的重要组成部分，是党的军事指导理论最新成果，是坚持走中国特色强军之路、全面推进国防和军队现代化的行动纲领。这一思想是在中国特色社会主义进入新时代、世情国情军情发生深刻变化的历史条件下形成发展的，是从新时代强军事业全部实践中产生的理论结晶。

**《中国共产党章程》(2022年版)(节选)**

　　中国共产党坚持对人民解放军和其他人民武装力量的绝对领导，贯彻习近平强军思想，加强人民解放军的建设，坚持政治建军、改革强军、科技强军、人才强军、依法治军，建设一支听党指挥、能打胜仗、作风优良的人民军队，把人民军队建设成为世界一流军队，切实保证人民解放军有效履行新时代军队使命任务，充分发挥人民解放军在巩固国防、保卫祖国和参加社会主义现代化建设中的作用。

## 第一节　习近平强军思想形成的时代背景

　　马克思曾深刻指出："每个原理都有其出现的世纪。"现今，我们正处于一个风起云涌的时代，世界格局正在经历深刻变革，国家发展势头强劲，军事领域的竞争也日趋激烈。同时，科技革命、产业革命和军事革命的步伐正在不断加快，为我们带来了巨大的机遇和挑战。此外，我们所处的安全环境也异常复杂，国家的崛起态势至关重要，各种斗争形势也异常尖锐。习近平强军思想就是在这样的时代背景下孕育产生的。

### 一、当今世界正经历百年未有之大变局

　　这是党的十八大后习近平总书记科学分析国际形势发展变化作出的一个重大战略判断。这个大变局，体现在国际经济、科技、文化、安全、政治等格局都在发生深刻复杂变化，国际力量对比深刻调整，逆全球化思潮上升，全球治理体系变革加速推进，发展道路和发展模式之争更

加激烈。特别是世纪疫情冲击下,百年变局加速演进。这个大变局,最突出的特点是"东升西降"。中国发展理念、发展道路、发展模式的影响力吸引力显著增强,中国日益发挥着世界和平建设者、全球发展贡献者、国际秩序维护者的重要作用。总体上看,和平与发展仍然是时代主题,但世界进入动荡变革期,外部环境更趋复杂严峻和不确定。习近平强军思想始终以宽广的世界眼光来观察当代中国军事问题,是在准确识变、科学应变、主动求变中创立并不断丰富发展的。

## 二、我国正处在由大向强发展的关键阶段

经过新中国成立以来特别是改革开放40多年的不懈奋斗,我国经济实力、科技实力、综合国力和人民生活水平跃上了新的大台阶,成为世界第二大经济体、第一大工业国、第一大货物贸易国、第一大外汇储备国。党的十八大以来,在以习近平同志为核心的党中央坚强领导下,党和国家事业取得历史性成就、发生历史性变革,中华民族迎来了从站起来、富起来到强起来的伟大飞跃,实现中华民族伟大复兴进入了不可逆转的历史进程。当前和今后一个时期,我国发展仍然处于重要战略机遇期,但机遇和挑战都有新的发展变化,机遇更具有战略性、可塑性,挑战更具有复杂性、全局性。我国面临更为严峻的国家安全形势,外部压力前所未有,传统安全威胁和非传统安全威胁相互交织,"黑天鹅""灰犀牛"事件时有发生。习近平强军思想始终把国防和军队建设放在实现中华民族伟大复兴大目标下来运筹,是在坚决维护国家主权、安全、发展利益的实践中创立并不断丰富发展的。

## 三、新一轮科技革命和军事革命加速发展

从世界近几场局部战争和军事行动看,现代战争信息化程度不断提高,智能化特征日益显现,战争制胜观念、制胜要素、制胜方式发生重大变化。世界新军事革命速度之快、范围之广、程度之深、影响之大,为第二次世界大战结束以来所罕见。各主要国家纷纷抢占军事战略制高点,争夺国际军事竞争新优势。特别值得关注的是,科技革命对军事革命驱动作用愈发凸显,一些前沿技术发展很快,可能从根本上改变战争面貌和规则。习近平强军思想敏锐把握世界军事发展趋势和现代战争规律,是在大力推进军事创新、引领我军赶上时代潮流中创立并不断丰富发展的。

## 四、国防和军队建设进入新时代

党的十八大开启强国强军新征程,国防和军队建设站在新的历史起点上,具有坚实的实践基础,面临难得的发展机遇。同时,也存在许多长期积累的体制性障碍、结构性矛盾、政策性问题,遇到许多新情况新问题。这些年,我军经历一场广泛而深刻的军事变革,实现了政治生态重塑、组织形态重塑、力量体系重塑、作风形象重塑,在中国特色强军之路上迈出坚实步伐,取得一系列重大理论成果、实践成果、制度成果。习近平强军思想植根于强军实践、作用于强军实践,是在引领强军事业奋力开创新局面中创立并不断丰富发展的。

## 第二节　习近平强军思想的重大意义

人民军队之所以不断发展壮大,关键在于始终坚持先进军事理论的指导。习近平强军思想,本质上就是新时代党的军事思想。面对世界之变、时代之变、历史之变,这一思想准确把握强国对强军的战略需求,创造性回答了新时代建设一支什么样的强大人民军队、怎样建设强大人民军队的时代课题,实现了马克思主义军事理论中国化时代化的新飞跃,为我军始终在党的旗帜下有效履行使命任务提供了根本遵循、指明了前进方向。

### 一、开辟了马克思主义军事理论中国化时代化的新境界

勇于推进军事实践基础上的军事理论创新,是我们党建军治军的重要优势。习近平强军思想一系列新的重大判断、新的理论概括、新的战略安排,阐明了新时代人民军队如何赓续传统、保持本色,锚定什么目标奋进、沿着什么道路前行,如何赢得军事斗争主动、怎样打赢现代战争等带根本性、方向性、全局性的重大问题,揭示了人民军队的强军胜战之道,为指导军事实践提供了锐利思想武器。习近平强军思想以体系性创新,把我们党对国防和军队建设规律、军事斗争准备规律、战争指导规律的认识提升到新高度,使马克思主义军事理论在强军实践中彰显出强大真理力量。

### 二、擘画了全面建成世界一流军队的宏伟蓝图

善治者谋局,善谋者致远。习近平主席把国防和军队建设放在实现中华民族伟大复兴的战略全局下来运筹,提出党在新时代的强军目标,确立新时代军事战略方针,明确国防和军队现代化新"三步走"战略,推进政治建军、改革强军、科技强军、人才强军、依法治军,加快军事理论、军队组织形态、军事人员、武器装备现代化,确定和实施建设强大人民军队的目标图、路线图、施工图;深刻洞察我国发展由大向强的安全挑战,提出新时代人民军队使命任务,与时俱进创新军事战略指导,要求我军坚持边斗争、边备战、边建设,加快提高打赢能力,指明了我军建设的根本指向和能力标准;着眼牢牢把握军事竞争主动权,强调加快机械化信息化智能化融合发展,加强新兴领域军事布局,确保抓住窗口期、跑出加速度、建出高质量,明确了推动我军建设发展的战略路径和着力重点。习近平强军思想立足中国、放眼世界,贯通当前和长远,既有目标上的顶层设计、任务上的战略部署,也有推进中的指导原则、落实上的思路举措,使中国特色强军之路越走越宽广。

### 三、引领了新时代人民军队的伟大变革

党的十八大以来,习近平主席带领全军直面问题、勇于变革、攻坚克难,在新时代挽救、重塑、发展了人民军队,强军事业取得历史性成就、发生历史性变革。这十年,牢牢扭住坚持党对人民军队绝对领导,坚定不移推进政治整训,召开古田全军政治工作会议,把4个带根本性的东西立起来,全面深入贯彻军委主席负责制,坚决查处郭伯雄、徐才厚、房峰辉、张阳等严重违

纪违法案件并全面彻底肃清其流毒影响,匡正选人用人风气,持之以恒纠治"四风",坚定开展反腐败斗争,全面停止军队有偿服务,我军政治生态根本好转,新风正气不断上扬。这十年,全面加强练兵备战,积极主动开辟军事斗争新格局,归正备战打仗工作重心,构建完善联合作战指挥体系,大抓实战化军事训练,坚定灵活开展军事斗争,有效应对外部军事挑衅,震慑"台独"分裂势力,加强边境管控和反蚕食斗争,遂行海上维权、反恐维稳、抗击疫情等重大任务。这十年,大刀阔斧深化国防和军队改革,打好领导指挥体制改革、规模结构和力量编成改革、军事政策制度改革三大战役,形成军委管总、战区主战、军种主建新格局,构建中国特色现代军事力量体系,构建中国特色社会主义军事政策制度体系,统筹加强跨军地改革,我军体制一新、结构一新、格局一新、面貌一新,实现整体性革命性重塑。这十年,创新加强国防和军队现代化建设,推动我军高质量发展,全力抓好规划任务落实,壮大战略力量和新域新质作战力量,建设一切为了打仗的后勤,加快主战武器装备更新换代,全面推进国防科技创新,构建新型军事人才培养体系,我军现代化水平和实战能力上了一个大台阶。正是在习近平主席坚强领导下,在习近平强军思想科学指引下,我们这支党领导的人民军队守住了根和魂,走开了快速发展的步伐,赢得了迈向世界一流的主动。

### 四、强固了全军官兵奋斗强军的精神支柱

唯有精神上站得住、站得稳,一个民族、一支军队才能在历史洪流中挺立潮头。习近平强军思想立起坚定的信仰信念,坚守不忘初心、牢记使命的价值追求,彰显爱党、忧党、护党、兴党的忠诚品格,激励广大官兵向党看齐、向心凝聚,当好红色血脉的时代传人;饱含强烈的历史担当,满怀为人民扛枪、为人民打仗的为民情怀,宣示坚决捍卫国家主权、安全、发展利益的决心意志,激励广大官兵厚植家国情怀、矢志奋斗强军,真抓实干、埋头苦干,不负时代、不负人民;贯穿无畏的斗争精神,彰显越是艰险越向前的坚忍勇毅,激励广大官兵面对风险挑战和强敌对手敢于斗争、敢于胜利。坚持用习近平强军思想铸魂育人,人民军队就能团结成"一块坚硬的钢铁",战胜一切艰难险阻、打败一切来犯之敌。

## 第三节 习近平强军思想的主要内容

强军实践永不止步,理论创新没有止境。习近平强军思想,立足新时代强军兴军实践,提出一系列标志性引领性的新理念新思想新战略,形成一个内涵丰富、思想深邃、与时俱进的科学军事理论体系。这一思想的主要内容,集中体现在"十一个明确"的新概括,充分彰显了党的军事指导理论的时代性、开放性和创造性。

1.**强军之魂:明确党对人民军队的绝对领导是人民军队建军之本、强军之魂,必须全面加强军队党的领导和党的建设,贯彻党领导军队的一系列根本原则和制度,确保部队绝对忠诚、绝对纯洁、绝对可靠**

坚持党指挥枪、建设自己的人民军队,是党在血与火的斗争中得出的颠扑不破的真理,关系我军性质和宗旨、关系社会主义前途命运、关系党和国家长治久安。坚持党对人民军队的绝

对领导，首先全军对党要绝对忠诚。必须从思想上政治上建设和掌握部队，全面深入贯彻军委主席负责制，深化党的创新理论武装，锻造坚强有力的党组织，推进政治整训常态化制度化，充分发挥政治工作对强军兴军的生命线作用，培养"四有"新时代革命军人，锻造"四铁"过硬部队，确保枪杆子永远听党指挥。

2. 强军使命：明确强国必须强军，巩固国防和强大人民军队是新时代坚持和发展中国特色社会主义、实现中华民族伟大复兴的战略支撑，人民军队必须有效履行新时代使命任务

没有一支强大的人民军队，就不可能有强大的祖国。我们捍卫和平、维护安全、慑止战争的手段和选择有多种多样，但军事手段始终是保底手段，必须对战争危险保持清醒头脑。在全面建成社会主义现代化强国、实现第二个百年奋斗目标的历史进程中，必须把国防和军队建设摆在更加重要的位置，加快国防和军队现代化，为巩固中国共产党领导和我国社会主义制度提供战略支撑，为捍卫国家主权、统一、领土完整提供战略支撑，为维护我国海外利益提供战略支撑，为促进世界和平与发展提供战略支撑。

3. 强军目标：明确党在新时代的强军目标是建设一支听党指挥、能打胜仗、作风优良的人民军队，到2027年实现建军一百年奋斗目标，到2035年基本实现国防和军队现代化，到本世纪中叶把人民军队建成世界一流军队

听党指挥、能打胜仗、作风优良是建军治军的要害，决定着军队发展方向，也决定着军队生死存亡。实现强军目标，必须同国家现代化进程相一致。到2027年实现建军一百年奋斗目标，全面提高捍卫国家主权、安全、发展利益战略能力，是未来5年我军建设的中心任务，必须全力以赴、务期必成；到2035年基本实现国防和军队现代化，机械化高度发达，信息化基本实现，智能化取得重大进展，基于网络信息体系的联合作战能力、全域作战能力全面提高；到本世纪中叶全面实现国防和军队现代化，把人民军队全面建成同我国强国地位相称、能够全面有效维护国家安全、具备强大国际影响力的世界一流军队。

4. 强军要务：明确军队是要准备打仗的，必须聚焦能打仗、打胜仗，扭住强敌对手，创新军事战略指导，发展人民战争战略战术，全面加强练兵备战，坚定灵活开展军事斗争，有效塑造态势、管控危机、遏制战争、打赢战争

能打胜仗是党和人民对人民军队的根本要求。必须深入贯彻新时代军事战略方针，坚持战斗力这个唯一的根本的标准，全部精力向打仗聚焦，全部工作向打仗用劲。深化战争和作战筹划，研究掌握信息化智能化战争特点规律，打造强大战略威慑力量体系，增加新域新质作战力量比重，优化联合作战指挥体系。深入推进实战化军事训练，大力培育战斗精神，扎实做好军事斗争准备，加强军事力量常态化多样化运用，确保召之即来、来之能战、战之必胜。

5. 强军布局：明确推进强军事业必须坚持政治建军、改革强军、科技强军、人才强军、依法治军，坚持边斗争、边备战、边建设，更加注重聚焦实战、创新驱动、体系建设、集约高效、军民融合，加强军事治理，推动高质量发展，全面提高革命化现代化正规化水平

国防和军队现代化建设是一项系统工程，必须坚持用全面的观点抓建设。边斗争、边备战、边建设是今后一个时期的突出特点，要坚持以战领建、抓建为战，形成战建备一体推进的良好局面。我军建设进入提质增效的关键阶段，必须牢牢把握军队建设发展战略指导，转变发展理念、创新发展模式、增强发展动能，实现更高质量、更高效益、更可持续的发展；必须全面加强

军事治理,着力构建现代军事治理体系,以高水平治理推动我军高质量发展,改进战略管理,提高军事系统运行效能和国防资源使用效益。

6.强军关键:明确改革是强军的必由之路,必须推进军队组织形态现代化,构建中国特色现代军事力量体系,完善中国特色社会主义军事制度

深化国防和军队改革是为了设计和塑造军队未来。要坚持改革正确方向这个根本、能打仗打胜仗这个聚焦点、军队组织形态现代化这个指向、积极稳妥这个总要求,着力解决制约国防和军队建设的体制性障碍、结构性矛盾、政策性问题,进一步解放和发展战斗力,进一步解放和增强军队活力。这一轮国防和军队改革任务基本完成,要巩固拓展改革成果,推进改革既定任务落实,搞好后续改革筹划论证,完善军事力量结构编成,体系优化军事政策制度,奋力开创改革强军新局面,为实现建军一百年奋斗目标提供强大动力。

7.强军动力:明确科技是核心战斗力,必须坚持自主创新战略基点,推进高水平科技自立自强,统筹推进军事理论、技术、组织、管理、文化等各方面创新,建设创新型人民军队

科技是军事发展中最活跃最具革命性的因素。赢得军事竞争主动,必须充分发挥科技创新对我军建设战略支撑作用,加快关键核心技术攻关,加强科技创新管理机制和运行模式探索,增强科技认知力、创新力、运用力,加速科技向战斗力转化。全面实施创新驱动发展战略,加强军事理论创新,大力弘扬创新文化,推动我军建设发展质量变革、效能变革、动力变革。

8.强军之要:明确强军之道要在得人,必须贯彻新时代军事教育方针,推动军事人员能力素质、结构布局、开发管理全面转型升级,锻造德才兼备的高素质、专业化新型军事人才

人才是第一资源,是推动我军高质量发展、赢得军事竞争和未来战争主动的关键因素。要坚持党管干部、党管人才、组织选人,坚持从政治上培养、考察、使用人才。坚持为战争准备人才,把能打仗、打胜仗作为人才工作出发点和落脚点,提高备战打仗人才供给能力和水平。坚持走好人才自主培养之路,落实院校优先发展战略,建强新型军事人才培养体系。创新军事人力资源管理,形成激励担当作为的工作导向、政策导向、舆论导向,充分调动广大官兵积极性、主动性、创造性,把优秀人才集聚到强军事业中来。

9.强军保障:明确依法治军是我们党建军治军基本方式,必须构建中国特色军事法治体系,推动治军方式根本性转变,提高国防和军队建设法治化水平

军队越是现代化,越是信息化,越要法治化。要把依法治军着力点放在服务备战打仗上,形成系统完备、严密高效的军事法规制度体系、军事法治实施体系、军事法治监督体系、军事法治保障体系,实现从单纯依靠行政命令的做法向依法行政的根本性转变,从单纯靠习惯和经验开展工作的方式向依靠法规和制度开展工作的根本性转变,从突击式、运动式抓工作的方式向按条令条例办事的根本性转变。强化全军法治信仰和法治思维,突出依法治官、依法治权,依靠官兵共同建设法治、厉行法治、维护法治。

10.强军路径:明确军民融合发展是兴国之举、强军之策,必须巩固提高一体化国家战略体系和能力

随着科学技术快速发展,国家战略竞争力、社会生产力、军队战斗力的耦合关联越来越紧,国防和军队现代化必须融入国家现代化。加强军地战略规划统筹、政策制度衔接、资源要素共享,促进国防实力和经济实力同步提升。我们的国防是全民的国防,要深化全民国防教育,加

强国防动员和后备力量建设,推进现代边海空防建设。大力弘扬军爱民、民拥军的光荣传统,深入做好双拥工作,巩固发展军政军民团结。

11.强军之基:明确作风优良是我军鲜明特色和政治优势,必须全面从严治党、全面从严治军,全面锻造过硬基层,坚定不移正风肃纪反腐,大力弘扬我党我军光荣传统和优良作风,永葆人民军队性质、宗旨、本色。

作风优良才能塑造英雄部队,作风松散可以搞垮常胜之师。要自觉弘扬伟大建党精神,牢记初心使命,加强党史军史和光荣传统教育,推进红色基因代代传工程。勇于自我革命,持续深化纠治"四风"特别是形式主义、官僚主义,一体推进不敢腐、不能腐、不想腐,坚决打赢反腐败斗争攻坚战持久战。坚持严的基调不动摇,严字当头、全面从严、一严到底,用铁的纪律凝聚铁的意志、锤炼铁的作风、锻造铁的队伍,全面锻造听党话、跟党走,能打仗、打胜仗,法纪严、风气正的过硬基层。

## 思考题

1. 国防和军队现代化新"三步走"战略与旧的"三步走"战略有何异同?
2. 如何理解习近平强军思想的重大意义?
3. 习近平强军思想的主要内容是什么?

## 知识链接

### 旧"三步走"战略

1997年12月,根据我国"三步走"基本实现现代化的跨世纪发展战略,江泽民提出了国防和军队现代化建设的"三步走"战略:

第一步,到2010年,努力实现新时期军事战略方针提出的各项要求,为国防和军队现代化打下坚实基础。

第二步,从2011年到2020年,随着国家经济实力的增长和军费的相应增加,加快我军质量建设的步伐,适当加大发展高技术武器装备的力度,完善武器装备体系,全面提高部队素质,进一步优化体制编制,使国防和军队现代化建设有一个较大发展。

第三步,再经过三十年的努力,到二十一世纪中叶,实现国防和军队现代化。

# 第四部分　现代战争

**教学目标：**

了解战争内涵、特点、发展历程；理解新军事革命的内涵和发展演变；掌握机械化战争、信息化战争的形成、主要形态、特征和发展趋势，树立打赢信息化战争的信心。

**思政元素：**

战争规律　军事谋略

---

国防和军队现代化是动态的、发展的，不同历史时期有不同内涵。当前，新一轮科技革命和军事革命迅猛发展，现代战争信息化程度不断提高，智能化特征日益显现，建设智能化军事体系成为世界军事发展的重大趋势。我们要正确把握国防和军队现代化的时代内涵，坚持以机械化为基础、信息化为主导、智能化为方向，加快机械化信息化智能化融合发展。

——《在中央军委扩大会议上的讲话（节选）》
（2019年12月24日）

# 第十三章 新军事革命

> 当前,人类社会正由工业时代向信息时代过渡,以信息技术为核心的高技术迅速发展,军事领域也发生着深刻的变革。面对这场深刻的新军事革命,我们必须紧紧抓住新军事革命的历史机遇。因此,了解军事革命的发展演变、新军事革命的内涵,积极推进中国特色的新军事革命,是摆在我们面前的一项紧迫而重要的任务。

## 第一节 军事革命的发展演变

### 一、军事革命

人类发展经历了游牧社会、农业社会、工业社会、信息社会几个阶段。这些演变反映到军事领域,就是一次次的军事革命,军事革命与社会形态的演变相伴相随。军事革命是军事领域整体性、根本性的变革。20世纪初,西方的军事理论家们提出了军事革命的概念,并得到了广泛的认可。

关于军事革命,目前有两种不同的观点。第一种观点认为军事革命出现过很多次。军事革命是开始于军事技术领域的革命。军事革命是可以导致战场发生根本性变化的技术进步。军事变革由军事技术革命引起,并促使军事各个领域发生全面质变,对作战样式、军队结构等带来了广泛的影响。第二种观点认为,军事技术领域的革命仅仅是一场军事变革或革命的发端,而不是全部,许多军事领域和层面的变革并不是军事技术革命能够替代的,军事技术革命只是这场军事变革的一部分。即军事革命是在多种因素的影响下形成的。这种观点认为军事革命先后出现过四次,新军事革命仅是这四次变革中的一次。虽然说无论在世界还是在中国,人们对于军事革命的定义、军事革命阶段划分有不同看法,但是没有人否认军事革命的存在。

### 二、军事革命的发展演变

按照主流观点,目前世界上共经历了四次军事革命。

#### (一)金属化军事革命

第一次革命是金属化军事革命。时间是公元前3000年至公元10世纪。这一时期金属的发现,不仅造成了人类历史上划时代的革命,也带来了人类军事发展史上的首次革命。长期以来,在战争中所使用的作战兵器是很简单也方便获取的兵器,如木头、木块、木棒等木石兵器。随着生产力的提高,金属兵器开始出现,如刀、枪、剑、斧、钺、钩、叉等,取代了木石兵器,成为战争中的主宰。例如,距今4600年的涿鹿之战,黄帝部落联合炎帝部落大战蚩尤,以草木之箭击败金石之弩,体现的就是木石兵器向金属兵器过渡的过程。而金属化军事革命不仅仅只是出现了金属化的兵器,同时也带动了军队结构与作战方式的革新。步兵、车兵、骑兵等各兵种在这一时期相继出现,阵式作战成为主要的作战方式。例如,著名的马其顿方阵,战场上纵深排队,方阵罗列,犹如一面密不透风的墙向前推进,冲击敌方队伍。这一时期还出现了以《孙子兵法》为代表的中国春秋战

图13-1 马其顿方阵

国时期的诸多兵法典籍和《远征论》《高卢战记》等西方国家的军事著述。然而金属化军事变革发生之时,世界尚未连接,各个区域之间相对缺乏联系,因此金属化军事革命时间漫长,世界各地展开、完成金属化革命的时间、程度各有不同。

### (二)火药化军事革命

随着生产力水平不断提高,火药得以发明,并且在军事上开始广泛使用起来。火药化军事革命的时间发生在公元10世纪到公元19世纪中叶,特征是火药兵器取代了金属兵器成为战争主宰,意味着热兵器取代了冷兵器,火药的化学能转化为军事能并取得了质的突破,武器能量大幅度提高,杀伤力极大增强。

图13-2 火炮

中国是世界上最早发明火药和最早在战场上使用火器的国家,火药化兵器在宋朝开始出现,但是火药化兵器有较大的发展,是17世纪在欧洲各个大国普遍使用。拿破仑充分运用了火药化兵器,极大地推动了火药化军事革命。在拿破仑指挥的战争中,火炮是必备武器,正如杜普伊所说:"由于拿破仑的引导和促进,黑火药时代的各种兵器最终跟相应的军事理论和实践紧密结合起来了。自从战场上出现了黑火药兵器以来,第一次实现了武器、战术和军事理论三者实质上的统一。"正是这点,决定了拿破仑战争在推动火药化军事革命进程中所作出的贡献。同时,与火药化兵器相适应的炮兵、工程兵等新的兵种开始出现,近代化的海军建立。

### (三)机械化军事革命

在工业革命的推动下,19世纪末、20世纪初各国的经济和工业化水平不断发展,各类机械化武器装备出现并广泛运用到战场上。坦克出现并成为陆军的主战武器。1939年9月1日,德国闪击波兰,德国以坦克装甲部队为主要突击群,而波兰还在运用骑兵对抗。在大规模坦克作战的实践中,德军大胜,标志着第二次世界大战爆发。英国军事理论家利德尔·哈特在总结波兰战役时说:"1939年的战事结局,可以归结为两句话:在东方,一支陈旧得无法救药的军队,为一支应用新技术的小坦克部队加上占优势的空军所瓦解;在西方,一支动作迟缓的军队,却不能及早施展任何有效的压力。"直至今天,坦克仍然是各国陆战部队中一支重要的突击力

量。20世纪初,飞机在战争中被广泛运用。莱特兄弟实现飞行梦想不久后,人们就认识到飞机的军事价值,并将其运用到军事上。德国闪击波兰中,德国投入了2000架飞机,对波兰进行连续轰炸,标志着飞机已经成为重要的作战武器,对制空权的争夺也成了今后战争的重点。无线通信技术的诞生,推动了军事电子装备的发展。借助无线电通信,飞机、坦克、装甲车等连为一体,实现了陆、海、空协同作战。第二次世界大战将机械化战争推向顶峰。在机械化军事革命中,火力、动力机械与电子技术的结合使自动武器和机械化装备主宰战场,出现了坦克、飞机、潜艇等新兵器和装甲兵、航空兵、通信兵等新兵种,军队主要由陆、海、空军构成,出现了海权论、空中战争论和机械化战争论等新的军事理论。在这一时期,机械化军事革命替代了火药化军事革命,机械化战争取代了热兵器战争,战场上主要开始出现机械能力的较量。同时机械化武器成为战场上的主要武器后,形成了陆、海、空三军以及作战方式的变革,产生了新的机械化军事形态。

**(四)信息化军事革命**

在人类社会由工业社会向信息社会过渡的过程中,各类新科学技术迅速发展并在军事上广泛运用,信息化军事革命在20世纪八九十年代逐步展开。信息化武器装备主宰战场,一体化联合作战成为主要作战样式。信息化军事革命也被称为新军事革命,它的出现与发展,使战争形态与军事作战方式发生了重大变化,同时对世界军事形势的发展影响深远。目前,世界各国先后采取了切实的步骤推进各自的新军事革命。美国的新军事革命正在全面快速发展,先后发布了《美国国防战略报告》《美军2010年联合构想》《美军2020年联合构想》《国家安全战略报告》等,着力把美军打造成世界上第一支信息化军队,乃至引领整个新军事革命的发展。英国、法国等资本主义国家依靠美国的信息化军事力量,广泛开展与美国的各类军事合作,在信息化建设上跟上世界军事革命的潮流,带动本国的军事革命。总体来看,在新军事革命的浪潮中,各国都在发展先进的军事技术和武器装备,大力提高军队现代化水平,从而推动自身的军事革命。

纵观人类历史上的四次军事革命,都以人类文明的发展为基础。政治、经济、文化、科学等各个方面的作用,为军事革命的发生与发展创造了各种社会条件,决定了军事革命的发展水平。一次次的军事革命中,各个民族、国家为了维护自身的政治、经济利益,在敌我对抗中保持优势,夺取优势,不断深化军事改革,提高军事效能。最终每一次的军事革命都推动了一种新的军事形态的产生,并使新的军事形态取代旧有的军事形态。

## 三、中国特色的军事革命

中国特色的军事革命,是指为应对当代世界新军事变革挑战,从中国国情、军情出发,在军事领域实行的以信息化为本质特征和核心内容的全面性、系统性的革新。

面对世界新军事革命的严峻挑战,如果中国不加快推进军队现代化建设,认真应对,加快发展,就可能在新军事革命的浪潮中败下阵来,拉大与美国的实力差距。近年来,中国军队关键武器装备经过长期的自行研制及吸收引进,目前已经与国际领先水平相当,军队建设大为优化,在军队规模、装备数量等方面,中国与美国的差距大幅缩小,但是相比之下中国军队信息化程度仍然较为落后。

党的十九大报告,把国防和军队建设放在完成新时代党的历史使命、全面建成社会主义现代化强国大目标下运筹谋划,对全面推进国防和军队现代化作出新的战略安排:第一步,2020

年基本实现机械化,信息化建设取得重大进展,战略能力有大的提升。第二步,到2035年基本实现国防和军队现代化,这意味着将2010年颁布的"三步走"发展战略第三步目标实现时间提前了15年。第三步,到21世纪中叶把人民军队全面建成世界一流军队,体现了同国家现代化进程相一致和中国特色社会主义新时代对强军的战略要求。

在2020年底第一步目标基本实现的基础上,党的十九届五中全会提出确保2027年实现建军百年奋斗目标。党的十九届六中全会强调,党提出新时代的强军目标,确立新时代军事战略方针,制定到2027年实现建军一百年奋斗目标、到2035年基本实现国防和军队现代化、到本世纪中叶全面建成世界一流军队的国防和军队现代化新"三步走"战略。

世界新军事革命迅猛发展,为我们提供了难得机遇,同时也面临严峻挑战。要增强使命感和紧迫感,努力实现我军现代化建设跨越式发展。我们必须全面贯彻新时代党的强军思想,坚持党对人民军队的绝对领导,把握世界新军事革命发展大势,坚持走中国特色强军之路,努力建设世界一流军队,为维护国家主权、安全、发展利益,为维护世界和平稳定,为实现中华民族伟大复兴提供坚强后盾。

## 第二节 新军事革命的兴起与内涵

### 一、新军事革命的兴起

自20世纪80年代末、90年代初以来,世界军事领域兴起了一场新的深刻变革,被称为新军事革命。这是迄今为止人类历史上影响最深刻、最广泛的一场世界性军事革命。这场世界范围内的新军事革命的出现和发展不是偶然的,而是人类社会由工业化时代向信息化时代转变的必然产物。

新军事革命是内外因素共同作用的结果。从外因来讲,是受到了国际安全形势变化的影响。一方面,随着冷战结束,两极格局解体,爆发世界大战的可能性不断减小,但局部战争仍时有起伏,全球安全态势出现了"大战不打,小战不断"的新局面,传统的以应付大战为重心的军事体系,不得不顺应冷战后的新形势,进行了历史性的重大调整。另一方面,冷战结束后,各种国际力量错综复杂,对于世界和地区主导权的争夺空前激烈,各国从各自的国家利益、国家安全的需要出发进行军事改革,抢夺军事领域中的战略制高点,由此推动世界新军事革命的发生与发展。从内因来讲,新军事革命的发生,与当今时代的科学技术发展紧密相连。高技术特别是信息技术的飞速发展,加速了世界军事形态的变化,在客观上起到了促使新军事变革早日到来的作用。因此,正如中国工程院原院长朱光亚所说,"世界已经进入新的军事革命时期,引起这场革命的主要力量是技术进步"。这场新军事革命的实质是信息化革命在军事领域的反映。

20世纪后半叶,机械化战争在日臻完善的同时其发展潜力也在日益枯竭,一个根本性的原因就是机械化武器装备性能的关键参数已经接近或达到极限。在

图13-3 传统机械化战争急需转变

作战距离方面,洲际导弹、超音速战略轰炸机、核动力航母和核潜艇能够把整个地球笼罩在攻击范围之内;在运行速度方面,音速和超音速武器比比皆是;在杀伤力方面,非核武器的杀伤力比工业革命初期增长了5个数量级,部分常规武器的杀伤力与低当量战术核武器已经相差无几。通过武器的改进获取占据优势的作战能力,是牵引战争形态向前发展的内在动力。机械化武器装备主要性能的极限化,意味着靠提升武器的机械性能来增加作战效能不再是一条主要途径。

从冷兵器战争到热兵器战争,从热兵器战争到机械化战争,战争的发展一直主要依靠物质与能量要素的刚性扩张来推动,武器杀伤力的不断提升就是这种扩张的重要表征。经过两次世界大战的强烈刺激,这一趋势急遽加速,到20世纪七八十年代,随着机械化战争的完善和核武器技术的成熟而达到顶峰,同时也陷入了难以摆脱的矛盾境地。战争的发展需要一场革命来开辟全新的道路,这种革命不仅要扬弃100多年来形成的机械化战争,也要扭转几千年来战争演变的既定方向。

战争领域的革命总是需要技术革命来牵引,而当技术革命和文明转型同步降临时,战争形态的革命性突变就会接踵而至。经过近代300年的科学技术积淀,到20世纪中期人类进入一个技术爆炸时代,微电子技术、光电技术、计算机技术、空间技术、新材料技术、新能源技术、生物工程技术……形成一片生机勃勃的高技术森林。到20世纪70年代,这些技术的相互推进、相互交叉、相互融合,终于导致集大成的信息技术革命浪潮汹涌而至。几乎在信息技术革命高速发展的同时,一个全新的信息产业异军突起,成为引领经济全球化的龙头;一个囊括互联网、有线系统、广播卫星和移动电话等工具的全新信息基础设施茁壮成长。信息产业化和信息基础设施的发展推动信息技术在短时间内渗透到现代社会的各个领域,并从根本上改变着社会的组织结构与生产、生活方式。继农业文明、工业文明兴起之后,人类掀起由工业文明向信息文明整体跃进的第三次浪潮。在这个过程中,传统的机械化战争正在向信息化战争演变。

## 二、新军事革命的内涵

中国军事理论界对其做如下定义:新军事革命,是以人类技术社会(时代)形态由工业社会(时代)向信息社会(时代)转型为根本动因,以高技术特别是信息技术的飞速发展为直接动力,以信息为"基因",以提高信息能力为根本目标,以"系统集成"为主要手段,把工业时代的机械化军事形态改造成信息时代的信息化军事形态的过程。其核心是把工业时代适于打机械化战争的机械化军队,建设成信息时代适于打信息化战争的信息化军队。最终结果是使工业时代的机械化战争经过高技术战争阶段转化为信息时代的信息化战争。

新军事革命伴随着海湾战争的爆发而降临。在人类战争史上,1991年的海湾战争是一场具有划时代意义的、承前启后的重要战争。它的许多有别于工业时代战争的新特点,不仅使人耳目一新,还提醒人们新军事革命已悄然来临,要冲破机械化军事思维的樊篱,更新观念,大胆地进行军事改革,推动新军事革命的发展。海湾战争后掀起了新军事革命的浪潮,展现了制信息权在战争中的主体地位,各类高技术武器的作用得到了充分

图13-4 海湾战争中被烧毁的坦克

发挥,为新军事革命指明了方向。

如果说,在海湾战争以前,国外对新军事革命的研究还是零星的,那么,海湾战争后,以美国为首的西方国家和俄罗斯等国对新军事革命的研究很快进入高潮。今天放眼全球,世界新军事革命的大潮已经势不可挡。这场大潮,正在对各国军队的作战思想和方法、武器装备、编制结构、教育训练等方面产生前所未有的冲击。在这场新军事革命中,中国已别无选择,只有顺应潮流,奋起直追,努力发展信息化武器装备、建设信息化军队,才能为民族复兴提供坚实的保障。

## 第三节 新军事革命的主要内容

军事革命,是军事领域系统的全面的变革。1997 年美国国防报告中提出了新军事革命的内容,即新武器、新理论、新组织结构。长期以来,许多学者认为新军事革命包含武器装备、军事理论、组织结构三个要素,而我们认为新军事革命还应包括第四个要素,即军事人员这一要素。也就是说,新军事革命的要素有四个:武器装备、军事理论、组织结构、军事人员。党的二十大报告强调,坚持机械化信息化智能化融合发展,加快军事理论现代化、军队组织形态现代化、军事人员现代化、武器装备现代化,提高捍卫国家主权、安全、发展利益战略能力。武器装备、军事理论、组织结构、军事人员这四个要素是互有联系的,是军事革命不可或缺的条件与基础。一般说来,先进的武器装备是军事革命的物质基础,创新的军事理论是军事革命的思想基础,科学的军队组织结构是军事革命的落脚点,高素质的军事人员是军事革命的根本保障。下面,我们对其所涉及的主要内容做简要介绍。

### 一、武器装备

武器装备是军队战斗力构成的重要因素、制胜战争的重要基础、军队建设水平的集中反映。自从人类社会出现战争,武器装备就作为战斗力的重要组成部分,发挥着越来越重要的作用。茹毛饮血的蛮荒时代,信手可取的石块、树枝等是最原始的武器装备;冷兵器时代,大刀、长矛、弓箭等成为克敌制胜的利器;热兵器时代,飞机、大炮、战舰、核武器等是战场的主角;信息化时代,计算机、军用卫星、智能机器人等信息化、智能化武器装备纷纷登场,成为战场的主力军。武器装备从来都与战争相伴而生,离开武器装备,战争就难称为战争。信息化的武器装备包含各种制导的弹体、雷体等信息化弹药,各种与网络化战场联网的信息化作战平台,以微处理机为主的单兵信息化装备,$C^4$ISR 系统、GIG 系统和程序性数字化武器如病毒、"黑客"技术等,以及一些新概念武器如定向能武器、生物武器等。

#### (一)信息化指挥与控制系统不断发展

新军事革命在武器装备方面,突出表现在信息化指挥与控制系统的不断发展。美国最早建立了指挥与控制系统。

##### 1. $C^4$ISR 系统

$C^4$ISR 系统,是指挥(command)、控制(control)、通信(communication)、计算机(computer)、情报(intelligence)及监视(surveillance)与侦察(reconnaissance)的英文单词的缩写。$C^4$ISR

系统由美国开发,一直为世界各国所瞩目。$C^4ISR$系统将军事信息技术和信息化战争中至关重要的指挥、控制、通信、计算机、情报、监视、侦察几大领域有机整合,从而使战斗水平产生巨大的飞跃,形成信息获取、信息共享、决策指挥的网络化指挥体系,被誉为现代战场的"神经系统"。建设信息化战场,夺取信息化优势,建设信息化军队,打赢信息化战争,一切基础在于实现武器装备的信息化和作战空间的网络化。而$C^4ISR$系统就是现代信息化战争中必不可少的作战系统。$C^4ISR$系统面向战场,使战场透明化,指挥将领能够实时把握陆海空天的战场态势,深入了解掌握战场态势后,及时制定决策,夺取和控制作战空间,实现实时指挥控制。对于信息处理,$C^4ISR$以多媒体的综合技术向指挥将领提供了更为精确的信息,大大提高了信息的处理与传递速度。科索沃战争中,美军第一次大规模实战运用$C^4ISR$指挥控制系统。随着$C^4ISR$技术的发展,$C^4ISR$逐渐向智能化、模块化、多功能化迈进。

2. GIG 指挥控制系统

全球信息栅格(global information grid,GIG),是指由可以链接全球任意两点或多点的信息传输能力、相关软件和对信息进行传输、处理的操作使用人员等组成栅格化的信息综合体。GIG是覆盖全球的信息网络,实现各地之间信息点对点的链接,为世界任何地方的美军提供信息的互联互通,实现"网络中心站"的构想,使美军指挥控制系统跃上一个新台阶。

(二)信息化作战平台大量涌现

在这场新军事革命中,信息化作战平台大量涌现。信息化作战平台是指装有大量电子信息设备,以信息和信息技术为核心的坦克、火炮、飞机、舰艇等武器载体。这些作战平台是自动化指挥系统的节点,是自动化指挥系统发挥打击威力的重要物质基础。信息化作战平台以电子军用设备为核心,具有探测、识别、打击、定位等综合性能。

1. 世界各国的信息化作战平台

目前各个国家注重信息化作战平台的研发与改造,出现了种类繁多的信息化作战平台。例如,美国的B-2A隐形轰炸机、F-15和F-16战斗机,俄罗斯的米格-29、苏-27、苏-37战斗机,法国的幻影2000、"阵风"战斗机。这些作战平台装有各类信息设备和通信设备,大大提高了攻击力和战斗力,力争满足21世纪的作战需求。

2. 中国信息化作战平台的建设

中国着力推进信息化作战平台的建设,研发各类信息化作战装备,受到世界各国的关注。99A式主战坦克是我军最先进且完全信息化的主战坦克,实现了火力、机动力、防护力和信息力的有效融合,拥有战场态势共享、协同攻防、状态监测、系统重构等功能,软件、元器件全部自主可控,体现了陆战装备的新水平,被国内外称为中国打造的世界一流的"陆战之王"。04A式履带步兵战车融合了计算机控制、数字传输、数据总线等技术,实现了综合电子信息系统。

图13-5 99A式主战坦克

04A式履带步兵战车配套中国自主的北斗卫星导航与惯性装置组合的导航系统,首次安装敌我识别系统,是中国军队装甲步兵战车的一次大的跨越。歼-20战机、055型驱逐舰、052D型防空驱逐舰等也都是我国具有代表性的信息化作战平台。

同时新军事革命的到来,让各类电子战装备不断完善、精确制导武器的研发与发展不断深入,提高了武器装备的技术含量,推动了武器装备的体系化、智能化发展。未来,新一代军用信息技术将大幅提升战场信息处理能力,新型主战装备和高自主无人平台技术将使未来战争趋向隐形化、无人化,高效毁伤与定向能技术将使火力打击方式发生重大变革,材料、新能源和先进制造技术将助力武器装备性能跃升,生物技术将引领战争模式迈向更高阶段。

## 二、军事理论

没有创新的理论,便没有创新的实践。创造不出新理论,军事变革就不会走在前列;不能走在变革前列的军队,就不会成为新的战争规则的制定者,难以赢得未来战场的主动权。随着各类信息化作战装备的出现及广泛使用,传统的军事理论面临着新的挑战,各类军事理论的新观点、新说法层出不穷。如果没有新的军事理论为先进的技术与装备做指导与支撑,那么这些信息化的武器装备很难发挥出全部战斗潜力。军事理论的重大突破包含高技术条件下局部战争理论,信息时代军事革命理论,信息战争与信息战理论,全维作战和一体化作战理论,非对称作战理论,非接触战理论,特种作战理论,高技术条件下的作战训练理论与实践,军队建设理论与实践,信息时代的国防理论,等等。下面介绍几种代表性的新作战理论。

### (一)信息战理论

信息战强调的是信息在战争中起主导作用,并以此为依据形成了一种全新的作战理论。信息战理论强调战场更加透明化,采用各类手段和电子设备,严密多频谱地监视与观察敌方;强调要摧毁干扰对方的电子设备和通信讯号,并且要努力提高指挥控制系统的生存能力。

### (二)非对称作战理论

20世纪90年代,美军率先提出非对称作战理论,并使之得到较快的完善。非对称作战指的是不同类型部队之间的交战,例如空军对海军、海军对陆军、空中对地面等。2010年以来,随着阿富汗战争和伊拉克战争趋近尾声,美军声称要以新的非对称能力应对新的非对称挑战,特别针对网络领域的非对称攻击和"反介入/拒止"能力,提出了网络空间作战、空海一体战等新的作战概念,这表明美军非对称作战理论正在向更新的作战形态创新发展。

### (三)网络中心战理论

网络中心战是新军事革命中出现的新概念。1997年美国海军作战部长约翰逊提出网络中心战的概念,并称网络中心战是200年来军事领域最重要的革命。网络中心战即情报收集与融合系统、指挥控制与通信系统和火力打击系统的一体化,并在此基础上形成的对抗。通过信息网络将三大系统融为一体,极大地提高了联合作战的效能,同时提高了作战指挥速度,并发挥出整体的军事合力。

### (四)结构破坏战理论

在结构破坏战中,战争是一种整体性的对抗,破坏对方力量结构,遏制其整体效能的发挥是未来作战的首要任务。作战中,双方打乱敌方作战系统,使对方的结构与功能无法适应,进而起到遏制战斗力的作用。"牵一发而动全身""打一点而瘫一片",就是打坏系统中的某一部件或者是某一个系统,使整个系统瘫痪无法运行。

**(五)快速决定性作战理论**

1999年4月,在美国国防部发布的《防务计划指南》中首先提出"快速决定性作战"的概念,要求"开发新的联合作战概念和能力,以提高未来联合部队司令官快速和决定性地实施特别有挑战性的重要作战任务(如胁迫敌人采取某些行动或剥夺敌人胁迫或攻击其邻国的能力等)"。所谓"快速决定性作战"是指综合运用"知己知彼""指挥与控制""基于效果作战",以达到预期军事目的的联合作战,即采取一连串快速、猛击、残酷无情的多维和分布式的动作、袭击和打击,通过协调使用军事手段和其他国家战略力量,打击和削弱敌人的关键能力和凝聚力,从敌人无反击能力的方向和维度上对其发动非对称攻击,主宰作战的条件和节奏,使敌人因丧失凝聚力和无法达到目标,只能被迫停止违背对方利益的行动或被彻底摧毁。

与美国等一些发达国家相比,中国的军事理论研究还存在一定差距,成体系的重大原创性学术成果还相对欠缺。实际上,中国具有丰厚的战略思想遗产,势必为军事理论研究提供有利的土壤和条件,时代呼唤当代中国军事理论研究的系统性创新。在新军事革命浪潮中,理论研究不能迷失方向,要在历史、现实和未来之间架起有益的桥梁,这样才能跟踪战争形态演变,理解战争制胜机理,准确把握当代战争的特点和规律,提出具有指向性、系统性的作战理论,也才能使军事斗争准备真正反映当代战争的本质要求。

## 三、组织结构

技术的进步、武器装备的更新以及军事理论的创新推动了军队结构的变革,使部队编成更好地与新军事革命相适应,更好地与新型武器装备相结合。军队结构的变革主要包括:数量规模型让位于质量效能型,人力密集型让位于科技集约型;树状指挥结构向网状指挥结构转变;军队将呈小型化、合成化和多样化,更便于机动和适合履行作战任务;等等。

为了满足信息化作战的需要,各国为适应本国的武器装备的发展状况和作战需求,创立新兵种。例如,俄罗斯除通常的陆军、海军、空军之外,还编有战略火箭部队、航天部队及放射、化学、生物防化部队等。美国海军陆战队一直作为单独的军种作战,近年来美国不断加强海军陆战队在网络、电子战和情报方面的能力训练,以提升海军陆战队对危险环境、电磁频谱环境、网络空间环境的快速感知,从而提升海军陆战队信息化作战的能力。中国2015年成立战略支援部队,把情报、技侦、电子对抗、网络攻防、心理战、通信等方面作为战略支援部队的主要任务。2024年4月19日,战略支援部队番号撤销,信息支援部队正式成立。信息支援部队是全新打造的战略性兵种,是统筹网络信息体系建设运用的关键支撑,在推动我军高质量发展和打赢现代战争中地位重要、责任重大。

目前,各国的军队规模都在大幅度缩小,军队质量却都在提高。在传统的机械化战争时期,军事力量的强弱主要取决于军队规模、兵器数量等,因此世界各国都大规模扩充军队。然而在新军事革命时期,随着高技术武器装备的出现和广泛使用,各国开始缩减部队编制,纷纷进行裁军。例如,美国虽然近几年的国防预算连年飙升,但是美国对军队规模进行逐年缩减,重新部署军队力量,将军费开支主要用在加快美军海陆空部队的装备更新、提升导弹防御能力、加强侦察与反侦察能力、促进美军科技现代化建设方面。俄罗斯"全面军事改革"的目标是建立一支人数不多,与国家经济实力相适应,编成合理,装备先进,机动灵活,有充分遏制能力,能切实保障国家安全的现代化职业军队,将军队人员从280万压缩至80余万。印度提出"适当控制数量,重点提高质量,不断提高军队战斗力"的军队发展理念。

## 四、军事人员

马克思主义认为,人是实践活动的主体,人的发展是社会发展的核心和动力。而人的现代化,是社会现代化发展进程中对人的发展的时代要求。新军事革命是一个以军事理论为先导、以军队组织形态为保证、以军事人员为核心、以武器装备为基础构成的完整体系和宏大工程。军事人员是现代化体系中最具活力和支配力、变革力的主体要素,其他要素的实现程度都有赖于主体要素的发挥;同时其他要素的发展需求,又牵引着主体要素的发展和完善,由此推动新军事革命水平的不断跃升。

从综合国力竞争到军事实力竞争,归根结底是人才竞争。谁能在人才竞争上占得先机,谁就能赢得更大的战略主动;谁能拥有人才上的优势,谁就能取得实力上的优势。世界军事强国为谋取军事竞争新优势,纷纷推出新的举措,加大培养和集聚新型军事人才的力度。人才资源已经成为能否赢得军事竞争主动和优势的最重要的战略资源。全面推进军事人员现代化的过程,实质上是把人力资源转化为人才资源、把人的数量优势转化为质量优势的过程,是以人才优势赢得竞争优势、发展优势的过程。建设世界一流军队,迫切需要打造一流的军事人才方阵。必须牢固树立人才资源是第一资源的理念,全面提升军事人才资源有效开发、科学配置、合理使用的水平。

战争形态加速向信息化演进,军事智能化强势发展,赋予了发挥"人的因素"作用新的时代内涵。现代军队客观上要求应是知识型、创新型的高素质群体,新质作战能力成为战争制胜的关键砝码。全面推进军事人员现代化,是遵循现代化建设发展规律、对马克思主义关于人的全面发展理论的创造性运用,是充分发挥军事人员主体能动作用、为军队转型发展提供关键推动力的战略之举。从新的历史起点出发,加快我军现代化战略转型步伐,汇聚强军兴军的智慧和力量,担负起党和人民赋予的新时代使命任务,必须紧紧抓住全面推进军事人员现代化这个核心。

以上是新军事革命的四大要素。四者之间互动互补,缺一不可。除了这四大要素之外,新军事革命还包括一些内容,如作战方法的历史演变。在作战方法领域,信息战将取代单纯的火力战;战场侦察和监控技术发达,战场高透明度与远程精确打击相结合;立体纵深的非线式作战越来越多,平面的线式作战越来越少;陆、海、空、天、电磁和计算机网络空间的六维一体协同作战成为主流;小型作战、特种作战有可能解决战略问题;快速反应和机动作战将获得时间、空间和力量上的优势;夺取制信息权将成为作战重心;一些非战争暴力手段可能达成战略目的;等等。

世界新军事革命加速发展,直接影响国家综合国力,特别是军事实力,关乎战略主动权。习近平总书记指出:"军事领域是竞争和对抗最为激烈的领域,也是最具创新活力、最需创新精神的领域。我们要抓住当前世界科技革命、产业革命、军事革命蓬勃发展的历史机遇,紧紧围绕'能打仗、打胜仗'的目标,深入推进中国特色军事变革,把我军建设成为'召之即来、来之能战、战之必胜'的威武之师,努力夺取我军在军事竞争中的主动权。"作为新时代的青年学子,理应关注世界军事革命的发展前沿和中国特色军事革命的最新进展,关心军事领域的深刻变革,树立责任担当意识,积极投身于建设强大国防的事业当中去。

## 思考题

1. 什么是军事革命？什么是信息化军事革命？
2. 新军事革命的形成动因有哪些？
3. 新军事革命所涉及的主要内容有哪些？
4. 世界上先后共经历过哪几次军事革命？

## 知识链接

### 机械化战争

机械化战争是指主要使用坦克、飞机等机械化武器装备进行的战争，是工业时代战争的基本形态。其特点有：具有高速机动能力的飞机、坦克、军舰成为作战的主要装备；战争中军队的进攻能力大大增强，打破了防御的优势；战场范围扩大，情况变化急剧；立体作战、纵深作战成为重要作战方式；破坏力强，消耗巨大。

# 第十四章　信息化战争

> 战争是人类永恒的主题。人类正在进入信息时代,在现代战争中,信息技术的地位不可忽视。本章首先介绍战争的概念,分析战争形态的演变,再重点讲述信息化战争的内容,从而正确认识信息化战争产生的动因,把握信息化战争的基本特征与发展趋势,明确信息化战争对国防建设提出的新要求,有利于推动中国加快军队现代化建设的步伐,明确发展方向与发展途径。

## 第一节　战争概述

### 一、战争的内涵

**(一)战争的概念**

战争是一种集体和有组织地互相使用暴力的行为,是敌对双方为了达到一定的政治、经济、领土的完整性等目的而进行的武装战斗。战争和文明始终交错,既对人类文明的发展和进步起着催化和促进作用,又时刻威胁着人类自身的生存。

战争贯穿于人类发展史,给人类社会带来巨大的创伤,是人类发展到一定阶段的特殊社会历史现象。据统计,从公元前 3200 年到 1964 年,全世界共发生 14513 次战争,没有战争的年代时间加起来只有 329 年,36.4 亿人丧生,损失的财富折合成黄金可以铺一条宽 150 千米、厚 10 米、环绕地球一周的金带。

古往今来,人们对于战争高度关注。不同国家和不同历史阶段的人们对于战争有着不同的认识。《孙子兵法》提出,"兵者,国之大事,死生之地,存亡之道,不可不察也"。毛泽东提出,战争是从私有财产和有阶级以来就开始的,用以解决阶级和阶级、民族和民族、国家和国家、政治集团和政治集团之间,在一定发展阶段上的矛盾的一种最高斗争形式。不懂得它的情形,它的性质,它和它以外的事情的关联,就不知道战争的规律,就不知道如何指导战争,就不能打胜仗。这强调了认识战争、了解战争的重要性。克劳塞维茨的《战争论》提出了一系列战争理论和战略概论,论述了战争的方方面面,认为"战争无非是国家政治通过另一种手段的继续""战争是迫使敌人服从我们意志的一种暴力行为"。此外,马克思、恩格斯的军事著作,运用辩证唯物主义和历史唯物主义的观点分析战争,揭示了战争的普遍规律,为无产阶级革命战争理论奠定了基础。

**(二)战争的本质**

关于战争的本质,可以从政治、经济、军事等不同层面去考察和认识。从政治层面看,战争是流血的政治,无论战争现象如何复杂纷繁,都离不开政治,都是政治的继续,是社会政治矛盾极端尖锐化而爆发的暴力斗争。从经济层面看,任何战争都必须要有一定的经济基础。从军事层面看,各种类型、各种规模的战争本质都是保存自己,消灭敌人。

### (三)战争的根源

在人类漫长的历史上,有各种类型的战争,例如侵略战争和自卫战争、正义战争和非正义战争、传统战争和现代战争、局部战争和世界战争等。

关于战争根源有各种不同观点。自然主义战争学者认为,战争的根源在于自然环境和人类的生物本性,并认为战争是自然的和永恒的现象。宗教战争论者认为战争是上帝对人的惩罚,并用超自然力量解释战争起因。种族主义者认为,战争的起因是优劣民族之间的差别。近现代地缘主义政治学者认为战争是基于地理环境,即为争夺一定的生存空间和自然资源引起的。作为马克思主义者,我们坚持历史唯物主义,认为战争既非从来就有,也不是永恒的,战争是社会生产力和生产关系发展到一定阶段的产物,是在私有制产生以后,随着阶级和国家的形成,出现压迫和被压迫时才出现的。

在中国古代,也有不少兵家对战争根源进行过论述,有代表性的是战国时期著名兵家吴起曾提出"凡兵之所起者有五:一曰争名,二曰争利,三曰积恶,四曰内乱,五曰因饥",这个观点是非常全面的,对于今天我们认识战争的起源仍有指导意义。

## 二、战争形态的演变

战争形态是指由主战兵器、军队编成、作战思想、作战方式等战争诸要素构成的战争整体。目前我们认为,人类战争领域经历了冷兵器战争、热兵器战争、机械化战争、信息化战争。

当前,人工智能技术的日益成熟,正推动着人类社会由信息化社会逐步进入智能化社会,智能化战争作为一种新的战争形态正逐渐提出,也有学者认为其是信息化战争的高级阶段,本部分按四类战争形态介绍。

### (一)冷兵器战争

冷兵器出现于人类社会发展的早期,由耕作、狩猎等劳动工具演变而成,随着战争及生产水平的发展,经历了由低级到高级,由单一到多样,由庞杂到统一的发展完善过程。

### (二)热兵器战争

火药的发明,让人类迎来了热兵器时代。各类火器在各国逐步发展并得到广泛运用,有力地推动了战争的作战方式、作战武器走上一个新台阶。

### (三)机械化战争

工业时代的大工业生产方式,带来了飞机、坦克、装甲车等武器装备,并贯穿于两次世界大战及前后的各种战争,因此这一时代的战争被称为机械化战争。机械化战争旨在消灭对方全部的军事力量,陆、海、空等各大军种组成庞大的作战兵团参与战争,于是联合机动作战、纵深机动作战、立体机动作战成了机械化战争中的典型方式。机械化战争交战时间长,战场范围广阔,形成双方大规模、大范围的交战。机械化战争消耗大量的人力、物力、财力,并且会造成大量的人员伤亡与社会破坏。

图 14-1　欧洲中世纪冷兵器时代战争

图 14-2　库尔斯克坦克大决战

### (四)信息化战争

信息化战争与机械化战争相比,具有鲜明的时代特征,即战场透明化,作战反应实时化,实施打击精确化,作战体系一体化。机械化战争强调的是在战场上消耗敌人、摧毁敌人,而信息化战争的制胜理念是控制敌人、瘫痪敌人。

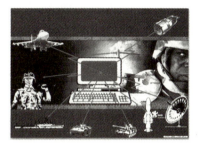
图 14-3　信息时代战争

## 第二节　信息化战争概述

### 一、信息化战争的定义

信息化战争作为一种全新的战争形态,不同国家有不同的解释。按照《中国人民解放军军语》,信息化战争是指依托网络化信息系统,使用信息化武器装备及相应作战方法,在陆、海、空、天和网络、电磁等空间及认知领域进行的以体系对抗为主要形式的战争,是信息时代战争的基本形态。

### 二、信息化战争的演进

一般认为,信息化战争的发展经历了四个阶段。

1. **信息化战争的萌芽**
   - 1982 年贝卡谷地之战
   - 1982 年马岛战争
   - 1986 年美军对利比亚"外科手术式打击"
2. **信息化战争的雏形**：1991 年海湾战争
3. **信息化战争基本成形**
   - 1999 年科索沃战争
   - 2001 年阿富汗战争
4. **信息化战争正式来临**：2003 年伊拉克战争

图 14-4　信息化战争的演进

一是萌芽阶段。主要有贝卡谷地之战、马岛战争、美军对利比亚"外科手术式打击"。信息化战争发端于1982年的贝卡谷地之战。以色列通过对黎巴嫩贝卡谷地短短6分钟的攻击就彻底摧毁了叙利亚和苏联苦心经营10年耗资20亿美元的19个萨姆导弹阵地,在其后两天的多轮空战中以色列空军利用先进的F-15、F-16战斗机配合预警机和电子干扰机作战。贝卡谷地之战是空战史上具有划时代意义的一个著名战例,此战充分显示了电子战在空战中的巨大作用。马岛战争被视为冷战期间规模最大、战况最激烈的一次海陆空联合作战,战争中英军使用精确制导武器,利用高技术手段,夺回马岛的控制权,被认为是信息化战争的萌芽。1986年美军对利比亚发动了代号为"草原烈火"和"黄金峡谷"的两次军事打击行动。美军采取"外科手术式打击"样式,对推动信息化战争的发展产生了重要而深远的影响。

二是雏形阶段。1991年的海湾战争,以美国为首的多国部队对伊拉克实行军事制裁。战争"沙漠风暴"行动中,美军向伊拉克发射巡航导弹,实行大规模的空袭作战。海湾战争使信息化作战初露端倪,信息化武器装备在战争中发挥重大作用。

三是基本成形阶段。1999年的科索沃战争是美军对军队信息化建设成果的综合展示和实战运用。科索沃战争中首次使用电磁脉冲炸弹、计算机病毒攻击武器,首次使用GPS制导的巡航导弹,心理战、网络战此起彼伏,揭开了信息化战争的面纱。2001年的阿富汗战争,是信息化条件下的特种作战与反特种作战。战争中美军更加重视信息的重要性,首次使用全球信息栅格,验证了网络中心战理论,信息化战争日趋完善。

四是信息化战争正式来临。2003年的伊拉克战争标志着信息化战争正式来临。伊拉克战争中,美军展开了电子战、心理战、情报战,重视多维领域的协同作战,强调精准打击与实时控制,综合运用了信息化建设的各类成果,为信息化作战奠定了理论和实践基础。

### 三、信息化战争与机械化战争的区别

1991年海湾战争中尽管电子信息装备及手段开始大量使用,但机械化战争形态并没有改变。海湾战争之后,人们创造了一个表述机械化战争发展到最高阶段的新词,即"高技术局部战争"。从1999年的科索沃战争开始,信息化战争作为一种全新的战争形态展现在人们面前,阿富汗战争对这种战争形态进行了再次确认和试验,到了伊拉克战争,信息化战争形态已经被军事家所认可。

从海湾战争到伊拉克战争,战争形态发生了重大演变。如果说海湾战争吹响了机械化战争向信息化战争转变的号角,那么,伊拉克战争则标志着这种转变正在出现质的飞跃。尽管它们兼具机械化和信息化的双重特性,但其中机械化的色彩越来越淡,信息化的成分越来越多。下面,我们就通过对海湾战争和伊拉克战争的对比观察,揭示信息化战争与机械化战争的区别。

**(一)战场透明化**

随着信息时代的到来,拨开战争迷雾,实现战场透明化不再是梦想。从海湾战争到伊拉克战争,战场空间已经被一个巨大的信息伞所笼罩:遍布陆、海、空、天的电子、光学、声音传感器构成功能互补、位置互补、时差互补的全维感知系统,形成战略侦察与战术侦察相结合、动态监视与静态监视相结合的全天候、全天时战场态势感知能力。掌握信息优势的一方,战场对他们来说是单向透明的,信息权的拥有使他们天然地具有了战场的主动权。

## (二)作战反应实时化

反应速度趋于实时化,得益于智能化、自动化、网络化程度越来越高的 $C^4$ISR 系统,尤其是不同军兵种之间快捷、可靠的协同通信系统。伊拉克战争中,美军 $C^4$ISR 系统在较大程度上实现了侦察监视、通信联络、指挥控制的无缝连接,形成体系内顺畅联通的信息高速公路网,从而使战略、战役、战术三个纵向层次之间,陆、海、空、天、电磁五维空间横向之间的信息共享越来越趋向即时性。海湾战争中,美军跨军兵种传输空中作战任务指令需要耗时十几分钟乃至几十分钟,而在伊拉克战争中仅需数秒。海湾战争中美军发现—判定—打击战略性机动目标的时间间隔需以小时计,在伊拉克战争中美军同样行动的时间间隔已经缩短到以分钟计,这使伊军的重要目标面临发现即遭摧毁的命运。

## (三)实施打击精确化

从海湾战争到伊拉克战争,美军使用弹药中精确弹药所占比例由8%飙升到68%。海湾战争中,美军只有大约10%的作战飞机具备投射精确制导武器的能力;而在伊拉克战争中,几乎所有的美军作战飞机都安装了用于精确打击的目标系统、数据链和导航定位电子设备,能够投射多种精确制导弹药。

随着信息化的加速,战争中精确的内涵正在由精确打击扩展为在整个战场空间的精确作战,它不仅包括精确打击,还涵盖精确机动、精确防护和精确后勤。伊拉克战争中,美军就在相当程度上实践了精确作战,如针对伊拉克中心目标实施高强度的中远程精确打击,普遍配备全球卫星定位仪的地面部队在缺乏地标的沙漠中高速突进,用"爱国者"导弹防御系统拦截伊军袭扰科威特的零星导弹,尝试依靠可视系统进行精确化的野战伴随补给等。

## (四)作战体系一体化

随着战争信息化进程的发展,指挥、控制、通信、情报、监视、侦察等部门率先突破军兵种之间的重重信息壁垒和体制障碍,联成一体化 $C^4$ISR 系统,初步形成互联、互通、互动的信息网络,将战场感知系统、指挥控制系统、火力打击系统、后勤保障系统等作战体系内的诸多子系统集成为一个有机的大系统。

综观伊拉克战争全过程,由于有网络化的信息系统作为支撑,美军在一定程度上实现了指挥控制一体化、力量编成一体化、作战行动一体化和补给保障一体化,使联合作战能力大幅度提升。在战略层次,太空中运行的卫星,部署在印度洋迪戈加西亚岛、英国和美国本土的战略轰炸机,部署在波斯湾、红海和东地中海的航母战斗群,部署在战区内的地面部队,通过 $C^4$ISR 系统整合为一体化的作战体系;在战役层次,空中精确打击与地面闪电突击同步实施,美军在以中远程空中精确打击牢牢控制整个战场、死死限制伊军行动自由的同时,通过高速的地面进攻来挤压伊军进行防御的时间和空间;在战术层次,不仅普通的战术飞机,就连远程发射的巡航导弹、高空飞行的战略轰炸机都能够为地面部队提供直接的战场火力支援,从而形成高效能的火力网。伊军只要一出动,就立即遭到美军来自远、中、近距离和陆、海、空区域的联合火力准确而猛烈的打击,伊军精锐"麦地那"师和"巴格达"师在一定程度上就是这样被迅速击溃的。正是基于一体化带来的巨大整体优势,美军才能在战争初期即以10万人的地面部队深入伊拉克全纵深作战。这与机械化战争追求压倒性兵力优势的传统截然不同。

# 第三节　信息化战争的特征与发展趋势

## 一、信息化战争的特征

**(一)信息资源主导化**

信息对战争产生影响的关键是要获得准确的战场信息并把信息及时用于决策和控制。在信息化战争中,信息是核心资源,是决定战争胜负的关键因素,对信息的争夺可能会取代以往冲突中对地理位置的争夺。传统的火力、防护力和机动力仍是战斗力的重要组成部分,但已经不处在核心位置,取而代之的是信息系统和信息化武器装备系统。

制信息权将成为凌驾制空权、制海权和制陆权之上的战场对抗的制高点。日益重要的信息资源,决定了争夺制信息权的斗争将在全时空进行,决定了战争中交战双方将倾全力去争夺信息优势。拥有信息资源,具备信息优势,是取得战争胜利的先决条件。

**(二)武器装备信息化**

信息时代的战争,以信息化武器装备系统为物质基础。信息化武器装备与传统机械化武器装备的最大区别就在于,信息化武器装备是网络系统中的武器,而传统机械化武器装备是单个武器平台。武器装备信息化将使电子信息系统在武器装备体系中的比重越来越大,相应的作战保障装备的地位和作用不断提升。武器装备体系中除了传统的坦克、步战车和舰艇等硬杀伤兵器,还将出现信息化作战平台、综合电子信息系统和单兵数字化装备等软杀伤兵器。

**(三)战场空间多维化**

随着科学技术和武器装备的发展,作战空间逐渐呈现出日益拓展的趋向。在人类战争历史上,飞机的问世和航空技术的发展使作战空间产生了第一次革命性变化,由陆海平面战场发展为陆、海、空三维的立体战场。在信息化战争中,虽然战争活动的依托仍然离不开物理空间,但决定战争胜负的因素主要取决于信息空间。信息和信息流"无疆无界",使得信息作战的领域大大突破了传统的战场界限,成为一个超大无形、领域广阔的作战空间,呈现出陆、海、空、天、电、网等多维一体化趋势。信息化战争作战空间的多维性和复杂性,打破了传统的作战空间概念。

**(四)作战力量一体化**

武器系统的信息化和智能化带来了作战力量的一体化,这是信息化战争区别于机械化战争的重要标志。作战力量一体化是指分布在信息化战场所有空间相互独立的作战单元通过数字化通信网络联结为一体,形成具有新的或更高层次的整体性质或状态的作战系统。这种新的作战系统能围绕一个统一的意图,自觉地协调行动,形成整体合力。

**(五)战争过程短暂化**

随着信息技术的发展,军队的机动能力大为提高,战场信息传输与处理的时间极大缩短,作战行动节奏大为加快,战争持续的时间呈短暂化趋势,战争的胜负往往几个月、几周甚至几天、几小时、几分钟即成定局。

**(六)作战行动实时化**

作战行动实时化是指部队在战场上反应敏捷、行动迅速,能够实时地根据战场态势的最新变化,在极短时间内作出决策,制订计划,以最快的速度将战斗效果直接投放到新出现的战场态势上,迅速达到行动目的。

**(七)作战样式多样化**

作战样式是战争形态的具体表现,有什么样的战争形态就必然会出现与之相适应的战争样式。除机械化战争原有的一些作战样式外,信息化战争还增添了新的作战样式,如网电一体战、情报战、心理战和精确战等。

**(八)作战效果精确化**

信息化战争中,在多层次、全方位、全时空的情报、侦察和监视网络的支持下,使用大量的精确制导武器,使各种作战行动的精确化程度越来越高。这主要表现在以下三个方面:

(1)精确侦察、定位和控制。这是实现精确打击的前提和基础。

(2)精确打击。精确打击是信息化战争精确化的核心内容,它主要靠提高命中精度来保证作战效果,而不是通过增加弹药投射的数量来增强作战效果。

(3)精确保障。精确保障是指充分运用以信息技术为核心的高技术手段,精细而准确地筹划、实施保障计划,高效运用保障力量,使保障的时间、空间、数量和质量要求尽可能达到精确的程度,最大限度地节约保障资源。

## 二、信息化战争的发展趋势

信息技术的迅猛发展和在军事领域的广泛应用,为军队大量利用信息提供了前所未有的条件,并将引发一场涉及整个军事领域的变革。信息化战争将呈现以下发展趋势。

**(一)智能化武器装备将大量涌现**

智能化武器装备是指不用人直接操作和控制,采用了人工智能技术,可自行按照人的意志完成侦察、搜索、瞄准、攻击目标,以及情报的收集、处理、综合等多种军事任务的高技术武器装备。智能化武器装备给未来信息化战争注入了新的活力,从而使军队的编成更精干,传统的作战方式也将被改变。

军用智能化武器装备主要有智能机器人、智能坦克车辆、人工智能弹药、智能导弹、智能地雷等。智能机器人是智能化武器装备的集中代表,它具有一定程度的感觉以及分析、判断、推理与决策能力,能模仿人的行为执行多种军事任务。智能坦克车辆是一种由计算机控制中心、信息接收和处理系统、指令执行系统及各种功能组件组成的能自主完成不同军事任务的新型坦克和车辆。其中,智能作战坦克可越过各种障碍物,识别目标的不同特征及威胁程度,并通过比较确定最佳行动方案,控制武器射击;智能军用车辆能观测方向、测定距离、分辨道路、绕过障碍,把所需物资送到指定地点。人工智能弹药是一种采用了现代电子技术和子母弹技术,从而使其具有人的某些智能的弹药。这种弹药不仅能自动寻找和判定攻击目标,而且能自动发现和攻击目标的薄弱部位,命中精度比普通弹药高几十倍。智能导弹是一种能自动搜查识别和攻击目标,具有思维、判断和决策能力的新型导弹。战争中,由飞机远距离发射后,它会自动跃升至几千米高空,然后自行对目标进行攻击,具有发射后不用管的特点。智能地雷是一种能自动识别目标、自动控制起爆,并能在最有利时机主动毁伤目标的新型地雷。

### (二)信息化作战平台将成为战场支撑

信息化作战平台是指信息化弹药所依托的作战平台。电子信息技术广泛渗透到武器系统的各个领域,为作战平台的信息化提供了空前的机遇。未来的作战飞机、舰艇、坦克,直至外层空间的卫星等都将装备大量先进的电子信息系统与电子战系统,使每一个信息化作战平台都成为 $C^4ISR$ 系统的一个节点,具备电子战能力,并向隐形化、遥控化、小型化和全智能化方向发展,使作战平台的纵深突防能力、攻击能力和生存能力大大增强。特别是隐形飞行器、

图 14-5　信息化作战平台

隐形舰船以及无人机等将成为未来信息化战场上新型的信息化作战平台,这些信息化作战平台将与有人驾驶飞机和舰船相辅相成,形成一支互为依存的强大的空中、海上打击力量,从而成为信息化战场的主要支撑。

### (三)作战形式将发生质的跃进

随着信息技术的发展和武器装备性能的改进,武器装备的精度、杀伤力、机动性、生存力、隐蔽性、反应速度和目标捕捉能力将大大提高,进而引起作战形式发生质的跃进。一是电子战将贯穿始终。未来信息化战争中的电子装备种类将更加繁多,部署密度更大,电磁信号更加密集,电子战频谱更宽,信号特征更复杂,为夺取制电磁权而展开的电子战将渗透到各个作战领域,贯穿战争的始终。二是机动战将广泛实施。未来信息化战争中的机动战不仅包括兵力、兵器机动,而且包括火力机动和软杀伤力机动,尤其是软杀伤力机动将成为兵力机动和火力机动的前提而大量运用。三是计算机病毒战将普遍展开。计算机病毒是一种价格低廉使用方便的软杀伤性武器,它将随着计算机的广泛使用而普遍展开。四是非接触作战将成为主要作战方式。随着武器装备远程打击能力的提高和信息化侦察控制系统的完善,非接触作战将越来越多地成为未来信息化战争的主要作战方式。五是隐形战将充满战场空间。隐形技术的飞速发展,为隐形战的运用提供了机遇。未来信息化战争中,隐形飞机、隐形导弹、隐形舰船、隐形战车将在战场上大量出现,在看不见的战场上进行隐形较量将是未来信息化战争的一个突出特征。六是太空战将大大进展。随着航天技术的发展和军用卫星、航天飞机、载人飞船、太空站的增多,众多的军用航天器将被部署在太空,从而将促进天军的组建和太空战的展开。七是虚拟战场欺骗战将悄然兴起。虚拟现实技术的发展使虚拟战场成为可能。战争中,通过运用信息化战场上的某一网络节点,将虚拟现实技术植入敌方指挥控制系统,向敌方传送假命令、假计划,从而使其军事行动陷入混乱。

## 第四节 信息化战争与中国国防建设

### 一、拓展信息化条件下国防安全的思路

在新一轮科技革命和产业变革推动下,人工智能、量子信息、大数据、云计算、物联网等前沿科技加速应用于军事领域,国际军事竞争格局正在发生历史性变化。以信息技术为核心的军事高新技术日新月异,武器装备远程精确化、智能化、隐身化、无人化趋势更加明显,战争形态加速向信息化战争演变,智能化战争初现端倪。在此背景下,世界各国尤其是发达国家,都将信息化国防作为国防建设的发展目标,极力提高国防建设的信息化程度,我们必须以极大的勇气走向信息化国防建设的新领域,实现国防和军队建设的历史性飞跃。

**(一)树立大战略、大国防、大安全观念,确定信息化国防建设目标**

信息时代,处于国家安全最高层的应该是信息安全、经济安全、政治安全和军事安全。信息安全是国家总体安全的"基石",信息安全不能得到保障,国家就会经济紊乱、社会不稳、军事失效、文化迷途、技术落后,进而影响到国家在国际上的地位和形象。所以说,政治信息安全关系到政府的稳定、命运、前途,经济信息安全关系到国家经济的正常运转,军事信息安全关系到国家军事力量的可靠程度,科技信息安全关系到国家的发展潜力,文化信息安全关系到国家文化艺术的发展和民族价值观的继承。必须把信息安全提高到国家安全的最顶层。并且,信息使国家的政治、经济、军事、科技、外交正以前所未有的耦合度联系在一起。军事战略所涉及的范围日益广泛,国防的战略边疆不断扩展,国家安全的内涵向外延伸。进行军事战略筹划、确保国防安全已不仅仅是军队的职能,而成为全体国民的共同责任。

**(二)确立信息化国防的"信息边疆"新观念**

人类社会的发展,使人们逐渐用地缘、领土、领空、领海,甚至领天来区分国家疆域。战场也随着疆域的拓展而延伸到陆、海、空、天等多维战场。每一维战场的出现,都带来了国家每一维"边界"的产生。战场的维数决定了国家疆界的维数,每一维战场的对抗能力都决定了国家那一维"边界"的安全程度。缺少某一维战场的对抗能力,就失去了那一维"边界"乃至国防。高维优势决定着多维安全,而高维疆域的安全,则决定

图 14-6 信息边疆

着低维乃至多维疆域的安全。信息战争形态的出现,使国家或政治集团的传播力和影响力所能达到的空间成为"信息疆域"。传统的军事攻击,只能指向对方的军事力量和经济潜力,而信息攻击将贯穿对方的军事、政治、经济和整个社会,乃至国民的精神、观念、心理等。因此,必须树立起保卫国家"信息疆域"和"信息边界"的观念,建设"信息疆域",保卫"信息边界"。

### (三)发展以"信息防护部队"为主体的信息时代新的军事力量体系

有了领海,才建立了海军;有了领空,才建立了空军;"信息边界"的出现,要求必须建立相应的"信息防护部队"。国家应该建立一支由科学家、信息专家、警察和精通信息战的军人组成的知识密集、技术密集的专业化部队,保卫国家"信息边界"的安全,反击其他国家、政治团体,甚至个人的信息入侵,防止和打击本国的信息犯罪活动,抢修"网络事故"和"信息事故",以确保国家和信息安全。并且,传统的军队成分将被改变,信息时代的军队将由电子信息网络专家、工程师和知识型军人组成;战争在战略层次攻击的首要目标将是联结国家政治、经济、军事和整个社会的网络系统;利用新奇的信息技术手段,多渠道、多形式地对敌方军用与民用计算机网络系统进行快速、隐蔽和摧毁性的破坏,将是"不战而屈人之兵"或"少战而屈人之兵"的最佳选择。因此,必须根据信息化战争的要求,建设适应信息化战争的军事力量体系。

### (四)调整国防建设的思路

冷战结束后,中国国防建设进行了相应的调整,但国防建设的目标、规模、组织体制的调整幅度还不大,不能适应信息时代对国防建设的要求。国防建设的目标仍然只盯着机械化战争,国防建设的规模仍然体现在量上,国防力量建设仍然只盯着军事力量。因此,必须根据信息化国防建设的要求做适当调整,国防建设的目标应定在确立信息技术、装备和系统的质量优势上;国防建设的规模应缩小现实的、增强潜在的,应该缩小传统的国防建设项目的摊子,而用法律的约束力,把更多的与国防建设有关的企业和行业都纳入国防体系;国防力量要形成精干的军事力量和强大的预备役力量相结合的力量体系。

## 二、加快信息化条件下军队的建设

新军事革命露出的种种端倪,将预示着军队建设会发生许多新变化。从打赢信息化战争的需要来看,信息化条件下军队的建设主要向以下三个方向发展。

### (一)军队建设向信息化方向发展

首先,要树立军队信息化武器装备的发展必须依赖于社会、国家经济和科学技术发展的思想。要在国家经济发展和科学技术发展的基础上,大力发展军队的信息化武器装备。

其次,重点发展电子技术,使信息和信息技术在国防和军队建设中的应用在广度和深度上有较大的提高,这是打赢信息化战争的决定性因素。大力发展信息化武器装备应着力朝两方面努力:一方面要提升单个武器装备和各种作战要素的信息化水平,使武器装备的性能倍增,看得更远更清,打得更远更准,走得更远更快。另一方面要着力发展综合集成一体化作战体系。体系对抗是未来作战的最大特点,是信息化战争的基本特征。

### (二)军队指挥体制向精干高效、扁平网络化方向发展

新军事变革的主要内容之一,是使军事组织体制实现从工业时代向信息时代的跨时代跃升。这种跃升的实质是:使信息这一构成战斗力的主导要素能在军队内部和战场上快速、顺畅、有序地流动,以适应未来信息化战争的要求。因此,军队体制改革的大方向就是使军队体

制编制"适于信息的快速流动和使用"。

首先是变纵长形"树"状领导指挥体制为扁平形"网"状领导指挥体制。在工业时代,机械化战争规模大,杀伤破坏大,战线绵长,战场广阔。这不仅要求建立规模庞大的军队和兵员众多的大型部队,还造就了从最高统帅部到基层分队纵长横窄的"树"状领导指挥体制。这种体制能够满足机械化战争的要求。现在,随着信息技术在军事上的大量应用,信息在作战力量中的地位日益突出,这种领导指挥体制逐渐暴露出信息流程长、信息流动速度慢、抗毁能力差等弊端。为了改变这种情况,应逐步建立外形扁平、横向联通、纵横一体的"网"状领导指挥体制。

其次是进行陆军结构改革。近些年发生的高技术局部战争表明,陆军的地位和作用在下降,空军的地位在上升。在这种情况下,陆军向何处去?如何改变陆军结构?这就成为各国面临的重大军事问题。美国国防部为了使陆军焕发青春,决定实行"陆军转型",在30年内把陆军改造成以旅为基本作战单位的"目标部队"。俄军为建设"机动型"陆军,将大幅度压缩陆军规模,逐步建立军政军令分开、高度

图 14-7 信息化指挥系统

集中统一的领导指挥体制,并实现部队编制的小型化、轻型化、多能化。

### (三)军队建设向"一体化"方向发展

军队建设向"一体化"方向发展是科学技术发展在军事领域的体现。信息技术的发展正在把各个作战系统连接成一个"一体化"的整体,使军队建设必然朝"一体化"的方向迈进。军队建设的"一体化"就是将军队的决策指挥系统、武器装备系统、战斗部队、支援部队、勤务保障部队等融为一体、高度合成。打破传统军兵种界限,将在建制上分属各军兵种的陆、海、空、天、信息多维作战力量和作战平台,在统一协调下进行多维立体作战,真正形成陆、海、空、天、信息等一体化作战力量,实现最佳作战效果。

## 思考题

1. 什么是战争?人类战争形态经历了哪几次演变?
2. 信息化战争的特征和发展趋势是什么?
3. 如何拓展信息化条件下国防安全的思路?
4. 什么是信息化战争?

## 知识链接

### 《战争论》

《战争论》是普鲁士军事理论家卡尔·冯·克劳塞维茨创作的一部军事理论著作。在书中,克劳塞维茨揭示了战争从属于政治的根本性质,认为战争是政治通过另一种手段的继续;指明了人的因素尤其是精神力量对于战争胜负的作用,认为统帅的才能、军队的武德等是作战的关键;阐述了战争的性质有向民众战争转变的历史趋势,对民众战争的地位和作用作了充分的肯定;探讨了战略和战术、进攻和防御、战争的目的和手段之间的辩证关系。

# 第五部分　信息化装备

**教学目标：**

了解信息化装备的内涵、分类、发展及对现代作战的影响；熟悉世界主要国家信息化装备的发展情况，提高学习高科技的积极性，为国防科研奠定人才基础。

**思政元素：**

信息思维　全球视角

武器装备是军队现代化的重要标志，是国家安全和民族复兴的重要支撑。建设一支掌握先进装备的人民军队，是我们党孜孜以求的目标。在战争制胜问题上，人是决定因素。同时也要看到，随着军事技术不断发展，装备因素的重要性在上升，人的因素、装备因素结合得越来越紧密，人与装备已经高度一体化，重视装备因素也就是重视人的因素。

——习近平在中央军委军队规模结构和力量编成改革工作会议上的讲话（2014年12月2日至3日）

# 第十五章　信息化装备概述

党的二十大报告指出:"研究掌握信息化智能化战争特点规律,创新军事战略指导,发展人民战争战略战术。打造强大战略威慑力量体系,增加新域新质作战力量比重,加快无人智能作战力量发展,统筹网络信息体系建设运用。"随着信息技术的飞速进步,信息化装备逐渐成为现代战争中的主流装备。本章首先对武器发展历程进行回顾,在此基础上介绍几种主要的传统武器装备,在最后一节中对信息化武器装备进行较为详尽的阐述。

## 第一节　武器发展历程

武器亦称兵器,是指直接杀伤敌有生力量和破坏敌设施的武器与装置的总称,如匕首、长矛、枪械、火炮、坦克、导弹、作战飞机、战斗舰艇、核武器、化学武器、生物武器等。

### 一、科技、武器与战争的关系

**(一)武器的发展有赖于科技的进步**

从武器的发展史来看,武器是随着科技的进步而发展变化和不断提高的。科技的进步始终在军事领域中具有重要推动作用。科学技术是第一生产力,是军事技术发展的前提。科学技术的最新成果往往首先运用于军事,因此军事领域一直是吸收、利用科学技术成果最多、最快,对科学技术更新的反应最灵敏、最迅速的社会活动领域,甚至许多发明和创造最早在军事领域取得突破和进展,而后才转为民用。

**(二)武器的发展加速了战争的演变**

科学技术领域的突破性发展,必然会对武器装备产生强大的冲击,从而引起战争形态的变化。这一点,已经被军事发展的历史尤其是近代以来战争的历史所证实。无论从科技发展、社会发展还是军事发展的历史来考察,都不难看出,任何新的战争形态的出现都是和相应的科技革命和武器的发展相联系的。科技史上的任何一场革命,在推动社会经济的各个领域产生革命性变化的同时,也必然会引起军事领域一系列深刻的变革,引发武器装备的革命性变化,进而导致新的战争形态的产生。科技革命必然要推动社会经济革命和相应的军事革命,这是被世界科技发展史、社会发展史以及军事发展史所证实的一条客观规律。

**(三)战争实践促进武器发展**

战争实践对武器发展具有推动作用。战争,在整个人类历史上,几乎是伴随着人类自身的发展而发展的。为了赢得战争的胜利,作战双方无不极力延长人的自然器官的功能。这种战争实践对武器发展和科技进步具有的促进作用,使武器的发展不断地由低级向高级、由新的低级向高级发展,从而又使科技获得新的进步,进而又导致战争形态发生新的变化。这种循环运动,使科技进步、武器发展和战争演变不断提高。每一次循环的开始,都使其具有新的内容和新的形式,都使武器、战争上升到一个新的水平。这种循环往复的运动,使得人类在战争中所使用的武器不断地从低级向高级发展变化。

## 二、武器发展简史

### (一)冷兵器时代的武器

从投掷石块,用树枝击打,将尖锐的石头(石斧)捏在手中来打碎骨头开始,人类就已经学会了制造刀片和尖头。将这些刀片和尖头用皮条捆绑在木柄上和长杆上,就为人类的武器库增加了锤、斧、矛和标枪。当人类对石头越来越熟悉时,人们就开始发挥磨制和抛光的优势,并且发明了抛石器以增大抛掷石块的距离和提升速度。显然,石器时代武器技术的最大突破是弓和箭的出现。在西班牙的奎瓦·洛斯·卡瓦路斯发现的洞穴画证实,人类至少在公元前约6000年就发明了弓箭,同一幅面显示了一队弓箭手正在狩猎的场面。

公元17世纪以前,人类处在农业经济社会。这个时代的战争主要使用石质、木质、青铜和铁质的兵器。相对后来的以化学能(火炸药)为能源的"热"兵器而言,这些兵器被称为"冷"兵器。这个时代的战争也被称为冷兵器战争。各种冷兵器的原理,都是一种传递或延长(借助杠杆、弓弩张力)人的体能的战斗器械。

兵器的发展,同一般事物发展一样,质量上是由低级到高级,类型上是由单一到多样,形制上是由庞杂到统一,各有其发生、发展和衰亡的过程。冷兵器依其用途不同,主要分为格斗兵器、抛射兵器、防护器械和攻守城垒战具四类。格斗兵器,指在近身战斗时用以直接杀伤敌人的各种手执兵器,如戈、矛、枪、刀等,是冷兵器的主体兵器。抛射兵器,顾名思义就是抛出或射出物体、能对敌人造成创伤的兵器,如弓、弩、飞石索、抛石机等。抛射兵器的出现,延伸了作战距离,增加了己方的安全,同时也扩大了战争的范围,增加了战争的难度,使战争更加激烈。防护器械就是保护自己、减少伤亡的兵器,如盾、甲、胄等。攻守城垒战具,是城镇战开始后发展起来的,它是攻城或守城所必需的器械,如飞桥、云梯等。攻守城垒战具可以分为攻城战具、守城战具等。

### (二)火药时代的武器

公元10世纪末叶正值中国的北宋初期,当时的中国军事家们,根据炼丹家在炼制丹药过程中曾经使用过的火药配方,配成火药并制成火器用于对敌作战,从而开创了人类战争史上火器与冷兵器并用的时代。这个时代,在中国一直延续到清朝中叶,甚至更长。从此,在刀光剑影的战场上又出现了火器的声响与弥漫的硝烟。恩格斯曾对中国的这一伟大发明创造给予了充分的肯定,他在1857年写的《炮兵》一文中写道:"现在几乎所有的人都承认,发明火药并用它朝一定方向发射重物的,是东方国家。……在中国,还在很早的时期就用硝石和其他引火剂混合制成了烟火剂,并把它使用在军事上和盛大的典礼中。"

公元10世纪至12世纪,中国已将火药用于兵器,制成火球、火箭、火蒺藜、火炮等火器。13世纪后,这项技术先后传入阿拉伯国家及欧洲。但是,由于当时的技术水平很低,火器的威力很小,过于笨重,制造困难,价格昂贵,难以大量使用,不能成为战场上的主要兵器。相反地,冷兵器仍是这一时代战争的主要兵器。公元17世纪至20世纪末,人类处在工业经济社会。这个时代的战争主要使用以化学能为主要能源的兵器,大大提高了兵器发射与推进的距离和杀伤破坏的威力,称为"热"兵器,这个时代的战争也称为热兵器战争。尤其是欧洲,在16世纪时就发明了枪炮机械点火装置,取代了火绳枪,对中国传入欧洲的火炮做了许多改进,采用粒状火药、铸铁炮弹、活动炮架和瞄准装置,提高了射程和机动性。17世纪后,来复枪、左轮手枪等被发明,火炮已成为军舰、城堡攻防的重要武器。

### (三)机械化时代的武器

人们在使用机械化这一概念时,往往是在狭义上使用。这一点可以从中国的相关定义中得到证实。《中国人民解放军军语》中的机械化步兵词条称:机械化步兵,"亦称装甲步兵。能以建制内的装甲战斗车辆实施机动,乘车或下车进行战斗的步兵"。实际上,关于机械化装备的广义理解,可以从《辞海》中关于机械化的条目中直接导出一个结论。在《辞海》中所定义的机械化为:在生产过程中直接运用电力或其他动力来驱动或操纵机械设备以代替手工劳动进行生产的措施。利用机械设备而仍以人力或畜力推动机械设备进行生产的称"半机械化"。从这个定义出发,就可以将机械化装备的定义引申为:在武器和武器系统以及其他军事技术器材的发展和使用中,运用电力或其他动力来驱动或操纵各种机械设备,代替手工劳动进行作战和训练的手段之总和。从这个意义上,机械化装备的产生显然不应当从坦克的出现算起,而应以19世纪初海军舰船蒸汽动力的使用作为标志。

从19世纪中叶起,枪炮设计又出现了一系列重大改进:后装式火炮、定装式弹药、带反后坐装置的弹性炮架、螺旋膛线及旋转稳定弹丸、无烟火药及TNT炸药等,由此奠定了枪、炮作为热兵器时代主要武器的技术基础。各种运载工具的发明,使得热兵器时代战场空间与机动速度大大增加,开始了武器装备机械化进程。各种现代枪械、火炮、火箭、坦克装甲车辆是典型的机械化武器。

### (四)信息化时代的武器

20世纪80年代中期,美国等西方发达国家的武器装备在性能指标上已经达到或接近物理极限。属于信息化军事范畴的军事信息革命在西方国家始于20世纪70年代,分为军事传感革命和军事通信革命两个阶段。军事传感革命的主要表现是:出现了计算机控制的探测器材,以及单个作战平台和武器系统的计算机化。军事通信革命始于20世纪80年代初,其主要成果是:由于数字技术广泛应用于军事领域,出现了可以处理大量数据信息的指挥、控制、通信、情报与计算机系统。军事技术革命的发展在世界各国是不平衡的。西方发达国家早已完成了军事工程革命,接近完成军事传感革命,正在全力推行军事通信革命。而广大发展中国家则仍处于军事工程革命阶段,或刚刚开始军事传感革命。

当前,世界各国工业时代的机械化装备正在逐步向信息时代的信息化装备过渡。广大发展中国家也不同程度地开始走上了信息化装备的发展道路。

所谓信息化装备,是指信息技术含量高,信息技术对装备性能的提高及对其使用、操纵、指挥起主导作用,具有信息探测、传输、处理、控制、制导、对抗等功能的作战装备和保障装备。武器装备信息化,可使预警探测、情报侦察、精确制导、火力打击、指挥控制、通信联络、战场管理等领域的信息采集、融合、处理、传输、显示,实现联网化、自动化和实时化。信息化装备具有网络化(利用网络技术把遍布于战场每个角落的侦察系统、火力系统、指挥系统、支援保障系统等联成一个有机整体,实现信息化武器装备的整体联动)、集成化(利用信息技术把功能较为单一的武器装备集成为具备情报侦察、通信、指挥控制、火力打击和电子对抗等多种功能于一体的武器系统)、精确化(利用信息技术提高武器装备的命中精度,从而提高作战效能)、隐身化(使各种新型武器装备具有对抗雷达、红外、声音以及可见光探测的隐身特性,提高武器装备的战场生存率和隐蔽突防能力)和智能化(充分利用人工智能技术,使武器装备不仅大幅度改造和提升物理功能,而且全面拓展其信息功能和智能控制能力,使武器装备由单纯的物质、能量载体转变为物质能量与人脑功能的结合体)等特征。信息化装备发展趋势是通过增强火力投入效率和加速作战进程,提高武器装备的整体作战效能。信息化作战平台向高机动、隐身化、多功能方向发展,信息化弹药向低成本、智能化、高精度和多功能方向发展。其可能产生的影响是:作战保障装备的地位和作用有很大提高,并成为作战系统的"眼睛、神经和大脑";将产生软、硬杀伤概念,出现软、硬杀伤兵器;在各类兵器中,电子信息系统的比重将越来越大,其作用也日益重要。

综上所述,对信息化武器装备概念如此界定:信息化武器装备,是指信息技术在装备技术构成中占主导地位,信息要素在作战行动中支配物质、能量要素的效能发挥,具有较高信息获取、传输、处理、存储、共享、管理、分发、对抗能力及数字化、智能化、网络化和一体化水平的武器、武器系统和军事技术器材的统称。相应地,信息化武器装备的特点有打击精确化、防护综合化、控制智能化、侦察立体化、反应高速化等。信息化武器装备是复杂技术系统,是当前装备发展的最高级装备形态。它是着眼于装备系统的整体功能而言的,本身暗含着体系之意。体系中的个体是信息化武器装备的子系统,不能称其为信息化武器装备,只有系统整体才能称为信息化武器装备。这样可以避免评价现代坦克、飞机等装备是否是机械化或信息化武器装备的尴尬。信息化武器装备的主战力量是各种信息化作战平台、精确制导弹药、信息战装备、一部分新概念新机理武器等软、硬杀伤力量。此外,用于保障作战行动的各种信息化军事技术器材也是信息化武器装备的重要组成部分。

## 第二节 机械化武器装备

### 一、陆战武器装备

陆战是指在陆地上实施的战斗行动。陆战武器通常是指陆军实施战斗行动所采用的武器。现代陆战是由摩托化步兵、坦克兵、炮兵、空降兵、导弹兵、野战防空兵、陆军航空兵、两栖登陆部队以及支援保障部队共同实施的战斗行动。通常上述诸兵种采用的主要武器均属于陆战武器。随着现代科学技术的发展,许多国家的陆军部队装备了导弹、武装直升机和坦克装甲车辆、火炮、各类先进的枪械以及电子、红外等技术器材,陆军武器装备逐渐向立体化方向发展,军队的火力、突击力、机动力明显增强,防护力也有很大提高。现代陆战是立体的协同战斗,具有杀伤破坏力大、情况变化快、战斗样式转换迅速、指挥协同复杂和勤务保障艰巨等特点。在地面战斗中,已由打步兵为主变为打装甲目标为主,同时还要打空降、打飞机。防核、化学、生物武器,电子干扰与反干扰也成为陆战的重要内容。

#### (一)轻武器

轻武器(small arms),是指枪械及单兵或班组携行战斗的轻型武器,又称轻兵器或小武器。其主要装备对象是步兵,也广泛装备于其他军种、兵种。其主要作战用途是杀伤或压制暴露的有生力量,毁伤轻型装甲车辆,破坏其他武器装备和军事设施。特点是:体积小,重量轻,可由单兵或班组携行作战;配套设备少,后勤保障简单,使用方便,开火迅速,火力密度大;环境适应性强,可在恶劣自然条件下作战,特别适于在近战和敌后斗争中使用;品种较多,能适应多种作战任务;结构简单,易于制造,便于维护保养,成本低廉,适于大量生产和装备,是军队中装备数量最多的武器。其最初仅指可供单兵携带的枪械,如手枪、冲锋枪、步枪等,后发展到包括各种大小口径的机枪、榴弹发射器、火箭发射器和无坐力发射器等。

#### (二)火炮

火炮(artillery),是指以火药为能源发射弹丸、口径在20毫米以上的身管射击武器,是军队实施火力突击的基本装备。火炮可用于对地面、水面和空中目标射击,歼灭有生力量,压制技术兵器,破坏防御工事和其他设施,击毁装甲目标和完成其他特种射击任务。

火炮种类较多,配有多种弹药。按用途,火炮可分为压制火炮、高射炮、反坦克火炮(包括无坐力炮和反坦克炮)、坦克炮、航空机关炮、舰炮和海岸炮。压制火炮包括加农炮、榴弹炮、加农榴弹炮和迫击炮。有些国家将火箭炮归入压制火炮。按弹道特性,火炮分为加农炮、榴弹炮、加农榴弹炮、迫击炮、迫击加农炮和迫击榴弹炮等。高射炮、反坦克炮、坦克炮、航空机关炮、舰炮和海岸炮都具有加农炮的弹道低伸的特性。此外,火炮按运动增大方式分为自行火炮、牵引火炮、骡马挽曳火炮、骡马驮载火炮和便携式火炮,按装填方式分为前装炮和后装炮,按炮膛构造分为线膛炮和滑膛炮。除上述分类外,火炮还可按射程、重量、口径进行分类。

#### (三)装甲车辆

装甲车辆(armored vehicle),是具有装甲防护的军用车辆,为现代陆军的主要装备。坦克是其中的基本车种,其发展对其他装甲车辆有决定性影响。装甲车辆按推进装置可分为履带式和轮式两类。也曾出现过半履带式和轮胎-履带式装甲车辆。履带式装甲车辆越野机动性好,防护和承载能力强,但推进装置重量大,效率低,维修费用高,对路面破坏程度大。轮式装甲车辆公路机动性好,油耗低,寿命长,使用经济,适于长途机动,但越野和承载能力不如履带式装甲车辆。装甲车辆按作战用途可分为战斗车辆和保障车辆。战斗车辆有坦克、步兵战车、装甲输送车等地面突击车辆,自行迫击炮、自行榴弹炮、自行火箭炮、自行高炮、自行反坦克导弹发射车、地空导弹发射车等伴随火力支援车辆。战斗车辆上通常按战术技术要求配有不同的武器系统,如大口径火炮、机关炮、机枪、火箭炮和导弹等武器及其相应的火力控制系统。保障车辆分为两类:一类是战斗保障车辆,如装甲侦察车、情报处理车、装甲指挥车、综合信息车、装甲通信车等;另一类是工程技术保障车辆,如坦克架桥车、装甲扫雷车、装甲抢救车、装甲抢修车、综合检测车、装甲加油车、装甲补给车等。各类保障车辆上装有用途不同的特种设备,可完成不同的任务。

### 二、海战武器装备

海战的主要武器平台是军舰。军舰是舰艇的俗称,根据作战使命的不同,分为战斗舰艇和勤务舰船两类,也可分为战斗舰艇、登陆作战舰艇和勤务舰船三类,或战斗舰艇、登陆作战舰艇、水雷战舰艇和勤务舰船四类。每一类中按其基本任务的不同,又可区分为不同的舰种。在同一舰种中,按其排水量、武器装备和战术技术性能的不同,又区分为不同的舰级和舰型;有的只区分为不同的舰型。20世纪50年代以来,海军装备了导弹武器,舰艇采用了新型的常规动力和核动力,飞机采用了喷气动力和垂直/短距起落技术,出现了全球海洋卫星监视系统和远距离的探测设备,指挥、操纵和武器控制日益自动化。海战武器装备逐渐形成以航空母舰、潜艇、水面舰艇及舰载飞机为主体,核力量和常规力量并行发展的格局。反舰/反潜导弹、防空导弹、潜射弹道导弹和对地攻击巡航导弹成为舰艇的主要武器。

**(一)航空母舰**

航空母舰分轻型、中型和大型三种,动力有常规动力和核动力。航空母舰的主要作战武器是舰载飞机,其中主要有歼击机、攻击机、反潜机等机种。舰载歼击机的主要任务是在海洋上空进行空战和拦截来袭的敌机或导弹,以夺取和掌握海洋战区的制空权,便于己方夺取和控制海洋战区的制海权。目前最好的舰载歼击机时速达2500千米,作战半径可达1000~1500千米。其装备有空空导弹、空对舰导弹和小口径

图15-1 中国航母"福建舰"

火炮,能同时对多个目标进行攻击,一般具有全天候作战能力。现代航空母舰由于具有十分优良的战斗性能,所以常常是海军舰艇编队,尤其是远洋舰艇编队的核心。这种编队就叫作航空母舰编队,它通常是由一艘航空母舰和若干艘巡洋舰、驱逐舰、护卫舰、潜艇等组成的。这种编队能同时对水面(地面)、水下和空中的目标实行强有力的攻击。航空母舰一昼夜能行驶600海里(1111千米),舰载机作战半径平均可达1000千米。这样,航空母舰编队每昼夜内可及的控制海区范围可达百万平方千米。

**(二)巡洋舰、驱逐舰、护卫舰**

巡洋舰、驱逐舰、护卫舰是在水面上进行机动作战的主要军舰。它们能在海上消灭或驱逐敌舰艇,在海军航空兵支援下,夺取并控制制海权,或完成反潜、护航、支援登陆作战等多种海上作战任务。其中,巡洋舰是大型军舰,排水量为5000~20000吨。有的已达32000吨。它的形体最大,能经受9~12级风浪,武器装备最多,通信能力强,在海战中起骨干作用。它还担负破坏和压制岸上目标、支援登陆作战以及护航、反潜等任务。在没有航空母舰参加的舰艇编队中,巡洋舰就成为编队的核心,常常作为编队的旗舰(指挥舰)。

驱逐舰属于中型军舰,一般排水量为3000~8000吨。它的形体比巡洋舰小,能经受8~10级风浪,有较高的航速和较强的火力,在机动作战中常常担任消灭或驱逐敌舰船的任务。护卫舰属于小型军舰,排水量为1000~3000吨,武器装备较少,常担任舰艇编队外围的侦察、警戒、反潜、护航等任务,是编队的得力"卫士"。

巡洋舰、驱逐舰、护卫舰的舰体结构和武器装备的种类有许多相似之处。这些舰的舰体形状都是尖削而细长,舰首昂然翘起,显得威武雄壮。舰体都是多层甲板结构,上甲板上有高耸的岛式上层建筑。这些舰装备有对空、对海、对潜的武器。现代巡洋舰、驱逐舰、护卫舰的性能有很大

提高,其中,以攻击能力的提高尤为明显,普遍装备导弹,多数还装备直升机。防空导弹、反舰导弹、反潜导弹、舰炮、鱼雷、水雷、深水炸弹、自动化指挥控制设备和直升机等武器装备,组成了具有多种作战能力的武器系统,具有远、中、近三种距离对舰、对潜、对空和对岸作战的能力。

### (三)潜艇

潜艇部队是海军中在水下遂行作战任务的兵种,包括常规动力和核动力的鱼雷潜艇部队、导弹潜艇部队和潜艇基地、辅助船部队等。潜艇能够长时间隐蔽在水中进行机动作战,良好的隐蔽性能是潜艇战斗性能的一个重要标志。常规动力潜艇采用双套动力装置,在水面航行时,使用柴油机;在水下航行时,使用电动机(其电源为蓄电池)。这种潜艇,如果在水下高速(一般为20多节)航行,其蓄电池的电量只能供它用1小时左右;如果低速(一般为几节)航行,也只能用几十小时,跑几百海里。常规动力使潜艇在水下活动的区域和时间受到很大的限制,因而它被敌方发现的风险是较大的。

核动力潜艇采用核动力装置。核动力装置利用核反应堆产生的能量,使高压水获得高温产生高压蒸汽,蒸汽直接冲动蒸汽机运转,带动螺旋桨高速旋转,推动潜艇运动。核动力装置能量大,运转时不需要氧气,所以核潜艇能以30节的速度长时间在水下航行。这种潜艇的水下活动时间可长达70昼夜,占其续航时间的90%以上,因而核动力潜艇被敌人发现的风险比常规动力潜艇小得多,具有更好的隐蔽性。核潜艇分导弹核潜艇和攻击核潜艇。

除此之外,其他常见的水面作战舰艇还有导弹艇、鱼雷艇、猎潜艇、护卫艇、扫雷舰艇、登陆舰艇以及各种辅助舰船等。

## 三、空战武器装备

现代战争,特别是近些年发生的几场局部战争表明:现代高技术条件下局部战争正在向力量集成化、战争数字化、指挥网络化、打击精确化、保障一体化的方向发展。空中打击将成为战争的主要模式,因此空袭和反空袭将成为建设军队的重点。其他军种对空军的依赖也在不断提高,西方国家曾有人提出"空中力量已成为解决武装冲突的主要手段,也是达成战争目的的最佳手段"。作为空军主要装备的飞机,其发展和应用不仅改变了战争的样式,也深深介入了经济生活,对社会生产力的发展和人类文明产生了巨大的影响。

空军是从陆军中建立航空兵部队开始逐步发展起来的、主要进行空中作战的独立军种。在近期的几场局部战争中,已经形成了以空军为主、由海军和陆军的航空兵部队协同作战的统一的空中力量。空军的任务也大大扩展,除了争夺制空权外,还要执行对敌方实施战略空袭和保卫己方地面目标不受敌方空袭的任务,包括:消灭各种空中目标(包括使用各种高技术武器摧毁外层空间的低轨道军事卫星、空中预警和指挥飞机及空天地一体化信息系统中的通信中继飞机);攻击各种战略目标,突击对方战术纵深内的各种目标和对地面部队实施空中支援;实施航空反潜、反舰和反坦克作战等。

### (一)战斗机

战斗机是指主要用于拦截和摧毁敌方空中目标、在空战中夺取制空权的飞机,中国习惯上称之为歼击机。目前,战斗机可能歼灭的空中目标种类繁多,其任务和飞行性能(高度、速度、机动性)存在较大差异,这些目标包括轰炸机、攻击机和巡航导弹,以及预警机、护航战斗机、空中优势战斗机、高空侦察机和电子干扰飞机、加油机、运输机、武装直升机和无人机等。但是,战斗机首先必须保证能够战胜其最大的直接威胁——敌方的空中优势战斗机,只有先夺取并掌握了制空权才能确保顺利地完成其他任务。战斗机一直是各国空军重点装备的机种,其性能水平和作战方式是在技术发展、使用需求、实战经验和作战观念的共同推动下不断演变的。目前,喷气式战斗机已发展到以美国F-22和中国歼-20为代表的第四代飞机。随着航空技术的不断发展,现代战斗机已能执行夺取空中优势、防空截击、纵深遮断和近距空中支援等多种任务。

图15-2 中国歼-20战斗机

**(二)战斗轰炸机和近距支援飞机**

战斗轰炸机和近距支援飞机(中国分别称为歼击轰炸机和强击机),是空军用于对敌地/海面进行攻击的铁拳,是空军高技术武器系统的重要组成部分。各军事强国的空军在重视防空力量建设的同时,特别强调发展空中进攻力量,形成了攻防兼备型航空武器装备体系。战斗轰炸机是主要用于突击敌战役战术纵深内的地面、海面目标,并且有空战能力的飞机。战斗轰炸机是第二次世界大战中发展起来的,主要用于对地攻击,又具有较强的空战能力。随着航空技术的进步,现代战斗轰炸机的载弹和作战半径均大幅度增加,其飞行速度和战斗机相当,低空突防能力不断提高,设备精良,对地攻击火力强大,并发展到具有全天候的对地攻击作战能力,已经成为各军事大国的重要机种。今后战争中,各国都力求在附带伤害最小的情况下猛击敌要害使之尽快屈服,相应对战斗轰炸机的攻击精度也提出更高的要求。

近距支援飞机,产生在第一次世界大战。近距支援飞机主要是从低空、超低空突击敌战役、战术地幅内的中、小型目标,直接支援陆、海军作战。近距支援飞机遂行任务与战斗轰炸机基本相同,主要区别在于突防手段和空战能力。近距支援飞机的突防主要靠低空飞行和装甲保护,多数情况下需要战斗机掩护,而战斗轰炸机主要靠低空高速飞行和电子干扰手段;近距支援飞机一般不能空战,战斗轰炸机则具有一定的空战能力;近距支援飞机用于突击距离较近的地面小型或活动目标,比使用战斗轰炸机更为有效;此外,某些优秀的近距支援飞机通常具有起降距离短的特点,可在野战机场起降,而战斗轰炸机一般需要用正规机场。现代近距支援飞机的作战能力,突出表现在武器系统方面,其机载武器除普通航弹外,还有制导炸弹、反坦克集束炸弹和空地导弹;多数近距支援飞机还可携带战术核弹;都装备有30毫米大口径速射航炮。有的近距支援飞机已加装红外观察仪、微光电视、激光测距仪和火控系统等先进设备。新型近距支援飞机在满载条件下有的还具有垂直、短距起降能力。

**(三)轰炸机**

轰炸机是专门用于对地面、水面(下)的目标实施轰炸的飞机,具有突击力强、载弹量大、航程远等特点,是航空兵实施空中突击的主要兵器,是空军进行战略攻击的威慑力量。从历史上看,轰炸机的发展经历了曲折的道路。战略轰炸机一直是美国和苏联核威慑力量的三大支柱之一(另外两大支柱是陆基洲际导弹和潜艇发射的洲际导弹)。然而现代战略轰炸机高昂的研制费、采购费以及维护使用费,使得一般中、小国家难以承担。中国空军装备了一定数量的中型战略轰炸机。从发展的眼光来看,建设强大的攻防兼备的大国空军,必须发展一定数量的战略轰炸机。

轰炸机主要是用于对敌纵深内的地/海面主要战略目标（军事指挥中心、电信中枢、机场、雷达以及航空母舰战斗群、重点能源工业和兵工厂、港口、交通枢纽）进行轰炸攻击的飞机，也是核武器的主要运载平台，是世界主要空军大国军用飞机装备的重点之一。轰炸机按载弹量分为重型（10吨以上）、中型（5～10吨）和轻型（3～5吨）轰炸机，按航程分为远程（8000千米以上）、中程（3000～8000千米）和近程（3000千米以下）轰炸机，按遂行任务的范围分为战略轰炸机和战术轰炸机，按速度分为亚声速轰炸机和超声速轰炸机。

轰-6K是中国自主研发的中远程轰炸机，被誉为"空中战神"。2015年3月，中国空军轰-6K中远程轰炸机首次前出第一岛链，飞越西太平洋。十年来，轰-6K战机飞越了巴士海峡、宫古海峡、对马海峡等，实现常态化赴西太平洋远洋训练、常态化警巡东海防空识别区、常态化绕岛巡航、常态化战巡南海，成为维护国家主权与领土完整的重要力量。

### （四）军用运输机

军用运输机是指用于空运兵员、装备、物资并能空投空降的飞机。军用运输机由机体、动力装置、起落装置、操纵系统、通信设备和领航设备等组成。军用运输机具有快速、远程、机动的特点，这使其成为战争初期战略开进和快速部署的重要支柱、战争期间后勤保障和远程支援的主要工具、战争末期机动转移和及时撤离的重要力量，它又是发展预警/指挥机、电子战飞机、加油机等特种飞机的理想平台。军用运输机具有较大的载重量和续航能力，能实施空运、空降、空投，保障地面部队从空中实施快速机动。

军用运输机按运输能力分为战略运输机和战术运输机。战略运输机航程远、载重量大，主要用来载运部队和各种重型装备实施全球快速机动。战术运输机用于战役战术范围内遂行空运任务，有的具有短距起落性能，能在简易机场起落。

作为我国新世纪军工科研攻关的杰作——运-20（代号"鲲鹏"），是中国研究制造的新一代军用大型运输机。运-20采用常规布局，悬臂式上单翼、前缘后掠、无翼梢小翼，拥有高延伸性、高可靠性和安全性，以及有效载荷高（达到60吨左右）、短跑道起降等优异性能。该机作为大型多用途运输机，可在复杂气象条件下，执行各种物资和人员的长距离航空运输任务。运-20飞机是空军战略性、标志性装备，它的服役结束了我国大型运输机长期依赖进口的历史，标志着中国大飞机设计制造能力取得突破性进展，对推进中国经济和国防现代化建设，应对抢险救灾、人道主义救援等紧急情况，提高空军战略投送能力和中国军队履行使命任务能力，具有重要意义。

除以上所介绍的各种飞机外，其他的军用飞机还有军用空中加油机、特种军用飞机以及直升机、教练机等。

## 第三节　信息化武器装备

从功能上来分类，信息化武器装备可分为综合电子信息系统、信息化武器、信息化作战平台、信息战武器和单兵数字化装备等种类；按性质分类，可分为进攻类信息化装备、防御类信息化装备和支援类信息化装备；按杀伤效应分类，可分为"硬杀伤"类信息化装备和"软杀伤"类信息化装备。信息化武器装备的出现，是武器装备发展史上的重要转折点，它改变了机械化武器装备和核武器发展单纯追求射速、航速、射程、杀伤力等物理性能极限的道路。信息化武器装备的核心,是增强控制能力和智能水平,使武器具有一定的信息功能和控制功能。

### 一、信息化作战平台

信息化作战平台,是指安装有大量电子信息设备,如一体化传感器、电子计算机、高性能弹药、自动导航定位设备等,集成了光电技术、新材料技术、新能源技术等众多高新技术,可通过 $C^4ISR$ 系统联结,具有高智能化水平和综合作战能力的武器载体。

信息化作战平台装有大量电子设备,不仅有探测敌方目标、为实施精确火力打击提供目标信息的传感设备,还有足够的计算机系统及联网能力,可为各种作战行动提供及时而有效的信息。目前作战平台正向信息化、隐身化、多功能和高机动的方向发展。与此同时,信息化作战平台还强调平台的可靠性、操控性以及维修保障性。

### 二、信息化武器

随着信息技术飞速发展,信息化武器不断涌现,如精确制导武器、核生化武器、新概念武器等,本节简介精确制导武器中的精确制导弹药。精确制导弹药,是指依靠自身动力装置推进,能够获取和利用目标所提供的位置信息,并由制导系统控制飞行路线和弹道,命中精度很高的弹药。目前,精确制导弹药已经发展成为家族成员众多的大家庭,包括制导炸弹、制导炮弹、制导子母弹、制导地雷、巡航导弹、末制导导弹、反辐射导弹等。同时,精确制导弹药也正向灵巧型和智能型方向发展。灵巧型弹药是一种能在防区外发射、"发射后不用管"、自主识别和攻击目标的精确制导弹药。智能型弹药是能在各种条件下,利用声波、无线电波、红外、激光等一切可利用的目标信息,自主地选择目标并实施攻击的精确制导弹药。

### 三、单兵数字化装备

单兵数字化装备,又称单兵一体化防护系统,是单兵所配备的具有信息化功能的战斗装备和保障装备。美国、俄罗斯、英国、以色列、澳大利亚等很多国家都制定了单兵数字化装备开发计划。从结构和功能上看,各国研制的单兵数字化装备大同小异,主要由五个分系统组成,是主要包括武器、头盔、防护服、电台、计算机和有关软件等在内的一体化作战系统。为适应信息化战争的需要,提高21世纪士兵的指挥控制能力、机动能力、防护能力、协同作战能力和环境适应能力,美国及其北约盟国相继提出了"单兵综合防护系统(SIPE)"计划、"21世纪部队陆地勇士"计划、"理想部队勇士"计划和"2025未来勇士"系统等研究项目。这些项目从时间上看相互衔接,从质量上看越来越轻,从功能上看越来越完善,从实用性看越来越高,是陆军士兵系统从低级到高级发展的标志。

### 四、信息战武器

随着军事技术革命的不断深入,以信息技术为核心、以信息对抗为目的的信息战武器正在或将要大量涌现,并成为未来武器装备体系中一个十分重要的组成部分。目前,关于信息战武器的概念,一般认为:用于保护己方信息和信息系统、影响敌方信息和信息系统的武器,即为信息战武器。应该说,信息战武器主要以电子对抗和计算机网络对抗为主,以夺取和保持"制信息权"为主要目的。信息战武器已成为高技术局部战争中夺取信息优势的主战装备。

#### (一)电子战装备

信息化条件下的局部战争中,战场上的电磁环境日益复杂,以往那种彼此分立、功能单一的电子战装备已远远不能适应作战需要了。一体化和通用化已成为当前电子战装备发展的重点和未来电子战装备总的发展方向。为了更有效地对付信息化战争中复杂多变的电磁威胁,未来新一代的电子对抗装备,将广泛采用先进的计算机技术,大幅度提高整个系统的自动化程度,以具备更好的实时能力、自适应能力和全功率管理能力。电子战装备的工作频段不断拓宽,发射功率不断增大。毫米波技术和光电技术的发展,使现代电子战装备的工作频率不断向更宽的频段发展。从整体看,未来电子战装备的工作范围必将扩展到整个电磁波频谱。GPS干扰与反干扰将受到关注。战争实践已经表明,如果失去GPS的支持,就会极大地削弱信息优势,使指挥、控制、侦察、打击、部队机动等各个军事环节都面临严峻考验,严重降低战斗力。重点发展反辐射和新型电子战干扰机,重视发展新型、特殊的电子战技术装备,如用于反卫星的激光武器、高能粒子束武器等。

#### (二)计算机网络武器

计算机网络武器主要包括计算机网络侦察武器装备、计算机网络攻击武器装备和计算机网络防护武器装备。

(1)计算机网络侦察武器装备。其主要包括网络扫描器、网络窃听器、网络密码破译器、电磁侦测器等。网络扫描器,能广泛收集目标系统的各种信息,包括主机名、IP地址、所使用的操作系统版本号、提供的网络服务、存在的安全漏洞、用户名和目标网络的拓扑结构等,特别是寻求敌网络系统的安全漏洞或安全弱点,并力求找到安全性最薄弱的敌主机作为网络攻击的突破对象。网络窃听器,是一种能监视网络状态和数据流的软件或工具。网络窃听器一般应部署在网络中的重要位置,如在网关、路由器、防火墙一类的设备或重要网段上。好的功能更全的网络窃听器不仅能截获网络通信数据包,还能修改数据包。网络密码破译器,是能从敌网络所截获的密文中推断出原来的明文的软件或工具,功能强大的网络密码破译器还能采用删除、更改、增添、重放、伪造等方法向密文中加入假消息。电磁侦测器,能对敌方计算机网络系统内各种电子设备所发射或辐射的电磁信号进行搜索、定位、检测、识别、记录和分析,获取对方计算机信息系统内的有关信息和情报。

(2)计算机网络攻击武器装备。其主要包括计算机病毒、预设陷阱、微米/纳米机器人以及芯片细菌等。计算机病毒,是一种人为编制的有害程序,它能在计算机系统运行过程中把自身精确地或经修改复制到其他计算机程序体内,从而对源程序进行置换和破坏,甚至毁灭整个信息系统的软件和数据。预设陷阱,是在信息系统中人为地预设一些"陷阱",以干扰和破坏计算机系统的运行。微米/纳米机器人,主要是用来攻击电子设备的硬件系统。这些微小型机器人系统是微米/纳米技术和微机电系统发展的结果,其形状类似黄蜂或苍蝇,大小比蚂蚁还小,而且能飞、能爬,很难被发现或识别,可以大量"飞入"或"爬入"敌方的信息中心大楼及保密室,通过计算机的接口钻进计算机或网络服务器,偷窃秘密信息或破坏信息系统。

(3)计算机网络防护武器装备。其主要有网络哨兵、信息加密系统、网络防火墙等。网络哨兵,实质上是一种计算机网络安全监控系统,通常安装于网络服务器或主机之上,主要用于对入侵网络的人员进行威胁预警,提高网络的预警防护能力,并确定网络进攻的范围、目标和性质等。信息加密系统,是指采用自动加密技术,能给文件或电子邮件提供加密和解密一体化功能的系统。网络防火墙,是用来保护计算机网络安全的一种常用手段,它能允许你"同意"的人和数据进入你的网络,同时将你"不同意"的人和数据拒之门外。

### (三)无人机

无人驾驶飞机简称"无人机",指的是利用无线电遥控设备和自备的程序控制装置操纵的不载人飞机。无人机的研制起步于第一次世界大战期间,英国于1917年制造出了世界上第一架无人机作为高炮训练用的靶机使用。第二次世界大战结束后,无人机的用途开始向其他方面发展。特别是随着电子技术的进步,无人机在担任侦察任务的角色上开始展露它的弹性与重要性。无人机用于战场侦察始于越南战争,在之后的中东战争、海湾战争、科索沃战争、阿富汗战争、伊拉克战争、利比亚战争以及叙利亚战争等局部战争中频频亮相、屡立战功。进入新世纪,无人机在侦查的基础上增添了战斗的功能,出现了攻击无人机,在美国主导的几场"反恐战争或行动"中多次成功实施"斩首"行动。

按照不同的用途,军用无人机可分为侦察无人机、诱饵无人机、电子对抗无人机、通信中继无人机、无人战斗机以及靶机等。按照平台的不同,无人机可分为固定翼无人机、旋翼无人机、无人飞艇、伞翼无人机、扑翼无人机等;按尺度分类,无人机可分为微型无人机、轻型无人机、小型无人机以及大型无人机;按活动半径分类,无人机可分为超近程无人机、近程无人机、短程无人机、中程无人机和远程无人机;按任务高度分类,无人机可以分为超低空无人机、低空无人机、中空无人机、高空无人机和超高空无人机。军用无人机与载人飞机相比,具有体积小、造价低、使用方便、对作战环境要求低、战场生存能力较强等优点。

世界军事界普遍认为无人机将对未来空战有着重要的意义,因此世界各主要军事国家都在加紧进行无人机的研制工作。美国、以色列等西方国家无人机的发展长期处于世界领先地位。其中,美国的无人机研制始于1939年,先后开发出"火蜂""先锋""猎人""捕食者""全球鹰""收割者"等不同用途的无人机,并在战后的多场局部战争中大显身手。中国无人机的发展与西方国家相比,起步晚,底子薄,但是经过几十年的努力,21世纪以来呈现迅猛发展的势头,陆续研制出了一系列不同用途的军用无人机,其中"彩虹"系列的察打一体无人机远销海外,并赢得了国外用户的普遍赞誉。随着科技的发展,未来的无人机将呈现"高空长航时化""隐形化""智能化"等发展趋势,必将导致未来作战方式、战争模式的深刻变革。

图 15-3　美国 MQ-9 "收割者"无人机

图 15-4　中国"彩虹-5"无人机

可以预见的是,电子技术、计算机技术以及人工智能技术的快速发展,必将催生大量的智能化的信息化无人装备,并运用于战争。智能化无人装备具有"空间多维、全天候、非对称、非接触、非线性、人员零伤亡"等作战运用特点,满足信息化作战的全部要求,将改变战争构成要素、作战观念、组织形态和保障模式,从而推动战争形态的演变。

## 思考题

1. 什么是信息化装备？信息化装备的特征是什么？
2. 什么是信息化武器装备？信息化武器装备的特点有哪些？
3. 人类武器发展包含哪几个阶段？
4. 传统的武器装备主要有哪些？
5. 按照功能的不同,信息化武器装备可分为哪些种类？
6. 论述科技、武器与战争的关系。

## 知识链接

### 核动力

核动力,也称原子能,是利用可控核反应来获取能量,从而得到动力、热量和电能。世界各国军队中的某些潜艇及航空母舰使用了核动力驱动。

# 第十六章 综合电子信息系统

> 综合电子信息系统是20世纪90年代我军研究武器装备体系建设规律时提出的电子信息装备发展模式,其主要功能包括指挥控制、情报侦察、预警探测、军事通信、电子战和信息战、军事导航定位和交通管制、信息综合保障、信息系统与武器系统数据铰链、信息安全保密、军事信息共享与资源共用功能等。综合电子信息系统的各项功能主要是通过相应的功能系统实现的,其中指挥控制系统则是综合电子信息系统的核心。本章中,除对综合电子信息系统加以介绍之外,还着重对指挥控制系统的组成、功能和发展趋势进行详细阐述。

## 第一节 综合电子信息系统概述

### 一、基本概念

20世纪90年代,我军在研究武器装备体系建设规律时,提出了综合电子信息系统这一概念,其成为我军电子信息装备发展的指导模式。综合电子信息系统,主要是指在信息时代的军事斗争环境下,为满足诸军兵种联合作战任务,利用综合集成方法和技术将多种电子信息系统整合为一个有机的大型军事信息系统。

与一般的电子信息系统相比,综合电子信息系统更强调全局观念、整体观念,更强调从装备体系建设角度,综合各种局部力量,为获得体系对抗的全局最佳效果提供技术支撑。与外军电子信息系统发展相比,综合电子信息系统与美军 $C^4ISR$ 系统、俄军一体化指挥自动化系统在发展趋势和理念上是基本一致的,但在内涵与组成上有差别。

综合电子信息系统的内涵包括对各种武装力量的综合、对各种电子信息系统手段的集成,其主要目的是全面提高军队的信息作战能力、信息业务支持能力、武器装备体系集成能力,建立整体最优的大系统,显著提升整体作战效能。它是在电子信息系统技术交叉融合、集成创新基础上所产生的系统质变,而不仅仅是传统意义上的系统改进和量变过程。目前,综合电子信息系统正处于动态发展过程中,其组成涉及指挥控制、情报侦察、预警探测、通信导航、电子对抗、综合保障等多个信息功能领域,涉及国家级、战区级、战术级等多个作战指挥层次,涉及各总部、诸军兵种各类电子信息系统;随着系统范围的拓展,国防信息基础设施建设和武器系统信息化建设已逐步纳入其中。

## 二、综合电子信息系统发展过程

### (一)外军的发展情况

从 20 世纪 50 年代开始,世界主要军事强国建设了大量单一使命和单军兵种一体化信息系统。1991 年海湾战争中,美军使用的军兵种信息系统(被称为"烟囱式"系统)暴露出许多严重的缺陷,例如:各军兵种的"烟囱式"系统不能互通,不具备互操作性;各军兵种的识别系统互不兼容;打击"飞毛腿"导弹发射架时,情报、指挥和武器不及时、不协调等。以上情况都促使美军决心开始建设全军一体化的电子信息系统,并逐步取得了世界领先的地位。

美军电子信息系统发展是由各个军兵种独立发展逐步走向综合一体化发展的,其发展经历了五个阶段:①20 世纪 50 年代,是以各军种建立独立的 $C^3I$ 系统为标志的初建阶段。因为指挥(command)、控制(control)、通信(communication)英文第一个字母是 C,情报(intelligence)的英文第一个字母是 I,所以西方国家把它简称为 $C^3I$ 系统,它是实现指挥控制的手段和工具。②20 世纪 60—70 年代,是以全球军事指挥控制系统(WWMCCS)为标志的初级功能一体化阶段。③20 世纪 80 年代,是以各军种 $C^3I$ 系统互联、互通为标志的一体化发展阶段。④20 世纪 90 年代,是以构建综合 $C^4ISR$ 系统为标志的体系发展阶段,$C^4ISR$ 是美国也是世界最先进的军事指挥自动化系统。它以信息与通信技术为核心,将战争中所涉及的多项任务及工作情况,以计算机自动化的方式加以整合呈现给指挥者,供指挥者作出战略、战役战斗、武器运用、后勤保障等军事决策、决定,进行指挥。已应用于伊拉克战争的 $C^4ISR$ 系统的作业方式是监视系统与侦察系统(如海陆雷达、空中预警、敌我识别、侦察机、卫星、网络等)所获得的情报资料,通过作战指挥控制平台(指挥操控台)或作战中心,提供给指挥官与作战参谋人员,显现敌我位置、运动、速度、行为的战场场景及其他方面的实际情报,指挥官根据战场实况及参谋建议,下达命令,然后透过指挥操控台直接送达下属作战单位,完成作战任务。⑤21 世纪初以来,是以实现基于 GIG 的陆海空天一体化的侦察监视、决策、杀伤、评估为标志的技术创新阶段。进入 21 世纪以来,军事学说、作战理论和军事信息系统有了飞跃的发展。美军在设计 $C^4ISR$ 系统的过程中,1999 年提出发展全球联网和端对端能力的全球信息栅格(GIG)。美国国防部 2001 年正式向国会提出网络中心战的报告。网络中心战是信息时代主要的战争形态。网络中心战理论不仅推动了整个军事电子信息系统的发展,而且成为军队转型的主导思想。

总的来说,在军事需求牵引下,美军综合电子信息系统建设从分散建设发展到集成建设发展,再到一体化建设发展,有着自身独特的发展路径。美军指挥、控制、通信、计算机与情报、监视、侦察($C^4ISR$)系统的形成,也经历了从"烟囱式"的各自为战到系统综合集成的动态过程。从最初的指挥控制($C^2$)系统,在通信与信息技术深度融合发展的背景下,在局部战争作战需求的催生下,最终演变为 $C^4ISR$ 系统。同时,在此过程中,又组织实施了全球信息栅格(GIG)等一系列重大工程,又继续向联合信息环境(JIE)方向发展,构建了科学合理的组织结构和管理流程,建立了较为完善的、系统化程度较高的综合电子信息系统。

### (二)我军的发展情况

党的二十大报告指出:"研究掌握信息化智能化战争特点规律,创新军事战略指导,发展人民战争战略战术。打造强大战略威慑力量体系,增加新域新质作战力量比重,加快无人智能作战力量发展,统筹网络信息体系建设运用。优化联合作战指挥体系,推进侦察预警、联合打击、战场支撑、综合保障体系和能力建设。"我军电子信息系统建设是由防空指挥自动化系统建设起步的,1959年开始了防空自动化技术准备工作;20世纪60—70年代,开展了雷达情报处理系统和引导歼击机拦截作战指挥引导系统的研究和试验工作;20世纪70年代末开始了各军兵种指挥自动化系统的建设工作。海湾战争之后,我军对海湾战争双方的信息系统对抗以及中国信息系统的现状进行了全面和深入的研究,得出了必须发展跨军兵种的、全军一体化的综合电子信息系统的结论,并于20世纪90年代中期开展了区域性综合电子信息系统的立项研制。在诸军兵种各自独立发展指挥自动化系统的基础上,通过逐步发展完善,我军已进入了全军一体化的综合电子信息系统发展阶段。目前,我军电子信息系统已经初步形成了六级(战略级、战区级、军级、师级、团级、营以下)、四类(陆军、海军、空军、火箭军)、六大功能(指挥控制、情报侦察、预警探测、通信导航、电子对抗、综合保障业务)的体系框架。国家战略级指挥自动化系统、重点方向战区级指挥自动化系统、应急机动作战部队的指挥手段、各军种各级部队机关业务处理自动化建设等方面均有较大的发展。系统建设从"点—线—面"开始,已过渡到在重点方向上成体系建设,固定和机动系统相结合发展的局面。总而言之,由于存在管理体制、技术基础、建设环境等差异,在我军综合电子信息系统建设时,要结合我军发展实际,在借鉴美军信息系统建设经验的基础上,应当充分利用我军在电子信息技术领域的后发优势,开辟具有中国特色的军事信息系统跨越式发展的新道路。

### 三、综合电子信息系统的总体结构、系统组成及特征

综合电子信息系统是按照统一的体系结构将各类电子信息系统综合集成为一体的有机整体。综合电子信息系统包括军兵种综合电子信息系统(陆军综合电子信息系统、海军综合电子信息系统、空军综合电子信息系统、火箭军综合电子信息系统等)、战(军)区综合电子信息系统、总部相关部门综合电子信息系统等,也包括国家最高指挥系统、国防信息基础设施等。系统应用可划分为战略级、战区级、战术级三个层次,包括军队战略级综合电子信息系统、重点作战方向战区级综合电子信息系统、军兵种战术级综合电子信息系统、天基与海基综合电子信息系统、国防公共信息基础设施等组成部分。

综合电子信息系统可支持的信息交互关系主要包括情报信息关系、指挥信息关系、保障信息关系三类,按照部队编制和平时部队管理模式,可采用以树状的信息交互关系为主、在战区级等层次实现横向信息交互的模式;也可按照一体化联合作战指挥需要,依托国防信息基础设施,建立网络中心化的信息交互机制,满足信息系统横向柔性连接的信息交互要求。各个用户节点之间为了实现不受地域、指挥层级和组织因素制约进行安全信息交互的目的,需要遵循统一的标准,采用智能化的信息交互策略,提高管理的效能,以实现在适当的时间、适当的地点,将适当的信息与所需的用户进行交互。

从系统科学的角度看,综合电子信息系统是典型的"开放复杂巨系统"。与传统的武器装备系统相比,它具有典型的"体系工程"特征,主要在以下三个方面扩展传统的"系统工程"内涵和实践范围。第一,在解决系统集成的模糊性和不确定性方面,综合电子信息系统具有高动态

和难以控制的整体性、涌现性、对抗性和多样性。第二,在影响系统定义、分析和决策的环境因素方面,综合电子信息的环境和边界条件约束了其技术分析过程,无法将系统发展与环境影响人为地进行分隔。第三,在系统发展模式和推进过程方面,综合电子信息系统必须经过不断反复的研制过程迭代,才能逐步实现"形成体系对抗优势"的目标。

## 第二节　指挥控制系统的组成

指挥控制技术,产生了新的信息化战争条件下的指挥控制系统,成为决定作战胜负的重要组成部分。现代指挥控制系统是军队的中枢系统,是军队现代化的标志之一,因此受到各国政府和军队高度重视。西方一些人士把指挥控制系统看作"力量倍增器",苏联人甚至把它看作继核武器和运载工具之后军事史上的"第二次革命"。如何研究、发展和有效使用指挥控制系统,已成为当前中国国防建设的一项重要任务。

### 一、指挥控制系统的含义

指挥控制系统是军队各级各类指挥所内的自动化系统(简称"指控系统"),既可指单一指挥所,也可指建制系列指挥所系统。它是实现指挥所各项作战业务和指挥控制手段自动化的信息系统,是综合电子信息系统或指挥自动化系统的核心,在作战过程中辅助指挥员对部队和主战兵器实施指挥控制。就单一指挥所而言,根据其级别和任务所确定的作战要素,指挥控制系统可划分为若干中心或分系统或部位或席位。如北美防空司令部(NORAD)有指挥中心、防空作战中心、导弹预警中心、空间控制中心(由原空间监视中心和空间防御作战中心合并而成)、联合情报观察中心、系统中心、作战管理中心和气象支援单元等。

再以美军空降部队地面指挥控制系统为例,美军空降部队地面指挥控制系统错综复杂,包含多个通用作战支持系统,具体包括:全球指挥控制系统(GCCS-A)、机动控制系统(MCS)、陆军机载指挥控制系统($A^2C^2S$)、未来指挥所(CPOF)、途中任务指挥能力($EMC^2$)、分布式通用地面系统(DCGS-A)、战术地面报告系统(TIGR)、联合自动化纵深作战协调系统(JADOCS)、高级野战炮兵战术数据系统(AFATDS)、防空反导计划与控制系统(AMDPCS)、战斗指挥勤务保障系统($BCS^3$)和旅及旅以下战斗指挥($FBCB^2$)/联合战斗指挥平台(JBC-P)等核心指挥控制系统,以及数字地形支持系统(DTSS)、综合气象系统(IMETS)、战术空域综合系统(TAIS)和综合系统控制(ISYSCON)等。

高中级(国家、战区、战役或战术军团)指挥控制系统的指挥控制对象是下一级的指挥机关或直属部队的指挥所自动化系统。战术级(师以下)指挥控制系统一般与情报和武器结合较紧,因此,它们基本上是一个小型的包含指挥、控制、通信和情报功能的指挥自动化系统。

### 二、指挥控制系统的设备

指挥控制系统的硬设备(硬件),就是以电子计算机为主的机电设备,它通过通信网络与各个部门的终端设备相连接。指挥控制系统的软设备(软件),就是该系统实施指挥工作的各种程序的总称,通常分为系统软件和情报资料处理软件两大部分。前者是用来保证自动化指挥系统正常工作的程序;后者是根据指挥业务的需要,按事先给定的规则,处理情报和解题用的程序,所以又称应用程序。

指挥控制系统包括硬设备和软设备,只有将它们紧密结合才能共同发挥其效能。尽管各种指挥控制系统规模大小各不相同,但就它们的功能来说,都必须具有与人体的大脑、神经和感官这三个器官相似的部分,即计算机中心(相当于大脑)、通信网络(相当于神经系统)和终端设备(相当于感官)。

**(一)计算机中心**

计算机中心,通常配置在指挥机关,它是指挥控制系统的核心设备,是系统自动化的"动力",其主要任务是:①接收本级信息源及上级传来的信息,建立本级数据库。②处理所获信息,并提供给主管人员或有关部门使用;更新数据库保存的信息。③负责本单位的各项解题任务。④为上级计算机编制资料,提供情报。在指挥控制系统中,既要有技术先进的硬件,更要配上功能齐全的软件。根据外国经验,投资比例关系为:主机仅约占8%,外部设备约占22%,软件费用则约占70%。一般来说,军事上的应用软件,是依据自己作战指挥的特点而自行编制的。

**(二)通信网络**

通信网络是军事指挥控制系统的命脉,是指挥控制系统的基础。它决定了指挥控制系统的作用空间的控制范围。指挥控制系统的通信网,一般都是在原来指挥系统通信网的基础上,经新技术改造、扩建而成,以满足系统所必需的快速、自动、大容量的通信要求。该通信网与原通信网相比,主要有两点不同:

第一,指挥控制系统的通信网通常采用格子状网络结构,以便发挥系统设备的潜力及资源共享。辐射状通信网的优点是结构简单,经济;缺点是无迂回能力,线路利用率低,生存能力差。自动化格子状通信网因通信线路多、交换节点多,且每个点都是先进的计算机控制的程控中心,所以线路利用率高,生存能力强,但结构复杂、投资大。

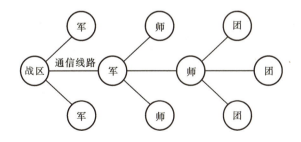

图16-1 辐射状通信网

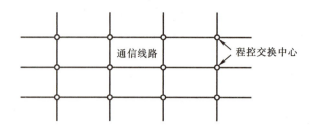

图 16-2 格子状通信网

第二，以数字通信为主。所谓数字通信是将语言、文字、符号、图像等信息，变换成"0""1"数字编码进行传输的通信方式。因为"0""1"数字编码可直接由计算机接收和处理，所以数字通信便于计算机实施自动控制，使通信的组织与管理自动进行。数字通信具备抗干扰能力强、保密性好、便于组成统一的通信网等优点，是未来军队通信的发展趋势。

### (三) 终端设备

终端设备又称信息终端，简称终端，用于输入和输出信息。指挥控制系统是"人-机"系统，在该系统中，各种终端设备是人、机联系的媒介，是人与指挥控制设备进行信息交流的工具。人只有通过终端设备，才能把要发出或需要处理的信息交给系统，或从系统中取得信息。

指挥控制系统的终端设备，通常指的是下列设备。

#### 1. 通信网的终端设备

通信网的终端设备包括诸如各种电话、电报机以及与通信网相连接的各种侦察探测器材——雷达、声呐、照相机、传感器等。未来军队的发展方向是每个士兵配备一个终端，计算机对每个士兵进行跟踪，指挥官的显示屏上将显示出他们的位置，士兵用键盘操作传递情报，提高情报的机密性，并且士兵与士兵之间，还可以交流，以便于相互配合，协同作战。

#### 2. 计算机的输入、输出等外部设备

计算机输入、输出等外部设备包括显示终端设备的键盘显示器、光笔显示器、大屏幕显示器等。

此外，对我军而言，军事指挥控制系统的终端设备，还必须具备输入、输出处理汉字信息的功能。由于整个系统的功能往往要通过终端设备才能体现出来，同时人机配合、协调及相互适应程度也都与终端设备直接相关，因此终端设备是评价系统的一个重要方面。

目前终端设备的主要发展方向，一是多功能，即一部终端机能担负多项任务；二是微处理机与终端设备相结合，形成具有信息处理功能的智能终端。

## 三、"人-机"系统

"人-机"指挥、控制系统又叫人机共生系统。在该系统中，凡是创造性劳动，都是由人来完成的。机器不具备高级思维能力，它只能完成那些能事先编出程序的重复性、事务性、技术性工作。如对上级意图的理解、判断情况、灵活采取各种措施等，这些活动都要靠指挥员的智慧、意志、经验技巧，显然是任何机器无法代替的。但指挥手段仍是一个重要的因素，在现代战争中，没有现代化的指挥手段，人这个决定性的因素也难以发挥其决定性的作用。特别是对那些

要求既快又准的指挥控制系统,如反导弹系统,需要在数分钟内完成发现、识别、跟踪、测量、定下决心、执行命令、消除威胁等一系列动作,人是无法胜任的。以电子计算机为主的自动化工具,却能远远超出人体机能的限制,去完成人们在短时间内无法直接完成的任务。因此,只有人机互补,合理分工,紧密配合,使人、机的长处都得到充分的发挥,才能建成适用、灵活、高效的指挥控制系统。

人、机结合,通常有三种形式:

第一,服务组。其由系统分析、程序编制和维护保障人员组成,任务是保障系统正常、有效地运转。服务人员虽不直接参与系统信息流通过程,但他们的工作关系到系统的正常运转、效率和适用范围,属于创造性劳动。

第二,操作组。其由操作人员和信息分析人员组成。他们是系统的直接操作人员,是系统"活的部件",是系统中信息流通不可缺少的环节,通过他们来保证信息及其流通质量。一般来说,他们的劳动是非创造性的。

第三,指挥组。其由各级指挥员和参谋人员组成。在指挥控制系统中,真正体现"指挥"的就是这个组。系统传来的信息,提供给他们使用,并通过他们头脑的加工,使态势信息转化为指挥情报流。他们的工作质量决定着指挥水平的高低。指挥组的工作属于创造性劳动,不仅计算机无法担任,其他两个组也不能代劳。

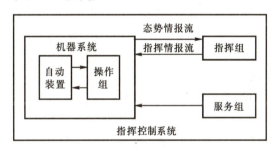

图 16-3 "人-机"系统示意图

指挥控制系统按军种可分为陆军、海军、空军、火箭军、战略支援部队指挥控制系统,按用途可分为作战指挥、武器装备控制、防空指挥、后勤指挥控制系统等。

## 第三节　指挥控制系统的功能

指挥控制系统已广泛应用到作战指挥、武器控制、情报处理、后勤指挥及军务管理等各个领域。现代战争对指挥控制系统的基本要求是,缩短收集情报、判断情况、定下决心、拟制作战计划和下达命令的时间并提高它的准确性,辅助参谋作业,保证实时处理,提高指挥效率。

指挥控制系统的基本功能归纳起来,主要有以下几方面。

### 一、迅速收集和处理情报

现代高技术条件下作战,情报来源广泛、数量大、变化快,为保证指挥员能在尽可能短的时间内作出分析判断、定下决心，必须对大量情报实时准确地收集和处理，否则就不能适应现代作战的指挥要求。使用指挥控制系统能够快速收集情报，并迅速准确地处理情报。

### 二、自动查找和提取情报

通常情况下，要从大量的情报资料中寻找所需要的材料，是一项十分困难和费时的工作。为了解决这一问题，要建立电子计算机情报检索系统。凡作战指挥所需要的有关敌我双方的军事、政治、经济情报，军队编成、兵力部署、敌我态势、作战方案、勤务保障计划，以及各种作战资料都可以用数据的形式，预先存到数据库中去，以供随时调阅。需要调阅资料时，既可根据资料的名称、时间或内容，通过键盘发出指令，很快地从本地数据库中查找出来，也可对有关资料进行汇集。

### 三、帮助领导层决策

在掌握大量情报的基础上，作战指挥的第二个环节就是制订作战方案，也就是所谓作战预案。一个作战方案的优劣主要取决于指挥员的创造性思维活动，但指挥控制系统也能起到重要作用。它不仅能协助人制订作战方案，而且能根据实际情况对各种预案进行比较，迅速选择出最佳方案供指挥员参考。可以说它是指挥员的"高级参谋"。有人错误地认为，在使用指挥控制系统以后，军事指挥员的创造性活动将被计算机所代替，因此，指挥员成了只能对计算机给出的建议点头或摇头的"裁判员"，或是按电钮的工具。显然，这是对军事指挥控制系统职能的误解。决策是指挥员的创造性劳动成果，特别是对那些不能量化而对战斗结局又有重大影响的因素，如敌我作战人员的军政素质、心理状态、敌军指挥官的特点等，则要求指挥员充分发挥自己的聪明才智去实施坚定灵活的指挥，这是指挥控制工具不能代替的。尽管在有多个决策方案时，指挥员单凭经验不能取舍，可借助指挥控制工具对各个方案进行推演，对比优劣，权衡利弊，从中选取最佳方案。但必须指出，战斗决策与其他领域的决策不同的地方，是战斗行动无法在极为相似的条件下对战斗决策的质量进行检验。上述推演结果的准确程度，随想定的具体条件不同，可能有很大的差异，最后仍然需要指挥员靠经验、智慧和责任感来决策。因此，有了指挥控制系统，决策仍然是指挥员创造性劳动的产物，系统本身只是为指挥员作出决策、充分发挥其指挥艺术，提供更有利的条件而已。

有了作战方案，就进入指挥的第三个环节，即部署任务、下达命令。指挥员根据指挥控制系统提出的作战方案，作出最后决断。只要按一下有关按钮，已确定的作战方案和命令就会通过通信网自动迅速下达，在执行命令的各个部队的终端设备上显示出来，部队据此立即展开行动。

### 四、实时观察战场情况

作为一个指挥员，必须实时了解和掌握战场情况。在战斗实施过程中，指挥控制系统能不断综合分析敌情材料，自动显示地面战场和空中情况，使指挥员了解敌我态势的变化。必要时指挥员可通过大屏幕显示，实时了解主要方向上某一地域的实况和空、海域的活动目标。

## 五、对武器进行自动控制

武器控制是指挥控制系统的另一重要功能,其目的是充分发挥己方武器的威力,削弱敌方武器的威胁。武器控制是军事指挥控制系统发展较早、较成熟的功能之一,它分为自动化控制系统和自动控制系统。两者的区别在于,前者需要人参与决策,而后者完全是按照预定程序工作的。自动化控制系统,是由人决策或由机器协助人决策的,如战略核武器控制系统,其决策权由国家最高指挥者掌握,机器只起辅助决策的作用。自动化战略武器控制系统,可以在预警时间很短的情况下迅速完成预警、识别、跟踪、拦截等一系列步骤,保障指挥员不失时机地实施指挥。又如地炮自动化控制系统,指挥员可以变更情报参数、修正计算机给出的射击方案,实行人工决策,以应付复杂的战术情况及大量的随机因素。而炮兵射击指挥系统,对空作战时限性较强,影响因素较少,多是自动控制系统。

在使用指挥控制系统后,效率大大提高。如预警卫星发现发射的导弹后,立即报告给指挥中心的电子计算机,电子计算机进行处理后,能自动识别目标,区分敌我,并把处理结果显示在屏幕上,向指挥员报告面临的威胁。指挥员根据情况,或者发出警报,组织军民紧急疏散;或者命令己方的导弹起飞,组织拦截;或者针锋相对,用导弹回击目标。

## 六、提高后勤指挥效率

后勤指挥控制系统是指挥控制系统中见效最快、规模较大的系统。在高技术战争中,军队对各种物资供应的依赖性越来越大,后勤保障过程也更加复杂、紧张,从而对后勤指挥提出了更高的要求。若用人工方法处理,远远不能满足需要,采用后勤指挥控制系统,可以实时处理大量数据和运算,迅速拟制各种报表、计划方案。采用后勤指挥控制系统后,加强了管理科学性,合理地解决了物资的储存和调运,可以减少物资储备,减少相应仓库的数量。美军后勤业务所用的计算机,占美军所有计算机总数的近三成。因为在现代战争中,后勤担负着繁重的支援保障任务,而这些任务又大都是有规律性和易于量化的。

## 七、提高人员培训质量

军队自动化训练系统,主要用于军事院校和训练基地。国外不少军事院校都有比较成熟的自动化训练学习系统,学员可以使用终端设备调阅大量文献和参考资料,可以通过计算机给出对抗结果并评定分数。有的系统带有模拟指挥所,使学员置身于非常逼真的战场环境中进行训练学习。还有一些系统能"记住"学员的习惯与特点,因材施教,有针对性地训练,从而提高了教学效果。如美军的全国训练中心,就设有电子控制室、电视监视系统,在演习时双方都使用了激光交战显示系统,进行认真的"战斗",对抗形象逼真、激烈异常。这不仅使学员增强了实战感,而且可及时发现和纠正受训者错误,缩短训练周期,减少实装武器的磨损,还可对同一动作反复练习,极大地提高了训练质量。

另外,培养飞行员、驾驶员和操作人员的模拟训练系统,正在大量地普及推广使用。模拟训练系统,不仅能节省大量的时间、设备、能源和经费,确保安全,而且能训练那些真实设备上无法设置的科目。如美军装甲兵训练中心,仅在"陶"式反坦克导弹和M1系列主战坦克上安装激光枪一项,每年就可节约几百万美元。

以上列举的只是军事指挥控制系统的部分功能,指挥控制技术在军事科研、行政管理等方面的应用也有了迅速的发展。从未来发展考虑,任何可以被数学描述的有规律的智力活动,原则上都可以由指挥控制系统来完成。

在现代条件下,指挥控制系统已成为指挥人员不可缺少的工具,它的主要优点可归纳如下:

第一,提高了指挥质量。指挥人员借助于该系统可从各种低效率的重复和事务性劳动中解放出来,把主要精力转向创造性的指挥活动中去。

第二,提高了指挥效率,加速了指挥周期的转变。

第三,更加及时、准确地获得情报,进行快速精确的计算,为实施自动控制,提高己方武器的效能,起了保证作用。

第四,更有效地发挥了军事体系的整体作用。各级指挥机构及有关单位紧密地联系在一起,扩大了指挥范围,使整个军事系统协调一致,运转迅速、精确、灵活和富有成效。

虽然使用指挥控制系统是未来军队指挥的发展趋势,但仍存在着不少问题,如果真的爆发战争,使用计算机病毒,就可使整个计算机网络全部瘫痪。尽管这样,指挥控制系统仍具有很广阔的应用前景,是未来军队指挥发展的必然趋势。

## 第四节 指挥控制系统的发展趋势

从技术角度分析,指挥控制系统发展趋势主要表现在以下几方面。

### 一、建立多层次、全方位的情报系统

在现代战争中,周密的战略侦察是战略指挥的重要内容,其目的是获取有关战争全局的情报。战略侦察必须以不断查明敌方的全部情况及当前战局最关键、最急需的情况为基本任务。为了及时、准确、不间断地获取战略情报,未来的指挥控制系统不得不综合利用各种高新技术侦察手段,包括卫星侦察、电子侦察、海洋监视、核爆炸探测等,能对海上(水中)、空中和外层空间进行侦察,具有多层次、全方位、超视距的严密侦察功能,使指挥员能及时把握战机,作出有效的决策。进一步提高军事指挥控制系统对低空目标的监视能力,将防空、防天技术相结合,使指挥控制系统适应未来防空、防天一体化,以及空间开发利用的需要,实现对外层空间目标的战略防御,这将是情报系统发展的一个重点方向。

### 二、生存防御和电子战能力将进一步提高

大力提高指挥控制系统的生存防御能力和电子战能力,将是未来指挥控制系统发展的核心之一。为此将建设多层次、全方位的指挥控制系统,实施多样的欺骗和伪装技术,运用路径迂回等措施,采用多种通信保障手段,增强系统的机动性。系统干扰和抗干扰能力的强弱,直接关系到系统的生存能力。由于电子战已成为敌对双方在未来战争中克敌制胜的重要手段,

先进的电子战设备将得到大力发展。

## 三、由集中式向分布式体制发展

海湾战争以后,各国对指挥控制系统进行了深刻的反思与总结,并分析得出一条"高度集中的指挥控制系统已经过时,分布式指挥控制系统是发展方向"的重要结论。在未来战争中,由于火力杀伤的精度与烈度大大提高,军事指挥系统的生存问题在高技术战争中面临着空前的威胁,这是提出分布式指挥控制系统的根本原因。

今后的信息化战争不再仅仅以歼灭对方人员的数量为衡量标准,摧毁作战体系和重要目标、争夺制信息权已成为作战的基本过程和战役主动权的主要特征和基本表现形式。指挥控制系统就是对方要摧毁的首要目标,对人的杀伤仅仅成为摧毁作战体系的"副产品"。集中式指挥控制系统经受不住精确制导武器持续、超强度的打击,一旦其中的中心节点或关键路由被毁,将造成全局瘫痪。特别是作战双方中武器装备处于劣势的一方,更要把部分指挥控制系统受到电子战压制乃至瘫痪,以及部队被围困下的作战看成是未来战役的一种"常态",并以此作为考虑问题的出发点。因此,指挥控制系统的结构应该是可调整的,自适应的,有重构和再生能力,这正是分布式的要求。

分布式指挥控制系统是为保证集中统一指挥,提高合成指挥能力,谋求整体作战效果和满足灵活机动的作战需要而提出的。信息战条件下的战争指挥方式就是要掌握一个恰当的集中与分散的程度,形散神聚。例如,在作战行动之前的计划阶段,强调高度集中统一。全局指挥主要体现在赋予任务,提出作战目的,提供作战条件,负责主要保障,规定若干不能逾越的框框。何时开始战斗,何时发动地面攻击,军兵种如何联合作战,这些指挥权力相当集中。而在作战实施过程中,则根据计划安排与共同目标,实施分散控制,在规定的框框内,由下级指挥员去灵活自主地指挥。指挥控制系统要服从并服务于这种指挥体制,必须减少层次,加强综合,加强信息互联互通的支持能力。这样,战役指挥的整体把握和协调才有保证,才能确保司令部到哪里,指挥就到哪里。

从总体上看,指挥控制系统大体分为两类:一类是高度集中式的指挥控制系统,另一类是分布式指挥控制系统。海湾战争、伊拉克战争都已证明,在现代战争环境中,旧式的高度集中的指挥控制系统极难发挥作用。任何使这样一种系统实现计算机化或自动化的高技术化企图,只能使该系统在遭受攻击时显得更加脆弱。与集中式的指挥控制系统相反,在分布式指挥控制系统中,通信网为指挥的实施和信息的流通提供了最大限度的保障,促进了信息的自由交流,重视个人在使用这种系统和相关设施过程中的创造性。分布式系统的单个环节被切断的可能性并不比集中式系统低,但在单个环节被切断时,系统本身的性质保证了它能从根本上防止整个系统的全面崩溃。

在集中式的指挥控制系统结构中,尽管指挥和控制系统中的数据处理设备、通信处理设备、人员以及相关的一切设备和设施,在地理上和形式上是分散的,但是,从目标的探测、信息的收集、数据的处理,直至命令的发送,其传输网络的结构是树状的,只有条状路由,而无直接的横向路由。采用这种结构的指挥系统是一种由上级发出信息、数据、指挥命令,下级进行接收、处理及执行,以根级主机为中心的作战指挥系统。

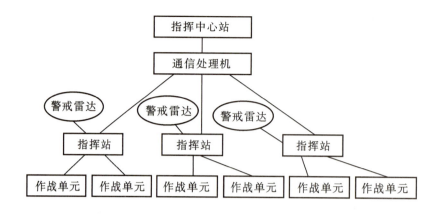

图 16-4 典型的集中式军事指挥控制系统结构

在分布式结构中,中心计算机的处理能力被分散给完成各种独立任务的作战中心,由其自己制订决策方案。在此结构中,一个子系统出现故障,不会使全系统瘫痪。除了系统结构分布外,在指挥控制上也允许分散,即上级指挥下级是分配任务,而不一定是具体的作战计划,如何作战,由下级根据具体情况确定。

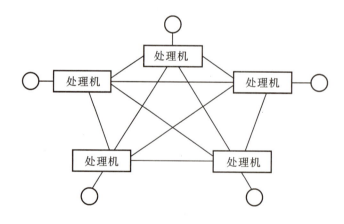

图 16-5 典型的分布式军事指挥控制系统结构

一个完整的分布式指挥控制系统主要包括四个部分。

(1)合理的功能结构设计。这是实现分布式指挥控制系统的第一步,而且是最重要的一步。它确定了系统要完成的各种功能在每个功能块上如何分配。在设计中,必须考虑整个分布式系统所要求的全部功能和属性,还必须考虑分布式结构的性质和对通信网络的限制。

(2)分布式通信网。这是指挥控制系统的核心,是网络的基本组织形式中的一种,其拓扑结构是由一群节点及其互连的通路组成的。分布式通信网的节点间既有直达路由,又有许多条迂回路由,即有多个独立的通信网。各节点之间的地位是平等的,全网没有明显的中心。局部网络损坏或信道阻塞,不会危及全网,其余部分仍能正常工作,提高了生存能力。

(3)分布式计算机网络系统。它是由分布在不同地点并具有独立功能的计算机经过通信控制处理机互连而形成的。这种网络具有五个特点:第一,从系统概念上,分布式计算机系是把计算机任务和智能由主机分散到构成分布式系统的各个系统和外部设备中,实现系统和资源的动态管理和分配,系统中的各个计算机没有主次之分;第二,系统采用分散的方式,动态地管理、分配多个互有联系而且散布面广的资源系统中的一切资源,使之能为系统中所有用户共享;第三,系统可以并行地运行分布式程序,若干台计算机可以相互协作完成一个共同的任务,即一个程序可分布于几台计算机上并行地运行,增强了处理能力;第四,在性能上具有很高的可靠性和对故障的免疫性,个别部件或某台计算机出现故障不至于影响整个系统的运转;第五,系统的适应性相当强,而且容易扩充,效率较高。

(4)分布式数据库管理系统。在分布式体系结构中,数据管理是关键技术之一,它必须能快速获取数据,确保信息的保密性、整体性和数据的有效性,并提供数据的操纵能力。

由以上四部分组成的分布式系统,各功能领域既是独立的指挥系统,又能联成一体,互相交换信息,协调行动。上下级相对应的功能块可垂直连接,其信息既可在同一级内的不同的功能块间传送,也可在上下级之间传送,实现左右互联,上下贯通。采用这种分等级联网的结构,既实现了分布式网络结构,又满足了指挥关系分层次逐级展开的要求,它将作战体系分成若干层次,各级指挥员均在各自的层次内对所属部队实施指挥,同时又能对上级负责。

这表明,分布式指挥控制系统并不违背分级指挥控制的军事原则,而是通过分级指挥控制来保障最高层的统一指挥。

## 四、智能化无人指挥控制系统将获得进一步发展

在传统指挥控制系统中,主体是上级指挥员或指挥机构,客体是人员操作的武器平台和载荷,由此决定了传统指挥控制系统的本质是有人员参与的系统。人员参与系统工作,实现系统功能,因此,人是影响武器系统作战效能的关键因素。而随着人工智能技术的快速发展,各种智能化装备层出不穷,战场智能化也已经成为各国的发展趋势,由此也对作战的样式和形态,尤其对指挥系统更是提出了新的挑战。指挥信息系统作为现代战争的神经中枢,在作战中扮演着极其重要的角色,装备的智能化一方面推动了指挥信息系统的发展,也对指挥信息系统智能化提出了新的要求。从战争形态来看,以智能无人作战系统为基础的智能无人作战模式很可能成为未来主流战争形态,这就需要建立高效的智能无人指挥控制系统。在智能无人指挥控制系统中,虽然主体依然是上级指挥员或指挥机构,但其客体转变成为无人操作的武器平台和载荷,其本质是无人协同,人不再作为系统环节参与系统决策、执行等任务,而仅仅对无人武器平台和载荷实施监控。面向未来,指挥信息系统智能化发展应是装备智能化发展和各国竞相争夺的重点。当前,国内外军事大国均在智能无人作战系统领域投入了大量的人力、物力和财力,在理论、技术和装备等方面取得了一定进步,以美军为例,其已在指挥信息系统智能化作战应用方面取得了一定发展。总的来说,我军目前在无人作战平台领域取得了较大进步,在信息化建设方面也已取得重大进展,在此基础上,应以信息化为主导,以智能化为方向,加快推进机械化、信息化和智能化融合发展。

## 思考题

1. 什么是综合电子信息系统?
2. 指挥控制系统中人机结合的形式有哪些?
3. 指挥控制系统的设备有哪些?各自的作用是什么?
4. 简述指挥控制系统的结构。
5. 简述指挥控制系统的功能。
6. 分析指挥控制系统的发展趋势。

## 知识链接

### 预警机(AEW)

世界上最早的预警机是美国海军在20世纪50年代生产的E-1"追踪者"舰载预警机,其后是著名的E-2"鹰眼"舰载预警机。E-2是美国海军现役最主要的预警机,于1965年开始服役,使用的基本上都是E-2C,是世界上最畅销的预警机。在预警机的设计中,为了克服雷达受到地球曲度限制的低高度目标搜索距离,同时减轻地形的干扰,将整套雷达系统放置在飞机上,自空中搜索各类空中、海上或者陆上目标。预警机是集侦察、指挥、控制、引导、通信、制导和遥控于一身的作战飞机,其作用已经从单纯的远程预警扩展到空中指挥引导等功能。现代高技术战争中,没有预警机的有效指挥和引导,几乎不可能组织大规模空战。新世纪的预警机已经超越了"千里眼"的范畴,成为名副其实的"空中指挥堡垒"。

# 第十七章 核生化武器

> 核生化武器技术是核武器、生物武器和化学武器研制、生产与使用技术的总称。实际上,它们是性质完全不同的三个学科,即核物理、生物学和化学在武器装备制造中的应用技术。但由于这三种武器的杀伤破坏作用比其他武器特别,加之它们的毁伤范围大,在投掷方式上又有近似之处,所以人们习惯上常把它们简称为核生化武器技术。

## 第一节 核武器技术与防护

### 一、核武器技术

核武器技术泛指核武器研制、设计和生产等工程技术。核技术是根据原子核与原子核或原子核与核子之间相互作用,产生新的原子核或核子,并发生能量转换,释放出大量能量的原理,来获取核能。把核物理学原理转化为核技术,再开发核技术产品的过程,从一开始就是为了制造大威力的杀伤武器,具有明显的军事目的。1945年7月,世界上第一颗原子弹在美国西部沙漠中成功爆炸,这不仅在军事上带来难以估量的影响,成为人类军事史上核武器时代的开端,同时也使人类社会经济的发展进入了原子时代。

(一)核武器的含义

核武器,又称原子核能武器。它是一种利用核子的裂变或聚变反应,瞬时释放出巨大的能量引起爆炸,对攻击目标产生大规模杀伤作用的武器。核武器一般是指由核弹头及其投掷工具组成的武器系统,有时按核爆炸原理可分为原子弹、氢弹和特殊性能的核弹(包括中子弹、冲击波弹等),其中原子弹为第一代核武器,氢弹和中子弹、冲击波弹为第二代核武器。核武器发展速度十分惊人,现已发展为包括战略核导弹、战术核导弹、核航空炸弹、核炮弹、核钻地弹、核地雷、核深水炸弹等核武器系列。

核武器可用导弹、火箭、大口径火炮、飞机等发射或投掷,也可制成核鱼雷、核地雷使用。故其爆炸方式分为空中、地(水)面和地(水)下三种。

核武器的威力用TNT当量(简称当量)表示。当量是指核爆炸时发出的能量相当于多少重量的TNT炸药爆炸时发出的能量。按当量的大小,核武器可分为百吨级、千吨级、万吨级、十万吨级、百万吨级和千万吨级。

(1)原子弹。原子弹是利用铀或钚等易裂变重原子核发生裂变反应,瞬时释放巨大能量的核武器,又称裂变武器或裂变弹。中国于20世纪50年代中后期开始研制原子弹。1964年

10月16日,中国在新疆罗布泊附近的沙漠中成功地进行了第一次原子弹试验,爆炸威力为2.2万吨TNT当量。

(2)氢弹。氢弹是利用原子弹爆炸的能量点燃氘、氚等轻核的自持聚变反应,瞬时释放巨大能量的核武器,又称聚变弹或热核弹。氢弹的杀伤威力比原子弹大得多,最大可达数千万吨TNT当量,杀伤因素与原子弹基本相同,多作为战略核武器的核弹头。中国是继美、苏、英之后第四个掌握氢弹制造技术的国家。1966年12月28日,中国成功地进行了氢弹原理性试验;1967年6月17日,又用飞机空投了330万吨TNT当量的氢弹并获得圆满成功。

图17-1 中国第一颗氢弹爆炸后形成的蘑菇云

(3)中子弹。中子弹是以高能中子为主要杀伤因素,具有相对较弱的冲击波和辐射效应的一种专门设计的小型氢弹,又称增强辐射弹。中子弹爆炸时释放的能量不大,但核辐射能力很强;它对建筑物的破坏作用不大,但对装甲车辆中的人的辐射杀伤很强,因而是一种理想的战术核武器。

(4)冲击波弹。冲击波弹是一种以冲击波效应为主要杀伤破坏因素的特殊氢弹,又称为减少剩余放射性弹。它的杀伤和破坏作用与中子弹恰恰相反。它的放射性与光辐射破坏作用不大,但冲击波的破坏能力很强,对地面建筑或坚固工事有很强的摧毁作用,是一种理想的战场使用型核武器。

### (二)核武器的爆炸景象

由于核武器爆炸方式不同,爆炸的外景也有所不同。空中和地面爆炸时的共同特点是依次出现闪光、火球、蘑菇状烟云。在一定的距离内,还能听到核爆炸的巨大响声。中子弹爆炸时,没有明显的火球和典型的蘑菇状烟云。

#### 1. 空中爆炸景象

低空爆炸时,首先出现强烈耀眼的闪光,这是核爆炸时的明显信号。闪光过后,立即出现一个明亮的火球,后因地面反射冲击波的作用,很快使火球近地面的一侧被挤扁,变成扁球形。火球冷却后,变成灰白色或棕色的烟云,烟云继续上升,体积不断扩大。在烟云上升的同时,地面的尘土被掀起,形成一股尘柱。最初,尘柱和烟云不断相接,后来迅速追及烟云,形成了核爆炸所特有的高大蘑菇烟云。当烟云上升到最大高度后,将随风飘移并逐渐沉降。

#### 2. 地面爆炸景象

地面爆炸景象与空中爆炸景象基本相似。所不同的是火球与地面接触近似半球形;烟云颜色深暗,光柱和烟云始终联结在一起。

### (三)战略核武器技术

战略核武器技术是指战略核武器的研制、生产以及核原料的提纯等技术。战略核武器是用于攻击敌方战略目标和己方战略防御的核武器,通常由威力较大的核弹头和作用距离远的投射工具组成武器系统。战略核武器包括以远程火箭为运载工具的陆基洲际弹道核导弹、以潜艇为运载工具的水下发射弹道核导弹和以战略轰炸机为运载工具的核航空炸弹、巡航导弹,以及反弹道导弹核导弹等。

**(四)战术核武器技术**

战术核武器技术是指制造、加工、生产战术核武器的专用技术。它综合了机械加工、微电子、计算机、制导与控制等技术,因而是一门知识密集、技术密集、人才密集的军用高技术。

战术核武器是用于支援陆、海、空战场作战,打击对敌方军事行动有直接影响的目标的核武器。战术核武器一般是由威力较低的核弹头和射程较近的投射工具组成的武器系统。

(1)战术核导弹。战术核导弹是指用近程、中近程火箭作投送工具,装有核战斗部的武器系统。按发射点与目标的相对位置,其分为地对地、舰对舰、反潜等类型。

(2)核炮弹。核炮弹是指用火炮发射的装有核战斗部的弹种。核炮弹通常分为裂变型与增强辐射型两大类。裂变型核炮弹又称原子炮弹,杀伤威力一般在几百吨至几千吨 TNT 当量,主要用来打击敌机场、桥梁、部队集结地和集群坦克等目标;增强辐射型核炮弹又称中子炮弹,杀伤威力一般在 1000~2000 吨 TNT 当量,主要用于攻击敌部队集结地和集群坦克中的人员。核炮弹具有体积小、重量轻的特点,便于在战场上灵活使用。

(3)核航空炸弹。核航空炸弹是用航空器携载投放的装有核战斗部的炸弹。其主要由核爆炸装置、引爆控制系统以及带稳定翼的弹体组成。按作战意图不同,核航空炸弹可分为战略核航空炸弹和战术核航空炸弹两种类型。不同用途的核航空炸弹,其规格尺寸、杀伤威力和爆炸特性也不尽相同。一般来说,由战略轰炸机携带的战略核航空炸弹的威力,通常为数十万吨至几百万吨 TNT 当量不等,最大杀伤威力高达数千万吨 TNT 当量。由战斗轰炸机或攻击机携带的战术核航空炸弹的威力一般在几千吨至几十万吨 TNT 当量之间。核航空炸弹投放方式分为地面、低空和空中爆炸三种。最常用的投放和引爆方式有四种:空爆/延时引信、地爆/延时引信、空爆/完备引信、地爆/完备引信。1965 年 5 月 14 日,中国成功地进行了第一颗核航空炸弹爆炸试验。

(4)核地雷。核地雷是指装有核爆炸装置的地雷,亦称原子爆破装置,属于战术核武器的一种。其主要用途是利用核爆炸构成地形障碍(如弹坑、堆积物)和放射性污染来阻滞敌军行动,特别是迟滞敌坦克群的开进或直接杀伤敌人,有时也用来破坏敌后方的潜在军事目标,如机场、指挥所等。核地雷可单个或密集埋设在土中、不同深度的雷井内或敌人的军事设施等目标内,其引爆方式有定时或遥控指令两种。为了防止意外伤害,核地雷通常装有安全密码装置。

(5)核深水炸弹。核深水炸弹是装有核爆炸装置的深水炸弹,通常由飞机或反潜直升机作为投放工具,也可由舰载反潜火箭发射,主要用于攻击敌方潜艇及其他水下目标。核深水炸弹的杀伤威力为千吨到万吨级 TNT 当量。攻击水下数十至数百米潜艇目标时,核深水炸弹使用深水压力引信,落到水中预定的深度后爆炸,利用核爆炸时产生的强大水下冲击波,压毁潜艇的外壳。1 枚 1 万吨级 TNT 当量的核深水炸弹在水下爆炸,可将 100 米范围内的潜艇击沉,或使其严重毁坏。

## 二、核武器的杀伤破坏因素及作用

核武器的杀伤破坏因素主要有冲击波、光辐射、早期核辐射、核电磁脉冲、放射性沾染。前三种因素是在核爆炸后几秒至几十秒内起作用的,又称瞬时杀伤破坏因素,其作用迅速、危害大。放射性沾染的伤害时间较长,因此,必须重视对其杀伤破坏作用的防护。此外,核爆炸还产生电磁脉冲,对电子设备有一定的干扰破坏作用。

### 1. 冲击波

冲击波是核武器最主要的杀伤破坏因素。在爆炸时,核弹能在瞬间释放出巨大能量,使爆心温度剧增至几千万度,压力猛升到几十亿乃至百亿个大气压,并迅速膨胀,强烈地压缩周围的空气,形成高温、高压的气浪,向四面八方疾速传播。这个比音速还快的气浪扩散开来,所到之处房屋倒塌,人畜伤亡,武器装备损坏。

### 2. 光辐射

光辐射是指核爆炸时产生的强光和高热。它也是核武器的一种主要杀伤破坏因素。发光时间持续几秒至几十秒,可引起装备器材、工事房屋熔化或燃烧,使人员眼底烧伤或闪光致盲,在近距离内能引爆易爆物体。

### 3. 早期核辐射

早期核辐射是从核爆后的火球和烟云中辐射出来的看不到的射线。其中主要是具有很强的穿透能力的中子和丙种射线。它们穿过人体时会损伤细胞造成放射病,轻则使人丧失战斗力,重则死亡。

### 4. 核电磁脉冲

核爆炸时,还会产生一种电磁脉冲波。从产生的现象看,它像自然界中常见的雷电,但比雷电产生的电磁信号至少要强千百倍;它的频带很宽,现代电子设备几乎都会受其干扰甚至失效,尽管电磁脉冲持续时间只有万分之几秒,但其作用距离却可达几千千米。

### 5. 放射性沾染

放射性沾染,又称剩余核辐射,是核爆炸时来不及发生反应的核材料和反应生成的放射性物质(灰尘)对地面、人员、物体所造成的污染。这些射线通过照射或被人吸入体内,会像早期核辐射一样引起放射病、造成皮肤灼伤和体内器官损伤。放射性沾染的作用,在严重沾染区可达数月之久。

## 三、对核武器的防护

核武器虽然是一种大规模杀伤破坏性武器,但只要加强防护训练,落实防护措施,学会防护动作,就会减轻或避免其伤害。

### (一)观测

对核爆炸的观测,是对核武器防护的重要措施之一。通过观测所获得的核爆炸时间、地点、方式和当量等有关资料,可为组织防护提供依据。目前观测的主要手段有光学器材、雷达、核爆炸观测仪等。在受到核武器袭击威胁时,应立即发出警报信号,以便迅速进行疏散、隐蔽和防护。

### (二)防护

#### 1. 对人员的防护

(1)在开阔地上防护。发现核爆炸闪光时,应迅速卧倒,尽可能背向爆心。其动作是:卧倒时,要手交叉压于胸下,两肘前伸,头自然下压夹于两臂之间,闭眼闭嘴,堵耳憋气(当感到有热空气时),两腿伸直并拢。人员卧倒后能减少冲击波迎风面积1/5;闭眼、遮脸、压手、头部下压置于臂之间都能减少光辐射的烧伤;闭嘴、憋气能防止冲击波扬起的泥沙灌入口腔,并可保护呼吸道。

(2)利用地形地物防护。利用土丘、土坎等各种高于地平面的地形,背向爆心,紧靠遮挡一侧的下方迅速卧倒,其动作基本如上,重点保护头部。利用土坑、沟渠等各种低于地平面的地形,应跃(滚)入坑内,身体蜷缩,跪或坐于坑内,两肘置于两腿上,两手掩耳,闭眼闭嘴,暂停呼吸。若坑大底宽,可横向或对向爆心卧倒。

(3)利用建筑物防护。坚固的建筑物对瞬间杀伤因素具有一定的防护作用,当发现核爆炸闪光时,应尽快在墙根处或床、桌下卧倒。但注意不要利用不坚固、易倒塌的建筑物,以免受间接伤。

(4)利用工事防护。充分利用各种防御工事、地下室进行防护,当收到核袭击警报信号时,迅速有秩序地进入工事,关好防护门。

(5)伤员的抢救。抢救伤员是一项紧急而又复杂的工作,应及时组织群众性的自救互救。自救互救的方法有:扑灭着火的服装;止血;包扎和遮盖创伤面,固定受伤肢体;保持呼吸道畅通,防止窒息;止痛;初步消除服装和体表的放射性沾染。组织抢救队,对重伤员及时营救,送医院治疗。

### 2.对放射性沾染的防护

当听到或看到放射性烟云沉降的信号时,暴露人员应迅速戴上口罩、手套,披上雨衣斗篷,扎三口(领口、袖口、裤口),进行全身防护,同时对物资器材、粮秣和饮水等进行遮盖,直到沉降完毕,要立即服用抗辐射药物,减少活动,以减少外辐射和沾染。

### (三)消除

消除,是利用除尘法,将放射性物质从人员、物体表面上除去,以减轻放射性物质对人员的伤害。

#### 1.对地面的消除

(1)铲除法:利用铁锹铲除沾染表层。

(2)扫除法:利用扫帚、树枝等清扫地表层。

铲除和清扫的尘土应集中掩埋。

#### 2.对人员、服装的消除

人员、服装沾染放射性物质应尽快消除。在沾染区外消除必须按照先服装、后人员的顺序进行。

(1)对服装的消除方法有拍打法、扫除法、抖拂法、洗涤法等。

(2)对人员的消除。人员沾染后,应进行局部消除。可用清水和肥皂水擦洗暴露的皮肤,要特别注意对眼角、耳窝、鼻孔等部位的消除,可用毛巾、纱布、药棉等擦拭消除。条件许可时,要进行全身淋浴。

(3)对粮秣、饮水和蔬菜的消除。对粮秣的消除,可采用过筛、加工脱壳、水洗、风吹等方法,其消除率达90%以上;对堆积粮食去掉表层,亦有消除效果。对饮水的消除可采用土壤净化和过滤法,其消除率可达60%~70%。对蔬菜的消除可用剥去表层、去皮冲洗等方法,其消除率可达90%。

## 四、国际核秩序的建立

自核武器诞生以来,核战争阴影始终笼罩着世界。在国际社会的共同努力下,最终在核军备发展、核武器使用原则、核不扩散三个方面达成基本共识,形成相对稳定的国际核秩序。

第一,美国和俄罗斯围绕核军备形成"确保相互摧毁"共识。在20世纪六七十年代,美国和苏联的核武库呈现爆炸式膨胀。它们拥有核武器数量仅具有象征意义,而双方相互之间并无安全感,于是产生了相互克制的需求,双方最终在"确保相互摧毁"概念上达成共识,开始通过军控谈判限制核军备发展。

第二,国际社会形成了核武器"禁忌"原则。"核禁忌"经历了一个从无到有并被广泛接受的过程。尽管各国没有就核武器"禁忌"问题展开过正式谈判,也没有达成正式条约,但禁止使用核武器的思想已经得到广泛接受。核威慑取代核战争成为国家战略的基础,有核国家普遍寻求在确保相互摧毁基础上建立威慑。

第三,建立起核不扩散机制。《不扩散核武器条约》于1970年3月5日正式生效。其核心内容有三:一是拥有核武器的国家不将核武器扩散到其他国家;二是无核武器国家在履行《不扩散核武器条约》义务的前提下有权和平利用核技术;三是拥有核武器的国家需切实采取行动削减核武器,直至消除核武器。防止核武器扩散、推动核裁军、促进和平利用核能成为《不扩散核武器条约》的三大支柱,其所确立的基本规则和机制保障成为国际核秩序的基础。

除了《不扩散核武器条约》外,1996年9月10日,联合国大会通过了《全面禁止核试验条约》,并于9月24日开放签署。至同年10月底,共有美国、中国、法国等128个国家在条约上签字。这是一项旨在禁止所有缔约国在任何地方进行任何核爆炸,以求有效促进全面防止核武器扩散、促进核裁军进程、增进国际和平与安全的国际条约。该条约规定,缔约国将作出有步骤、渐进的努力,在全球范围内裁减核武器,以求实现消除核武器,在严格和有效的国际监督下全面彻底核裁军的最终目标。所有缔约国承诺不进行任何核武器试验爆炸或任何其他核爆炸,并承诺不导致、鼓励或以任何方式参与任何核武器试验爆炸。

党的二十大报告指出:"构建人类命运共同体是世界各国人民前途所在。万物并育而不相害,道并行而不相悖。只有各国行天下之大道,和睦相处、合作共赢,繁荣才能持久,安全才有保障。中国提出了全球发展倡议、全球安全倡议,愿同国际社会一道努力落实。"中国作为一个负责任的大国,致力于构建公平、合作、共赢的国际核安全体系,推动构建人类命运共同体。

### 五、国际最新核态势

2018年2月,美国国防部发布《核态势评估》报告,对核武器政策进行了重大调整,认为美俄爆发核战争的可能性的确在增大。为此,美国需要大幅度增加军费开支,加大在核力量建设方面的投入。该报告还指出,美国将发挥核武器优势,提高其反应能力和打击速度,同时研发低当量、小型核武器及其载运工具。美军将发展由海基发射的低当量核武器,改进部分潜射弹道导弹,使其可以搭载低当量核武器,发展可携带核弹头的舰载巡航导弹。国际社会普遍认为,这是降低核武器使用门槛的危险举动。该报告总体阐述了美国的最新核战略和核政策,未来美国会持续增大对核力量建设的投入,继续保持高强度的核威慑来达到政治和军事目的。2020年3月,美国政府决定增加新型核弹头数量,引发了国际社会进一步的担忧。

2024年11月19日,俄罗斯总统普京签署总统令,批准更新后的《俄罗斯联邦核威慑国家基本政策》。此次新版政策有多个变化,包括扩大了俄罗斯可以实施核威慑的国家和军事联盟范围,扩充了须以核手段消除的军事威胁类型。

## 第二节 化学武器技术与防护

### 一、化学武器技术

**（一）化学武器的含义**

用来毒害人、畜的化学物质叫毒剂。装有毒剂的各种炮弹、航弹、火箭弹、毒烟罐、手榴弹、地雷和布（喷）洒器等统称为化学武器。投掷工具主要有火炮、导弹、飞机等。

第一次世界大战期间，德军与英法联军在比利时的伊普雷附近展开激战。由于当时的武器装备十分落后，加之双方都掘壕坚守，自1914年10月12日起，双方相持了半年，战争仍无进展。为了改变对峙的态势，德军最高统帅部采纳了化学家哈伯的意见，将大量液态氯气运到了前线。1915年4月5日，德军在阵地前沿布设装满液态氯气的钢瓶。4月22日下午，德军打开钢瓶，借着风势向英法联军阵地施放氯气，黄绿色烟云吹向英法联军阵地。面对突如其来的氯气云团和扑面而来的难以忍受的强烈刺激性怪味，英法守军阵地一片混乱。德军则顺利突破了英法联军的防线，取得了战斗的胜利。这是人类战争史上首次使用现代化学原料作为杀伤武器，造成英法军队15000人中毒，其中5000人死亡。

**（二）毒剂的分类及毒性作用**

毒剂分类方法较多。根据其物理特性，毒剂可分为固体毒剂、液体毒剂和气体毒剂；按其作用时间，毒剂可分为暂时性毒剂和持久性毒剂；按其杀伤作用，毒剂可分为致死性毒剂和非致死性毒剂；按其毒理作用，毒剂可分为神经性毒剂、糜烂性毒剂、全身中毒性毒剂、失能性毒剂、窒息性毒剂、植物杀伤剂等。

(1) 神经性毒剂是以破坏神经系统正常功能为目的的毒剂。这类毒剂大都含有磷元素，又称作含磷毒剂。沙林、梭曼、维埃克斯（VX）都属这类毒剂。这类毒剂毒性猛烈，中毒途径广，持久度各异。有的以通过呼吸道伤害为主，如沙林；有的以通过皮肤伤害为主，如VX；有的既可通过呼吸道吸入，又可从皮肤渗透，如梭曼。神经性毒剂在攻防作战中都可使用，因而被认为是战术、技术性能都比较理想的化学战剂。

(2) 糜烂性毒剂是能使人体组织细胞坏死从而引起皮肤溃烂的毒剂，主要有芥子气、路易氏气。这类毒剂，毒性较大，防护、消毒、救治复杂，被称为"毒剂之王"。糜烂性毒剂具有较强的伤害作用，中毒途径多，因此仍是目前外军装备的主要毒剂种类之一。

(3) 全身中毒性毒剂是能破坏人体细胞氧化功能的毒剂。因这类毒剂的分子中都含有氰根，所以又被称为氰类毒剂。其主要有氢氰酸和氯化氰两种。氢氰酸能以气状经呼吸道吸入伤害人员。人员中毒后，全身组织缺氧，中枢神经系统功能紊乱，出现呼吸困难、头痛、瞳孔散大、恶心呕吐、全身痉挛、大小便失禁等症状。中毒严重者迅速死亡。氯化氰对人员的眼睛和呼吸道的刺激作用比较明显，而且在潮湿的天气条件下，对防毒面具有较强的穿透能力。

(4) 失能性毒剂是能造成人员暂时丧失战斗力的毒剂，已用于实战的只有毕兹（BZ）一种。它能造成人员瞳孔散大、视力模糊、注意力、记忆力减退，反应迟钝，嗜睡，行动不便，有幻觉，有时会出现兴奋、狂躁等症状。

（5）窒息性毒剂是能伤害人员肺部，引起肺水肿，从而导致人员呼吸障碍甚至死亡的毒剂。其主要有光气和双光气两种。这类毒剂毒性较小，作用较慢，较易防护。

（6）植物杀伤剂是一种可以造成植物脱叶、枯萎或生长反常，导致植物损伤或死亡的化合物。按其对植物的作用，分为脱叶剂、干燥剂、除莠剂等。植物杀伤剂对人员也有一定的伤害作用，有些植物杀伤剂还有强烈的致畸胎、致癌作用。

除上述毒剂外，还有一些化学刺激剂，它可以刺激人的眼睛、上呼吸道及皮肤，主要有苯氯乙酮、亚当氏气、西埃斯（CS）、西阿尔（CR）等。这些化学刺激剂，虽不会造成人员伤亡，却可以使人刺激难忍、疲惫。化学刺激剂的刺激作用快，症状消失快，使用方法简便，经常在战争中使用。

## 二、毒剂的伤害特点

### （一）杀伤范围大

毒剂能使较大范围的空气或地面染毒，染毒空气会随风扩散到一定区域。化学毒剂不但能伤害未防人员，而且还能渗入工事，伤害隐蔽的有生力量。

### （二）伤害途径多

化学武器能造成空气、地面、物体、水源、食物等染毒。人员吸入染毒空气或接触毒物都会引起中毒。

### （三）持续时间长

如沙林毒剂弹爆炸后，毒空气的杀伤作用时间可持续几分钟至数小时；VX使地面、物体染毒后，其杀伤作用可持续几天到几周时间。

## 三、对化学武器的防护

### （一）发现

及时发现敌人用毒剂的征候和迹象，为组织防护提供重要情报依据，就能不受毒剂伤害。发现的主要途径是：

（1）听。毒剂弹爆炸时与其他炸弹爆炸声有别，通常较低沉，震感较弱，有时有异常的啸声。

（2）看。毒剂弹爆炸后会出现浓密的烟雾团，持续时间长。当飞机布毒时，一般都作低空慢速飞行，机（尾）翼后出现有色线条。

（3）综合判断。上述方法对迅速发现敌人化学武器袭击有一定作用。但只有把各种征候的综合判断与化学侦察器材的侦检结合起来，才能得到正确的结论。

### （二）防护

当接到化学武器袭击警报、听到指挥员口令时，或当发现可疑征候、突遭敌炮火和飞机轰炸急袭时，所有人员都应迅速利用器材或工事进行防护。对存放的物资、粮食、食品等进行掩盖或掩埋。

### （三）急救

敌化学袭击停止后，应立即进行自救、互救。当发现人员中毒，还无法判明是何种毒剂中毒时,应按毒性大、致死速度快的毒剂中毒实施急救。通常在肌肉注射解磷针剂的同时,鼻吸亚硝酸异戊酯鼻粉剂。如已判明毒剂种类,应采用相应的急救药物和方法。

(1)对神经性毒剂中毒的急救。神经性毒剂属速杀性毒剂。人员中毒时,应首先给其戴上防毒面具,立即注射解磷针剂,再脱去或剪掉染毒衣物,对皮肤及时消毒。如注射针剂后中毒症状依然存在,间隔20分钟后注射第二支。

(2)对糜烂性毒剂中毒的急救。糜烂性毒剂主要是通过皮肤染毒引起伤害,同时也能引起眼睛、呼吸道、消化道黏膜的组织损伤。其消毒方法与对人员的消毒方法相同。

(3)对全身中毒性毒剂中毒的急救。全身中毒性毒剂也是速杀毒剂,中毒后必须及时抢救。迅速捏破亚硝酸异戊酯鼻粉剂容器两端玻璃管头,放在鼻前吸入。如症状不见消失,可每隔四五分钟再次使用,但连续使用不得超过五支。

(4)对失能性毒剂中毒的急救。中毒者一般不需急救,只要离开毒区或采取了防护措施,不再吸毒,过一定时间后症状会自行消失。互救时对处于昏迷状态者,要保持呼吸道畅通;当躁动不安时,要进行监护。

(5)对窒息性毒剂中毒的急救。窒息性毒剂的中毒人员,应安静保温,尽量减少体力消耗。呼吸困难时,严禁人工呼吸,应即送治疗。

(6)对刺激性毒剂中毒的急救。中毒轻者一般不需要急救。中毒严重时,可用2%的小苏打水或净水洗眼、漱口、洗鼻,鼻吸抗烟混合剂解除呼吸道刺激症状,可用肥皂水和净水冲浇皮肤。

**(四)消毒**

利用化学、物理和自然等方法,使毒剂失去毒性或从人员物体上除去毒剂的过程,叫消毒。

1. 对人员的消毒

人员染毒后须尽快消毒,尤其是神经性毒剂和糜烂性毒剂,消除越早效果越好。

(1)皮肤的消毒。在没有防护盒的情况下,应迅速用棉花、布块、纸片、干土等将毒剂液滴吸去,然后用肥皂水、洗衣粉水、草木灰水、碱水冲洗,或用汽油、煤油、酒精等擦拭染毒部位。

(2)眼睛和面部的消毒。可用2%的小苏打水或凉开水冲洗;伤口消毒时,先用砂布将伤口处的毒剂粘吸,然后用皮肤消毒液加大倍数或大量净水反复冲洗伤口,再进行包扎。

(3)呼吸道的消毒。在离开毒剂区后,立即用2%的小苏打水或净水漱口和洗鼻。

2. 对服装的消毒

服装染毒后,可用防护盒内的皮肤消毒液或其他办法消毒,对染毒严重的外衣应脱去。

(1)擦拭法:用消毒液对服装染毒部位擦拭2~3分钟。

(2)洗涤法:对染毒服装进行冲洗。

(3)煮沸法:将染毒服装加碱在水中煮沸,然后进行冲洗。

(4)自然消毒法:把染毒的服装放在通风的地方日晒夜露,使毒剂蒸发、消散而达到消毒的目的。

3. 对地面的消毒

通常采用化学法,如三合二、次氯酸钙、漂白粉、一氯胺、氢氧化钠、氢氧化钙、氨水等兑水喷洒,也可用铲除法、掩盖法、火烧法和通风等方法进行消毒。

## 第三节　生物武器技术与防护

### 一、生物武器技术

#### (一)生物武器的含义

生物武器是指生物战剂及其施放装置。伤害人员、牲畜和危害农作物的致病微生物(包括细菌、立克次体、衣原体、病毒等)所产生的毒素叫生物战剂。装有生物战剂的各种炸弹、导弹弹头和气溶胶发生器等叫生物武器。因最初多以病菌为战剂,以小动物如老鼠和昆虫、苍蝇、蚊子、跳蚤及其他杂物为施放载体,所以也称作细菌武器。

#### (二)生物战剂分类

随着生物技术的进步,现代生物武器战剂除了细菌之外,已发展为6类28种,构成了生物战剂系列,包括:①细菌类,如鼠疫杆菌、炭疽杆菌、霍乱弧菌、布氏杆菌等;②病毒类,如黄热病毒、委内瑞拉马脑炎病毒、天花病毒和马尔堡病毒等;③立克次体类,如Q热立克次体、流行性斑疹性伤寒立克次体等;④衣原体类,如鸟疫衣原体;⑤毒素类,如肉毒杆菌毒素、葡萄球菌肠毒素等;⑥真菌类,如球孢子菌、组织包浆菌等。按照生物战剂对人畜危害作用的大小来划分,其可以分为致死性战剂和失能性战剂两大类。致死性战剂造成人或牲畜病死的概率很高,通常可以达到50%以上,有些高达90%以上,如炭疽杆菌、肉毒杆菌毒素等。失能性战剂是指对人畜造成危害、使其暂时失掉战斗力的生物战剂。这类战剂也会致人死亡,但病死率不到10%,委内瑞拉马脑炎病毒和布氏杆菌就属于这一类。若按病毒有无传染性划分,其可分为传染性战剂和非传染性战剂两大类。传染性战剂的传播速度很快,会对流行区域内的人的生命构成很大的威胁,如鼠疫杆菌、天花病毒等。非传染性战剂只对染毒者起作用而不会传染给他人,肉毒杆菌毒素就属于非传染性战剂。1969年,美军已将炭疽杆菌、野兔热杆菌、布氏杆菌、黄热病毒、委内瑞拉马脑炎病毒、Q热立克次体、肉毒杆菌毒素和葡萄球菌肠毒素等8种病毒列为标准生物战剂。

生物战剂的施放方式主要有:用飞机、军舰或其他运输工具直接喷洒固体或液体生物战剂微粒,在空气中形成悬浮体的生物战剂气溶胶,使人畜吸入一定剂量的生物战剂气溶胶;用火炮发射或飞机、火箭投掷生物战剂弹;派遣特工人员对水源、食品厂投放生物战剂等。

#### (三)禁止生物武器公约

《禁止生物武器公约》是《禁止细菌(生物)及毒素武器的发展、生产及储存以及销毁这类武器的公约》的简称。该公约于1975年3月生效,截至2023年1月已有184个国家批准加入了该公约。《禁止生物武器公约》主要内容是:缔约国在任何情况下不发展、不生产、不储存、不取得除和平用途外的微生物制剂、毒素及其武器,也不协助、鼓励或引导他国取得这类制剂、毒素及其武器;缔约国在公约生效后9个月内销毁一切这类制剂、毒素及其武器;缔约国可向联合国安理会控诉其他国家违反该公约的行为。该公约对于禁止和销毁生物武器、防止生物武器扩散发挥了不可替代的重要作用。虽然签署了公约,但一些国家始终没有停止生物战剂的研制和发展,在生物战剂方面,仍在寻找毒性更大、致死性更强的新型战剂;在施放手段方面,也由原来的火炮、飞机扩展到了火箭、导弹和其他气溶胶发生器等多种工具。

中国于1984年11月15日加入该公约。生物武器使用将给人体细胞、组织、器官、整个机体的抗病能力,乃至生命安全带来严重危害,中国人民坚决反对发展、生产、储存和使用任何形式的生物武器,中国政府一贯主张全面禁止和彻底销毁包括生物武器在内的一切大规模杀伤性武器,重视公约在维护世界和平与安全方面的积极作用,支持公约的宗旨和目标。

2022年12月16日,《禁止生物武器公约》第九次审议大会在瑞士日内瓦闭幕,在中方积极推动下大会达成最后文件,决定进一步加强《禁止生物武器公约》有效性,促进全面遵约,并为此设立工作组,在遵约与核查、国际合作、科技审议、国家履约等方面开展实质性工作,致力于探讨达成包括具有法律约束力方式在内的加强公约措施。与会各方普遍认为,在当前国际形势下,大会取得上述成果是近年来国际军控裁军领域多边努力取得的重要突破,对加强全球生物安全治理具有重大和深远意义。

## 二、生物武器的伤害作用

### (一)生物战剂侵入人体的途径

生物战剂侵入人体的途径主要是吸入、误食(饮)和皮肤接触。

### (二)生物战剂的致病症状

生物战剂侵入人体后,能破坏人体的生理功能而使人发病。致病后,会出现发热、头痛、全身无力、上吐下泻、咳嗽、恶心、呼吸困难、局部或全身疼痛等症状。

## 三、生物战剂的伤害特点

### (一)致病力强,污染范围广

生物战剂病菌致病力很强,少量病菌进入人体就可引起发病死亡,而且容易形成大面积污染。例如,一架飞机喷洒生物战剂,顺风方向可造成几百或几千平方千米的污染区,使人员致病。

### (二)传染性大,危害作用时间长

有的生物战剂,如鼠疫杆菌、天花病毒、霍乱弧菌等,都有很强的传染性,发病后如不及时采取防疫措施,能很快形成疾病流行。其危害时间长,在一定条件下,霍乱弧菌可存活数十天,鼠疫杆菌可存活数周,炭疽杆菌芽孢在土壤中能存活几十年,还有的生物战剂在昆虫体内能长期存活,甚至传代。

### (三)没有立即杀伤作用

生物战剂从侵入人体到发病,有一定的潜伏期,其长短主要取决于战剂的种类和侵入的剂量等,一般短者数十分钟,长者十几天。在潜伏期中,受污染的人员无明显症状。

### (四)受自然条件的影响大

强烈的日光能使多数微生物在数小时内死亡;大气对流强、风速超过8米/秒时,会使气溶胶很快扩散而失效。温度、湿度、雨雪和地形等,对生物战剂都有较大影响。

## 四、对生物武器的防护

### (一)侦察和判断

#### 1. 从袭击景象进行判断

可供侦察和判断的主要情况是:

(1)空情。敌机喷洒生物战剂时,常常是低空慢速盘旋,其后尾有烟雾带,或空投无爆炸声的容器。处于该地区的人员或动物,在数分钟内,如未发生化学毒剂中毒症状就应疑为生物战剂。

(2)地情。生物炸弹的弹坑浅小,爆炸声小而低沉,无闪光或闪光小,烟团小且呈灰白色,在弹坑附近可能留下粉末、液滴或其他杂物。如用气溶液发生器施放生物战剂,有时可见到特殊容器。

(3)旱情。投掷生物战剂媒介时,可在地面发现昆虫、小动物,所出现的季节、场所、种类、密度、范围等方面都可能有反常情况。

(4)气象。敌施放生物战剂多选择在有微风的拂晓、黄昏、傍晚时或阴天。

#### 2. 从发病情况判断

(1)突然发现地区性少见的传染病。

(2)大量人畜患同类病,或突然大批人畜死亡。

(3)发病季节反常。

以上只是个人判断敌生物战剂的简易方法。要准确地得到结果,必须采集标本经卫生防疫机构化验。将可疑弹片、昆虫、动物、杂物、水以及病人的血、痰等采样,分别装在清洁密封的容器内,并注明采集地点、时间、品名、采集人,而后送检。

### (二)防护

(1)对生物战剂气溶胶的防护。这主要是防止生物战剂气溶胶通过呼吸道或皮肤、眼睛或黏膜侵入人体。其方法有以下几种:

①对呼吸道的防护。当敌施放生物战剂气溶胶时,应立即戴防护口罩或防毒面具,亦可使用防疫、防尘口罩,无上述器材时,用毛巾、三角巾、简易口罩或用手帕、衣物等捂住口鼻,也能起到一定的防护作用。

②对眼睛的防护。在使用口罩防护的同时,也应注意眼睛的防护,以防止生物战剂经结合膜侵入人体。人员应戴自制防毒、防风眼镜或蒙上透明塑料布防护。

③对皮肤的防护。穿着防毒衣或防疫服,既可防生物战剂气溶胶污染皮肤,又可防带生物战剂的昆虫叮咬。扎紧三口(袖口、领口、裤口)、戴手套、穿靴套也有一定的防护作用。

(2)对敌投带菌昆虫的防护。这主要是保护暴露皮肤,防止昆虫叮咬。其方法有以下几种:

①在门窗或出入口应安装纱窗、纱门,挂上用防虫药物浸泡过的门帘。

②利用各种器材对暴露的皮肤进行包扎,将爬在衣物上的小虫等小动物及时除去。

③涂抹驱避剂,防止带有生物战剂的昆虫叮咬,减少或避免发病。

(3)预防接种。要对在污染(疫)区或要进入污染(疫)区的人员,进行接种、口服抗菌药等。

### (三)预防措施

平时要搞好个人卫生,增强人员体质和基础免疫力;采取消毒、杀虫、灭鼠等措施,消灭生物战剂生存的条件,预防传染病的产生和蔓延。

## 思考题

1. 核武器有哪几种爆炸方式？试述低空和地面核爆炸景象。
2. 核武器有哪些杀伤因素？其特点是什么？
3. 人员怎样利用地形地物防护核袭击？其动作要领是什么？
4. 对人员、服装沾染的放射性物质有哪些消除方法？
5. 化学毒剂通过哪些途径使人员中毒？
6. 毒剂按毒理作用可分为哪几种？
7. 简述人员对化学毒剂的防护和急救方法。
8. 生物战剂的伤害特点是什么？
9. 对生物武器的防护方法有哪些？

## 知识链接

### 切尔诺贝利核事故

切尔诺贝利核事故是一件发生在乌克兰境内切尔诺贝利核电站的核子反应堆事故。该事故被认为是历史上最严重的核电事故,也是首例被国际核事件分级表评为第七级事件的特大事故。1986年4月26日凌晨,乌克兰普里皮亚季邻近的切尔诺贝利核电厂的第四号反应堆发生了爆炸。连续的爆炸引发了大火并散发出大量高能辐射物质到大气层中,这些辐射尘涵盖了大面积区域。这次灾难所释放出的辐射线剂量是二战时期爆炸于广岛的原子弹的400倍以上,普里皮亚季城因此被废弃。事故给世界核能事业蒙上了一层阴影,许多传统核能国家和新兴核能国家开始调整本国核电发展战略,停建或停运核电站。与此同时,事故也让世界各国充分认识到核安全工作的重要性,各国开始更加积极主动地反思和筹划如何通过加强国际合作与交流,为世界核能发展创造一个更加有效的法律制度环境。1986年9月,国际原子能机构特别大会通过了两部分量十足、影响至今的核安全国际公约——《及早通报核事故公约》和《核事故或辐射紧急情况援助公约》。

# 第十八章 精确制导武器

> 2018年4月,美国联合有关国家,对叙利亚重要目标发射100余枚导弹进行了精确打击,随后宣布打击成功。这次精确打击,是现代战争进行远程打击的一个缩影,其中起重要作用的,就是精确制导武器,它被誉为"现代兵器之星"。精确制导武器是采用精确制导技术,直接命中概率很高的导弹、制导炮弹和制导炸弹等武器的统称,是第二次世界大战后军事技术引人注目的进展之一。精确制导武器的迅速发展和广泛应用,对现代作战产生了巨大的影响。

## 第一节 精确制导武器概述

### 一、相关概念

精确制导技术,是按照一定的规律控制武器(含导弹)的飞行方向、姿态、高度和速度,引导武器的战斗部系统准确攻击目标的军事技术。

制导系统由导引系统和控制系统组成。导引系统一般包括探测设备和计算机变换设备,其功能是测量武器与目标的相对位置和速度,计算出实际飞行弹道与理论弹道的偏差,给出消除偏差的指令。控制系统通常由敏感设备、综合设备、放大变换装置和执行机构(伺服机构)组成,其功能是根据导引系统给出的制导指令和武器的姿态参数形成综合控制信号,再由执行机构调整控制武器的运动和姿态,直至命中目标。

精确制导武器是命中精度很高的制导武器的总称,是采用精确制导技术,直接命中概率在50%以上,或者打击的圆概率误差小于该武器的杀伤半径的武器。圆概率误差简称CEP(circular error probable),是衡量武器命中精度的一个尺度,又称圆概率偏差。以瞄准点为中心,包含50%弹着点的圆的半径就叫作这种武器的圆概率误差。这个半径愈小,说明武器的命中精度愈高。

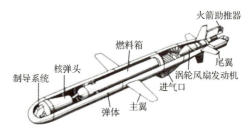

图 18-1 美国战斧式巡航导弹结构

美国带核弹头的 BGM-109A"战斧"巡航导弹,采用惯性加地形匹配制导,其圆概率误差为30米,而带常规弹头的 BGM-109C 型采用惯性加地形匹配加景象匹配制导,其圆概率误差只有9米。炮弹和飞机空投炸弹的命中精度也可用圆概率误差表示。

## 二、精确制导武器的特点

### (一)高精度

直接命中概率高是精确制导武器名称的由来,也是精确制导武器最基本的特征。目前,一些有代表性的精确制导武器,命中概率已达80%以上,激光制导炸弹和电视制导炸弹的圆概率误差均在2米以内。例如,1991年1月17日凌晨,一架F-117隐形战斗机将一颗重达1吨的"宝石路"激光制导炸弹准确无误地投在了为伊军提供通信服务的巴格达市电话电报大楼,从而拉开了多国部队空袭伊拉克的序幕。在38天的对伊空袭中,多国部队使用AIM-7F/M"麻雀"导弹击落了25架伊军飞机,多数为首发命中。在随后1999年的科索沃战争、2001年的阿富汗战争、2003年的伊拉克战争、2011年的利比亚战争、2022年以来的俄乌冲突、2023年的巴以冲突,以及2025年美军对也门胡塞武装的军事行动,精确制导武器都完成了对对方重要目标的准确打击。

### (二)高效能

精确制导武器虽然制造成本高,但由于其具有较高的直接命中概率,因而作战效能好,效费比高。同无制导的武器相比,精确制导武器在完成同一作战任务时,其弹药消耗量小,所需作战费用远远低于常规弹药。统计资料表明,在海湾战争中,尽管多国部队所使用的精确制导武器弹药量仅为总弹药量的8%,但其摧毁的预定目标却达80%以上,可见,精确制导武器是一种作战效益很高的武器,其效费比通常为常规炸弹的25~30倍。

### (三)高技术

精确制导武器的相关技术比较复杂,随着电子技术的发展,高性能的毫米波制导系统、红外探测器以及人工智能计算机的采用,精确制导武器不仅具有较高的直接命中概率,而且通常还具有"发射后不用管"的自主制导能力,它可完全依靠弹上的制导系统独立自主地捕捉、跟踪和击中目标,不需要人工或其他辅助设备进行干预。例如,美国的"黄蜂"空对地导弹,由于采用了人工智能技术和先进的信号处理技术,已具备了初步的智能化特征。它可在复杂的地物背景中鉴别出要攻击的目标。如果不是,则继续搜索目标;如果是,则进一步判断目标是否处在战斗部杀伤范围之内。如果是在杀伤范围之内,则自动估算出最佳爆炸高度,将战斗部引爆,从被攻击目标的顶部将其击毁;如果不在杀伤范围内,则继续对目标进行锁定跟踪,直至进入有效杀伤范围为止。

### (四)射程远

精确制导武器是一种既具备在复杂多变的背景环境中迅速识别出攻击目标的能力,又能通过精确制导系统对该目标实施精准制导,实现定点攻击目标的新型武器系统。现代精确制导武器射程较远,可在高度命中率情况下实现远程打击。武器发射平台生存能力提高的方法是增大精确制导武器的射程,这就使得防区外作战显得格外重要。美国"联合空地防区外导弹"AGM-158的射程为450千米,"增强反应防区外对陆攻击导弹"AGM-84H的射程为275千米;英国的CASOM的射程为250~500千米,一些战略导弹的射程更是达到几千甚至上万千米。另外,与非制导武器相比,精确制导武器的最大优势就在于对"射程-精度"概念的重新定义。非制导武器会随着射程的增加而降低其打击精度,而精确制导武器则不会受到射程的影响。

#### (五)威力大

此外,精确制导武器通常具有较高的机动能力和较强的全天候作战能力,威力大,能有效摧毁目标或大面积杀伤人员和装备。针对大多数指定的目标,一枚精确制导武器的杀伤效果等于35枚非精确制导武器。过去的战争中,军队完成摧毁指定敌方综合设施需要对该设施进行大规模的地毯式轰炸。而使用精确制导武器后,军方只需要瞄准所需要打击的指定目标,用一枚制导炸弹或者制导子弹就可以完成任务。美国海军一项研究报告中表明:攻击机场、武器库、工厂等固定目标,投掷精确制导武器与非制导武器的数量比为1:10,而攻击装甲、火箭发射器、坦克等移动目标,投掷精确制导武器和非制导武器的数量比达到1:20。

### 三、精确制导武器对现代战争的影响

#### (一)战争进程缩短

精确制导武器是一种对战争胜负具有决定性意义的新型武器,精确制导武器的大量使用使得超视距、多模式、多目标精确打击成为可能。巡航导弹的打击距离达上千千米以上,可从陆地、空中、海上多方式发射,自行打击各种重要战略目标,旷日持久的局部战争将被速战速决取代。

#### (二)战争损失减少

精确制导武器最本质的作战特点是快速、敏捷、高效,具有速战速决的能力。在过去发生的局部战争中,据统计,战争持续的时间与精确制导武器的投入量成反比。由于不断采用高技术,精确制导武器可在远距离上发现和识别目标,并实施准确攻击。远程精确制导武器和远距离立体侦察定位系统的结合使用,将使在后方集结的预备队、指挥控制中心和后方基地,处于远程精确制导武器的直接威胁之下,远程火力袭击的突然性将空前增大。由于精确制导武器具有准确的远程作战能力、牵连损伤有限、作战持续时间短,因此军事行动的国际影响度也相对降低。精确制导武器命中精度高,可有效摧毁点状目标;杀伤威力大,作战效费比高;种类型号多,作战范围广;可实施非接触打击,减少有生力量损失。但它对目标的侦察定位要求高,其电子系统易遭干扰破坏,容易受不良战场环境的影响,技术复杂,保障维护难度大。

#### (三)战争形态变化

在21世纪的军事冲突中,主要国家的精确制导武器都经历了不断更新换代的过程,其结果是改变了战争的形态。从平台中心战向网络中心战转变,主要的基础是计算机技术、探测传感技术、精确制导技术。发达国家的军队正在摒弃传统的战法和装备发展战略,并斥巨资发展先进的精确制导武器系统,在信息化、网络化的条件下,形成了高技术、体系化、高效费比的战争形态作战模式。

### 四、精确制导武器未来技术发展趋势分析

在未来战争中,新的作战模式将对精确制导武器的发展提出更高的要求,根据当前典型精确制导武器技术能力及最新技术发展可以看出,精确制导武器发展趋势如下:

(1)进一步提升复合制导能力。从制导模式来看,精确制导武器目前普遍采用了双模复合制导模式,未来将采用三模甚至更多的制导模式,并且在不同飞行阶段、针对不同目标采用不同的制导模式,提高精确制导武器的打击精度。

(2)加强智能化作战能力。智能技术的快速发展将很快在精确制导武器中得到应用。智

能识别算法可以用于武器导引头的探测识别,智能集群算法可以用于多发精确制导武器的集群作战任务分配,智能芯片的使用将会降低精确制导武器的重量。

(3)通用模块能力的需求。为提高作战灵活性,降低使用和保障成本,不同精确制导武器将采用相同的接口,可在战斗机、无人机、舰船、地面发射车等多种发射平台发射。

(4)强化突防隐身能力。精确制导武器将通过小型化、超材料等技术提高其隐身能力,并通过强机动等方式提高突防能力。

## 第二节 制导方式

制导武器的制导方式有许多种类,按控制信号的来源和产生方式可分为自主式、遥控式、寻的式和复合式四类。

### 一、自主式制导

自主式制导不需要提供目标的直接信息,也不需要弹体以外信息的控制,仅靠弹体自身装载的测量仪器就可以测量地球或宇宙空间的某些物理特性,从而确定弹体的飞行轨道,控制引导弹体命中目标。

自主式制导的特点是弹体的飞行完全自主,不需要任何弹外信息,因而不易受干扰。因为制导程序是预先确定的,所以这种制导方式只适于攻击地面固定目标。

自主式制导包括相关制导、惯性制导、天文制导和卫星制导等。

(一)相关制导

在武器的飞行过程中,利用预先贮存的飞经路线的某些特征与实际飞行过程中探测到的相关数据不断进行比较,来修正飞行路线,这种制导方式称为相关制导。

(1)地形图匹配制导。地形图匹配制导就是根据侦察照相,获取导弹预攻击目标及沿途航线上的地形情报,并据此作出专门的标准地貌图。把这幅预先测定的数字地图存入弹体计算机,导弹在飞行的过程中,利用雷达高度计和气压高度计连续测量飞经地区的实际地面海拔高度,并把这一数据输入计算机与预定弹道的相关数据进行比较,如发现已经偏离预定飞行轨迹,计算机会将需要纠正偏差修正量以指令形式传送给自动控制装置,使导弹及时回到预定轨道上来。地形图匹配制导具有地形越复杂精度越高的特点,但它不适用于海面和平原。

(2)数字式景象匹配区域相关制导。这种制导方式和地形图匹配制导基本一样。地形图匹配制导是通过测定导弹飞经路线地面的实际标高来修正航向的,数字式景象匹配区域相关制导则是利用弹载"景象匹配区域相关器"获取目标区域景物图像,然后把目标及其周围的景象与弹体计算机存储的原摄影景象进行比较,从而确定导弹相对于目标的位置,进行攻击。

(3)程序制导。根据目标的特征,预先设计出弹体的理想弹道,并输入弹体的计算机程序装置内,弹体的飞行弹道随时与之相比较,产生偏差信号,自动控制装置修正弹体的航向直至命中目标。

(二)惯性制导

惯性制导是根据弹体运动的惯性,以测量弹体运动的加速度来确定弹体飞行轨迹的制导方式。它不需要任何外界信息，就能自动地根据飞行时间、引力场的变化和弹体的初始状态，确定弹体的瞬时运动参数。因此它不易受外界干扰，而且不受距离的限制，可全天候工作。

### （三）天文制导

天文制导是通过对宇宙空间某些天体的观测来确定弹体的位置和运动方向，从而引导导弹体飞向目标的制导方式。

### （四）卫星制导

卫星制导即利用导航卫星对武器进行制导，例如，GPS 制导。GPS 是美国于 1993 年建成使用的全球定位系统的简称。它由空间设备、地面控制设备及用户设备三部分组成，部署有 24 颗导航定位卫星，可为用户提供全天候、连续实时高精度的信息。GPS 制导就是利用 GPS 接收机接收 4 颗导航卫星的信号来修正武器的飞行路线。

## 二、遥控式制导

遥控式制导指弹体的飞行受设在弹体以外的指挥站控制。指挥站可设于地面、海上（舰船）或空中（载机）。指挥站根据跟踪测量系统测得的目标和弹体的相对位置和运动参数，形成制导指令发送给弹体，弹体接收到指令后，由自动驾驶仪控制弹体的飞行，直至命中目标。

根据制导信号产生的情况，遥控式制导可分为指令制导和波束制导两种。

### （一）指令制导

指令制导的制导信号是弹外制导系统产生的。制导系统探测目标和弹体的位置，形成制导指令信号传给弹体，弹体在制导指令的控制下飞向目标。指令制导又分为以下三种：

(1) 有线指令制导。有线指令制导通过联结指挥站和弹体的导线传输制导指令。采用这种制导方式的导弹射程受导线长度的限制，多用于射程很短的导弹。优点是不易受干扰。

(2) 无线电指令制导。无线电指令制导是将制导指令转化为专用编码，通过无线电波传给弹体，控制弹体的飞行，其跟踪探测系统主要是雷达。这种制导方式作用距离远，制导精度高，但易受干扰，多用于中远距离防空导弹。

(3) 电视指令制导。在弹头上安装微型电视摄像机，可将目标及其周围的景象信息送至控制点，控制人员根据荧光屏复现的目标及其周围的景象进行观察，发出指令，修正弹体的飞行方向，使之对准目标飞行直到命中，这就是电视指令制导。电视指令制导的精度高，但易受干扰，受天气影响大，作用距离近。

### （二）波束制导

波束制导的制导信号是在弹体上产生的。它是由指挥站发出一道目标跟踪波束，弹体沿波束的轴线飞向目标。当弹体偏离轴线时，弹上的制导系统就会发出修正方向的制导信号，使弹体回到波束的轴线上来，直至命中目标。

波束制导有雷达波束制导和激光波束制导两种。早期的防空导弹和岸舰导弹大多采用雷达波制导，由于它易受干扰，且导弹容易脱离波束而失去控制，所以现在已很少采用雷达波束制导。

## 三、自动寻的制导

自动寻的就是弹体自己寻找、跟踪并击毁目标。当弹体上的导引头接收到从目标辐射或反射来的某种能量（如红外辐射、无线电波、光辐射、声波等）时，弹上的制导系统就会引导弹体沿着能量的来向飞向目标。根据能量的来源,自动寻的制导可分为以下三类。

#### (一)主动式寻的制导

在弹头上装有信号(激光、红外线、雷达波和声波等)发射机和接收器,发射机发射信号照射目标,接收机接收目标反射的信号,引导弹体命中目标。这种系统在锁定目标之后便自动地、完全独立地去攻击目标。

#### (二)被动式寻的制导

在弹头上装有信号接收器,依靠目标发射的信号进行工作。即信号接收机接收到目标发射的信号后,引导弹体命中目标。

#### (三)半主动寻的制导

半主动寻的是用信号发射器发射信号,照射或选定目标,弹头上的信号接收机接收目标反射的信号,引导弹体命中目标。在这种系统中,照射或选定目标是由目标照射站来完成的。它的最大优点是可以增加攻击目标的威力而不需要增大武器的重量和尺寸。半主动寻的有雷达半主动寻的和激光半主动寻的两种。

### 四、复合制导

导弹在飞行的不同区段采用不同的制导方式。导弹大多实行复合制导,目的是提高制导精度,在命中精度相同的条件下,作用距离比单一制导方式的导弹更远,并可以增强导弹的抗干扰能力。任何一种制导方式都有它的优缺点,采用复合制导可以取长补短,更好地满足作战要求。

## 第三节　导弹武器

在精确制导武器中,发展最早、进展最快的是导弹,在现有的精确制导武器中,数量最多的也是导弹。导弹,是依靠自身动力装置推进,由制导系统导引其战斗部打击目标的一种现代武器。它是在第二次世界大战期间开始研制,20世纪50年代中期装备部队的一种新式武器。自从导弹武器问世以来,世界各国都非常重视,70多年来,各国竞相研制的导弹武器达数百种,并且不断地在战争中使用,不断发展,使它成为现代战争中不可缺少的重要武器之一。导弹的数量和质量成为衡量一个国家现代军事力量的重要标志。

### 一、导弹武器的诞生

自从产生战争以来,作战双方都力求使武器朝着远、准、快、狠(特别是远和准)的方向发展,达到保存自己、消灭敌人的目的。因为武器打得远,可不必面对面作战;而打得准,可有效地杀伤敌人。导弹武器正是在这种思想指导下从简单到复杂,从低级到高级逐步发展起来的。

公元10世纪宋朝时,就在军事上应用了火箭武器。到16世纪末明朝时,发明了能装多支火箭并能齐射的火箭车,增强了射击密度,又能赋予火箭一定的发射方向,提高了命中精度。19世纪时,线膛炮出现了,它具有射程远、射击密度大、命中精度高的优点,使原始阶段的火箭相形见绌。20世纪,飞机发明之后,很快就作为一种新式武器应用在战争中。特别是第二次世界大战期间,飞机很快普及于许多国家。在第二次世界大战后期,日本制造了一种特殊的武器——"自杀飞机"。同一时期,德国造出了不需人驾驶的命中精度较高的飞行武器V1和V2导弹,并于1944年9月8日首次对英国伦敦进行了空袭,虽威力不大,精度有较大差距,但由于它的突然出现,给人们心里留下了恐怖和神秘的色彩。这就是世界上第一次出现在战场上的导弹。

V型导弹的出现,是战争史上导弹武器的第一次亮相。它拉开了导弹进入现代战争的序幕,改变了战争的传统打法,影响到了战争的全局。从1962年10月在加勒比海爆发的第一次世界导弹危机(古巴导弹危机),到近年来的多次局部战争,充分显示了导弹武器在现代战争中的巨大作用。

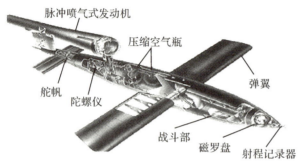
图 18-2 二战德国V1导弹(巡航式导弹)

18-3 二战德国V2导弹(弹道式导弹)

## 二、导弹武器的组成

导弹武器是依靠自身动力,按反作用原理推进,能自动导引战斗部打击目标的现代武器,其组成主要包括如下四部分。

### (一)战斗部系统

战斗部系统是导弹摧毁目标的有效载荷,用以摧毁和杀伤目标,是导弹威力、作用的直接体现。它主要包括弹头、引信和保险装置。

(1)弹头。弹头按装药的不同分为两种,一种是以普通炸药为主的普通装药弹头,另一种是以核反应的各种效应为主的核弹头。

(2)引信。引信是一种起爆装置,是战斗部系统重要的组成部分,通常分为触发式引信、非触发式引信、定时式引信三种。

(3)保险装置。保险装置是导弹的保险执行机构。其作用是保障战斗部系统在不应启爆时的绝对安全。当导弹飞离发射点后,保险执行机构便按一定的程序,分别解除各级保险后,引信才开始工作,适时启爆,由此可见,战斗部系统是一个技术性要求很高的部分。

### (二)动力系统

动力系统是为把导弹送达目标、执行作战使命而提供动力的装置。导弹所使用的动力装置均为喷气发动机,这种发动机所产生的强大的反作用力推动导弹运行。

(1)空气喷气发动机。空气喷气发动机是利用空气作为氧化剂与导弹所携带的燃烧剂混合燃烧后产生气流喷出而形成动力。由于需要依靠空气中的氧气助燃,因而,这种导弹只能使用于大气层内。常用的空气喷气发动机主要有涡轮喷气发动机、涡轮风扇发动机和冲压喷气发动机。

(2)火箭喷气发动机。火箭喷气发动机是利用自身携带的氧化剂和燃烧剂混合燃烧后产生气流喷出而形成动力。由于燃烧剂和氧化剂自身携带,不必靠空气助燃,因而,既可在大气层内工作,又可在大气层外工作。战略导弹主要使用火箭喷气发动机。这种发动机按推进剂状态可分为液体燃料火箭发动机和固体燃料火箭发动机。液体燃料火箭发动机的优点是工作时间长,推力大,可实现分次控制,但结构复杂,推进剂毒性大,使用准备时间长。固体燃料火箭发动机结构简单,使用方便。

**(三)制导系统**

制导系统是导引和控制导弹以一定的准确度飞向目标的系统,是导弹武器的重要组成部分。

(1)制导系统的任务。制导系统负责在导弹发射后向目标飞行过程中,测量导弹实际运动与理想运动之间的偏差,并给出修正导弹运动轨迹的控制信息;在导弹飞行过程中,稳定弹体保持一定姿态,使导弹始终处于良好的可控状态,并根据控制信息,及时修正导弹的运动姿态,将其按给定的引导规律引向目标。

(2)制导系统的组成。为确保导弹按给定的航迹飞向目标,制导系统主要由导引系统和控制系统两部分组成。导引系统的作用是确保导弹在飞行中的位置,计算导弹沿预定弹道飞行所需的修正信号,并送至控制系统。导引系统由用以测量目标和导弹运动参数的测量装置,预先装定导弹运动参数的测量装置,预先装定导弹运动方案的程序装置,以及将测量装置得到的信息经计算、变换后得出的控制信号的解算装置组成。

控制系统的主要功能是根据导引系统送来的信息和自身敏感元件提供的信息及时修正导弹的飞行角度,使其处于良好的受控状态,保证导弹按所需轨迹飞行。控制系统主要由敏感装置、综合装置、放大变换装置和执行机构等部分组成。控制系统又称为导弹的自动驾驶仪。

**(四)弹体**

弹体是指将战斗部系统、动力系统和制导系统有机连成一体,使之形成的整体。它包括导弹的外壳、弹翼、舵面以及安装各种弹上设备及贮存推动剂等所必需的结构。为使导弹能在各种复杂条件下工作,弹体必须具有良好的空气动力外形,以减少空气阻力;还应具有高质量的内部空间,给各工作系统和仪器设备创造一个良好的工作环境和保护条件。弹体应采用具有足够强度的结构和材料,并应使其刚度好、重量轻、成本低、来源广。

## 三、导弹武器的分类

目前,导弹武器种类繁多,名称各异。为了使用和研究方便,通常采用如下几种方式进行分类。

**(一)按作战使命分类**

(1)战略导弹。战略导弹是用以打击战略目标的导弹,具有1000千米以上的射程,使用核战斗部,由国家最高统帅机构控制使用。其特点是突击性强,杀伤威力大,投射工具战斗性能好,射程远,准确性能高,通常按射程划分。射程为1000~3000千米的称中程导弹,3000~8000千米的称远程导弹,8000千米以上的为洲际导弹。

(2)战术导弹。战术导弹是担负战术作战使命,射程在1000千米以内的导弹。其由战役、战术指挥员掌握使用。

**(二)按飞行弹道特点分类**

(1)弹道式导弹。弹道式导弹是指由火箭发动机将其推送到一定高度和速度后,弹头靠其惯性沿着预定弹道飞向目标的导弹。这种导弹的弹道轨迹如同普通炮弹的自由抛物弹道。

(2)有翼式导弹。有翼式导弹也叫飞航式导弹,弹体上装有翼面,在稠密的大气层中飞行,通过弹体、弹翼和舵面产生空气动力,控制和稳定导弹的飞行。各类反舰导弹、空地导弹、远距离反坦克导弹均属此类导弹范畴。巡航导弹和反辐射导弹是最常见的飞航式导弹,因此,往往把远程飞航导弹又称为巡航导弹。

### (三)按发射点特征分类

按发射点特征进行分类,导弹可分为机载导弹、舰载导弹、车载导弹和炮射导弹等。

### (四)按目标特性分类

按目标特性分类,导弹可分为反坦克导弹、反舰导弹、反潜导弹、反雷达导弹、防空导弹、反导弹导弹和反卫星导弹等。

### (五)按发射点和目标位置分类

(1)空中:空对空、空对地、空对舰、空对潜;
(2)地面:地对空、地对地、地对舰、地对潜;
(3)水面:舰对空、舰对地、舰对舰、舰对潜;
(4)水下:潜对空、潜对地、潜对舰、潜对潜。

## 四、导弹武器的特点

### (一)射程远

导弹武器是采用火箭发动机作为动力装置,有的还采用多级点火,增加推力的结构。根据计算,一台大型火箭发动机,其推力可达数百吨,相当于几百辆汽车的总功率。这样威力大的武器,其射程足以攻击地球上的任何目标。

### (二)命中精度高

随着飞行控制系统与控制方法的不断改进,导弹武器已具有相当高的命中精度。导弹的命中精度通常用圆概率误差表示,误差越小,表示命中精度越高。如美国的"民兵3"洲际导弹,圆概率误差为185米左右;美国的"战斧"巡航导弹,圆概率误差只有10米左右。未来装备的人工智能计算机导弹,命中概率可达百分之百。先进的射击技术可使现代武器具有首发命中的能力。

### (三)威力大

目前所采用的核弹头战略导弹,其当量为几十万至上千万吨,破坏威力很大。1945年8月美国投向日本广岛和长崎的原子弹,其当量仅有两万吨,就造成这两个城市毁灭性的灾害。苏联装备的SS-20导弹,每枚上可安装三个弹头,每个弹头的威力就相当于投向广岛使用的那种原子弹威力的10倍左右。在导弹无故障的情况下,对百万人口的大城市,只需命中一发,即可将其摧毁。

### (四)速度快

提高速度是增强现代武器生存力和战争突然性的重要措施。当代导弹武器均采用能量很高的推进剂,这种推进剂可产生巨大热量,喷出高速的燃气,这就有力地提高了导弹武器的速度。特别是战略导弹,在整个弹道上都能以超高音速飞行,最大飞行速度达7千米/秒以上,相当于音速的20倍。

### (五)飞行高度高

由于导弹武器速度快,射程远,为准确突击目标,必须增强射击高度。如美国的北极星A3战略导弹,射程为4600千米,其弹道的最大高度达962千米;而射程上万千米的洲际导弹,其弹道的最大高度则可达1600千米,基本上是在大气层外飞行,这样的速度和高度,对其防御是很困难的。

### (六)重量重,体积大

导弹是依靠自带氧化剂的火箭发动机产生推力飞行的。在推进剂中,氧化剂与燃烧剂要有一定的比例,才能使发动机正常工作。加之火箭每秒钟就要消耗几百千克推进剂,随着射程的增加,推进剂重量相应增加。因此,导弹必须具有足够容积的推进剂储箱。通常储箱要占导弹体积的70%,推进剂重量占导弹总重量的90%以上。导弹重量通常为几十甚至上百吨,长度达十几至几十米,直径为几米。如苏联的SS-10洲际导弹,全长37.7米,直径2.75米,重量达181.4吨,是一个重量、体积相当大的庞然大物。

## 五、中国导弹简况

中国是拥有导弹核武器的国家之一。中国导弹武器的产生,使中国成为世界上少数独立掌握空间技术的国家之一,已跻身于世界先进水平的行列。但中国政府一再声明,中国发展战略核武器,是从积极防御的战略出发,任何时候、任何情况下,决不首先使用核武器。

随着国家建设的需要,为赢得未来战争的胜利,从1956年开始,中国组建了导弹武器研制机构,并建立了专门的导弹试验基地。广大科技人员遵循自力更生为主、争取外援为辅的原则,克服重重困难,进行科技攻关。

经过几十年的努力,中国导弹武器作为现代武器中不可或缺的"利剑",已经不再处于落后地位了,很多现役武器装备可以和世界先进装备比肩。中国导弹研发人不负众望,研制出一代又一代的导弹,如具有代表性的"东风"系列弹道导弹、"红旗"系列地空导弹、"霹雳"系列空空导弹、"鹰击"系列反舰导弹、"巨浪"系列潜射导弹等。

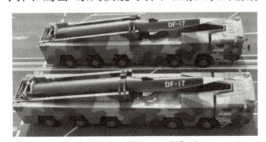

图18-4 "DF-17"导弹

图18-5 "DF-41"导弹

## 六、导弹武器的发展趋势

### (一)通用化

"通用"有两层含义:一是一弹多用;二是组成元件通用,即导弹各组成元件都采用标准件,通过不同组合就可成为不同用途的导弹武器。一弹多用能节省研制费用,缩短研制周期,提高可维护性和方便使用。组成元件通用使导弹能迅速地适应不同目标,减少了后勤支援设备,便于维护和技术改进。

### (二)精确化

精确化就是采用先进的制导技术,以进一步提高导弹的首发命中概率和单发杀伤概率。目前战略导弹的命中精度一般在 100 米左右,战术导弹的命中精度在 10 米左右,这远远不能适应未来高透明度、高强度、高杀伤力的战场环境。随着高精度和远距离目标探测技术、高级复合制导技术、星光惯性制导技术、激光半主动制导技术、光纤制导技术、计算机最佳控制技术等在导弹武器上的使用,导弹的制导精度将进一步提高,从而真正成为"发射后不用管"的精确武器。

### (三)数字化

随着以电子计算机为核心的数字编码、数字压缩式调制和解调等高新技术的应用和发展,一种成系统的新型的数字化通信设备开始进入军事领域,以实现战场上各个武器系统之间及系统内部的信息互通,并达到"实时化"的程度。随着这种数字化技术的广泛应用,作为信息化作战平台的代表——导弹武器系统,其信息传输也必将数字化,从而使其抗干扰能力更强,反应时间更短,打击动作更快,命中精度更高,动作更简单,技术保障更加可靠。

### (四)智能化

智能化是指使导弹具有某种人工智能,在陆地能区分出坦克、车辆、火炮等不同目标,在海上能区分不同类型的舰船,在空中能区分不同的机种、机型,并可判断和优先攻击敌方威胁最大的目标。简言之,导弹智能化就是使导弹"有意识、会思考"。据报道,美国正在将人工智能技术应用于导弹武器之中,使导弹向预定方向发射后,像人一样"能听、能看",并具有一定的分析判断能力,导弹探测目标后将目标信息与导弹大容量存储器中存储的目标情况进行比较、识别、判断,自动选择攻击目标或攻击目标的要害部位。随着电子计算机和人工智能技术的不断发展完善,导弹将朝着智能化的方向大步迈进。

### (五)隐身化

高科技的发展,隐身技术的出现,为现代战场侦察提供了先进的设备、手段和方法,又为战场伪装和隐蔽提供了全新的手段。目前,除了原有的被动式伪装器材继续得到发展外,武器系统攻防合一的趋势也日益明显,进攻武器隐身化就是这种发展趋势的典型代表,而导弹武器的隐身化则是代表中的代表。随着激光武器、反导弹导弹、动能拦截武器、强电子干扰装置的发展,导弹在战场上的生存力面临着严峻的挑战。导弹武器要适应未来战场需要,继续在战场发挥举足轻重的作用,隐身化是其必由之路。

## 第四节 精确制导弹药

精确制导弹药一般来说本身无动力装置,主要借助直升机、火炮等进行投掷,一般来说并不是全程制导,其普遍通过过寻的导引设备和敏感器在飞行末段实现导引。

### 一、末制导弹药

#### (一)制导炸弹

在普通炸弹的基础上,加装制导装置后即为制导炸弹,又称"灵巧炸弹"。美国 20 世纪 60

年代初开始研制制导炸弹,1967年装备部队,随后在越南战场用于实战,取得了良好的效果。1991年海湾战争中,制导炸弹命中率达90%以上,战争期间美军使用激光制导炸弹摧毁巴格达95%左右的要害目标,基本上百发百中。

制导炸弹从制导方式、使用场景、有无火箭助推等角度,可以分为不同的类别。按制导方式不同,制导炸弹可以分为卫星制导炸弹、激光制导炸弹、电视制导炸弹、红外制导炸弹、惯性制导炸弹。

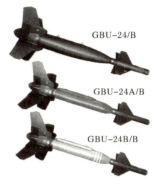

图18-6 美国"宝石路"系列激光制导炸弹

卫星制导炸弹使用卫星定位导航系统进行制导,如美国的"联合直接攻击弹药"(JDAM),使用的就是"惯性+卫星制导"的方式。这类炸弹的最大优点是不受气象条件的限制和影响,可全天候使用,航程远,命中精度高;缺点是卫星信号可能受到干扰,进而影响命中精度。

激光制导炸弹是装有激光导引头、能不断参照激光指示点、调整姿态飞向目标的炸弹,如美国"宝石路"系列、俄罗斯KAB-1500L系列等。这类炸弹的优点是结构简单、价格较低、威力较大;缺点是向目标滑行过程中,有的需要载机用激光照射目标,因此,载机可能遭到对手防空火力的攻击。

电视制导炸弹是装有电视导引头、通过导引头中摄像机对准目标来调整飞行姿态的炸弹。如美国20世纪60年代研发的"白星眼"系列、以色列的"金字塔"、俄罗斯的KAB-500KR等。电视导引头能自动测定弹道偏差并加以修正,因此,这类炸弹的打击精度高、抗电子干扰能力强,具备"发射后不用管"的能力。但是,这类炸弹也有短板,它只有在白天或能见度较好的条件下使用,才能收到更好成效。

红外制导炸弹是指使用红外导引头来制导的炸弹,如美国GBU-15图像红外制导炸弹、以色列"奥佛"(Opher)等。该类炸弹在使用红外制导功能时,要求目标具有不同于背景的热辐射特征,因此易受云、雨、雾、烟等情况的影响,全天候作战能力较差。

惯性制导炸弹是利用惯性测量装置测出导弹的运动参数,形成制导指令,调整炸弹姿态以攻击目标的炸弹,如美国的GBU-39炸弹。该类炸弹在夜间、恶劣天候等低可见度的情况下,依然具备攻击活动式目标的能力。

需要指出的是,有些制导炸弹常会使用两种甚至两种以上的制导方式,以进一步提高打击效能。

**(二)制导炮弹**

在普通炮弹上加装制导系统即为制导炮弹。它与导弹的主要区别是本身没有动力装置,靠火炮发射的初速度、稳定翼和控制舵使炮弹稳定飞行,制导装置自动将其导向目标。其主要用于攻击坦克、装甲车、反坦克导弹的发射装置、观察所、掩蔽部和火力发射点等小型目标。

**1. 激光制导炮弹**

激光制导炮弹采用半主动式激光制导,命中率比普通炮弹高得多,但受天气和战场硝烟的影响较大。美国的"铜斑蛇"激光制导炮弹,圆概率误差1米左右,而普通炮弹误差约30米。它能在11千米的距离上击毁小型固定目标和时速16千米的运动目标。

#### 2. 红外寻的制导炮弹

瑞典的"斯特勒克斯"是一种由 120 毫米迫击炮发射的红外寻的制导炮弹。在距目标 8 千米时发射该型炮弹,当炮弹飞过弹道最高点后,红外导引头开始搜索目标,发现目标后,导引头自动锁定,在制导与控制系统的作用下飞向目标。

### (三)制导雷

在普通地雷、水雷上,加装上制导系统即为制导雷。制导雷是一个庞大的家族,一般可分为三大类:第一类是反坦克、装甲车辆和直升机的制导地雷;第二类是执行反潜、反舰任务的制导水雷;第三类是执行反卫星任务的太空雷。这里只介绍制导地雷。普通地雷是触发引信地雷,随着遥感技术的发展,各种非触发引信应运而生,由此便产生了各种各样的非触发雷。其基本原理是根据目标产生的物理场(如坦克、飞机等自身产生的声音、震动、热辐射、磁场等)来启动雷体战斗部使之爆炸。制导雷就是一种把自锻破片技术、遥感技术和微处理机结合起来的新型雷。它使地雷由一种完全被动的防御性武器变成能主动攻击目标的新型火力。

## 二、末敏弹药

末敏弹药是指一些子弹药,又称末端制导子弹或末端制导弹头。这种子弹药由炮弹、炸弹、子弹药撒布器携带至目标上空抛撒分散,撒布面积取决于抛撒高度和子弹药的数量。子弹被抛撒(投放)后,立即开始工作,用自身携带的探测器在小范围内探测目标,发现目标后,沿探测器瞄准的方向发射弹丸,进行攻击。这种子弹药是子母弹技术、自锻破片技术和先进的传感技术相结合的产物,既有较大的毁伤面积,又有较高的命中精度。

末敏弹药的典型代表有"萨达姆""斯基特""钻石"等。"萨达姆"是美国于 1977 年开始研制、1986 年决定为 155 毫米榴弹炮和多管火箭炮配用的末敏弹药。子弹头在目标区上空撒布后,落至离地面 150 米左右时,其内的毫米波辐射计开始工作。由于子弹头挂有涡旋环形降落伞,所以它能自动旋转扫描搜索目标。随着子弹头高度下降,天线搜索半径缩小,直到对准目标中心,然后引爆子弹头内的自锻破片弹头,使自锻碎片以 10 倍音速所产生的巨大动能贯穿坦克的顶部装甲。

与此同时,随着人工智能技术的发展与进步,近年来,各军事强国正积极将人工智能技术运用到精确制导武器中,以提升在复杂战场环境下的作战效能。在实现精确制导武器智能化的过程中,复杂战场环境自主感知、自动目标截获(ATA)、自动目标识别(ATR)以及自适应导引等成像末制导技术性能的大幅提升依赖于人工智能技术的深度融合应用。因此,进行成像末制导智能化技术与未来发展方向研究,对于紧跟制导模式发展趋势,实现武器作战性能的革命性提升具有重要参考意义。以美国新一代反舰导弹 AGM-158C 为例,其末端制导采用多模复合制导(红外成像+被动雷达)。其能够在岛岸背景下确定威胁位置与区域,并根据威胁程度和目标编队状态,自主进行航迹规划,实现高效突防;在距离目标较近时,依靠宽视场、全天候的凝视红外成像导引头,通过实时红外图片与预存基准图片进行相关匹配,识别出目标的关键部位进行打击。

## 思考题

1. 什么是精确制导武器?
2. 制导技术目前主要有哪几类?
3. 什么是导弹?导弹武器由哪几部分组成?各部分的主要作用是什么?
4. 导弹武器如何分类?
5. 导弹武器有什么特点?
6. 简述导弹武器的发展趋势。
7. 精确制导弹药有哪几类?

## 知识链接

### 马尔维纳斯群岛战争

马尔维纳斯群岛战争(Malvinas War),简称马岛战争,是1982年4月到6月间,英国和阿根廷为争夺马岛的主权而爆发的一场战争。马岛战争被视为冷战期间规模最大、战况最激烈的一次海陆空联合作战,这场战争同时也创造了海上战略投送的经典战例。战争中,英国海军一艘42型导弹驱逐舰谢菲尔德号遭受飞鱼反舰导弹攻击,成为英国自第二次世界大战之后第一艘被击沉的战舰。1982年5月4日,两架阿根廷超级军旗式攻击机在距离英国舰队20千米远的地方发射了两枚空射型的飞鱼导弹,这两枚飞弹在靠近舰队10千米处启动雷达搜寻锁定了谢菲尔德号,其中一枚击中谢菲尔德号舰身中央、离水线仅有1.8米高的位置。军舰中弹八小时后船员被迫放弃该舰,该舰在拖行回港的过程中因进水过多而沉没。

# 第十九章　新概念武器

> 党的二十大报告指出,打造强大战略威慑力量体系,增加新域新质作战力量比重。当前,高技术的发展,正在引起军队武器的巨大变革,也为发展全新的非核武器开辟了诱人的前景。可以预见,不久的将来会陆续研制成功新的、更具威力的武器系统,并将投入战争中使用。

## 第一节　新概念武器概述

### 一、新概念武器的定义

新概念武器是指在工作原理和杀伤机理上有别于传统武器、能大幅度提高作战效能的一类新型武器。新概念武器这一术语是中国学者最早提出的,它是当代代表武器发展趋势的新武器群体。虽然新概念武器存在的时间不长,但由于它概念新、有效杀伤力大,因此它始终是牵动兵器科学发展的"火车头",是武器发展、创新和进步的动力。在原始创新和推动武器装备的进步方面,它功不可没,因此总是备受关注。

新概念武器的出现和发展,深刻改变武器装备的技术形态,深度重塑未来战争的作战样式,同时引导军事理论研究的新发展方向。新概念武器的研究和应用,将为未来高科技战争带来革命性的影响和变化。

### 二、新概念武器的特征

新概念武器是相对于传统武器而言的高新技术武器群体,正处于研制或探索性发展之中。这种新型武器在设计思想、系统结构、总体优化、材料应用、工艺制造、部署方式、作战样式、毁伤效果等方面都不同于传统武器。它在原理、杀伤破坏机理(杀伤效应)和作战方式上,与传统武器有显著的不同,投入使用后往往能大幅度提高作战效能与效费比,取得出奇制胜的作战效果。

新概念武器的主要特征通常表现如下。

**(一)强调创新性**

与传统武器相比,新概念武器在设计思想、工作原理和杀伤机制上具有显著的突破和创新,它是创新思维和高新技术相结合的产物。

## （二）作战效能大

一旦技术上取得突破，其可在未来的高技术战争中发挥巨大的作战效能，满足新的作战需要，并在体系攻防对抗中有效地抑制敌方传统武器作战效能的发挥。

## （三）符合时代性

新概念武器是一个相对的、动态的概念。每个时代都有自己的、正在研制中的新概念武器，不同时代都有自己的新概念武器概念及其研究工作。新概念武器正是由武器新概念而来的，当研制出成品并被大量装备部队时它的"生命"就结束了，某一时代的新概念武器日趋成熟并得到广泛应用后，也就转化为传统武器。

## （四）高度探索性

新概念武器与传统武器相比，高科技含量大，技术难度高，在技术途径、经费投入、研制时间等多方面的不确定因素多，因而探索性强，风险也大。

目前，正在研究中的新概念武器包括了定向能武器、动能武器等，但是当中的绝大多数还处在实验室的研制阶段，其发展受到许多现实的技术瓶颈的制约，如武器的小型化问题、能量的连续供给问题、制造的技术和材料不过关等问题。然而，可以预计的是，随着科技的发展，这些问题终将被攻克，届时新概念武器必将得到大跨步的发展。

# 第二节　激光与激光武器

激光是 20 世纪 60 年代初出现的一种新技术。世界上第一台激光器（红宝石激光器）是 1960 年 7 月由美国科学家梅曼（Maiman）在实验室里制造出来的，中国于 1961 年 9 月也由王之江和邓锡铭等研制出了激光器。激光的出现，强化了人们对光的认识，拓宽了光学的发展。

激光技术的发展速度非常惊人，它不仅形成和发展了许多新学科，而且已经广泛地应用于工业、医学、军事等诸多领域。在军事上，激光技术已被用于测距、通信、制导、引爆、致盲、干扰和制成激光武器等，随着科学技术的发展和战争的现代化，激光技术在军事上的地位越来越重要。2017 年 7 月，美国海军在波斯湾成功进行了激光武器试验，利用部署于两栖船坞运输舰"庞塞"号上的激光武器精准打击了一架无人机，无人机机翼受到激光武器瞄准后，瞬间被烧毁而掉入大海，打击无声并隐秘，并且使用一次该武器的成本非常低廉。

图 19-1　美国部署于两栖船坞运输舰"庞塞"号上的激光武器

## 一、激光的概念

激光是利用光能、热能、电能、化学能或核能等外部能量来激励物质,使其发生受激辐射而产生的一种特殊的光。激光的应用由其特殊性决定,具有如下特点。

### (一)亮度高

由于激光的发射能力强和能量的高度集中,因此亮度很高,它比普通光源高亿万倍,比太阳表面的亮度高几百亿倍。亮度是衡量一个光源质量的重要指标,若将中等强度的激光束经过会聚,可在焦点处产生几千到几万度的高温。

### (二)方向性好

激光发射后发散角非常小,激光射出 20 千米,光斑直径只有 20~30 厘米,激光射到 38 万千米外的月球上,其光斑直径还不到 2 千米。

### (三)单色性好

光的颜色由光的不同波长决定,不同的颜色是不同波长的光作用于人的视觉而反映出来的。激光的波长基本一致,谱线宽度很窄,颜色很纯,单色性很好。由于这个特性,激光在通信技术中应用很广。

### (四)相干性好

相干性是所有波的共性,但由于各种光波的品质不同,导致它们的相干性也有高低之分。普通光是自发辐射光,不会产生干涉现象。激光不同于普通光源,它是受激辐射光,具有极强的相干性,所以称为相干光。

## 二、激光器

要获得激光,就要有能产生激光的装置,这种装置就是激光器。它是 20 世纪与原子能、半导体、计算机齐名的四项重大发明之一。

### (一)激光器的组成

激光器是利用受激辐射原理使光在某些受激发的工作物质中放大或发射的器件。激光器一般由三个部分组成:①工作物质;②激励能源(光泵);③光学共振腔。

### (二)激光器的分类

激光器可按照不同的方式进行分类。按照工作物质,其可分为固体激光器、气体激光器、液体激光器和半导体激光器四种;其也可以按照运转方式不同分为脉冲式激光器和连续波式激光器。

## 三、激光技术在军事上的应用

激光在军事上的应用十分广泛,下面简要介绍其中几种。

## (一)激光测距与激光雷达

### 1. 激光测距

激光在军事上最早的应用就是测距。1960年首次观察到激光现象后,只经过半年多时间,美国休斯公司就研制出了世界上第一台激光测距机。激光测距原理和雷达测距原理基本相同,只是所使用的测距媒介不同,雷达使用的是微波,而激光测距机使用的是激光。但正是这一点的不同,表征了测距技术的一次重大飞跃,它使人类得以实现以厘米级精度测定如地球到月球那样遥远的距离。

### 2. 激光雷达

激光雷达是以发射激光束探测目标的位置、速度等特征量的雷达系统。从工作原理上讲,激光雷达与微波雷达没有根本的区别:向目标发射探测信号(激光束),然后将接收到的从目标反射回来的信号(目标回波)与发射信号进行比较,做适当处理后,就可获得目标的有关信息,如目标距离、方位、高度、速度、姿态甚至形状等参数,从而对飞机、导弹等目标进行探测、跟踪和识别。

从物理结构上讲,激光雷达是在激光测距机的基础上,配置激光方位与俯仰测量装置、激光目标自动跟踪装置而构成的。激光雷达的种类很多,按照激光发射波形或数据处理方式,其可以分为脉冲激光雷达、连续波激光雷达、脉冲压缩激光雷达、动目标显示激光雷达、脉冲多普勒激光雷达、成像激光雷达等。这些雷达既可以用于地面,也可以用于空中和海上。

## (二)激光制导

激光制导是光电制导家族中发展较晚但却进步神速的一个重要成员。激光制导是用来控制飞行器飞行方向,或引导兵器击中目标的一种激光技术。激光制导与其他制导种类相比具有结构简单、作战实效成本低、抗干扰性能好、命中精度高等优点。不足的是受大气及战场条件影响较大,不能全天候工作等。

激光制导的基本原理是:用激光器发射激光束照射目标,装于弹体上的激光接收装置则接收照射的激光信号或目标反射的激光信号,算出弹体偏离照射或反射激光束的程度,不断调整飞行轨迹,使战斗部沿着照射或反射激光前进,最终命中目标。激光制导武器现有激光制导炸弹、激光制导导弹和激光制导炮弹等种类。激光制导装置的制导精度高,结构简单,成本低,能昼夜使用。其弱点是激光对浓雾、浓烟等穿透率不高,因此激光制导易受天气和无源干扰的影响。在发起攻击后,激光照射装置的运载平台不允许机动,使运载平台易受到敌方的攻击。

## (三)激光通信

激光通信是以激光为运载工具传递信息的一种通信方式。

### 1. 激光通信的特点

激光通信与电波通信相比具有如下优点:①信息容量大,传输路数多;②方向性好,能量集中;③保密性好;④设备轻便,费用经济。

如以半导体激光器作光源、玻璃纤维作传输介质,以光电管作接收器的通信系统,设备简便,信息容量大,既可节省大量金属材料,又可大大降低费用,因而大有可为。

### 2. 激光通信的种类

激光通信通常分为大气通信、空间通信、水下通信和光导纤维通信四种形式。

### (四)激光武器

激光武器是利用激光能量摧毁目标或使其丧失战斗能力的武器。由于激光武器需要大量的电能,在能量储存设备难微型化的问题解决前,难以实现大规模应用。另外,由于激光武器对大气条件依赖度高,大大缩短了它的射程,也使得激光武器的实战化应用在很长时间内难以大规模推行。激光武器的杀伤破坏效应主要有烧蚀效应、激波效应、辐射效应三种。

激光武器一般分为高能激光武器和低能激光武器两类。高能激光武器又称强激光武器,是一种大型的激光装置,能在很短的时间内发出高能激光束。击中目标时,极大的光能量被目标吸收,转变为热能,产生可达几百万度的高温和可达几百万个大气压的高压,使目标被烧蚀、击穿,甚至引起爆炸。高能激光武器可用于摧毁敌导弹、卫星、飞机等大型目标。目前一些国家正在研究使用激光武器在太空反卫星和反弹道导弹。

低能激光武器是指发射功率较小的激光轻武器,也叫战术激光武器,如激光枪、激光致盲武器等。其主要用于射击单个敌人,使之失明、死亡或衣服着火而丧失战斗力,也可使各种光学瞄准观察器材失灵。

激光武器同常规武器(如火炮)相比,具有如下特点:①速度快,命中精度高;②不产生后坐;③威力大,不易受电磁干扰;④没有污染,效费比高。

激光束可使坚硬目标(如坦克装甲)烧蚀和熔化,但又不像核武器爆炸那样产生大量的放射性污染。此外,激光武器硬件可重复使用,发射费用较低。

当然,激光武器也有不足,如在地面及在大气层使用时,其射程和威力受自然条件(如天气等)的影响较大。但随着科学技术的发展,这些不足将会被改变。激光武器在未来战争中将发挥其重大的作用。

激光在军事上的应用还有激光告警、激光侦察、激光模拟、激光计算、激光近炸引信、激光核聚变等。

## 四、激光对抗和激光技术的发展

### (一)激光对抗与防护

激光对抗,就是交战双方采取专门措施,干扰、破坏对方的激光装备,使其丧失功能和战斗力,同时保护己方的军事装备和人员免遭激光武器的攻击。

激光的优点决定了激光装置具有较好的抗干扰能力,而且由于反对抗技术的发展,如采用编码激光脉冲技术和加透射波段的滤光片等,其抗干扰能力又有所提高,给激光对抗增加了难度。但是,激光也有自身的弱点。例如:进行激光装备工作时,要照射目标,因此容易暴露自己;激光不能全天候工作,雨、雪、云、硝烟和尘埃对其衰减严重。激光方向性好,造成搜索目标的困难,有不少激光装备,像激光测距仪、激光制导武器系统等靠目标反射的激光工作,当目标反射特性改变时,激光装备的效能就会降低。因此只要认识了激光装备的局限性,仍可进行有效的对抗。

实施激光对抗,首先必须用激光告警装置探测敌方激光装置的方位、距离、工作波长及脉冲编码规律,并对敌激光源精确定位,发出警报,然后采取对抗措施。

防护激光的措施如下。

#### 1. 一般防护措施

(1) 利用地形、地物或设置遮障阻挡激光。也可释放流动的热空气，引起激光偏离目标，以降低激光的作用效果。

(2) 在目标表面涂上对光具有强烈吸收能力的材料，使照射光束的能量被吸收。由于这层涂料吸收了激光能量从而保护内层的金属壳既不被破坏，又使敌半主动或全主动式激光制导装置收不到回波信号，失去攻击目标。

(3) 采用伪装、隐身、示假等手段，以及使目标机动、规避，使敌方激光难以发现、捕捉目标。

(4) 研制和发展特种耐高温材料的壳体，使它难以被激光武器烧毁和穿透，以及从技术上采取各种抗激光加固措施等。

#### 2. 激光对眼睛的伤害和防护

由于激光测距仪和激光制导武器得到了广泛使用以及激光致盲武器的使用，对眼睛的防护问题已成为当前急需解决的一个问题。尤其是对使用观察瞄准仪器的观察手和指挥员就更为重要。对眼睛的防护一般有三种方法：一是采用激光滤光片和护目镜，二是施放烟幕，三是采用黑挡片罩。

### (二) 激光技术发展趋势

激光技术经过多年的发展，从基本理论、基本技术到工艺逐步走向成熟，为进一步的发展奠定了基础。激光技术在各个领域的广泛应用，有力地推动着激光技术的飞速发展。一些发达国家都在加紧激光技术的研究，竞相投入大量人力财力，抢占这一高技术前沿地带。

首先，激光技术将与电子技术更加紧密地结合，大大提高信息的探测、传输和处理能力，成为信息技术的支柱。其次，激光技术与核技术紧密结合的开发研究也正在加紧进行。该项研究是解决人类能源危机的重要途径。用激光核聚变实现人工受控热核聚变是这项研究的核心。利用高功率激光照射聚变燃料，使之发生聚变反应，并找出能人为地控制反应速度的办法，使热核聚变按照需要缓慢而均匀地进行，连续地将聚变能量转换为热能和电能，建成热核动力反应堆和热核电站，是激光技术和核技术联合开发研究的热点。最后，激光武器的研制工作将会出现大的突破，激光武器的性能将会获得更大的提高。军事评论家认为，"高能激光武器像原子弹一样，具有使传统的武器系统发生革命性变化的潜力"，它在未来武器体系中将占有显赫的地位。

## 第三节　微波武器和粒子束武器

上一节介绍了定向能武器当中的激光武器，这一节将介绍另外两种定向能武器：微波武器和粒子束武器。

### 一、微波武器

随着微电子技术的发展，大规模集成电路和超高速集成电路已广泛应用在武器系统中，出现了"灵巧"和"智能"型武器。对付这种采用复杂电子设备的武器,单靠传统的武器已完全不可能了,因此,发展新一代武器势在必行,高功率微波武器就应运而生。例如,美国海军在海湾战争中首次使用了高功率微波弹头,在空战中对付伊拉克防空网方面发挥了一定作用。

高功率微波武器是一种利用其辐射的强微波波束干扰或烧毁敌方电子设备以及杀伤作战人员的一种新式武器,又称射频武器。这种武器辐射的频率一般在 1~30 吉赫范围内,脉冲功率在吉瓦级。高功率微波武器通常由能源、高功率微波发生器、大型天线和其他配套设施组成。由微波发生器产生的强微波能量以很窄的脉冲通过天线集聚在一个窄波束内辐射出去。参战人员受照射后,轻者产生神经错乱、行为错误,重者器官功能衰竭,甚至死亡。电子设备受到照射后,工作性能降低或完全失效。

世界发达国家,如美国、俄罗斯、法国、英国、德国、日本等都很重视发展高功率微波武器。其中美国和俄罗斯的高功率微波武器发展较快,已取得了重大进展。美国一直在研究利用微波技术摧毁敌方的作战能力,主要进行宽频带、高功率微波武器和窄频带、定向微波武器的研发。美国国防部 1987 年开始招标的发展常规武器的高技术"平衡技术倡议"计划,将高功率微波武器技术列为五项关键技术项目中的一项。美国三军也分别制订了高功率微波武器的发展计划,并于 20 世纪 90 年代起开始研制工作。据报道,美国每年用于发展高功率微波武器的经费约为 5000 万美元。

美国和俄罗斯等都研制出并试验了能反复使用的高功率微波武器的样机,并进行了外场实验。例如,俄罗斯于 2001 年 10 月在马来西亚兰卡威国际海事和航空展期间推出"Ranets-E"武器系统,是世界第一套公开的微波(射频)武器系统。该系统可造成来袭战机与导弹的电子设备失效,又称为电子零件的"超级杀手",其杀伤距离为 1~10 千米。2022 年 8 月,美国海军和空军研究实验室在加利福尼亚州"中国湖"海军航空站对新型高功率微波武器——"高功率联合电磁非动能打击武器"进行了测试。

## 二、粒子束武器

所谓粒子束武器,指的是通过特定的方法将电子、质子或离子加速到接近光速,聚集成密集的束流,然后直接(或去掉电荷后)射向目标,以束流的动能或其他效能杀伤破坏目标的武器。它分为带电粒子束和中性粒子束两大类。

粒子束武器是一种尚处在研究关键技术和论证可行性阶段的先进战略防御武器方案。如果可行,在未来的战争中,部署在空间轨道上的粒子束武器可起到重要作用,如可作为反卫星和反导弹的武器。同天基激光武器相比,粒子束武器有以下优点:粒子束武器不需光学部件和反射镜,而用磁铁聚焦粒子束,设备坚固;加速与聚焦粒子束的加速器与磁铁等设备本身就产生强辐射,不会受空间辐射的影响,适合在空间工作;粒子束不仅能把能量沉积到目标表面上,而且能透入目标内部,至少在理论上可以通过几种不同的方式毁伤目标。

美国和苏联是世界上从事粒子束武器技术研究的主要国家。早在 20 世纪 60 年代,苏联就开始研究利用粒子束武器作为反卫星和反导弹武器的技术可行性,已在粒子源和加速器等关键技术等方面做了大量基础性工作,并取得了一定的成果。美国也从 20 世纪 60 年代就开始研究粒子束武器技术,并在 20 世纪 80 年代初将其列为战略防御计划(SDI)的一个重要研究项目,在技术上也取得了一些重要进展。1989年,美国利用小型的中性粒子束装置进行了空间试验,演示了中性粒子束设备在空间工作的能力,成为第一个在空间试验中性粒子束技术的国家。

鉴于技术问题,粒子束武器技术在美国战略防御计划中的地位逐步降低,经费逐年减少,进度不断放缓,至少在21世纪初还无法作为防御武器或识别手段使用。高功率微波武器与激光武器、高能粒子束武器同属定向能武器,各有特点,目前难以确定哪种武器最好。据有关专家分析,激光武器技术已经成熟,可能最先应用在战场上,而粒子束武器和高功率微波武器的发展相对慢一些。

## 第四节 动能武器

动能武器指的是一类能够发射超高速弹头,利用弹头的动能直接撞毁目标的武器。所谓超高速,通常指5倍音速(340米/秒)以上的速度。动能武器因获得动能来源的不同而形成多种武器种类,主要有电磁炮、动能拦截弹和群射火箭等。

动能武器利用发射超高速弹头的动能直接撞毁目标,由于弹头的速度极快,人们把它形象地称为"太空神箭"。

### 一、电磁炮与电磁枪

电磁炮,是一种利用电磁力沿导轨发射炮弹的武器。早在19世纪,科学家们就发现,在磁场中的电荷和电流会受到力的作用,他们把这种力叫"洛仑兹力",即电磁力。当第一次世界大战正席卷欧洲的时候,法国的科学家们提出了利用洛仑兹力发射炮弹的设想,并进行了开创性研究,但没能成功。到第二次世界大战时,德、日等国的科学家又进行了大量秘密的研究,企求利用新式武器取得战场上的胜利,但也以失败告终。战后,其他国家的科学家们,虽都对电磁发射技术表示了极大的兴趣,进行了一些研究,一直未能取得理想进展。直到20世纪70年代,澳大利亚国立大学的研究人员,终于利用建造的第一台电磁发射装置,将3克重的塑料块(炮弹)加速到6000米/秒的速度,成功地打出了世界上第一颗电磁炮弹,这才引起了世界科学界尤其是各国军界的关注。

电磁炮通常由电源、加速器、开关及能量调节器等组成。电磁炮与普通火炮或其他常规动能武器相比,具有很多独特的优势。一是射速快,动能大,射击精度高,射程远。电磁炮的发射速度突破了常规火炮发射速度的极限。弹头具有的动能可达同质量炮弹的几十倍甚至上百倍,一旦瞄准目标,命中概率大,摧毁的可能性高。由于电磁炮是靠其动能毁伤目标的,一些采用抗激光、粒子束防护的"装甲"和一般加固措施的导弹,虽能突破定向能武器的防御,但也难逃脱电磁炮的摧毁。二是射击隐蔽性好。电磁炮射击时,既无炮口焰、雾,也无震耳欲聋的炮声,不产生有害气体。无论白天还是夜晚射击都很隐蔽,对方难以发现。三是射程可调。我们知道,常规火炮的射程及射击范围是通过改变发射角和发射不同弹药来调整的,操纵复杂,变化范围有限。而电磁炮只需调节控制输入加速器的能量即可达到调整目的,简便易行,精确度高。但尺有所短、寸有所长,电磁炮也存在着炮管使用寿命短、轨道部件易遭损坏、体积庞大等不足。

电磁炮以其独特的优势在军事上具有十分广泛的应用及不可估量的发展前景,主要表现在:用于天基反导系统;用于区域战术防空系统;用于反坦克、破装甲武器;用于改装常规火炮,增加射程;用于装备海军舰艇,取代传统舰炮;等等。

此外,随着电磁发射技术的发展,今后的电磁炮不仅能用来发射炮弹,还可用来发射无人飞机、载人飞机、导弹、卫星,甚至航天器等。

电磁枪是一种利用电磁力加速弹丸的新型武器,与传统枪械依赖火药爆炸不同,其通过电磁场将弹丸加速至超高速,具有高射速、隐蔽性强、低后坐力、没有噪声、没有火光、没有弹壳等特点。2025年3月14日,央视军事发布视频,展示了中国兵器装备建设工业自主研制的最新一代电磁枪(全称"威力可控电磁发射器")。该枪重量较轻,单手就可持握。电磁枪的握把设置在中部,弹匣在后方,前部搭载激光指示器,顶部除导轨外还配有电子显示屏(实际射击过程中可显示电量、剩余弹药数量、模式等信息)。另外,该电磁枪可调节不同功率,支持切换连发和单发模式。

## 二、反卫星、反导弹动能拦截弹

反卫星动能拦截弹,是一种靠弹头的动能,击毁敌方卫星的机载空对天导弹。反卫星动能拦截弹,基本上利用的是现成导弹技术。美国从20世纪60年代开始研究核能反卫星动能拦截弹,20世纪70年代转向发展非核杀伤的战斗部,1977年开始研制非核杀伤的反卫星拦截导弹。该导弹全长5428毫米,直径501.9毫米,重1220千克,有效拦截高度500千米。该导弹由三级组成:一、二级为火箭发动机,采用近程攻击导弹火箭和"牵牛星Ⅲ"固体火箭。第三级为战斗部,即弹头,上面装有动能撞击杀伤器、8个红外望远镜、数据处理机、激光陀螺和56个操纵火箭,采用惯性加红外制导方式。反卫星动能拦截弹由F-15战斗机运载。其拦截卫星的过程是:根据地面指挥中心指令,F-15战斗机从10.7~15.24千米的高度上发射;导弹脱离飞机后,靠弹上惯性制导,飞抵预定空间点;弹上红外传感器开始搜索目标,一旦捕捉到目标,即自动跟踪;当拦截弹达到最大速度时,战斗部与第二级火箭脱离;弹头依靠小型计算机控制,通过点火与熄灭自身火箭,进行弹道修正,直至战斗部以每秒13.7千米的高速度与目标相撞,将其摧毁。该拦截弹虽具有成本低、机动灵活、命中精度高等优点,但也只能攻击500千米以下的低轨道卫星。它有可能成为美国最先投入实战部署的星战武器。

反导弹动能拦截弹,是一种利用弹头动能摧毁来袭导弹弹头的导弹。它是未来星战武器中的重要成员。与反卫星动能拦截弹一样,反导弹动能拦截弹大部分也是采用现成的导弹技术。例如,海湾战争中,美国使用的"爱国者"地空导弹就属于此类。"爱国者"是美国陆军研制的第三代全天候、全空域武器系统,能在电子干扰条件下以强大的火力快速投入战斗,用以拦截低、中、高空进攻的多个地空导弹、巡航导弹和近程弹道导弹等。

## 三、群射火箭与反卫星卫星

所谓群射火箭,就是一种子弹式旋转稳定的无控火箭,主要用于摧毁再入段洲际弹道导弹弹头。设计中的这种火箭发射装置是一种可横向旋转360度的由几十个管集合而成的圆桶形发射器。这种火箭直径为2.54～7.62厘米,长度为25.4～38.1厘米,大小如60毫米迫击炮炮弹。火箭使用普通钢质壳体和一种较好的高氯酸铵推进剂。飞行速度可达每秒1.5千米,拦截范围是1.2千米左右。其拦截来袭导弹的过程是:接到指令后,群射火箭发射,在来袭弹头再入大气层的临空弹道上,形成一个多层次的密集的火箭雨阵,与来袭的弹头相碰撞,将弹头摧毁。用这种火箭保护洲际导弹的地下发射井,预计每个井需配备5000～10000枚火箭,拦截成功率为85%以上。在美国的研制计划中,它是构成战略防御计划最后一道反导屏障的武器系统。由于该武器具有重量轻、体积小、便于生产和使用、操作易于实现全自动化等优势,因而其将成为未来实战中最先投入使用的武器之一。

反卫星卫星,又称拦截卫星,是一种对敌方有威胁的卫星实施摧毁或使其失效的人造地球卫星。它是苏联一直致力于研究、试验的反卫星系统,被认为可能成为世界上具备反卫星实战能力的第一种太空动能武器,目前仍在不断改进之中。

拦截卫星一般包含跟踪引导系统、飞行控制系统、动力系统、战斗部和星体等主要部分。

反卫星的攻击手段有如下几种:一是椭圆轨道法,即将拦截卫星发射到一条椭圆轨道上,远地点接近目标的轨道高度,多用于拦截高轨道的卫星;二是圆轨道法,即将拦截卫星的圆轨道与目标卫星的轨道共面,这样便于进行机动变轨去接近攻击目标,也可节省推进剂;三是急升轨道法,即将拦截卫星发射到一条低轨道上,并在一圈内进行变轨机动,快速拦截目标卫星,使其来不及采取防御措施,但需要消耗较多的推进剂。

反卫星卫星的问世,将改变卫星一统战场态势的旧格局。卫星与反卫星将是未来空中战场的新样式,也是未来战争的新发展和新格局,反卫星卫星也同卫星一样将备受世界军事大国的关注和重视。

## 第五节 其他新概念武器

除了上面几节介绍的几种新概念武器以外,正在发展当中的新概念武器还有非致命武器、基因武器、地球物理武器。

### 一、非致命武器

非致命武器是指为达到使人员或装备失能,并使附带破坏最小化而专门设计的武器系统。非致命武器多用于战术层次,新一代非致命武器将广泛应用于战役和战略层次。根据功能或用途的不同,非致命武器可分为反装备和反人员两大类。也有些非致命武器既可用以攻击人员,也能攻击武器装备。非致命性武器有以下特点:

(1)准确性好。它能准确攻击敌方武器装备、设施或人员的特定部位,不破坏环境。

(2)打击效果有可控性与可逆性。它可对攻击效能进行选择与控制,多数情况下打击后果具有可逆性,遭受打击的人员还能恢复正常机能。

(3)作用范围广和能重复使用。它具有迅速扩大杀伤范围的潜力,并可在各种条件下重复使用。

### (一)反装备非致命武器

反装备非致命武器主要是使光电探测器损坏、电子设备失灵,阻止车辆行驶或飞机起飞,破坏计算机系统,使材料变质等。目前,国外发展的用于反装备的非致命武器主要有超级润滑剂、材料脆化剂、超级腐蚀剂、超级黏胶以及动力系统熄火弹等。

超级润滑剂是采用含油聚合物微球、聚合物微球、表面改性技术、无机润滑剂等做原料复配而成的摩擦系数极小的化学物质。其主要用于攻击机场跑道、航母甲板、铁轨、高速公路、桥梁等目标,可有效地阻止飞机起降和列车、军车前进。

材料脆化剂是一些能引起金属结构材料、高分子材料、光学视窗材料等迅速解体的特殊化学物质。这类物质可对敌方装备的结构造成严重损伤并使其瘫痪,可以用来破坏敌方的飞机、坦克、车辆、舰艇及铁轨、桥梁等基础设施。

超级腐蚀剂是一些对特定材料具有超强腐蚀作用的化学物质。美国一种代号为C+的超级腐蚀剂,其腐蚀性超过了氢氟酸。

超级黏胶是一些具有超级强黏结性能的化学物质。国外正在研究将它们用作破坏装备传感装置和使发动机熄火的武器,以及将它们与材料脆化剂、超级腐蚀剂等复配,以提高这些化学武器的作战效能。

动力系统熄火弹是利用阻燃剂来污染或改变燃料性能,使发动机不能正常工作而熄火的武器。美国在这方面已取得重大进展,研究开发了一批高性能阻燃剂,这种新概念武器被视为遏制敌方坦克装甲车集群的有效手段之一。

### (二)反人员非致命武器

反人员非致命武器可使敌方战斗减员,给敌方造成沉重的伤员负担。攻击人员的非致命武器主要是使人暂时迷失方向、精神错乱、晕眩、嗜睡、行动困难或损伤感觉器官等。目前国外正在研究的反人员非致命武器主要有化学失能剂、刺激剂、黏性泡沫等。

化学失能剂分为精神失能剂、躯体失能剂,它能够造成人员的精神障碍、躯体功能失调,从而丧失作战能力。国外又在研究强效镇痛剂与皮肤助渗剂合用,它能迅速渗透皮肤,使人员中毒而失能。

刺激剂是以刺激眼、鼻、喉和皮肤为特征的一类非致命性的暂时失能性药剂。人员短时间暴露就会出现中毒症状,脱离接触后几分钟或几小时症状会自动消失,不需要特殊治疗,不留后遗症。若长时间大量吸入可造成肺部损伤,严重的可导致死亡。

黏性泡沫属于一种化学试剂,喷射在人员身上立刻凝固,束缚人员的行动。美军在索马里行动中使用了一种"太妃糖枪",可以将人员包裹起来并使其失去抵抗能力。它可以作为军警双用途武器使用。

## 二、基因武器

基因武器又称遗传工程武器,是指按照人的设想,通过基因重组,在一些致病的细菌或病菌中接入能对抗普通疫苗或药物的基因,或者在一些本来不致病的微生物体内"插入"致病基因而制造出来的武器。基因武器是一种具有极大杀伤威力的灭绝种族的新一代生物武器。基因武器的特点有:①杀伤力极强,成本极其低廉;②使用方便,战术运用灵活;③具有较强的敌我分辨能力,只攻击和传染特定人群;④施放手段和杀伤力过程隐蔽性强,具有强大的威慑作用;⑤对使用地区的人有较长时间的影响。

基因武器一旦投入战场使用,将对未来战争产生深刻的影响。①基因武器与传统杀伤性武器结合使用,提高了武器的作战效能。战争中,使用基因武器可使敌方人员在不知不觉中丧失战斗力,可以收到"不战而屈人之兵"的效果;也可为己方杀伤性武器效能的充分发挥创造条件,特别是基因武器可有选择地对集群目标使用,从而大大提高作战效能。②增加了一种新的作战行动手段,使军事选择的灵活性进一步提高。由于基因武器作用机理独特,使用时可对其杀伤区域进行控制。同时,它可在非交战状态下使用,使对方防不胜防、束手无策。因而,在一些特殊的军事行动中,基因武器具有一般杀伤性武器不可替代的功效。③基因武器的广泛运用,可能导致作战方式的变化乃至变革。利用基因武器的特殊功能,可以在临战前通过各种方法、手段将通过遗传工程改造的细菌或带有致病基因的微生物投入敌国领土,使对方在无形战场上由于患上一种无法治疗的疾病而丧失战斗力,从而在不用飞机、大炮、部队等情况下便可达到作战目的。此外,由于基因武器可根据使用者的需要任意重组基因,这就可以通过在一些生物中植入损害人类智力的基因,使敌方丧失智力成为智障,从而达到不费吹灰之力就占领他国领土的作战目的。

### 三、地球物理武器

这是指通过积极控制环境,即控制地壳固体层(岩石层)、液体层(流体层)及气体层(大气层)内的物理过程,有意识地将自然力用于军事目的。地球武器有很多种类,如海洋环境武器、化学雨武器、海啸风暴武器、人工海幕武器、吸氧致命武器、寒冷武器、高温武器等。

地球物理武器与传统武器(包括核武器)相比,有许多不同之处。

#### (一)威力大

由于地球物理武器所引发的是地震、海啸等自然灾害,在破坏范围和破坏力方面,给人类带来的危害可能达到甚至超过任何一次大型核爆炸造成的破坏。

#### (二)效率高

地球物理武器并不直接产生杀伤力,而是通过有限的爆炸来诱发巨大的自然力。比如一颗万吨级核弹,在某一特定区域的地下爆炸之后,可以"制造"出与千万吨核弹毁伤力相当的地震、海啸等,收到事半功倍的效果。

#### (三)隐蔽性强

地球物理武器的杀伤力是由它诱发或制造的自然灾害来体现的,而且这种诱发性爆炸大多在距攻击点几百甚至几千千米之外的地下进行,可以冲击地球的任何一个地方,不受任何监督。正因为如此,地球物理武器被视为"一种既不同于一般常规武器,又不同于核武器"的新型武器。其神奇魔力,诱使一些军事大国去研究和发展它。

## 思考题

1. 什么是新概念武器?
2. 激光器一般由哪几个部分组成?
3. 以工作物质划分,激光器分为哪几种?
4. 激光武器的特点是什么?
5. 定向能武器包括哪些武器?
6. 因获得动能来源的不同而形成的动能武器种类有哪些?
7. 地球物理武器的特点是什么?

## 知识链接

### 主动拒止系统

主动拒止系统(active denial system,ADS),也称为入侵拒止系统,是美国空军研究实验室研制的军用非杀伤技术,系远距离使用毫米波电磁能以阻止、延缓和挡回前进之敌的一项突破性非杀伤技术,即借助一种非致命非致残武器,使入侵者暂时地丧失行为能力,甚至因突发不适而逃离现场。

# 第六部分　军事高技术

**教学目标：**

　　了解军事高技术的内涵及对现代战争的影响；熟悉几类军事高技术在军事上的发展及应用，激发探索科技前沿的兴趣，为国防事业作出贡献。

**思政元素：**

　　科技创新　强军报国

　　要全面实施科技兴军战略，坚持自主创新的战略基点，瞄准世界军事科技前沿，加强前瞻谋划设计，加快战略性、前沿性、颠覆性技术发展，不断提高科技创新对人民军队建设和战斗力发展的贡献率。

——《在庆祝中国人民解放军建军90周年大会上的讲话》（2017年8月1日）

# 第二十章　军事高技术

> 军事高技术是指建立在现代科学技术成就基础上,处于当代科学技术前沿,以信息技术为核心,在军事领域发展和应用的、对国防装备研发起巨大推动作用的高技术的总称。军事高技术系军事和高技术两大领域相互渗透、有机结合、融为一体的新型结构体系,具有高智力、高投资、高竞争、高风险、高效益、高保密和高速度等特征,对军事思想、军事战略、作战理论、作战样式、武器装备等都有着广泛而深刻的影响。

## 第一节　航天技术

航天技术是当今世界上最引人注目的技术种类之一,它推动着人类科学技术的进步,使人类活动的领域由大气层内扩展到宇宙空间。航天技术是现代科学技术的结晶,是基础科学和技术科学的集成,航天技术的发展水平是一个国家科学技术整体水平的重要标志。

### 一、航天技术概述

**(一)航天技术、军事航天技术的基本概念**

航天技术,是通过将无人或载人的航天器送入太空,以探索、开发和利用太空以及地球以外天体的综合性工程技术,又称空间技术。1957年10月4日,人类历史上第一个航天器、苏联的人造地球卫星"斯普特尼克1号"被发射上天,从此人类步入了航天时代。迄今世界各国共发射了10000多个航天器。

军事航天技术,是把航天技术应用于军事领域,为军事目的进入太空和开发、利用太空的一门综合性工程技术。军事航天技术的应用,主要包括航天监视、航天支援、航天作战以及航天勤务保障四个方面。

航天监视是指充分利用航天器监视范围大、不受国界和地理条件限制、可定期重复监视某个地区、可以较快地获得其他手段难以得到的情报等优势,通过航天器上的各种侦察探测设备对目标进行监视,主要包括照相侦察、电子侦察、导弹预警、海洋监视和核爆炸探测等。航天支援是指利用军事航天技术,支援地面和空中军事活动以增强军事力量的效能,包括军事通信、军事气象观测、军事导航和测地等。以上两个方面均已得到广泛应用,并且随着微电子技术、计算机技术、传感器技术等发展,其能力在不断提高。航天作战是指利用航天器载激光、粒子束、微波束等定向能武器或动能武器,攻击、摧毁对方的航天器及弹道导弹等目标,或者由载人航天器的机械臂、太空机器人或航天员,直接破坏或擒获敌方的军用航天器。这一方面的技术尚处于初期研究和试验阶段,已能做到利用截击卫星接近对方卫星,采取自爆或撞击方式达到攻击、摧毁对方卫星的目的。航天勤务保障是指在太空利用航天器实施检测、维修,加注推进剂,更换仪器设备、备用件以及其他消耗器材,组装、建造军用航天器等的活动。这一方面的技术目前尚处于探索阶段。

### (二)航天技术的组成

航天技术是一项庞大的系统工程,它由航天运输系统、航天器和航天测控系统三大技术部分组成。

#### 1. 航天运输系统

航天运输系统是把各种有效载荷从地面运送到预定轨道,也能把有效载荷带回地面的运输工具,它是航天技术的基础。目前使用的运输工具有运载火箭和航天飞机。

(1)运载火箭。运载火箭是将各种人造地球卫星、飞船、空间站等航天器送入太空的单级或多级火箭。由于在目前的技术条件下,单级火箭不具备使各类航天器入轨的条件,所以运载火箭主要指多级火箭。运载火箭一般由2~4级组成。每一级都包括箭体结构、推进系统和飞行控制系统。末级有仪器舱,内装制导与控制系统、遥测系统和发射场安全系统,这些系统有一些组件分别放置在各级的适当部位。级与级之间靠级间段连接。有效载荷装在仪器舱的上面,外面套有整流罩。许多运载火箭的第一级外围捆绑有助推火箭,又称零级火箭,主要是为了增加运载火箭的运载能力。

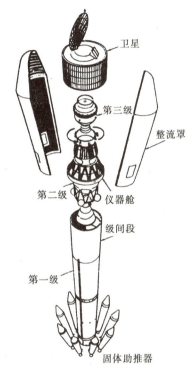

图 20-1 运载火箭组成示意图

(2)航天飞机。航天飞机是一种载人的空间运输工具。它能像火箭一样垂直飞行,像卫星一样在轨道上运行,又能像普通飞机一样水平着陆。它是火箭和飞机的有机结合。美国研制的航天飞机由轨道器、助推器和外燃料箱三部分组成。美国先后研制出了五架航天飞机,分别是"哥伦比亚号""挑战者号""发现号""亚特兰蒂斯号""奋进号",其中"哥伦比亚号"与"挑战者号"分别于2003年、1986年发生了爆炸事故,剩余三架航天飞机已于2011年全部退役。

#### 2. 航天器

航天器是在地球大气层以外的宇宙空间,执行探索、开发或利用太空等航天任务的飞行器。截至目前,在世界各国先后向太空发射的10000多颗各种类型的航天器中,绝大部分是苏联(俄罗斯)与美国的,其中用于军事目的的占2/3左右。按照是否载人来划分,航天器分为无人航天器与载人航天器两大类。无人航天器按是否环绕地球运行又可分为人造地球卫星和空间探测器两类;载人航天器是环绕地球运行的载人空间飞行器,分为载人飞船、航天飞机、空间站三类。

#### 3. 航天测控系统

航天测控系统是对处于飞行状态的航天器及运载火箭进行跟踪测量、监视、控制的专用系统,它包括跟踪测量系统、实时数据处理系统、指挥监控系统、遥控系统、通信系统、时间统一系统和事后数据处理系统。由航天控制中心、地面测控站、测量飞机、航天测量船、测控卫星和辅助通信站共同组成的航天测控网担负航天测控任务,其工作对保证火箭和航天器的正常飞行以及航天器的正常工作起着重要的作用。

## 二、人造地球卫星

### (一)卫星基础知识

卫星是指围绕行星运转的天体。人造地球卫星是指在一定高度的轨道上绕地球运转并能完成一定使命的人造天体。

图 20-2 美国"哥伦比亚号"航天飞机

#### 1. 卫星绕地球运行的条件

人造地球卫星环绕地球运行,必须满足两个最基本的条件。

第一,速度条件。

牛顿的万有引力定律,在宇宙中是普遍适用的。万有引力是支配诸天体运动的主要方面。在地球表面,地球对物体的引力便是物体的重力。当一个物体围绕地球做圆周运动时,它所受到的地球引力应该与它做圆周运动的向心力相等。物体受到向心力也必然产生一个向外的离心力,当这个离心力刚好等于向内的引力时,这个物体将沿轨道绕地球运行不再落回地面。

当发射速度大于 7.9 千米/秒时,卫星运行的惯性离心力大于重力,卫星将沿椭圆轨道运行,且速度越大,椭圆轨道的形状就被拉得越长、越扁。但当速度达到 11.2 千米/秒时,卫星将挣脱地球引力的束缚,不再绕地球运行,成为绕太阳运行的人造行星或飞到其他行星上去。这个速度被称为第二宇宙速度。当速度达到 16.7 千米/秒时,卫星将脱离太阳系,升入茫茫深空,这就是第三宇宙速度(也叫逃逸速度)。

第二,高度条件。

从地面发射卫星,其一要考虑大气的影响。如果高度太低,马上就会因它和空气剧烈摩擦产生巨热被烧毁。其二是空气阻力使卫星速度减小,轨道变低而很快陨落。因此卫星轨道必须在大气层之外才可保证正常运行。因为空气密度随高度增加而急剧下降,当高度为 100 千米时仅为海平面的百万分之一,而在 200 千米高空时,只有海平面的五亿分之一。一般卫星都在离地面 120 千米以上空间飞行。

#### 2. 人造地球卫星的运行轨道

一般情况下,由地面起飞到卫星入轨这一段叫发射轨道。入轨以后的轨道叫运行轨道。有的卫星还要回收,这样的卫星还有回收轨道。卫星在轨道上运行,完全是一种无动力的飞行。它和宇宙空间的天然星体的运动规律是相同的,都遵循德国天文学家开普勒的行星运动的三条定律,即开普勒定律。

#### 3. 人造地球卫星的发射与回收

人造地球卫星的发射同其他航天器一样,有两种方法:一是多级火箭;二是航天飞机。

人造地球卫星的回收程序是：调整卫星姿态，回收舱与星体分离，然后点燃和回收舱装在一起的制动火箭，使其减速，脱离轨道并返回。进入大气层后，借助空气阻力减速至200米/秒左右，打开降落伞进一步减速至10米/秒即可安全着陆。

#### 4. 人造地球卫星的组成

人造地球卫星由两大部分组成：一是通用系统，一般由结构、温控、姿控、测控、程控、天线及能源七个分系统组成；二是专用系统，是根据任务决定的，如照相侦察卫星采用照相分系统，通信卫星要用通信分系统，预警卫星有红外探测分系统。

#### 5. 人造地球卫星的特点

(1) 飞得高、视野宽，观察外星不受大气影响。

(2) 速度快。卫星以约8千米/秒的速度飞行，如在150千米的高度绕地球一圈，只要一个半小时。这样，人们就能很快观察到地球上的变化情况。

(3) 寿命长。一般可在10年内连续发挥作用。

### (二) 各种卫星介绍

#### 1. 侦察卫星

卫星侦察的优点是观察点高、速度快、覆盖面积大、运行稳定，不受国界与地理甚至是时间和气象条件的限制等。侦察卫星主要包括以下几种：

(1) 照相侦察卫星。照相侦察卫星是利用所携带的光学遥感器和微波遥感器拍摄地面一定范围内的物体产生高分辨率图像的卫星。它主要用于战略情报收集、战术侦察、军备控制核查和打击效果评估等目的，具有覆盖范围大、地面分辨率高、机动能力强等特点。

(2) 电子侦察卫星。电子侦察卫星是随着电子对抗的发展而出现的一种新型侦察工具。其主要任务是：侦察敌方雷达的位置、使用频率、性能等数据，探测敌方军用电台和通信设施的位置，以便为战略轰炸机、弹道导弹的突袭和实施电子干扰提供数据。

(3) 导弹预警卫星。导弹预警卫星是监视对方弹道导弹的发射，对导弹的突袭进行早期预警，以便采取必要的防御和对抗措施的一种侦察工具。它的侦察设备是红外探测器，专门探测弹道式导弹发射时火焰产生的红外辐射，是监视战略导弹、航天器发射和飞行的主要手段。预警卫星还装有核辐射探测器，可以侦察核爆炸。

(4) 海洋监视卫星。它是监视海洋中舰船和水下潜艇活动的一种卫星，是预警卫星发展的一个分支。其主要设备是红外探测器和侧视雷达。

#### 2. 通信卫星

通信卫星就是天基微波中继站，一般部署在地球同步轨道上，也有少数部署在大椭圆轨道上。卫星通信具有通信距离远、通信容量大、传输质量高、生存能力强、覆盖范围大、保密性好等优点。

#### 3. 导航卫星

导航卫星就是在卫星上建立导航站，卫星上的导航设备发出导航基准信息，地面、空中或海上的接收设备接收到卫星上发送的信息，就可以确定自身的位置和运动速度。导航卫星可不受气象条件和航行距离的限制，实现高精度、全天候、全天时、全球性、不中断的导航服务。目前，世界上投入运营的卫星导航系统有美国的全球定位系统、俄罗斯的格洛纳斯卫星导航系统、中国的北斗卫星导航系统以及欧洲的伽利略卫星导航系统。

#### 4. 测地卫星

测地卫星是用于从宇宙空间对大地进行测量的人造卫星。与常规测量方法相比,它的周期短、精度高,是大地测量的一种有效手段,而且它在军事上也有很重要的价值。

#### 5. 气象卫星

它是专门用于对地球和大气层进行气象观测的卫星。气象卫星起源于侦察卫星,其基本原理类似于照相侦察卫星,不同的是它的观测对象是云层、气压、温度分布以及风雨的形成与变化等,拍摄的照片是高分辨率的云图。将卫星获得的气象资料与其他手段得到的气象资料一起综合分析,就可以对天气作出及时、准确的预报,从而为军事行动、照相侦察及导弹突袭提供可靠的气象情报。

#### 6. 反卫星卫星

反卫星卫星,又称拦截卫星。这种卫星本身就是一种攻击性的武器,卫星上安装有轨道机动发动机,目标搜索、跟踪、识别和引导系统,以及必要的攻击装备等,主要用于攻击对方低轨道卫星。

## 三、人造卫星以外的其他航天器

### (一)空间武器平台

空间武器平台(亦称天基武器平台),主要用于攻击对方洲际弹道导弹以及其他空间系统。空间武器平台可以搭载定向能武器、动能武器、射频武器等。

### (二)载人飞船

载人飞船是保证宇航员在空间轨道上生活和工作以执行航天任务并返回地面的航天器。载人飞船担负的军事使命有:作为地面与空间站的运输工具;试用新的军用航天设备;用于对特定目标的侦察与监视等;可向空间站运送各种军事补给物资以及接送人员,进行空中救护等。

苏联是世界上第一个发射飞船的国家。1961年4月12日,人类第一个太空使者、苏联宇航员加加林乘坐"东方1号"飞船进入320千米高的地球轨道,开创了人类历史的新纪元。以后,苏联又进行了"联盟"号飞船的发射工作。

美国在发射过"水星"号第一代飞船和"双子星座"号第二代飞船后,又发射了"阿波罗"号第三代飞船。1969年7月20日,"阿波罗11号"飞船完成了登月飞行,成为世界上唯一使用过的登月式载人飞船。但美国在完成"阿波罗"计划后,转而开始研究航天飞机,此后,美国在航天飞机领域、苏联在飞船和空间站领域各领风骚。

神舟飞船是中国自行研制、具有完全自主知识产权、达到或优于国际第三代载人飞船技术的空间载人飞船。截至2025年4月,中国已经发射20艘神舟飞船。2025年1月,中国载人航天工程办公室发布了2025年度神舟二十号载人飞行任务、神舟二十一号载人飞行任务、天舟九号飞行任务三次飞行任务标识。未来,我国将研制新一代载人运载火箭和新一代载人飞船。其中,新一代载人运载火箭和新一代载人飞船返回舱都可以实现可重复使用。新一代载人飞船综合能力将大幅提升,可以搭载7名航天员。

### (三)空间站

空间站,是绕地球轨道作较长时间飞行的大型载人航天器,是多用途的空间基地,是开发、利用太空的基础设施。与载人飞船相比,空间站容积大、载人多、寿命长、用途广。它的突出特点是变轨机动,可在轨道上长久载人。新一代空间站还具有高于航天飞机及其他现有空间系统的自主能力。在军事上空间站有重大的利用价值:航天飞机可以以空间站为基地对付各种太空作战平台,并随时对地球表面的任何地方构成威胁;可以部署、回收、维修、试验和使用各种航天武器;可以理想地侦察全球任何地方;可以捕获或拦截敌方航天器或洲际导弹。目前,世界上一些专家已经预言:"在未来战争中,空间站可谓是航行于天际的'航天母舰',是布设于太空的军事基地。"

苏联是世界上最早开始建造空间站的国家。"和平号"空间站是苏联的第三代空间站,它于1986年2月20日升空。"和平号"空间站是世界上迄今在宇宙空间运行时间最长的一个空间站。它在太空连续飞行15年后由于经济等方面的原因,无法继续在太空运转,于2001年3月坠入太平洋水域。

由美国、俄罗斯、日本、加拿大、巴西和欧洲航天局的11个成员国共同筹建的"国际空间站"是世界航天史上第一次由多国合作建造的最大的空间工程。"国际空间站"又名"阿尔法"空间站,结构复杂,站体庞大,耗资巨大。"国际空间站"于2011年建造完成。

中国空间站,又称"天宫空间站",2011年9月29日发射"天宫一号",2016年9月15日发射"天宫二号",进行了多项试验,都取得成功。2022年底,中国正式宣布建成空间站,包括天和核心舱、梦天实验舱、问天实验舱、载人飞船和货运飞船五个模块。

**(四)航天飞机**

航天飞机除了作为运输工具或短期空间试验平台外,还可在空间发射和部署通信、导航、侦察等军用卫星,在轨道上维修卫星和把卫星带回地面,因此也可以攻击或捕获敌方卫星,还可实施空间救生和支援,进行空间作战指挥和发射轨道武器等,在军事上具有巨大潜力。

**(五)空天飞机**

空天飞机是既能航空又能航天的新型飞行器,它像普通飞机一样起飞,以高超音速在大气层内飞行,加速进入地球轨道后,成为航天飞行器,返回大气层后,像飞机一样在机场着陆。空天飞机能够达到完全重复使用和大幅度降低航天运输费用的目的。2010年4月23日,人类首架空天飞机——美国的X-37B空天飞机搭乘"宇宙神-5"型运载火箭发射升空。2011年3月5日,第二架X-37B空天飞机成功发射。2015年5月20日,一枚"宇宙神-5"型火箭在美国佛罗里达州卡纳维拉尔角把X-37B空天飞机再次发射升空,X-37B空天飞机开始执行第四次在轨飞行任务。空天飞机具有重要的军事价值,可作为战略轰炸机、战略侦察机和远程截击机使用,这对进一步加强空间力量具有重要意义。

## 四、中国航天技术的发展概况

中国航天技术是在导弹技术的基础上发展起来的。1956年,以钱学森为院长的国防部第五研究院成立,拉开了中国导弹与航天技术研制的序幕。60多年来,中国航天科技工作者艰苦奋斗,在航天科技领域取得了丰硕的成果,使中国成为世界上主要的航天大国之一。

1970年4月24日,中国第一颗人造地球卫星"东方红一号"在酒泉卫星发射中心由"长征一号"运载火箭发射升空,使中国成为世界上第五个能独立研制、发射人造卫星的国家,这标志着中国进入了太空时代。近年来,中国一直持续较高频率的卫星发射任务,截至2025年3月18日,中国拥有82颗高轨和908颗中低轨在轨卫星。

2000年10月31日,中国成功发射一颗"北斗"导航试验卫星,成为世界上第三个发射导航卫星的国家。2020年6月23日,北斗三号最后一颗组网卫星成功发射入轨,标志着我国全面完成北斗全球卫星导航系统星座部署。根据计划,2035年,中国还将建成以"北斗"系统为核心,更加泛在、更加融合、更加智能的综合定位导航授时(PNT)体系。

1999年以来,"神舟"系列飞船的成功发射,标志着中国的载人航天事业的巨大突破,为空间站的建造、登月工程的实施和更进一步的太空探索打下了坚实的基础。中国探月工程,亦称嫦娥工程,是中国启动的第一个探月工程,于2003年3月1日正式启动,分为"绕""落""回"三个阶段:首先是发射绕月卫星;其次,发射无人探测装置,实现月面软着陆探测;最后为运输机器人上月球建立观测点,并且采取样本返回地球。随着嫦娥五号任务于2020年12月17日圆满完成,中国探月工程三步走完成。

中国在低温高能火箭发动机、氢氧发动机高空二次启动等技术方面达到了世界先进水平,具备了很强的综合实力,在世界商业发射市场上占据了一席之地。中国已建成了拥有多种靶场跟踪测量手段的酒泉、太原、西昌和文昌卫星发射中心,组建了由西安卫星测控中心和各地面台站、"远望"号测量船队组成的卫星测控网。这些成就的取得,有力地推动了中国的国防建设、经济建设和社会各方面的发展,为提高中国的综合国力作出了重大贡献。

党的二十大报告中指出,近年来我国一些关键核心技术实现突破,战略性新兴产业发展壮大,其中载人航天、探月探火、卫星导航等取得重大成果,进入创新型国家行列。今后中国航天技术的发展目标是:跟踪国际航天高技术,抓紧航天关键技术的研究工作,在航天技术的若干领域中有所突破,使之与现代化战争和国民经济发展的要求相适应,巩固和发展中国航天技术在世界航天领域中的地位,加快建设实现"航天强国"的目标。

## 五、航天技术发展展望

1957年10月第一颗人造卫星上天后不到4年,1961年4月苏联宇航员绕地球一周;1969年7月两位美国航天员第一次踏上月球并安全返回;1981年4月美国航天飞机首航成功。这些成就,充分显示了人类航天事业发展步伐之迅速。今后,除了上述观察、通信、导航等方面的应用向更高阶段发展外,人类还将进一步利用空间飞行器的高真空、微重力、强辐射、无尘埃等得天独厚的环境条件,更大程度地造福人类。

从近期看,航天技术将在如下几个方面取得重大发展。

### (一)建立永久性空间站

在航天飞机投入使用之后,进一步发展是建立永久性近地轨道空间站。它将由若干个舱体组成,内部设有各种实验设备、生活设施以及生活用品。航天飞机可定期向空间站供应物资与轮换工作人员。它的主要作用:一是在军事上,可作为未来空间作战的"指挥所"与部署各种太空武器的平台;二是在空间进行各种试验和组装、发射、检修各种空间飞行器;三是利用它建造像太阳能电站和大功率通信平台等更复杂的大型空间系统,并将这些系统转移到工作轨道;四是利用永久性空间站内的高真空和失重等特殊条件,可进行优质合金、高纯度和大型晶体、特种药物的生产,并为未来空间生产做准备。总之,随着永久性空间站的实际使用,其优越性将会越来越显著,应用范围也将不断扩大。无疑,它对宇航事业的发展、未来空间的开发以及人类社会的进步等都必将产生深远的影响。

## (二)发展反卫星技术

航天技术的发展,对现代战争的影响和作用日益重要。战争的任何一方,都不会允许对方利用卫星毫无阻碍地进行侦察、通信、导航等军事活动。因此,反卫星武器系统应运而生。目前,要摧毁对方的卫星,主要有两种形式:一种是利用地面武器系统,如激光炮和反导系统等摧毁敌方卫星。另一种是以卫星拦截卫星。这种卫星本身是一种攻击性武器。通过机动变轨飞行,跟踪接近目标后,以自爆或撞击的方式来摧毁敌方卫星;或利用卫星上装置的激光武器、粒子束武器以及火箭武器将敌方卫星摧毁;甚至利用卫星上俘获机构"俘获"敌方的卫星等。

## (三)发展微小型卫星技术

近年来,世界上许多国家兴起了发展小卫星、微型卫星、纳米卫星的热潮。这些卫星重量为几百千克、几十千克甚至几千克,它们具有研制周期短、造价低、能快速发射、便于多星组网工作等优点,特别适用于在局部战争和冲突中对敌监视、跟踪与通信,以及提供气象服务等。此外,微小型卫星受到攻击破坏后,具备快速重建能力,可有效对付反卫星武器。

# 第二节 现代侦察与监视技术

现代科学技术特别是信息化引领的高技术的发展,使军事侦察与监视的技术水平和能力有了极大提高。现代侦察设备器材或侦察探测系统有可见光、微波、红外线、声学侦察探测设备,并可部署在地面、海上、水下和空中、太空。利用高性能的侦察探测系统可进行全时域、大空域及全覆盖侦察与监视,可迅速、准确、全面掌握敌方情况。世界各国都非常重视现代侦察监视技术的发展,现代侦察监视技术已成为各方争夺的军事高技术领域重要制高点之一。

## 一、侦察监视技术概述

### (一)基本概念

侦察是军队为获取军事斗争特别是战争所需敌方或有关战区的情况而采取的措施,是实施正确指挥、取得作战胜利的重要保障。侦察监视技术是指发现、识别、监视、跟踪目标并对目标进行定位所采用的技术。现代侦察与监视系统是根据现代战争的需要,把各种高新技术设备有机结合起来,以实现各种侦察目的的情报保障系统。

### (二)影响侦察的基本因素

#### 1. 目标的特征信息

目标所产生的声、光、电、磁、热、力等信息,称为目标的特征信息。现代侦察监视是以目标特征信息的暴露为前提的。目标的特征不同,其特征信息必然不同。目标特征信息的强弱与背景反差等,都是影响侦察识别探测距离的重要因素。目标特征信息的主要形式是电磁波和声波。各种目标辐射或反射波的形式和能力是不同的。几乎所有目标都能够辐射红外线,并具有反射电磁波的特性;某些目标(雷达、电台)还能够辐射强烈的电磁波;目标在运动时会不可避免地发出声波,从而为现代侦察监视技术设备的探测,提供了目标的特征信息。

#### 2. 地形、地物

各种光学侦察设备、地面侦察雷达都要求通视条件良好,而地形起伏、高大地物遮障、地球曲率都会给这部分侦察设备观察目标带来障碍。

### 3.气象条件

侦察器材受夜暗和气象条件的影响程度,取决于它们采用的工作波长,波长越短、频率越高受到的影响越大。因此,要具备全天候、大空域、全时辰的侦察监视能力,就必须综合运用各种技术侦察手段,才能完成侦察保障任务。

### (三)侦察的分类

侦察的分类主要有以下几种:按运载装备平台的活动空域分为地面侦察、水面(下)侦察、空中侦察、航天侦察四类;按侦察任务范围分为战略侦察、战役侦察和战术侦察;按侦察活动的方式分为武装侦察、谍报侦察和技术侦察;按不同兵种的任务范围分为陆军侦察、海军侦察、空军侦察和战略导弹部队侦察,其中陆军侦察又分为炮兵侦察、装甲兵侦察、工程兵侦察、防化兵侦察、防空兵侦察等;按侦察监视所采取的手段分为观察、窃听、搜索、捕俘、火力侦察、照相侦察、雷达侦察、无线电侦察、调查询问、搜集文件资料等;按实现探测和识别的技术原理分为光学侦察、电子侦察、声学侦察三类。高技术侦察手段是获取情报的主要来源。

## 二、现代侦察监视技术和手段

现代侦察监视的原理是:利用多种媒介传感器,探测目标的红外线、光波、声波、应力(振动)波、无线电波等物理特征信息,发现目标并监视其行动。各种侦察监视器材装备搭载不同的作战平台,就形成了对战场侦察监视的不同手段。

### (一)电子侦察

电子侦察,是指利用己方的电子侦察装备去搜索、截获敌方电子设备的电磁信号,经过分析、识别和定位,以掌握敌方电子设备的有关技术参数、威胁程度、部署情况和行动企图等情报的侦察手段。根据任务和用途的不同,电子侦察通常分为预先侦察和现场侦察两类。电子侦察的主要手段有:①设立地面电子侦听站;②使用电子侦察飞机;③使用电子侦察船;④使用电子侦察卫星;⑤使用投放式侦察设备。

### (二)光电侦察

军用光电侦察装备是利用光源在目标和背景上的反射或目标、背景本身辐射电磁波的差异来探测、识别目标并对它们进行跟踪、瞄准的军用侦察仪器或系统。光电侦察装备的主要优点有:①成像分辨率高,提供的目标图像清晰,这是其他侦察装备无法比拟的;②大都是被动侦察装备,隐蔽性好,不容易被敌方探测;③抗干扰性能好,在强电磁对抗环境中,雷达无法工作,光电侦察设备担负主要侦察任务;④全天候性能好,白天和黑夜都能实施侦察。

### (三)雷达侦察

雷达侦察是利用物体对无线电波的反射特性来发现目标和探测目标状态(距离、高度、方位角和运动速度)的一种侦察手段。雷达侦察主要探测敌方飞机、导弹、卫星、舰船、车辆、兵器,同时可探测工厂、桥梁、居民点、云雨等。

雷达的工作方式通常分为两大类:一类发射的电波是连续的,称为连续波雷达;另一类发射的电波是间歇的,称为脉冲雷达。广泛应用的是脉冲雷达。脉冲雷达由发射机、天线、接收机、收发转换开关、显示器、定时器、天线控制器和电源等部分组成。

雷达作为武器系统的重要装备,根据其用途分为远程预警雷达、警戒雷达、导航雷达、炮瞄雷达、导弹制导雷达、机载截击雷达、火控雷达、侦察雷达等,根据其技术特征分为波束扫描雷达、单脉冲雷达、相控阵雷达、连续波雷达、脉冲多普勒雷达、超视距雷达、二坐标雷达、三坐标雷达、测高雷达、测速雷达、多基地雷达、被动式多基地雷达等。常规侦察雷达主要有战场侦察雷达、警戒雷达、超视距雷达、侧视雷达和相控阵雷达等。

**(四)传感器侦察**

(1)地面传感器侦察。地面传感器是一种能够对地面目标引起的战场环境的物理场变化进行探测的小型侦察设备。我们知道,任何一个地面目标在运动时总会引起其周围环境磁场、声音、震动、温度等方面的变化。这些变化都是可以被探测到的。地面传感器正是利用自身的探测器去获取目标引起的这些物理量变化,产生出信号,而后用天线发射出去,从而完成侦察任务。一般来讲,地面传感器可以分为震动传感器、声响传感器、磁性传感器、红外传感器和压力传感器五类。

(2)水下传感器侦察。水下传感器主要是声呐。声呐是接收水中声波的装置,主要用于对水中目标的搜索、测定、识别和跟踪,也可以用于水声对抗、水下通信、导航和对水下武器(鱼雷、水雷等)的制导或控制。声呐的基本原理是捕捉、接收水声信息,将水声信号转换成电信号,经过放大处理后,由显示控制台显示定位。声呐按工作方式可分为被动式声呐和主动式声呐。被动式声呐又称噪声声呐,它本身不发射声波信号,靠捕捉水面和水下目标(水面舰艇、潜艇、鱼雷等)在航行和工作时所产生的噪声,来搜索目标并确定其方位、距离和速度。主动式声呐又称回声声呐,它自身发射声波信号,靠目标反射的回波信号来搜索测定目标。

除了上述侦查技术之外,实战中还运用到了战场窃听侦察技术、战场电视侦察技术和炮位声测侦察技术等。

## 三、侦察监视技术的应用

现代侦察监视技术在军事上的应用,按空间地域及运载工具不同,可分为以下几种。

**(一)航天侦察**

航天侦察就是利用航天器上的光电遥感器和无线电接收机等侦察设备获取侦察情报的技术。航天侦察是现代战略侦察的主要手段。遥感器和无线电接收机所获得的目标信息以不同方式传回地面,经加工处理和判读分析后,作为决策者判明敌情和制定对策的重要依据。航天侦察主要担负战略侦察任务,也可执行战术侦察任务或为战术侦察情报提供旁证材料。航天侦察按使用的航天器是否载人,可分为卫星侦察和载人航天侦察。卫星侦察是航天侦察的主要方式。航天侦察按其功能分为照相侦察、导弹预警、电子侦察、海洋监视和核爆炸探测等。

**(二)航空侦察**

航空侦察(亦称空中侦察)是军事侦察系统的重要组成部分。航空侦察的装备包括有人驾驶侦察机、无人侦察机、侦察直升机、预警机、侦察气球和飞艇等侦察平台,以及安装在平台上的各种雷达、电探测器材等侦察设备。航空侦察具有时效性强、机动灵活等特点,不仅能在短时间内同时发现大量的各种目标,向各级指挥官提供实时的战场情报信息,而且可对目标进行跟踪识别,直至目标被摧毁,因此,在现代局部战争中发挥着越来越大的作用,对作战胜负产生巨大的影响。

### (三)地面侦察

地面侦察分为便携式侦察、固定侦察和机动侦察,可执行战略、战役、战术侦察任务。常用的技术侦察装备有:可见光照相机、望远镜、潜望镜、观察镜、瞄准镜,各种红外线、可见光、微光、激光、电视、声测等侦察观测器材,地面传感器、地面侦察雷达、装甲侦察车、无线电侦察设备、电话窃听器等。它们可与海、空、天基侦察资源相连,构成陆战侦察体系,及时为地面部队提供准确的战场态势和目标信息。装甲侦察车装备有各种侦察观测设备,如大倍率光学潜望镜、主动红外观察镜、微光观瞄镜等。现代化装甲侦察车上还装备了激光测距仪、地面激光指示器、热像仪、微光电视、地面导航仪、红外报警仪、战场侦察雷达、防核生化探测器等先进的侦察设备。

### (四)海上侦察

海上侦察主要分为水面舰艇侦察、潜艇侦察、海军航空兵侦察和两栖侦察,可执行战略、战役、战术侦察任务。各国海上的侦察装备是由水面舰艇、潜艇等平台携带有关传感器(雷达、声呐、电子支援设备、光电设备)组成的侦察系统。这些系统虽有专用于侦察目的的,但大都是包括武器、指挥和控制等功能的综合系统。

## 四、侦察监视技术的特点

### (一)空间上的立体化

现代战争是多维的立体空间战争,战场的活动空间已经遍布太空、高空、中空、低空、超低空到地面、海面直至地下、水下。与之相适应的现代高技术侦察监视也形成了由航天侦察、航空侦察、地面(水面)侦察以及水下(地下)侦察系统组成的战场侦察体系。这个体系中,无论在发挥各自的优势和克服其局限性方面,还是在侦察的地域、时域、周期以及情报利用方面,都可以互相取长补短,互为补充,互相印证,以获得准确、完整的情报。

### (二)速度上的实时化

情报的价值首先取决于其时效性。在现代战场上,武器(装备)射程(航程)的增大,兵力、兵器机动能力的提高,作战方式的迅速转换造成了军情的瞬息万变,因而要求军事侦察在获取情报、传递情报和处理情报中尽量缩短时间,以使侦察情报具有一定的实时性。快捷、高效的实时侦察能力,得益于高技术的侦察监视技术手段和以计算机为核心的军队自动化指挥系统。它们组成的侦察监视系统,提高了收集、分析、处理、判断、传送战场信息的时效性,能够为指挥员提供及时准确的战场情报。

### (三)手段上的综合化

现代高技术战争首先是信息总体战,单靠某一种侦察手段难以完成侦察情报保障任务。因此必须依靠诸军兵种的合成侦察力量,综合运用各种侦察技术手段,以形成整体侦察的最佳功能,才能满足部队作战的需要。各国侦察监视系统都向多频段、多传感器综合使用的方向发展。这种系统能把可见光、红外、夜视、电视、激光、雷达等各种侦察监视技术有机组合,形成功能齐全的综合化侦察系统。

### (四)侦察与攻击一体化

具有高技术武器装备的部队,基本上实现了情报、指挥与控制、打击一体化。当今,美、俄、英、法的战斗机,除装备有先进的脉冲多普勒火控雷达外,还装有前视红外仪、红外搜索跟踪系统、微光电视设备、夜视眼镜及地形跟踪雷达等,能在各种恶劣的天气和夜幕条件下作战,实施侦察搜索和有效的攻击。

### 五、侦察监视技术对作战的影响

侦察监视技术的发展及其在战场上的应用,使战场侦察与监视手段显著改善。侦察手段多样化,各种手段综合运用,大大提高了大面积监视能力、精确侦察能力、夜间或复杂条件下全天候侦察能力、实时或近实时侦察能力和识别伪装能力,对作战也产生了深刻的影响。

#### (一)作战空间扩大

现代侦察技术装备可以覆盖整个战场并在全球范围内进行全纵深、大面积的侦察和监视。陆战场监视系统侦察纵深可达 150 千米;高空侦察机飞行距离 4800 千米,值勤时间 12 小时,每小时监视能力达 38.9 万平方千米;卫星侦察与监视可覆盖数百万平方千米。作战侦察距离的增大,为实施远距离作战提供了条件;又使传统近战战法受到严重挑战,必须探索新的对敌作战方式。

#### (二)信息获取手段改善

侦察技术的发展,使现代战争的情报侦察方式发生了变革,过去战场侦察主要是依靠侦察兵或特工人员使用目视观察器材进行侦察,而现代战争的情报侦察主要是使用配备有先进的光、电、磁传感器的侦察设备,获取军事情报,为制订作战计划和作战行动提供依据。使用现代侦察手段,可以深入敌人后方,全面详细地了解掌握战场的情况。

#### (三)指挥质量提高

现代战场复杂多变,实时获得高质量的情报信息越来越重要。现代侦察监视技术特别是卫星、遥感技术应用于军事领域后,使获取信息的范围显著增大,速度和准确率也大大提高。海湾战争中,为了对付伊拉克的"飞毛腿"导弹,美军使用的预警卫星能在"飞毛腿"发射后 90~120 秒内捕获目标并判明弹着点,3 分钟即可将信息传至海湾的防空导弹部队,可以提供 90~120 秒的预警时间,为实施指挥和反击赢得时间。高技术侦察装备这种实时、快速、准确传递信息的能力和手段,极大地提高了作战指挥时效性。

现代侦察监视系统不仅能为指挥员提供直读、直观、直闻的不同距离的、全方位的、有声有色的情报,可用计算机的逻辑功能帮助计算、分析和判断,可对指挥员做出的计划方案进行"对抗模拟",比较方案的可行性,以便于选择最佳方案,提高指挥质量。

#### (四)促进反侦察技术发展

侦察技术在战场上的运用,促进了反侦察技术的发展。战场透明度越来越大,部队隐蔽行动企图更加困难,必须探索新的伪装方法和行动方法。如常用的伪装方法对目视侦察和微光侦察有效,但热成像器材出现后,这些方法失去了作用。高技术侦察设备大量使用,使战场目标的生存面临更大的威胁。为提高战场目标的生存能力和达成战役战斗的突然性,必须发展反侦察技术。

## 第三节 现代伪装与隐身技术

在现代战场上,陆、海、空、天都部署了各种侦察探测系统,它们利用光、电、声等各种探测技术构成了立体化、全天候、全时域、远距离的侦察监视网,各种作战目标都处在它的严密监视之下。同时，由于精确制导武器的广泛应用，作战杀伤手段向"发现即可命中"的方向发展，这就促使了反侦察监视技术的发展。伪装和隐身是反侦察的重要措施，因此，在现代战争中，伪装与隐身技术已成为作战必不可少的手段和重要组成部分。

## 一、伪装技术

### （一）伪装技术的基本概念

伪装技术是指为了达到隐蔽自己和欺骗、迷惑敌人的目的，所采取的各种隐真示假的技术措施。它是军队战斗保障的一项重要内容。伪装技术包括隐真和示假两个方面。隐真就是减小目标与背景在光学、热红外、微波波段等电磁波的散射或辐射特性的差别，以隐蔽目标或降低目标的可探测特征。示假与隐真恰恰相反，指的是故意模拟或扩大目标与背景的这些可探测特征的差别，以构成假目标达到欺骗、迷惑敌方的目的。所以，军事领域中的伪装技术就是指采用电子、电磁、光学、热学和声学等技术手段改变目标本身的特征信息，实现对周围背景的复拟或复制，降低或消除或模拟这些目标的特征，实现隐真示假。

### （二）伪装技术的分类

伪装技术按照实现的指导思想，又可以分为遮蔽技术、融合技术、示假技术、规避技术四种。

#### 1. 遮蔽技术

遮蔽技术又称为遮蔽隐真技术，是将真实目标遮蔽起来，不让敌人发现和识别的措施。遮蔽技术在高技术局部战争中是反侦察和对付精确制导武器的有效方法之一，如迷彩遮蔽和人工遮蔽技术。

#### 2. 融合技术

融合技术是指减小或消除目标与背景之间可探测特征的差别，使目标融合于广大的背景当中，不容易被侦察、辨别的技术手段。例如，单个士兵可用油彩涂抹皮肤的暴露部位，在钢盔和衣服上抹上颜料和编插新鲜植物，以与周围背景近似或相融合。

#### 3. 示假技术

示假技术就是故意将假目标、假信息暴露给对方，来达到欺骗和迷惑的目的，考验的是对方的辨别能力，如假飞机、假坦克、假导弹等。

#### 4. 规避技术

规避技术就是提前获取对方侦察监视的手段、时间、范围等情报，有针对性地避开相关侦察的技术手段。虽然现代侦察技术能多谱段、全方位、全天候、高分辨地收集情报，但并未达到"天网恢恢、疏而不漏"的境界。因此，可以利用侦察的盲点来对目标进行规避。例如，掌握侦察卫星的运动规律，利用不良天气或避开卫星的过境时间来实施规避，或者选择合理的行动路线来避开侦察。

此外，按照运用的范围，伪装可分为战略伪装、战役伪装和战术伪装；按照所对付的高技术侦察器材的工作频谱范围，伪装又可分为反光学探测伪装、反热红外探测伪装、反雷达侦察伪装和反声测伪装等。

### （三）伪装措施

伪装技术在战争实践中主要是通过天然伪装、迷彩伪装、植物伪装、人工遮障伪装、烟幕伪装、假目标伪装、灯火与音响伪装等措施和方法来实现的。

### 1. 天然伪装

天然伪装技术不用借助任何外力或伪装衣之类的物品,它主要用于对付光学侦察,在一定条件下亦能对付红外侦察、雷达侦察、声测和遥感侦察。其主要原理在于,可见光、红外线、雷达波是直线传播的,陡峭的崖壁、高山、谷地、土坝、沟渠、森林等地形、地物,都可造成观察死角,使目标得到较好隐蔽。夜暗和雾、雨、雪等天候会妨碍敌方雷达、红外、声测和遥感侦察,也可用于隐蔽军队的行动。

### 2. 迷彩伪装

迷彩伪装是用涂料、染料和其他材料,按一定要求改变目标、遮障或背景颜色的一种伪装方法。迷彩伪装具体来讲又可以分为保护色迷彩、变形迷彩、光变色迷彩和仿造色迷彩。

(1) 保护色迷彩。保护色迷彩是指给目标涂覆与背景基本颜色相似或一致的颜色,以降低目标的显著性的一种迷彩伪装,主要用于伪装单一背景下的目标。

(2) 变形迷彩。变形迷彩是由形状不规则的几种大斑点所组成的多色迷彩。它利用物理学中光的折射、干涉原理,使人们在一定距离上观察到的目标变成歪曲的外形。变形迷彩多用于在多色背景下的活动目标,如坦克、汽车、火炮等。

(3) 光变色迷彩。光变色迷彩应用变色龙的原理,给目标涂覆光变色涂料,使目标根据周围环境的变化改变涂料的色度和亮度来达到伪装的效果。

(4) 仿造色迷彩。仿造色迷彩是仿制周围背景斑点图案的多色迷彩,能使目标融合于背景之中。这种迷彩多用于多色背景下的固定目标或长时间停留的活动目标。

### 3. 植物伪装

通过种植植物、采集植物和改变植物的颜色等方法,使自身与自然环境融为一体,达到在视觉上伪装自己的目的,称为植物伪装。这种伪装效果好,使用方便,成本低廉。

### 4. 人工遮障伪装

人工遮障伪装就是利用各种制式伪装器材对目标进行伪装的一种方法。人工遮障通常由遮障面和支撑构件组成。支撑构件由竹木或金属支架、控制绳等组成。遮障面根据伪装目标的性质、背景和反光学、反雷达、反红外侦察的不同要求,采用性能不同的伪装材料编扎而成。

### 5. 烟幕伪装

烟幕伪装就是施放烟幕以欺骗、迷惑对方的伪装方法。实施烟幕伪装可使用发烟弹、发烟罐、发烟车、发烟器、直升机烟幕布洒器等。烟幕伪装通常用于敌对双方阵地之间或己方地域内,以遮蔽己方部队的部署、机动及重要目标,使对方无法进行观察和射击;或迷惑对方,将其注意力和火力吸引到假目标方向。

### 6. 假目标伪装

高技术条件下的假目标伪装主要利用光、声、热、电模拟示假技术。这是因为高技术侦察器材以光、声、热、电为识别目标的主要依据。它利用侦察器材识别各种"源"的弱点,用"源"模拟各种目标在特定的背景上所产生的暴露征候,以达到蒙蔽和欺骗高技术侦察器材的目的。

### 7. 灯火与音响伪装

这种伪装是不直接改变目标的性状,而是通过制造灯火或声响,将目标掩盖起来,使敌方不能准确探测目标的伪装。这种伪装改变的是目标所在的背景或环境,而不是目标本身。

#### (四) 现代伪装技术对作战的影响

在现代条件下,由于高技术广泛运用于战场,侦察与反侦察、制导与反制导的斗争异常激烈,伪装效果将直接影响到作战的成败。伪装对作战的影响有以下几点。

#### 1. 伪装是使敌人获取错误情报的重要方法

敌对双方的作战企图和行动是建立在所获取情报基础上的。战争史上,敌对双方无一不重视利用伪装技术造成对方错觉,使其指挥员作出错误的决策,采取错误的作战行动。尽管现代光电侦察技术具有全天候、实时化、高分辨率和准确的定位识别能力,但由于伪装技术的发展,伪装仍是欺骗敌人、造成敌人错觉的重要方法。

#### 2. 伪装是提高作战部队生存能力的重要措施

随着光电侦察和精确制导武器的发展,任何目标只要被发现,就有可能被摧毁。因此,无论在进攻还是防御中,作战双方首先面临的问题是如何保存自己。而有效地运用伪装技术成为解决这个问题的一项有力措施。伪装,既可增加敌人侦察的困难,使其不易发现真目标,又可故意暴露假目标,诱骗敌人实施攻击,分散敌人火力。即使真目标被发现,也会由于真假难辨,使敌无所适从,从而减少敌方武器的命中率和杀伤率,提高部队的生存能力。

#### 3. 伪装成为夺取作战主动权的重要手段

可靠的伪装,不仅可以隐蔽自己的作战行动及战场配置,还可以给敌人制造错觉,为自己创造可乘之机。特别是隐身技术的使用,使武器的突防能力大大提高,从而增强了作战行动的突然性,成为现代战争中有效的进攻手段。这些都为夺取战争的主动权和达成作战企图创造了有利条件。

#### 4. 伪装使作战任务和作战方法发生了变化

为增强部队的打击力和提高部队的生存能力,未来将有更多的部队担负欺骗、佯动任务;为使自己不成为敌人攻击的目标,伪装已成为所有部队的重要任务之一。伪装技术的发展将使人们重新认识近战、夜战和步兵的作用。高技术条件下作战如果缺少夜视侦察和伪装器材,将失去夜战的主动权,战术、战役机动的方式将改变,小群、多路、多方向、出其不意成为机动的重要方法。

### (五)现代伪装技术的发展趋势

侦察技术的高速发展和在军事领域的广泛应用,使得很多军事目标暴露在敌人的监视和打击之下,这就大大地刺激了伪装技术的快速发展与应用,也进一步促进伪装技术向更加逼真和完善的方向发展,因而未来伪装技术的发展趋势是发展新的伪装技术和研制新的伪装器材,将伪装与军事目标融为一体。技术层面,现代科学技术的发展,尤其是光电技术和材料技术的不断创新,为伪装技术提供了很多新的思路和方法。未来,伪装技术将朝着多频谱兼容、智能自适应、一体化设计的方向发展。

## 二、隐身技术

### (一)隐身技术的基本概念

隐身技术又称为低可探测技术,就是在一定的探测环境中控制、降低武器装备的特征信号,使其在一定范围内难以被发现、识别、监视、跟踪和定位的技术。隐身技术是传统伪装技术的一种应用和延伸,它的出现使伪装技术由防御走向进攻,由消极被动变成积极主动,增强了部队的生存能力,提高了对敌人的威胁力。由于隐身技术能极大地提高武器的生存能力和作战效果,因此其受到许多国家的高度重视,成为现代军事技术研究的关键技术。

### (二)隐身技术的分类

从实现的技术方向来分,隐身技术可分为隐身外形技术、隐身结构技术和隐身材料技术。

#### 1.隐身外形技术

外形是目标暴露的主要特征,现代兵器对外表形状处理得如何,将直接影响到可见光和雷达侦察的效果。例如,F-117A攻击机的多面体外形,武器装备表面的平滑过渡曲线形体,取消各种外接设施以减小散射源数量等。

#### 2.隐身结构技术

世界各国对武器隐身结构的研究以整体和局部结构为对象,探索其组合规律的合理形式,达到减小目标被探测的目的。现代武器的结构非常复杂,反光、声、电、热、磁探测的隐身结构技术则与之相匹配发展。

#### 3.隐身材料技术

隐身材料技术是雷达隐身的关键技术。隐身材料是用于减弱武器系统特征信号,达到隐身技术要求的特殊功能材料,也称为伪装材料,是实现武器装备隐身的物质基础。飞机、舰船、导弹等武器装备使用隐身材料后,可大大减少自身的信号特征,提高生存力。根据其工作原理,隐身材料可分为吸波材料和透波材料。其中,吸波材料又可分为吸波涂层材料和吸波结构材料。

### (三)隐身技术的手段

常规的工作在不同电磁波波谱段的侦察监视技术分别是可见光侦察、红外侦察、雷达侦察、电子侦察和声波侦察。针对这些不同的侦察监视技术,相应的隐身技术也应运而生。

#### 1.可见光隐身技术

可见光隐身技术是对目标特征信号进行控制,降低敌方可见光探测系统探测概率的技术。具体方法有控制光反射特性、控制色度和控制亮度等。

#### 2.红外隐身技术

红外隐身技术是抑制目标在敌方红外探测系统方向上的红外辐射的技术。减少红外辐射的方法有屏蔽、冷却、吸收和散射等。在设计飞行器时需要考虑的方法有减少热源数量、减少机体红外辐射、改进发动机喷管设计和改进燃料等。

#### 3.雷达隐身技术

雷达隐身技术是采取措施使雷达波反射到其他方向,或者将雷达波吸收掉,使目标不容易被发现的技术。这也是雷达隐身的基本原理。使用各种办法来降低目标雷达散射截面积,而同时武器装备的战术技术性能不受大的影响,是雷达隐身武器的设计目标。

#### 4.电子隐身技术

电子隐身技术通常采用抑制目标自身电子辐射的方法,以降低敌方电子探测系统对目标的探测概率的技术。具体的措施和方法有屏蔽电子设备、实施电子欺骗和干扰、减少电缆辐射和改变天线结构。

#### 5.声波隐身技术

声波隐身技术是控制声波辐射特征,降低目标自身的噪声,减小声波探测系统探测概率的技术。具体方法有改进发动机和辅助机的设计、减小运动介质的振动噪声、减小共振和使用阻尼声材等。

#### (四)隐身武器对作战的影响

20世纪80年代崛起的隐身武器已部分运用于战场,通过实战检验,证明这类武器具有攻防兼备的优越性能。随着隐身技术的进一步发展,隐身武器将由现在的几种空中武器扩展到海上武器和陆上武器,这必将对未来作战产生重大影响。

##### 1.隐身飞行器的出现增大了对空防御难度

部分隐身飞机和隐身导弹研制成功并用于战场,使空袭武器的结构发生了变化。随着其他隐身飞行器的不断出现,空袭武器装备将发生根本性的飞跃。这必定给反空袭作战带来巨大的困难,使得普通预警系统失去预警功能,无法实施有效的对空防御;防空体系的预警时间将大大缩短,使空中、地面防空武器不能实施高效能对空防御;目标暴露特征的减弱和变化,使部分武器制导系统失效。

##### 2.地面武器"隐身"含量增大,战场生存能力明显提高

地面武器由于受到立体侦察系统的侦察,隐蔽十分困难,又因受所有高性能武器系统的攻击,生存力面临极大威胁。在这种情况下,地面武器"隐身"性能的提高,将极大地增强其隐蔽性和防护力。由于地面武器生存能力的提高,其在攻防战斗中将能以较小的代价换取更大的胜利。

##### 3.武器系统的隐身攻击能力使指挥系统面临生存威胁

现代战争是诸兵种协同作战,对指挥系统的依赖极大,交战双方都把对方的指挥系统作为打击的重点目标和首要任务。在高技术战争中,指挥控制系统在隐身武器的攻击下,处境十分危险,生存力将遇到严峻挑战。

##### 4.隐身武器使电子对抗和侦察与反侦察的斗争更加剧烈

大量用于战场的隐身武器由于采用电子反对抗隐身技术和反侦察隐身技术,使电子对抗的均势被打破,伪装由消极的反侦察向积极的反侦察方向发展,这必将刺激电子支援技术和侦察技术的发展,从而形成更高层次的电子对抗和侦察与反侦察的斗争。

#### (五)隐身武器的展望

随着冷战结束以来的多场局部战争中,隐身技术和隐身武器装备的使用,隐蔽空防能力、抑制各种侦察探测能力、进攻能力和电子对抗能力对现代战争产生了重大影响。为此,世界上越来越多的国家重视和发展隐身技术。未来随着隐身技术研究范围的不断扩大,一些新的隐身机理研究的突破,一批新型隐身材料的研制成功,将逐步实现全天候、全天式、多功能的隐身,"隐身战场"也将逐步形成。

## 第四节　电子对抗技术

20世纪初期,无线电技术开始应用于军事领域,电子对抗随之诞生。第二次世界大战中,无线电电子对抗设备在军事上已开始大量使用。到20世纪50—60年代,电子战飞机、电子战舰艇和电子侦察卫星的相继出现,使电子对抗成了战争中不可忽视的措施和手段。有人称电子对抗为"第四维战争"。今天,电子技术已深入几乎一切作战部门,各种现代化武器系统能否有效运用,很大程度上取决于电子对抗的成败,电子战场已经成为信息化战争的第一个战场。

电子设备一旦被干扰或摧毁,就可能使局部或全部作战地区陷入瘫痪。大量战例证明现代战争在某种意义上来说是一场电子战。

## 一、电子对抗技术概述

### (一)电子对抗的基本概念

电子对抗是指作战双方利用电子设备进行的电磁斗争,也称电子战。其主要包括侦察对抗、干扰对抗等。电子对抗包括两个相互斗争的方面:一方面利用专门的无线电电子设备(侦察、干扰设备)破坏和减弱敌方无线电电子设备(通信、雷达、遥控、导航等)的威力和效能;另一方面则以一定的技术和措施以消除其有害影响,保证自己的电子设备的正常工作。目前,电子对抗的形式主要有通信对抗、雷达对抗、光电对抗、卫星对抗、网络对抗、水声对抗、隐身对抗、反辐射对抗等。

### (二)电子对抗在战争中的作用

#### 1. 获取军事情报

通过电子侦察,可以获取敌方无线电通信的内容,查明敌方电子设备的有关技术参数以及兵器属性、类别、数量和配置位置等情报,从而可以判断敌军兵力部署和行动企图。

#### 2. 破坏敌方作战指挥

无线电通信是军队作战指挥的主要手段。在陆海空协同作战、坦克集群突防、飞机或舰艇编队行动、空降作战、海上登陆作战以及军队被围时,无线电通信是唯一的通信手段。有效地干扰、欺骗或摧毁敌人的无线电通信设备,可使其联络中断、指挥瘫痪,严重削弱敌军战斗力。

#### 3. 保卫重要目标

在机场、桥梁、指挥所等重要目标附近部署雷达干扰设备,干扰敌轰炸机轰炸瞄准雷达,可以使其炸弹投不准;干扰导弹的雷达制导系统,可以使其导弹失控。在地面炮兵阵地附近部署雷达干扰设备和干扰器材,干扰敌炮位侦察雷达,可使敌难以发现我炮兵阵地的位置。使用伪装器材对机场、桥梁、炮阵地、坦克集群等目标进行反可见光、反红外、反雷达的伪装,可以隐真示假,减少被敌人打击摧毁的机会。

#### 4. 保护己方电子设备正常工作

战时,对己方电子设备和系统,采取多种行之有效的反侦察、反干扰、反摧毁等防御措施,使无线电通信迅速、准确、保密、不间断,使雷达探测及时准确,制导兵器控制自如,对于保障作战任务的顺利完成具有重要意义。

## 二、电子侦察与反电子侦察

和平时期的电子对抗集中表现在电子侦察与反侦察方面。电子侦察不仅为战争所直接需要,而且所获情报是制订电子对抗作战计划、研究电子对抗战术技术对策、发展电子对抗装备乃至整个武器系统电子设备的依据。

### (一)无线电通信侦察与反侦察

#### 1. 侦收与识别

要侦收敌方无线电通信,己方接收机就必须在工作频率上和敌方相同,在解调方式上和敌方电台调制方式相适应。对敌短波无线电通信进行侦收就必须使用短波接收机,对敌调频电台侦收就必须使用调频接收机而不能使用调幅接收机。侦收设备还应该有较高的灵敏度以增加侦收距离,具有较宽的频段以增加搜索范围。

自动搜索接收机可以在某一频段内自动改变接收频率,自动搜索在该频段内工作的敌方电台。这大大提高了发现敌台的概率和对其跟踪的能力。这种接收机还要对搜索到的信号进行记录、分析和处理。

全景接收机和自动搜索接收机基本相同,不同点在于加有显示设备,利用显示设备可以将其工作频段内所有无线电信号一目了然地显示在显示器屏幕上,可以同时监视某频段内的所有电台的工作,并根据需要对其中一部或数部信号进行记录和处理。

### 2. 测向与定位

用无线电定向接收设备来测定正在工作的无线电发射台的方位,称为测向。其接收设备称为无线电测向机。

无线电测向的实施,是利用定向天线做定向接收。定向天线,是指在某个或几个特定方向上接收信号很强,而在其他方向上接收信号很弱的天线。当无线电测向机的定向天线对准发射电台时,天线接收的信号最强,从而可以确定无线电发射台的方位。为了搜索敌方无线电发射台的方位,无线电测向机的定向天线通常要做360°旋转,或者采用多个定向天线组成定向天线系统,用一种叫作制度计的部件代替天线进行旋转搜索,从而测定发射台方位。通常一部测向机只能测定发射台的方向,要确定发射台位置,需用两部以上测向机同时进行测向,通过在图上进行交会才能确定发射台位置。

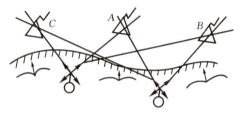

图20-3 对固定电台的测向定位

### 3. 反侦察

常用的无线电通信反侦察的措施有:①使用异常通信手段,或其他通信手段,向更高或更低的频率发展,使敌方无法侦收或改变频段进行通信;②采用保密通信设备,或进行无线电台伪装,实施佯动和欺骗;③使用定向天线,适当控制发射功率,增加敌方侦收的困难;④使用新的调制方式,如使用伪装机码通信等。

### (二)雷达侦察与反侦察

#### 1. 雷达侦察机的组成

雷达侦察机由天线、天线控制设备、接收机和终端设备四部分组成。

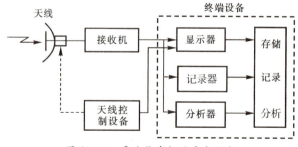

图20-4 雷达侦察机的基本组成

天线用来接收敌方雷达发射的信号,确定敌方雷达方向。它将收到的信号送给接收机,天线的方向数据由控制设备送到终端设备。接收机是一个宽频段放大解调设备,它把微弱的雷达信号经过放大、解调后,送到终端显示设备显示、分析和记录。终端设备包括显示器、分析器和记录器等。显示器有指示灯、扬声器、示波管以及数字显示,用来显示发现的雷达目标和测定的雷达方位和雷达参数。分析器用于对雷达信号波形分析和测定雷达信号调制参数。记录器最常见的是磁带记录器,它能全面、及时地将信号记录下来。

### 2. 雷达侦察机的作用

(1) 发现敌方带雷达的目标。现代化兵器,多数是由无线电电子设备控制发射和制导的。这些兵器工作都要发射电磁波,从而给雷达对抗侦察创造了条件。雷达侦察机要发现雷达的存在必须同时满足三个条件:双方波束在方向上重合,在频率上相同,信号强度足以被接收到。

(2) 测定敌方雷达的主要参数,确定雷达和目标的性质。雷达的主要参数有工作频率、信号波形、信号调制参数、信号极化方向和强度等。调制参数包括脉冲重复频率、脉冲宽度、信号频谱、天线波束宽度、扫描期、扫描方式、天线方向图的形式等。通过对雷达参数的侦测,弄清敌方雷达的型号、性能,判断其现实动向及其对我威胁程度,以便采取必要的对抗措施。在雷达侦察中,侦测敌方雷达的参数具有重要意义。

(3) 引导干扰机和引导杀伤武器。雷达对抗侦察的主要任务之一,就是引导雷达干扰设备和各种武器系统对敌方雷达实施干扰和火力摧毁。引导干扰机时,侦收机除了保证在方向上、频率上的跟踪引导外,还要根据雷达的性质确定有效的干扰样式。对杀伤武器的引导,主要是在方向上进行精确的引导,直至杀伤武器命中雷达为止,因而要求侦收机具有快速、准确和连续跟踪的性能。

### 3. 雷达反侦察

为了防止己方雷达被敌方侦测,必须严格控制雷达的工作时间和工作频率。在保证雷达完成任务的前提下,雷达开机工作时间越短越好。开机必须按规定的权限批准。值班雷达的开机时间和顺序要不规律地改变。由于雷达干扰是针对雷达工作频率进行的,因此,雷达工作频率不被对方侦知是反侦察的关键。控制频率的一般措施包括:现用雷达按规定使用常用工作频率;几个相同工作波段的雷达,应以相近的频率工作;严格控制雷达改频,严格控制备用频率和隐蔽雷达的启用。另外还可以采用转移雷达阵地、放置假雷达、发射假信号等方法欺骗敌人。

## (三) 光电侦察

随着红外和激光技术在军事上的应用,特别是光电探测和光电制导技术的发展,光电对抗技术和装备在现代战争中发挥着越来越重要的作用,各军事强国在光电对抗领域的竞争也日益激烈。可以这样认为,谁拥有了更先进的光电对抗技术和装备,谁就掌握了战场的主动权。光电对抗是指利用光电对抗装备,对敌方光电观瞄器材和光电制导武器进行侦察、干扰或摧毁,以削弱或破坏其作战效能,同时保护己方光电器材和武器的有效使用。光电对抗在现代高科技战争中占有重要的地位。光电侦察和干扰技术是光电对抗技术的重要组成部分,用于压制和破坏对方光电制导武器、光电侦察设备和指挥通信系统,削弱对方的作战能力。光电侦察告警是指利用光电技术和手段对敌方光电装备辐射或散射的光电信号进行搜索、截获、定位和识别,并迅速判别威胁程度,及时提供情报和发出告警。光电侦查告警是实施光电有效干扰的前提。

此外,还有很多其他电子对抗侦察的新形式,比如网络对抗侦察与导航对抗侦察等,在现代高科技战争中已经发挥了极其重要的作用。

## 三、电子干扰与反干扰

### (一)电子干扰的定义

电子干扰就是通过干扰电磁波或使用其他器材吸收、反射电磁波,达到干扰和欺骗敌方电子设备,使其不能正常工作的目的。电子干扰与反干扰是电子对抗的主要形式。

### (二)无线电通信干扰与反干扰

#### 1. 无线电通信干扰

无线电通信干扰的基本原理是,当干扰信号的频率与通信信号相同或接近时,接收设备就会同时收到干扰与通信信号,从而扰乱了接收设备对正常信号的接收。要有效地实施干扰,在技术上必须做到频率相同、功率超过和样式合适。

无线电通信干扰可根据技术上和战术使用上的不同特点进行分类。按干扰性质的不同,其分为压制性干扰和欺骗性干扰。按照干扰频谱的不同,无线电通信干扰又可分为瞄准式干扰、半瞄准式干扰和阻塞式干扰。瞄准式干扰,是指针对敌方无线电通信的某一频率进行瞄准所施放的干扰。半瞄准式干扰信号的频带和通信信号频带没有完全重合,但其频谱的全部或大部分能通过敌方接收设备的频带。

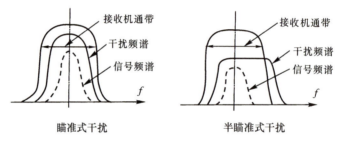

图 20-5 瞄准式、半瞄准式干扰频谱图

阻塞式干扰是一种宽频带干扰,能同时干扰同一频段内不同工作频率上许多部无线电台。

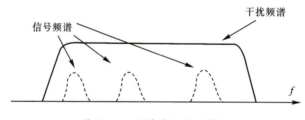

图 20-6 阻塞式干扰频谱图

#### 2. 无线电通信反干扰

无线电通信反干扰的主要措施有以下几方面:①增大发射功率,缩短通信距离,提高信号与干扰的强度比,使信号强度超过干扰强度;②采用强方向性天线,减少电波能量向其他方向辐射,减少来自其他方向的干扰,增强通信信号的强度;③避免信号标准化,干扰敌干扰机的工作;④采用改进的、抗干扰能力强的通信方式。

### (三)雷达干扰与反干扰

雷达干扰分为雷达有源干扰与雷达无源干扰两种,雷达反干扰可采用多种措施。

## 1. 雷达有源干扰

利用雷达干扰设备（干扰机）发射无线电波对敌雷达造成的干扰，称为雷达有源干扰。雷达有源干扰常用的有压制性干扰和欺骗性干扰。

(1) 压制性干扰。压制性干扰，就是利用干扰机发射强大的干扰信号，压制住敌人雷达的目标回波，使目标回波淹没在干扰信号之中，在敌人的显示荧光屏上识别不出真实目标。压制性干扰信号，通常采用杂波调制信号。

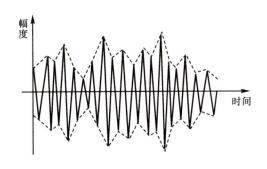

图 20-7　杂波干扰信号波形图

雷达正常工作时，目标回波在平面显示器荧光屏上是亮点或亮弧。雷达被杂波干扰时，平面显示器荧光屏上的亮区是被干扰区，此区域内的目标回波完全被掩盖。雷达正常工作时，目标回波在距离显示器荧光屏上是脉冲波形。雷达被杂波干扰时，在距离显示荧光屏上呈现一片"茅草"（杂波），目标回波淹没在"茅草"之中。

(2) 欺骗性干扰。有源欺骗性干扰是利用干扰机发射欺骗性干扰信号对敌雷达造成的干扰，使敌方雷达以假当真作出错误的判断。欺骗性干扰通常采用回答式干扰机进行距离欺骗或角度欺骗等。

距离欺骗，即当回答式干扰机收到敌雷达信号之后，立即将此信号放大并延迟一定时间转发回去，当它被敌雷达接收后，在显示器荧光屏上就显示出一个与真目标回波相似但在距离上迟后的假目标回波，敌雷达很难识别出真、假目标。如敌雷达进行自动距离跟踪，就容易跟踪假目标，而将真目标丢失。

角度欺骗，即当回答式干扰机收到敌雷达信号之后，立即发射角度欺骗信号，使敌雷达产生错误的角度跟踪，将真目标丢失。

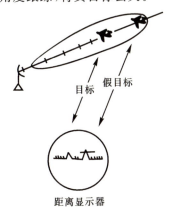

图 20-8　距离欺骗示意图

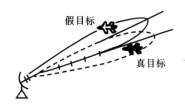

图 20-9　角度欺骗示意图

## 2. 雷达无源干扰

雷达无源干扰与雷达有源干扰的区别在于它不是通过发射无线电波对敌造成干扰，而是利用反射无线电波或衰减吸收无线电波的器材对敌造成干扰。

(1)用反射性器材实施干扰。

反射性干扰器材主要有干扰箔条、电离气体和角反射器等。

干扰箔条包括锡(铝)箔条、金属片(带)、干扰丝(如金属丝、镀锌玻璃丝、镀金属的尼龙丝)等。由于箔条使用最早,所以习惯上把这类干扰物统称为干扰箔条。箔条干扰的基本原理是:干扰箔条的长度等于被干扰雷达的工作波长的三分之一,它在无线电波的照射下产生较强的"二次发射",即反射。大量箔条在空中展开,就可以强烈地反射无线电波,形成干扰信号,使雷达难以发现目标。

角反射器是由互相垂直相交的三个金属导体平面做成的,它可以把雷达射来的无线电波按原来方向反射回去,造成强烈的反射。一个尺寸不大的角反射器产生的雷达回波强度可相当于一个较大目标的雷达回波。角反射器可做成菱形、圆弧形、三角形、方形、矩形等多种形状。

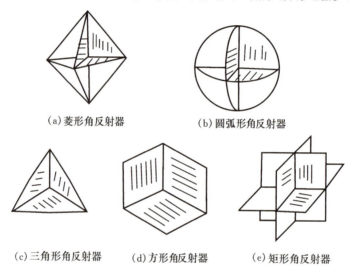

(a)菱形角反射器　　(b)圆弧形角反射器

(c)三角形角反射器　(d)方形角反射器　(e)矩形角反射器

图 20-10　角反射器的类型

(2)用吸收性干扰器材实施干扰。

衰减无线电波的干扰器材,常用的有反雷达覆盖层、反雷达伪装网和就便器材等,这种器材也叫吸收性器材。由于吸收、散射等原因使无线电波大量衰减,雷达收到的目标回波极其微弱,难以发现目标。

反雷达覆盖层,是一种在被掩护目标表面上涂敷的一层大量衰减无线电波的材料。这种覆盖层也叫反雷达涂层。它使敌雷达收到的目标回波很微弱,难以发现目标。反雷达覆盖层有尼龙橡胶覆盖层、金属粉末橡胶覆盖层、陶瓷铁氧体覆盖层等。反雷达伪装网,是一种大量衰减无线电波的网状伪装器材,为了能反光学侦察,可以制成各种自然背景的颜色。利用树枝、稻草、高粱秆等就便器材覆盖在目标上,也可以衰减无线电波,将目标回波减弱,使雷达难以发现目标。除上述几种吸收性器材外,各国都在研制新型吸收性材料,如美国研制的"结构型无线电波吸收材料"。用这种材料制造飞机,雷达难以发现,这种飞机叫作隐身飞机。

*3.雷达反干扰的主要措施*

雷达反干扰就是消除雷达在正常工作中所受到的干扰,或把干扰减少到允许的程度。主要措施有:

(1) 增大雷达的发射功率。雷达的发射功率增大,目标回波强度就会增强,雷达就容易从干扰波中识别出目标,因而提高了雷达抗干扰能力。

(2) 改变雷达的工作频率。用改变雷达工作频率的办法反干扰,常用的有跳频反干扰、频率捷变反干扰和多波段雷达等。

(3) 扩展雷达的工作频率。由于干扰机一般是根据预先侦察到的某种雷达波段而研制生产的,因此,将雷达扩展到新的工作波段,战时突然使用,就会使敌方侦察、干扰措手不及,保障雷达不受干扰。

(4) 提高雷达天线的方向性。提高雷达天线的方向性,就是将雷达天线的波束变窄。只有处在天线波束内的干扰信号,才能被雷达接收,对雷达造成干扰。

(5) 动目标显示。动目标显示雷达,可以在干扰箔条、地物和海浪等无源干扰情况下发现和测定运动的目标。

**(四) 光电干扰**

光电干扰,是指采取某些技术措施破坏或削弱敌方光电设备的正常工作,以达到保护己方目标的一种干扰手段。光电干扰又分为有源干扰和无源干扰两种方式。

### 1. 光电有源干扰

光电有源干扰装备通过发射或转发光电干扰信号,对敌方光电设备实施压制或欺骗干扰。目前装备的光电有源干扰装备分为红外有源干扰装备和激光有源干扰装备。红外有源干扰装备包括各种红外干扰弹和红外干扰机。其通过迅速燃烧或发射红外辐射,模拟军用目标(如飞机、航船、坦克)发动机等部位的热辐射特征,欺骗红外制导武器飞向干扰设备,或通过红外激光的定向强红外辐射,使敌红外探测器或导引头工作在非线性饱和区而失效,从而实现对目标的保护。激光有源干扰装备包括激光欺骗干扰机、激光致盲武器和激光摧毁武器。其通过改变或模仿激光反射信号,使敌方激光测距机的测距结果出现偏差,可欺骗或迷惑激光制导武器;或采用一定能量的激光,对人眼或军用光电设备实施软杀伤,甚至摧毁飞机、导弹、卫星等目标。

### 2. 光电无源干扰

光电无源干扰装备通过改变目标的反射和辐射特性,可降低目标和背景的光学特征差异,破坏或削弱敌方光电侦察装备和光电制导武器的正常工作。光电无源干扰以遮蔽技术、融合技术和示假技术为核心,以"隐真""示假"为目的,主要包括烟幕干扰、假目标干扰和光电隐身,起到伪装、迷惑、遮障和干扰的作用。其包括各种光电伪装和隐身技术等。

除了上述的几种电子干扰形式外,新兴的网络攻击与导航干扰技术等也越来越在高科技信息化战争中扮演不可或缺的角色。

## 第五节 夜视技术

从古至今,人们十分重视利用夜幕掩护,夺取白天难以取得的战果。在古代,夜战仅仅是一种巧用天时的特种战法而已,夜暗对作战双方均是一种严重的行动障碍。运用夜视技术获取"化夜为昼"的观测效果,是人类利用高技术将古代神话变为现实的典型事例之一。与雷达相似,夜视仪是一种技术装备,二者均不具备直接打击敌方的功能。但是它们在增强作战实力方面的作用,却是用任何威力巨大的武器都难以替代的。

## 一、夜视技术概述

### (一)夜视技术的基本概念

夜视,就是夜间观察。人类最早使用和现在仍然大量使用的夜间观察手段是借助可见光照明。在军事领域,早在第一次世界大战期间,探照灯、照明弹等就被用于夜战。但由于可见光照明首先或者同时暴露了自己的目标,所以就促使人们去探索新型的隐蔽观察手段。尤其是近代以来,在没有(或不允许有)照明光的条件下作战以及昼夜连续作战的必要性越来越突出,从而导致了夜视器材的问世和夜视技术的研究发展。

夜视技术,就是应用光电探测和成像器材,将肉眼不可视目标转换(或增强)成可视影像的信息采集、处理和显示的技术。

目前,夜视技术已发展成为一门光、机、电的综合应用技术,涉及的范围相当广泛。它不仅应用到辐射、发光、照明、传播、固体物理、电子物理等理论,以及大气、生理、几何、物理、电子、纤维、薄膜、光学和微光、红外、激光、电真空、半导体、探测、显示等技术,而且涉及光化学、光量子学和仿生夜视等许多边缘技术学科。在夜视技术涉及的众多不同的技术领域中,最基本的是微光技术和红外技术,因为这两种技术是当前获得实际应用的红外转换技术、微光像增强技术和红外热成像技术发展的技术基础。

夜视技术的基本方法是一种成像方法,就是将物体的光强分布通过某种形式转换成为像的光强分布。具体来说,可分为两种方法:一种是依靠景物各部分所反射的光量之差异来提供景物图像的细节,即所谓"间接反射成像法";另一种是通过观察景物自身各部位的能量差异来获得景物图像的细节,即所谓"直接辐射成像法"。

### (二)夜视器材及其分类

夜视技术装备,即夜视器材,其概念有狭义和广义之分。狭义而言,夜视技术装备是人眼夜间观察的助视器。广义而言,夜视技术装备是指能将非可视目标转化为可被人或技术装备感知的信息的传感装置。它能扩展人眼在低能见度环境中的视觉能力,能使武器系统或指挥、控制系统在低照度条件下更有效地发挥瞄准、火控、制导或监视功能。

夜视器材可根据不同标准进行分类。根据夜视器材敏感的光波波段,其可分为热辐射成像、近红外光及可见光成像、紫外光成像三种类型。根据运载方式,其可分为人员手持、佩带和固定式(安装在飞行器、海陆武器平台)三大类。根据夜视器材是否需要人工照明光源,其可分为被动式成像和主动式照明成像两大类型。根据图像转换与增强原理,将常用微光及非可见光成像器材分为微光夜视仪、微光电视、热成像仪、激光成像雷达和主动式红外夜视仪五种类型。

## 二、主要夜视仪的组成、原理及作用

### (一)主动式红外夜视仪

这是一种最早发展起来的夜视仪。它利用红外线工作,帮助人们扩展视力范围,实现夜间观察。它所利用的红外线是由仪器本身携带的红外光源照射观察目标后反射回来的,所以称为主动式红外夜视仪。

### 1. 基本结构

主动式红外夜视仪通常由红外探照灯、红外光学系统、红外变像管和电源等四部分组成。红外探照灯主要包括红外光源、反射镜和红外滤光片等部分。能用作红外光源的发光器件很多,如钨丝灯、碘钨灯、氙灯、半导体光源、激光等。红外光学系统主要包括物镜和目镜,它们分别位于仪器的前后两端。红外变像管是主动式红外夜视仪的心脏,作用是将看不见的红外线图像转换成清晰的可见图像。电源包括低压直流电源和高压供电装置两个部分。

### 2. 工作原理

主动式红外夜视仪,利用本身携带的红外光源(探照灯)发出的红外线照射目标,从目标反射回来的红外线被仪器的物镜接收并聚焦后,照在红外变像管的光电阴极面上,形成看不见的目标红外图像。光电阴极受照射后就发射电子,照射强的部位发射出的电子数目就多,照射弱的部位发射出的电子数目就少。这样就把目标的红外图像转变成了电子图像。光电阴极发射的电子经过电子透镜的聚焦和加速,轰击变像管另一端的荧光屏,使其发光。荧光屏

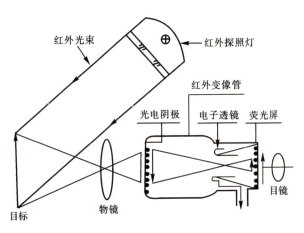

图 20-11 主动红外夜视仪原理图

各部位的发光亮度和电子图像中各部位的电子密度成比例,于是荧光屏又将电子图像转变成可见图像。观察者通过目镜,就可以看到荧光屏上所显示的图像,亦即被红外线所照射的景物(目标)。其基本原理可以概括为"光—电—光"的两次转换原理。

主动式红外夜视仪工作,是靠自己佩戴的红外探照灯发射红外线照射目标,不依赖于外界自然照度,其作用距离和观察效果也取决于探照灯的功率,受环境影响较小。但致命弱点是红外探照灯主动发射的红外光束极易暴露目标。

由于主动式红外夜视仪有以上缺点,虽然其在第二次世界大战及 20 世纪 60 年代以前发挥过重要作用,但自 20 世纪 70 年代以来,总的趋势是已经逐渐为被动式的微光夜视仪和红外热像仪所替代。

### (二)微光夜视仪

### 1. 基本组成

为了克服用主动红外夜视仪观察容易自我暴露的致命弱点,人们便开始谋求直接利用像增强器将夜空中微弱的自然光(包括月光、星光和大气辉光)增强,以获得人眼能够看得见的图像,最终实现微光夜视观察。这种设想,推动了微光夜视技术的发展。到目前为止,微光夜视器材有两种形式:一种是直视式的夜间观察仪器,即通常所说的微光夜视仪;另一种是通过监视器间接进行观察的夜间观察仪器,即微光电视。

目前微光夜视仪已经发展到第四代,我们以第一代为例来了解一下微光夜视仪的原理。

微光夜视仪主要由微光光学系统、像增强器和电源三部分组成。微光光学系统包括一个

强光力的透射式或折射式微光物镜和一个具有适当放大倍率的目镜。第一代微光夜视仪像增强器由三个相同的单级微光管级联而成,外面以绝缘硅橡胶灌封,并加塑料壳保护。电源包括低压电池和高压供电装置。高压供电装置将电池提供的低压直流电,变换成交流,并倍压整流至要求的高压。

### 2.工作原理

先由微光物镜将夜间景物成像于级联管的第一纤维光学面板输入窗上,并经各自独立的玻璃纤维传输到光电阴极面,极面上所用多碱光电阴极能把微弱的光学图像转换成相应的电子图像,然后将这些光电子由 15 千伏左右的电场加速,并以很高的动能撞击到涂有发光粉的荧光屏上,在第一级荧光屏的光学纤维面板输出窗上便呈现出将输入图像亮度放大到 50 倍左右的可见光图像。但要进一步达到适于人眼观察的程度,还需再经过两次连续放大,最终在第三级单管的光学纤维面板输出 5 万倍以上亮度的增强,然后利用放大目镜观察第三级的荧光屏,便获得了一个适于肉眼观察的可见图像。

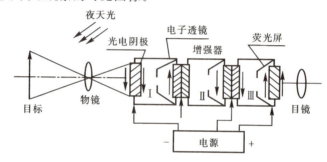

图 20-12 微光夜视仪原理图

### (三)微光电视

上面介绍的级联式像增强器微光夜视仪,是属于直接摄影成像、直接显示的直视夜视仪;而微光电视装置则采用扫描成像原理,是一种以电子束扫描拾取图像信息并进行间接显示的夜视装置。微光电视装置可以采用开路系统或闭路系统,但由于闭路系统结构较紧凑,保密性强,且不易受干扰,因此,在军事上获得了较广泛的应用。闭路微光电视装置的构造与普通电视的构造大体是相同的,它主要由摄像机、监视器和控制器三部分组成,在摄像机和监视器之间的信号以电缆直接传送。

### (四)热成像仪

热成像,是指利用景物发射或反射的热辐射而产生的可见图像。它是以任何温度高于绝对零度的物体都会向外辐射红外线这一物理现象为基础的。热成像技术与前面所介绍的微光像增强技术不同。微光像增强技术是依靠景物各部位的亮度差异来提供景物图像的,即所谓"反射成像";而热成像技术则是依靠景物各部位辐射的能量差异来获得景物图像,即所谓"直接辐射成像"。热成像仪所利用的热辐射,通常是波长为 3~4 微米的中、远红外线,几乎一切军事目标的热辐射均包含在内。利用热成像技术目前已做出了可供直接观瞻的热成像仪。

热成像仪的工作原理是:来自景物的红外辐射经红外物镜、多角棱镜汇聚在探测器上。探测器是个光敏元件,它能将红外线的强弱转变成电压信号,经放大器放大后送给发光二极管,该二极管在电压作用下即产生可见的、增强了的景物图像,然后通过目镜观察,也可在普通电视屏幕上显示出来进行观察。可见,热成像仪的全部过程也是"光—电—光"的两次转换过程。

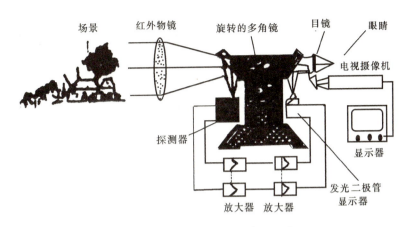

图 20-13 热成像仪工作原理图

以上介绍了几种夜视器材的组成结构和工作原理,各种夜视器材在实际应用中分别具有优缺点(见表 20-1)。

表 20-1 几种主要夜视器材的优缺点

| 名称 | 优点 | 缺点 |
| --- | --- | --- |
| 主动式红外夜视仪 | 1. 自身发射红外线,受自然环境条件的影响较小<br>2. 观察效果较好,造价较低廉<br>3. 有一定的识别伪装的能力 | 1. 红外探照灯发出的红外光束极易被仪器探测到,不便隐蔽安全地使用<br>2. 观察距离与效果受探照灯功率和照射范围的限制 |
| 微光夜视仪 | 1. 只靠夜天光工作,不需人工照明,所以工作方式隐蔽,不易暴露<br>2. 构造较简单,耗电少,体积小,重量轻 | 1. 作用距离与观察效果受自然环境条件的影响较大<br>2. 图像较平淡<br>3. 易受伪装欺骗,第一代易受强光干扰 |
| 微光电视 | 1. 图像较清晰,观察效果较好<br>2. 可实现远距离传送和遥控摄像<br>3. 一台摄像机摄取的图像可同时送给位于不同地点的几台显示器,每台显示器又可供许多人同时观察 | 1. 耗电多,体积、重量大,操作、维护较复杂<br>2. 受自然环境条件的影响较大 |
| 热成像仪 | 1. 靠目标与背景的温差成像,所以工作方式隐蔽,便于安全使用<br>2. 能实现全天候观察,而且作用距离较远<br>3. 具有较好的识别伪装的能力 | 1. 图像不够清晰,分辨细节的能力较差<br>2. 体积、重量大,结构复杂,成本较高 |

随着夜视技术的发展,一些国家正在研制将各种夜视器材的长处综合在一起,并同其他侦察手段(如雷达、激光测距仪、毫米波成像器材等)结合起来,能同时在不同波段下工作的组合

夜视系统。未来的夜视器材的探测与识别距离会得到进一步增大,光谱覆盖范围会进一步拓宽,分辨率会进一步提高。

未来先进夜视技术的发展趋势应该是基于光电转换的光强直接成像与基于计算成像的信号反演成像二者的相辅相成,即"光强直接成像"+"信号反演成像"。二者的结合为夜视成像技术下一阶段的发展提供崭新的思路,这也是目前研究的重点方向。

## 思考题

1. 什么是航天技术？什么是军事航天技术？
2. 现代航天技术由哪些技术部分组成？
3. 什么是侦察监视技术？现代侦察监视技术的发展呈现哪些特点？
4. 侦察监视技术的发展对现代战争造成了哪些影响？
5. 什么是伪装技术？现代伪装技术对作战有什么重要影响？
6. 什么是隐身技术？隐身武器对作战有什么重要影响？
7. 什么是电子对抗？电子对抗在战争中有哪些作用？
8. 什么是夜视技术？什么是夜视器材？

## 知识链接

### 神舟飞船

神舟飞船,是中国自行研制、具有完全自主知识产权、达到或优于国际第三代载人飞船技术的空间载人飞船,具有起点高、具备留轨利用能力等特点。神舟飞船采用三舱一段结构,即由返回舱、轨道舱、推进舱和附加段构成,由13个分系统组成。

# 参考文献

[1] 刘海泉. 中国现代化进程中的周边安全战略研究[M]. 北京:时事出版社,2014.

[2] 金灿荣,等. 中国智慧:十八大以来中国外交[M]. 北京:中国人民大学出版社,2017.

[3] 崔凤,宋宁而. 中国海洋社会发展报告(2015)[M]. 北京:社会科学文献出版社,2015.

[4] 国家海洋局海洋发展战略研究所课题组. 中国海洋发展报告(2018)[M]. 北京:海洋出版社,2018.

[5] 周俊杰. 习近平强军思想的创立形成[N]. 学习时报,2018-07-04(7).

[6] 公方彬,侯昂妤. 习近平强军思想论析[J]. 前线,2018(8):4-8.

[7] 沈志华. 深刻理解和把握习近平强军思想的科学内涵[J]. 党的文献,2018(1):6-7.

[8] 全国干部培训教材编审指导委员会. 新世纪新阶段国防和军队建设[M]. 北京:人民出版社,2008.

[9] 黄宏,洪保秀. 世界新军事变革中的中国国防和军队建设[M]. 北京:人民出版社,2004.

[10] 郝翔. 国防教育概论[M]. 北京:高等教育出版社,2002.

[11] 顾伟. 军事科技与新军事变革[M]. 上海:复旦大学出版社,2004.

[12] 薛国安,王海. 世界新军事变革热点问题解答[M]. 北京:解放军出版社,2004.

[13] 曹延杰. 新概念武器基础[M]. 北京:兵器工业出版社,2006.

[14] 匡兴华. 高技术武器装备与应用[M]. 北京:解放军出版社,2011.

[15] 武登春. 军事理论教程[M]. 北京:北京航空航天大学出版社,2001.

[16] 杨建军. 国防教育[M]. 北京:机械工业出版社,2002.

[17] 孟庆金. 军事教程[M]. 武汉:武汉大学出版社,2001.

[18] 吴温暖,匡壁民. 军事理论教程[M]. 4版. 北京:高等教育出版社,2007.

[19] 许忠贤. 现代军事技术知识手册[M]. 北京:军事科学出版社,1995.

[20] 张勤德,戴旭. 现代国防大典[M]. 北京:中央文献出版社,1999.

[21] 张莉,吕一兵. 无敌闪电:激光武器[M]. 北京:解放军出版社,2001.

[22] 谭凯家,余同杰. 空天精尖武器[M]. 北京:西苑出版社,2001.

[23] 贾俊明,李力钢. 太空武器与战争[M]. 北京:国防工业出版社,1997.

[24] 钟华,李自力. 隐身技术:军事高技术的"王牌"[M]. 北京:国防工业出版社,1999.

[25] 任振杰,等. 通信技术与指挥自动化[M]. 北京:军事谊文出版社,2001.

[26] 吴子勇. 战争动员学教程[M]. 北京:军事科学出版社,2001.

[27] 中国人民解放军军事科学院战争理论研究部《孙子》注释小组. 孙子兵法新注[M]. 北京:中华书局,1977.

[28]王湘江.世界军事年鉴2001[M].北京:解放军出版社,2001.

[29]陈继安.毛泽东军事思想新论[M].北京:军事科学出版社,1995.

[30]袁德金.毛泽东军事思想教程[M].北京:军事科学出版社,2000.

[31]黄水华.中国古代兵制[M].北京:商务印书馆,1998.

[32]隋东升.兵役制度概论[M].北京:军事科学出版社,1996.

[33]阎军,刘宏.高等学校军事理论教程[M].兰州:兰州大学出版社,2008.

[34]徐根初.跨越:从机械化战争走向信息化战争[M].北京:军事科学出版社,2004.

[35]军事科学院《世界军事年鉴》编辑部.世界军事年鉴2015[M].北京:解放军出版社,2017.

[36]刘国柱.美国国家安全战略的连续性与多变性:21世纪《美国国家安全战略报告》比较研究[J].当代世界,2018(2):26-30.

[37]赵小卓.当前大国军事战略转型及启示[J].领导科学论坛,2018(14):76-98.

[38]林治远.美国军事战略和作战理论新变化[J].军事文摘,2019(1):9-12.

[39]程永生.军事高技术与信息化武器装备[M].北京:国防工业出版社,2009.

[40]郭世贞,裴美成.军事装备史[M].北京:解放军出版社,2007.

[41]中国大百科全书·军事编委会.中国大百科全书·军事[M].北京:中国大百科全书出版社,2007.

[42]总装备部电子信息基础部.空军武器装备[M].北京:原子能出版社,2003.

[43]宋华文,耿艳栋.信息化武器装备及其运用[M].北京:国防工业出版社,2010.

[44]童志鹏.综合电子信息系统:信息化战争的中流砥柱[M].2版.北京:国防工业出版社,2008.

[45]翟福生.美日印澳"四边机制"与中国周边安全[J].印度洋经济体研究,2022(2):76-95.

[46]林民旺.中印关系正努力"重返正轨"[J].世界知识,2022(8):58-59.

[47]林民旺.中国周边安全新形势与中国的应对策略[J].太平洋学报,2021(1):43-50.

[48]刘海民,郭秋呈.智能化无人装备改变了什么[J].科学中国人,2019(15):70-71.

[49]赵凰吕,李欣欣,王丹.美军综合电子信息系统重大工程建设分析[J].中国电子科学研究院学报,2022(5):452-456.

[50]周海瑞,姜枫.美军空降作战及其指挥控制系统[J].指挥信息系统与技术,2022(2):6-13.

[51]王磊.智能无人指挥控制系统特点及研究方法的思考[J].弹箭与制导学报,2022(1):77-81.

[52]王远航.美国陆军智能化指挥控制系统发展问题研究[J].舰船电子工程,2022(4):8-10.

[53]蒋振方,黄雷,宋仔标,等.美国核力量现状及未来发展趋势[J].飞航导弹,2019(10):66-69.

[54]刘建,李晨.从核安全文化视角看切尔诺贝利核事故[J].国防科技工业,2017(1):56-57.

[55]陈宇轩,张灏龙,王林尧,等.国外典型精确制导武器作战能力与发展趋势研究[J].中国航天,2022(4):64-69.

[56]郑之光.侦察监视技术的发展趋势[J].科技创新导报,2012(32):19.

[57]郑万里,杨萍,闫少强,等.军事伪装技术研究现状及发展趋势分析[J].现代防御技术,2022(1):81-86.

[58]陈钱.先进夜视成像技术发展探讨[J].红外与激光工程,2022(2):1-8.

[59]钧政.在习近平强军思想引领下胜利前进[N].解放军报,2023-03-02(2).

[60]中国国际问题研究院.国际形势和中国外交蓝皮书(2022/2023)[M].北京:世界知识出版社,2023.

[61]中共中央宣传部,中央军委政治工作部.习近平强军思想学习问答[M].北京:人民出版社,2022.

[62]李广锋,王洪梁,邢金善.普通高等学校国防教育概论[M].北京:航空工业出版社,2024.